21 世纪全国应用型本科电子商务与信息管理系列实用规划教材

管理信息系统实务教程

主　编　魏厚清　孙　娜

北京大学出版社
PEKING UNIVERSITY PRESS

内容简介

本书从管理层面、应用层面、开发层面分别介绍了管理信息系统的概念及其对管理的影响、技术基础、开发过程和管理。

为了便于教师教学和学生学习，本书每章开始都设有教学目标与要求、章节知识框架，并通过导入案例引入本章内容。在节中设有推荐阅读、小思考、案例等小模块，以增加教材的生动性和可读性。每章最后都设置本章小结、案例分析和习题。通过对本书的学习，读者可以很方便地掌握管理信息系统的概念、发展及其开发的全过程。

本书内容通俗易懂、图表丰富、可操作性强，可作为管理类各专业本科生、研究生教材，也可作为干部培训教材。

图书在版编目(CIP)数据

管理信息系统实务教程/魏厚清，孙娜主编．—北京：北京大学出版社，2012.9
(21世纪全国应用型本科电子商务与信息管理系列实用规划教材)
ISBN 978-7-301-21245-5

Ⅰ.①管…　Ⅱ.①魏…②孙…　Ⅲ.①管理信息系统—高等学校—教材　Ⅳ.①C931.6

中国版本图书馆CIP数据核字(2012)第216861号

书　　名：管理信息系统实务教程
著作责任者：魏厚清　孙　娜　主编
策 划 编 辑：李　虎　刘　丽
责 任 编 辑：刘　丽
标 准 书 号：ISBN 978-7-301-21245-5/TP・1245
出　版　者：北京大学出版社
地　　址：北京市海淀区成府路205号　100871
网　　址：http://www.pup.cn　http://www.pup6.cn
电　　话：邮购部62752015　发行部62750672　编辑部62750667　出版部62754962
电 子 邮 箱：pup_6@163.com
印　刷　者：北京京华虎彩印刷有限公司
发　行　者：北京大学出版社
经　销　者：新华书店
787毫米×1092毫米　16开本　17.75印张　404千字
2012年9月第1版　2016年6月第2次印刷
定　　价：34.00元

21世纪全国应用型本科电子商务与信息管理系列实用规划教材

专家编审委员会

丛 书 序

随着电子商务与信息管理技术及应用在我国和全球的迅速发展，政府、行业和企业对电子商务与信息管理的重视程度不断提高，我国高校电子商务与信息管理人才培养的任务也不断加重。作为一个新兴的跨学科领域的专业，电子商务与信息管理的教育在快速发展的同时还存在着许多值得我们思考和改进的问题。特别是开办电子商务专业和信息管理专业的学校学科背景不同，有文科的、理工科的、经管类学科等，使得不同学校对核心课程的设置差异很大；另外，近年来有关电子商务与信息管理方面的教材出版的数量虽然不少，但适合于财经管理类知识背景本科生的电子商务系列与信息管理系列教材一直缺乏，而在开办电子商务和信息管理本科专业的高校中，财经管理类的高校占的比重很大。为此北京大学出版社于 2006 年 11 月在北京召开了“21 世纪全国应用型本科财经管理系列实用规划教材”研讨会暨组稿会，会上出版社的领导和编辑通过对国内经管类学科背景的多所大学电子商务与信息管理系列教材实际情况的调研，在与众多专家学者讨论的基础上，决定成立电子商务与信息管理系列丛书专家编审委员会，组织编写和出版一套面向经管类学科背景的电子商务与信息管理专业的应用型系列教材，暨“21 世纪全国应用型本科电子商务与信息管理系列实用规划教材”。

本系列教材的特点在于，按照高等学校电子商务专业与信息管理专业对本科教学的基本要求，参考教育部高等学校电子商务专业与信息管理专业的课程体系和知识体系，定位于实用型人才培养。

本系列教材还体现了教育思想和教育观念的转变，依据教学内容、教学方法和教学手段的现状和趋势进行了精心策划，系统、全面地研究普通高校教学改革、教材建设的需求，优先开发其中教学急需、改革方案明确、适用范围较广的教材。此次教材建设的内容、架构重点考虑了以下几个要素。

(1) 关注电子商务与信息管理发展的大背景，拓宽经济管理理论基础、强调计算机应用与网络技术应用技能和专业知识，着眼于增强教学内容的联系实际和应用性，突出创造能力和创新意识。

(2) 尽可能符合学校、学科的课程设置要求。以高等教育的培养目标为依据，注重教材的科学性、实用性和通用性，尽量满足同类专业院校的需求。

(3) 集中了在电子商务专业与信息管理专业教学方面具有丰富经验的许多教师和研究人员的宝贵意见，准确定位教材在人才培养过程中的地位和作用。面向就业，突出应用。

(4) 进行了合理选材和编排。教材内容很好地处理了传统内容与现代内容的关系，补充了大量新知识、新技术和新成果。根据教学内容、学时、教学大纲的要求，突出了重点和难点。

(5) 创新写作方法，侧重案例教学。本套教材收集了大量新的典型案例，并且用通俗易懂的方式将这些案例中所包含的电子商务与信息管理的战略问题传授给读者。

前任联合国秘书长安南在联合国 2003 年电子商务报告中说："人类所表现出的创造力，几乎都没有像互联网及其他信息和通信技术在过去十年中的兴起那样，能够如此广泛和迅速地改变社会。尽管这些变革非常显著，然而消化和学习的过程却只是刚刚开始。"可以说没有一个学科像电子商务与信息管理这样如此完美地融技术与管理于一体，也没有哪一个人的知识能如此的全面丰富。参与本系列教材编写的人员涉及国内几十所高校的几十位老师，他们均是近年来从事电子商务与信息管理教学一线的高校教师，并均在此领域取得了丰富的教学和科研成果。所以本系列教材是集体智慧的结晶，它集所有参与编写的教师之长为培养电子商务与信息管理人才铺垫基础。

在本系列教材即将出版之际，我要感谢参加本系列教材编写和审稿的各位老师所付出的辛勤劳动。由于时间紧，相互协调难度大等原因，尽管本系列教材即将面世，但一定存在着很多的不足。我们希望本套系列教材能为开办电子商务和信息管理专业的学校师生提供尽可能好的教学用书，我们也希望能得到各位用书老师的宝贵意见，以便使编者们与时俱进，使教材得到不断的改进和完善。

李洪心

2007 年 11 月于大连

李洪心　李洪心博士现为东北财经大学教授，教育部高等学校电子商务专业教学指导委员会委员，劳动和社会保障部国家职业技能鉴定专家委员会电子商务专业委员会委员，中国信息经济学会电子商务专业委员会副主任委员。

前　言

管理信息系统是一门既具有较宽深的理论基础，又具有较强实践性的学科。管理信息系统是现代管理方法与手段相结合的系统，尤其是在企业管理信息系统中，计算机网络系统与现代管理方法相结合才能使系统在管理中发挥作用。

随着现代化信息技术的迅速发展，信息已经成为企业组织、决策的重要战略资源。面对海量的信息，任何组织都需要根据自身特点开发各种各样的管理信息系统来提高自己的竞争优势，实现管理科学化、规范化和信息化。

管理信息系统具有理论性、实践性、综合性和学科交叉性等特点，信息技术的迅速发展以及信息技术在企业管理、政府办公中的广泛应用，给管理信息系统学科体系带来了较大的冲击。

目前出版的管理信息系统教材有的侧重于理论性，有的侧重于实践性。编者认为，在实际教学过程中，应该在保证管理信息系统基本理论的同时重视学生的动手能力训练。通过案例式教学，充分调动学生学习的积极性和主动性；通过案例引起学生的学习兴趣，培养思辨、分析应用理论知识的综合能力。案例教学不仅是一个对学生进行信息知识传递的过程，而且是让学生对实际问题进行分析思考的过程，从而改善教学效果，为信息化社会培育出更多的应用型人才。

在编写本书的过程中，始终贯穿“基于问题、强调自主、突出实践”这一主导思想，分别从管理层面介绍了管理信息系统的概念及其对管理的影响、管理信息系统的战略性地位及其对组织变革的作用；从应用层面阐述了管理信息系统的技术基础和主要应用，指出了用户在管理信息系统建设过程中的责任和作用；从开发层面介绍了管理信息系统的开发过程和管理。这样做的目的是使学生领会管理信息系统在社会发展和企业运作中的重要作用，学会从信息系统的视角思考组织的问题，应用系统的观点分析和解决问题。

面对管理信息化的大趋势，我国急需大量的掌握现代信息技术的复合型信息管理人才。但不同专业的学生所学的专业课程性质不同、背景不同，对信息系统的认识角度、掌握侧重点有所不同，因此在使用本书教学过程中可以根据专业的不同，选择不同的章节进行重点或一般性介绍，区别对待。

本书的编写本着理论与实践并重、学习与应用相结合的原则，采用案例导向的方式，通过引用国内外管理信息系统的典型案例导入每章内容主题。每章开始都有教学目标与要求、章节知识框架，便于教师和学生全面了解本章主要内容和知识点。每章最后都有本章小结、案例分析，并有一定数量、多种题型的习题，便于强化学生对本章知识点的掌握。

讲授本书需要大约 48 学时，其中包括根据不同专业所安排的 8 学时左右的实验或案例讨论，信息管理专业可以根据第 11 章内容安排管理信息系统实践操作。

章　　节	建议学时	备　　注
第 1 章　管理信息系统概论	6 学时	
第 2 章　管理信息系统的技术基础	4 学时	实验或案例讨论 2 学时
第 3 章　管理信息系统的战略规划和开发方法	6 学时	
第 4 章　管理信息系统的系统分析	8 学时	实验或案例讨论 2 学时
第 5 章　管理信息系统的系统设计	8 学时	实验或案例讨论 2 学时
第 6 章　管理信息系统的系统实施	4 学时	
第 7 章　管理信息系统的管理	4 学时	实验或案例讨论 2 学时
第 8 章　电子商务	2 学时	
第 9 章　电子政务	2 学时	
第 10 章　供应链系统与客户关系管理系统	2 学时	
第 11 章　管理信息系统开发案例	2 学时	信息管理专业实践操作 1 周

本书由魏厚清和孙娜主编，魏厚清负责全书体系设计和统稿。本书共分 11 章，第 1、2、6、9 章由魏厚清编写，第 3、5、7、10 章由孙娜编写，第 4 章由郭文燕编写，第 8 章由柯林编写，第 11 章由邓国华编写。

本书的出版得到了江汉大学的资助，同时北京大学出版社的编辑对本书的修改提出了大量中肯的建议，在此一并表示感谢！

由于编者时间有限，书中疏漏之处在所难免，敬请广大读者批评指正。

编　　者

2012 年 6 月

目　　录

第1章 管理信息系统概论

教学目标与要求

通过对本章的学习，了解管理信息系统在企业经营管理中的重要性；掌握管理信息系统的基本概念及发展历程和发展趋势；了解我国企业信息化现状。

章节知识框架

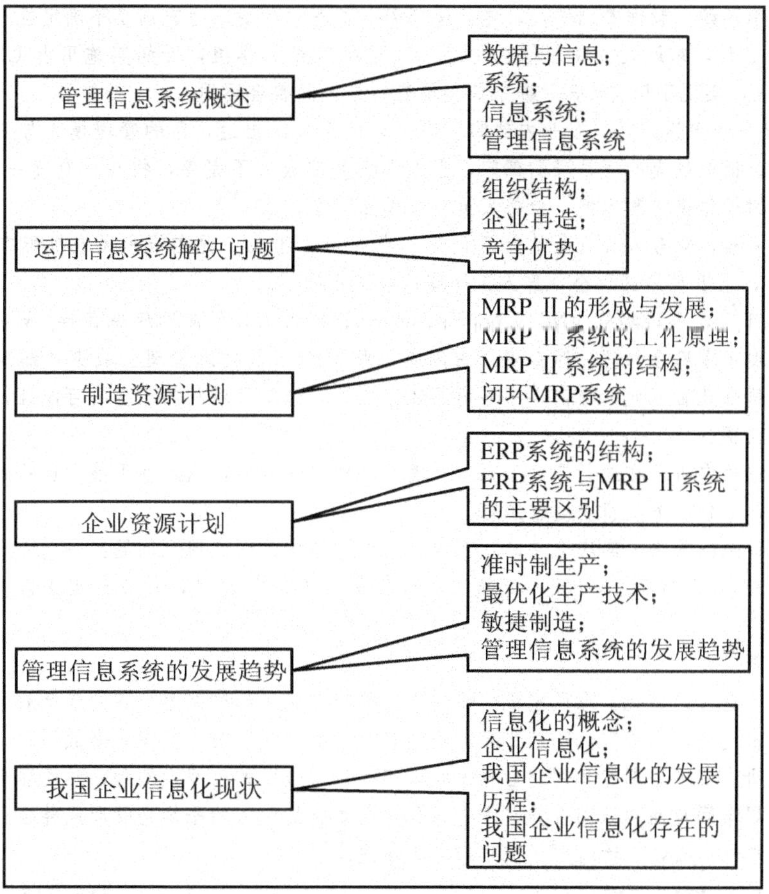

导入案例

靠信息化强筋健骨 东风农机的ERP进程

常州与苏州、无锡联袂成片，形成苏锡常都市圈。苏锡常商圈的辉煌塑造了20世纪80年代名噪一时的“苏南模式”，悠久的工商业传统在新世纪开始迸发出更耀眼的活力。

变革与转型

东华链条厂一直为常州拖拉机厂配套生产链条。链条属于零部件行业，是整个产业链条上很小的一部分。公司需要更大的发展，就必须寻找更大的平台，进入主机行业是一种选择。

2002年是国企改制高峰期。2003年8月，东华收购常州拖拉机厂，更名为常州东风农机集团有限公司(以下简称“东风农机”)。

东风农机确定了两大战略调整：“大拖上量，突破外销”。具体来讲，一是进行产品结构调整。用户需求决定生产变化——从生产小型手扶拖拉机为主，调整为生产大、中型轮式拖拉机为主；二是国内、国际市场一起抓。企业要进入国内市场第一方阵，国际市场要强势突破。

信息化推动变革

东华接手东风农机伊始，便提出了信息化，要求引进ERP(enterprise resource planning，企业资源计划)管理系统。

事实上，东风农机有过信息化不成功的经历，内部的顾虑可想而知。另一方面，由于东风农机的改制刚刚开始，管理基础不足，能否适应整个信息化的要求也充满了不确定性。

2005年2月，东风农机成立信息化建设领导小组和工作组，开始实施用友U8 ERP系统；8月正式上线，实现了用友U8财务系统和供应链系统的整合运用。

从ERP系统上线开始，企业内部的争论一刻也没有停止过，新的管理模式与旧的管理经验发生了冲突。抵触最大的还是采购部门，由于许多基础数据不完善，物料没有统一的编码体系，要改变原来的操作模式和习惯，业务人员一时适应不了。

但时间一长，业务人员首先从信息化管理中尝到了甜头。现在给东风农机配套的供应商有400～500个，上万种零部件全部靠人工处理已经不可能了。

2009年1月，公司实施VMI(vendor managed inventory，供应商管理库存)代管仓管理，成效显著，实现了零库存管理，库存资金占用率下降了50%，物流管理上减少了漏洞和浪费。以前每年呆滞物资几百万元，账目也不透明，现在基本杜绝了呆滞物品产生的可能性，实现了公司和供应商的双赢。

现在，东风农机正在进行产品序列号管理，形成电子档案，从产品下线到检验入库一直到销售发货开票，三包服务实行全过程跟踪。

信息化带来的效果是实实在在的，解决了企业管理中的两大瓶颈问题：一是大大缩短了交货期，从原来的45天缩短为30天；二是成本核算更为准确和及时，财务报表比以前提前了4～5天。

优化管理

得益于信息化的实现，东风农机的管理流程优化和组织结构调整也在同步开展。在信息化的过程中，公司发现，许多部门职能交叉，管理重合，而责任不明，行事效率低下。

经过调研，实施了职能相同或者相关联的车间进行合并的方案。例如，热处理车间和机二车间合并，钣焊车间与油漆车间合并，手拖装配车间和物配中心的手拖仓管职能整合在一起，成为独立核算的责任中心，大大缩短了流程，减少了成本。

以往有大小仓库30多个，现在只有7个仓库，原来有十几个仓库会计岗位，现在只要5个，原来每个车间统计核算员有两个人，现在合并到一起，4个人变成1个人负责，减少了很多无效劳动，责任分明。

整个人员变动的过程是清晰的，信息化系统显示，每个岗位的设置是怎样的，人员就怎样安排，没有多余的位置。

ERP的推进过程是动态的，企业竞争力的打造是细水长流的过程，一步登天是不可靠的。因此，东风农机的ERP进程没有具体的时间表，每一步评估完成后，再进行下一步的推进。

（资料来源：U8案例：东风农机，靠信息化强筋健骨［EB/OL］. http://www.yonyou.com/news/091029120092429022411.shtml. ［2012-03-20］.）

问题：

1. 通过查找相关资料，介绍20世纪末中国企业信息化应用的主要内容有哪些。
2. 东风农机在ERP系统实施初期遇到了哪些挑战？
3. 东风农机在ERP系统实施后取得了什么效果？
4. ERP系统实施与管理流程优化、组织结构调整之间有何内在关联？

1.1 管理信息系统概述

1.1.1 数据与信息

数据(data)是记录下来的某种可以识别的符号，具有多种多样的形式，包括数字、文字、符号、图形、图像等，其形式也可以转换。

信息(information)是信息论中的一个术语。1948年，美国数学家、信息论的创始人C·E·仙农(C. E. Shannon，也有译作C·E·香农)在题为“通讯的数学理论”的论文中指出：“信息是用来消除随机不定性的东西”。1948年，美国著名数学家、控制论的创始人诺伯特·维纳(Norbert Wiener)在《控制论》一书中指出：“信息就是信息，既非物质，也非能量。”

1998年，世界银行推出了《1998年世界发展报告——知识促进发展》对数据、信息和知识之间的区别进行了阐述，报告指出：数据是未经组织的数字、词语、声音、图像等；信息是以有意义的形式进行排列和处理的数据(有意义的数据)；知识是用于生产的信息(有意义的信息)。

信息与数据是不可分离的。数据经过处理后还是数据，处理数据是为了更好地解释。信息是对数据的解释、运用与解算，只有经过解释，数据才有意义，才能成为信息。就本质而言，数据是客观对象的表示，而信息则是数据内涵的意义，只有数据对实体行为产生影响时才成为信息。

在古代，烽火的含义是报警有外敌入侵。但是点燃的烽火本身只是信息的载体，它里面包含的意义即有外敌入侵，这才是信息。

信息具有以下特性。

(1) 真伪性：信息有真伪之分，客观反映现实世界事物的程度是信息的准确性。

(2) 层次性：信息是分等级的。

(3) 可传输性：信息需要依附于某种载体进行传输。

(4) 可变换性：信息可以转换成不同的形态，也可以由不同的载体来存储。

(5) 可共享性：同一信源可以供给多个信宿，因此信息是可以共享的。

(6) 时效性：信息在一定的时间内是有效的，在此时间之外就是无效的。

(7) 信息是有价值的：信息是一种资源，因而是有价值的。

信息可以从以下不同角度来分类。

(1) 按照其重要性程度可分为战略信息、战术信息和作业信息。

(2) 按照其应用领域可分为管理信息、社会信息、科技信息和军事信息。

(3) 按照其加工顺序可分为一次信息、二次信息和三次信息等。

(4) 按照其反映形式可分为数字信息、图像信息和声音信息等。

(5) 按其性质可分为定性信息和定量信息。

某城市繁华地段有一个食品厂，因经营不善长期亏损，该市政府领导拟将其改造成一个副食品批发市场，这样既可以解决企业破产后下岗职工的安置问题，又方便了附近居民。为此进行了一系列前期准备，包括项目审批、征地拆迁、建筑规划设计等。不曾想，外地一位开发商已在离此地不远的地方率先投资兴建了一个综合市场，而综合市场中就有一个相当规模的副食品批发场区，足以满足附近居民和零售商的需求。

面对这种情况，市政府领导陷入了两难境地：如果继续进行副食品批发市场建设，必然亏损；如果就此停建，则前期投入将全部“泡汤”。在这种情况下，该市政府盲目做出决定，在该食品厂厂房所在地建居民小区，由开发商进行开发，但却没对原食品厂职工作出有效的赔偿，使该厂职工陷入困境。该厂职工长期向上反映不能解决赔偿问题，对该市的稳定造成了隐患。

该市领导解决问题时是出于好心，既要解决企业生产不景气的问题，又要为城市居民解决购物问题，还想对企业职工有一个比较好的安排，但做出决策比较仓促，没能充分考虑清楚问题涉及的各种因素，在决策失误时又进一步决策失误，造成了非常被动的工作局面，也给企业职工造成了不可挽回的损失。用领导科学来分析，该决策反映出领导决策中信息原则的重要性。造成这种两难境地的主要原因是没有很好地坚持领导决策的信息优先原则。信息是决策的基础，充分、及时、全面、有效的信息是科学决策的前提。该市政府领导在决定副食品批发市场项目之前，显然缺乏全面细致的市场调查，不了解在建的综合市场特别是其内部的副食品批发场区，因此盲目决策，匆忙上马，以致陷入困境。

1.1.2 系统

系统是普遍存在的，在宇宙间，从基本粒子到河外星系，从人类社会到人的思维，从无机界到有机界，从自然科学到社会科学，系统无处不在。

系统(system)是为实现规定功能以达到某一目标而构成的相互关联的一个集合体或装置(部件)。系统泛指由一群有关联的个体组成，根据预先编排好的规则工作，能完成个别元件不能单独完成的工作的群体。系统分为自然系统、人工系统和复合系统 3 大类。

(1) 自然系统：系统内的个体按自然法则存在或演变，产生或形成一种群体的自然现象与特征。自然系统包括生态平衡系统、生命机体系统、天体系统、物质微观结构系统以及社会系统等。

(2) 人工系统：系统内的个体根据人为的、预先编排好的规则或计划好的方向运作，以实现或完成系统内各个体不能单独实现的功能、性能与结果。人工系统包括立体成像系统、生产系统、交通系统、电力系统、计算机系统、教育系统、医疗系统、企业管理系统等。

(3) 复合系统：复合系统是自然系统和人工系统的组合。复合系统包括导航系统、交通管理系统和人—机系统等。

我们可以从以下 3 个方面理解系统的概念。

(1) 系统是由若干要素(部分)组成的。这些要素可能是一些个体、元件、零件，也可能其本身就是一个系统(或称之为子系统)，如运算器、控制器、存储器、输入/输出设备组成了计算机的硬件系统，而硬件系统又是计算机系统的一个子系统。

(2) 系统有一定的结构。一个系统是其构成要素的集合，这些要素相互联系、相互制约。系统内部各要素之间相对稳定的联系方式、组织秩序及失控关系的内在表现形式，就是系统的结构。例如，钟表是由齿轮、发条、指针等零部件按一定的方式装配而成的，但一堆齿轮、发条、指针随意放在一起却不能构成钟表；人体由各个器官组成，单个器官简单拼凑在一起不能成为一个有行为能力的人。

(3) 系统有一定的功能，或者说系统要有一定的目的性。系统的功能是指系统与外部环境相互联系和相互作用中表现出来的性质、能力和功能。例如，信息系统的功能是进行信息的收集、传递、储存、加工、维护和使用，辅助决策者进行决策，帮助企业实现目标。

与此同时，我们还要从以下几个方面对系统进行理解：系统由部件组成，部件处于运动之中；部件间存在着联系；系统各主量和的贡献大于各主量贡献的和，即常说的 1+1>2；系统的状态是可以转换、可以控制的。

系统在实际应用中总是以特定系统出现的，如消化系统、生物系统、教育系统等，其前面的修饰词描述了研究对象的物质特点，即“物性”，而“系统”一词则表征所述对象的整体性。对某一具体对象的研究，既离不开对其物性的描述，也离不开对其系统性的描述。系统科学研究将所有实体作为整体对象的特征，如整体与部分、结构与功能、稳定与演化等。较复杂的系统可进一步划分成更小、更简单的子系统，许多系统可组织成更复杂的超系统。

1.1.3 信息系统

1. 信息系统的概念

信息系统是由计算机硬件、网络和通信设备、计算机软件、信息资源、信息用户和规章制度组成的以处理信息流为目的的人机一体化系统。

信息系统是一种对各种输入的数据进行加工、处理，产生针对解决某些方面问题的数据和信息。其主要内容是为产生决策信息而按照一定要求设计的一套有组织的应用程序系统。

信息系统是一种面广量大的计算机应用系统，管理信息系统、地理信息系统、指挥信息系统、决策支持系统、办公信息系统、科学信息系统、情报检索系统、医学信息系统、银行信息系统、民航订票系统等都属于这个范畴。

企业发展到一定规模，管理问题开始纷纷暴露。多数的情况是企业规模越大，营业额越大，问题越复杂，管理者越忙，员工的抱怨越多，企业的利润相对越少。

企业现在的工作往往无法由一个人独自完成，需要岗位之间、部门之间乃至企业之间合作。旧的管理模式是各个环节一层一层通过文件、语言交换信息，并通过各个部门、岗位、个体之间的决定转化为行动、成果。

在现今的商业环境下，这种管理模式导致企业的反应速度过于缓慢，同时导致信息断裂、滞延、丢失，团队合作出现问题，合作出现问题，浮现的时候往往为时已晚，人们不得不“救火”，导致企业损失惨重。

如何建立一个实时、低成本、高效的信息系统，减少伙伴之间的信息交换成本，这是搭建企业“流水线”的首要问题。

2. 信息系统的功能

信息系统的 5 个基本功能：输入、存储、处理、输出和控制。

(1) 输入功能：信息系统的输入功能决定于系统所要达到的目的及系统的能力和信息环境的许可。

(2) 存储功能：指的是系统存储各种信息资料和数据的能力。

(3) 处理功能：数据处理工具，基于数据仓库技术的联机分析处理(online analytical processing，OLAP)和数据挖掘(data mining，DM)技术。

(4) 输出功能：信息系统的各种功能都是为了保证最终实现最佳的输出功能。

(5) 控制功能：对构成系统的各种信息处理设备进行控制和管理，对整个信息加工、处理、传输、输出等环节通过各种程序进行控制。

3. 信息系统的基本类型

从信息系统的发展和系统特点来看，信息系统可分为数据处理系统(data processing system，DPS)、管理信息系统(management information system，MIS)、决策支持系统(decision sustainment system，DSS)、专家系统(expert system)和虚拟办公室(FEIM Studios) 5 种类型。

1.1.4 管理信息系统

1. 管理信息系统的概念

管理信息系统是一门新兴的学科，其主要任务是最大限度地利用现代计算机及网络通信技术加强组织的信息管理，通过对组织拥有的人力、物力、财力、设备、技术等资源的调查了解，建立正确的数据，加工处理并编制成各种信息资料，及时提供给管理人员，以便进行正确的决策，不断提高组织的管理水平和经济效益。

管理信息系统是一个以人为主导，利用计算机硬件、软件、网络通信设备以及其他办公设备，进行信息的收集、传输、加工、储存、更新和维护，以企业战略竞优、提高效益和效率为目的，支持企业的高层决策、中层控制、基层运作的集成化的人机系统。

管理信息系统通常用于决策。例如，可以利用管理信息系统找出组织目前需要解决的问题，并将信息及时反馈给管理人员，使他们了解当前工作发展的进展或不足，把握将来的发展路径。

管理信息系统不仅是一个技术系统，而且是一个社会系统。

(1) 首先，管理信息系统的发展是伴随着计算机技术的发展而展开的，之所以有管理信息系统的产生，是因为计算机技术的存在，计算机技术的发展直接推动了管理信息系统从低级低效发展到了高级高效。其次，管理信息系统作为一个基于计算机的系统，其数据分析、软件开发等都需要技术的支持，同时，对于管理信息系统的开发和使用都需要专业的人来做，因此说管理信息系统是一个技术系统。

(2) 管理信息系统是社会系统的抽象表达，社会系统的各个实体之间通过信息发生相互作用，而把这些实体抽象成管理信息系统里的节点，将不可见的信息具体化，进行分类、检索和储存，提高信息的质量，就可以提高实体之间交流和相互作用的效率。任何一个实际有效的管理信息系统都是一个社会系统的映像，管理信息系统的运作可以提高社会系统的运作效率，它实际上也是社会系统的一部分，是社会系统高度发达的产物。

2. 管理信息系统的结构

管理信息系统并不是与一个组织的其他信息系统相分离的特殊实体，它是组织信息系统的核心，贯穿于组织管理的全过程，同时又覆盖了管理业务的各个层面，其结构是一个包含各种子系统的广义结构。

下面我们着重从广义概念上阐述管理信息系统的结构。

管理信息系统的结构矩阵如图 1.1 所示。纵向概括了基于管理任务的系统层次结构；横向从管理的组织和职能上概括了管理信息系统的组成。

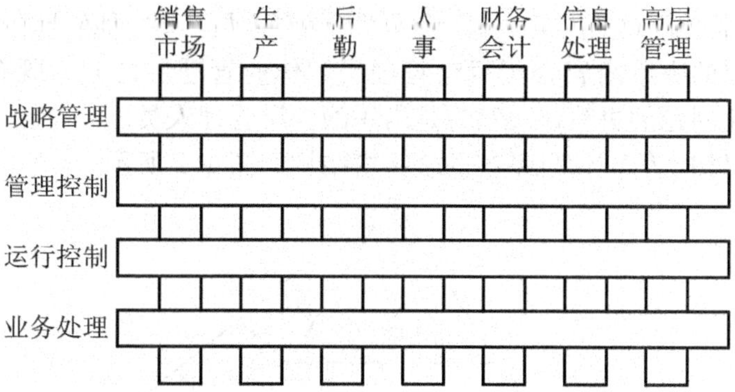

图 1.1 管理信息系统的结构矩阵

1) 基于管理任务的系统层次结构

管理信息系统的任务在于支持管理业务，因而管理信息系统可以按照管理任务的层次进行设计。一般地，不同管理层次的任务是不相同的，见表 1-1。

表 1-1 管理层次

管理层次	管理任务和内容
战略管理(高层)	规定组织的目标、政策和总方针； 确定组织的管理模式； 确定组织的任务
战术管理(中层)	获得组织所需各种资源、监控等
作业管理(基层)	有效利用各种资源，在规定范围从事管理活动

在实际工作中，由于管理者所处的管理层次不同，思考问题的角度不同，同一个问题可以属于不同的管理层次。

不同管理层次对信息的需求也不相同，其信息特征的差别见表 1-2。

表 1-2 不同管理层次对信息的需求特征

管理层次	信息特征						
	来源	范围	概括性	时间性	变化性	精确性	使用频率
战略管理	外部	很宽	概括	未来	相对稳定	低	低
战术管理	内部	相对确定	较概括	综合	定期变化	较高	较高
作业管理	内部	确定	详细	历史	经常变化	高	高

从管理决策问题的性质来看，不同管理层次也不相同。战略管理层的决策内容关系组织的长远目标，以及制定获取、使用各种资源的政策等方面，大多数属于非结构化问题的决策。决策者是组织的高层管理人员，除需要根据组织的外部环境和内部条件来做出决策外，还需要他们具有一定的知识、阅历、经验和胆识。

作业管理层的决策内容是关于如何有效利用组织的资源，并按照既定的程序和步骤进行工作，大多数属于结构化问题的决策。决策者是基层管理人员，要求他们具有组织实施的能力。

而战术管理层的决策内容介于战略管理层和作业管理层之间，既有结构化问题的决策，也有非结构化问题的决策，决策者是组织的中层管理人员。

由上述情况可知，管理信息系统的金字塔结构如图 1.2 所示。

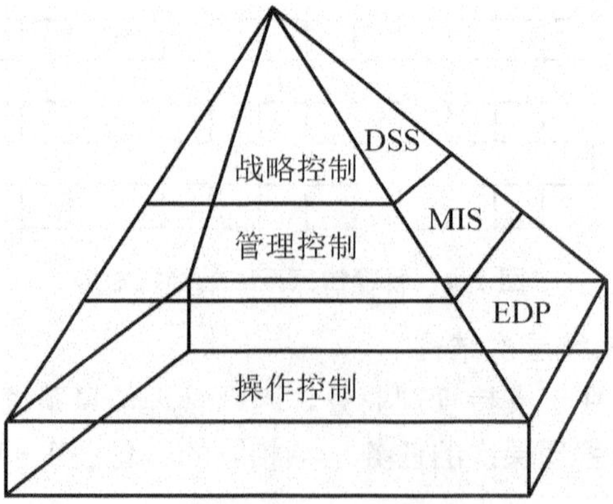

图 1.2 管理信息系统的金字塔结构

2）基于管理职能的系统结构

管理信息系统的结构，也可以按照使用信息的组织职能描述。系统所涉及的各职能部门都有着自己特殊的信息需求，需要专门设计相应的功能子系统，以支持其管理决策活动，同时各职能部门之间存在着各种信息联系，从而使各个功能子系统构成一个有机结合的整体。管理信息系统正是完成信息处理的各功能子系统的综合。

3）管理信息系统结构的综合

根据系统的组成和决策支持的要求，可以综合出管理信息系统的概念结构。综合的原则有以下几个。

横向综合，就是把同一管理层次的各种职能综合在一起。横向综合正向着资源综合的方向发展。

纵向综合，即把不同层次的管理业务按职能综合起来。这种综合结构沟通了上下级之间的关系，便于决策者掌握情况，进行正确分析。

这种结构实质上是一个概念上的框架，人们可以用它来描述现有的或进化中的管理信息系统。管理信息系统的综合结构如图 1.3 所示。

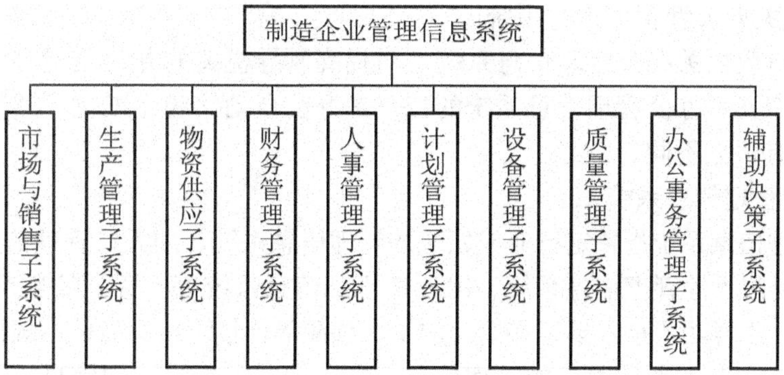

图 1.3 管理信息系统的综合结构

3. 管理信息系统的分类

（1）根据系统的功能、目标、特点和服务对象不同，从层次上可以分为业务管理系统和决策支持系统。

业务管理系统又称业务处理系统、业务员信息系统，是提供给基础人员使用的系统，是对业务处理过程进行针对性支持的信息系统，能够为某项工作的完成提供有力的工具支撑。

决策支持系统(decision support system，DSS)是辅助决策者通过数据、模型和知识，以人机交互方式进行半结构化或非结构化决策的计算机应用系统。它是管理信息系统向更高一级发展而产生的先进信息管理系统。

（2）根据系统的功能和服务对象，管理信息系统可分为国家经济信息系统、企业管理信息系统、事务型管理信息系统、行政机关办公型管理信息系统和专业型管理信息系统等。

① 国家经济信息系统。

国家经济信息系统是一个包含各个综合统计部门(如中华人民共和国国家发展和改革

委或中华人民共和国国家统计局)在内的国家级信息系统。这个系统能纵向联合各个省市、地市、各县甚至各个重点企业的经济信息系统，横向联系外贸、能源、交通等各个行业信息系统，形成一个纵横交错、覆盖全国的综合经济信息系统。

② 企业管理信息系统。

企业管理信息系统面向工厂、企业，主要进行管理信息的加工处理，这是一类最复杂的管理信息系统。企业复杂的管理活动给管理信息系统提供了典型的应用环境和广阔的应用舞台，大型企业的管理信息系统都很大，“人、财、物”“产、供、销”及质量、技术应有尽有，同时技术要求也很复杂，因而常被作为典型的管理信息系统进行研究，从而有力地促进了管理信息系统的发展。

③ 事务型管理信息系统。

事务型管理信息系统面向事业单位，主要进行日常事物处理，如医院管理信息系统、饭店管理信息系统、学校管理信息系统等。由于不同应用单位处理的事务不同，这些管理信息系统的逻辑模型也不尽相同，但基本的处理对象都是管理事务信息，决策工作相对较少，因而要求系统具有很高的实时性和数据处理能力，数学模型使用较少。

④ 行政机关办公型管理信息系统。

国家各级行政机关办公管理信息系统，对提高领导机关的办公质量和效率、改进服务水平具有重要意义。办公管理信息系统的特点是办公自动化和无纸化，其特点与其他各类信息管理系统有很大不同。

⑤ 专业型管理信息系统。

专业型管理信息系统指特定行业或领域的管理信息系统，如人口管理信息系统、材料管理信息系统、科技人才管理信息系统、房地产管理信息系统等。这类信息系统专业性很强，信息相对专业，主要功能是收集、存储、加工、预测等，技术相对简单，规模一般较大。

此外，还有一类专业性很强的管理信息系统，如铁路运输管理信息系统、电力建设管理信息系统、银行信息系统、民航信息系统等，其特点是综合性很强，包含了上述各种管理信息系统的特点，是“综合型”信息系统。

小思考：作为企业家，真实的信息不一定能反馈到他这里，他听到的都是经过过滤的东西，所以企业家会筛选一些信息，但是他不能判断这个到底是好是坏，那么谁来帮他甄别呢？

1.2 运用信息系统解决问题

由于企业采取了划分成许多子系统的组织结构，各个子系统往往注意追求本子系统利益的最优化，而把局部目标置于整体目标之上，引起各子系统行动上的不协调，使企业整体利益受到损害。因此，协调企业内部各子系统的行动、优化整体利益是企业取得成功的关键。管理信息系统作为企业的一个特殊的子系统，正是在这一点上起着十分重要的作用。一般认为，管理信息系统具有数据的输入、传输、存储、处理、输出等基本功能。它收集数据，并向管理人员提供信息，与管理人员一起在整个企业中起着反馈控制的作用。

1.2.1 组织结构

传统的企业组织结构形式，大致经历了直线制、职能制、直线职能制、直线职能参谋制、事业部制、矩阵制等各种不同的形式。它们的共同点是，它们都按职能的不同划分部门所形成的垂直型组织结构形式。正如亨利·明茨伯格(Henry Mintzberg)所说："每一位经理都处于他那个单位同单位的环境之间的地位上，一个公司的总经理领导着他的公司，并面向着一个由竞争者、供货者、政府组成的环境；一个车间的主任领导着他的车间，并面向公司内部的其他车间主任和职能人员，以及公司外部的供货者等。"传统的企业组织形式与工业经济时代需要高度的专业化分工协作，与实现规模经济效益的要求相吻合，适应工业经济时代信息传递的技术要求和企业高层管理者的要求。

社会、科学、技术的迅速发展使企业的外部环境和内部生产方式发生了很大变化，这使得传统的企业组织结构形式落伍和过时，它存在致命的缺陷。

(1) 金字塔式的层级组织使处于组织底层的人看不到自己的发展前景。

(2) 严格的等级系列使企业中的信息沟通困难。

(3) 管理幅度与管理层次是一对永远扯不清的矛盾。

(4) 传统的垂直组织使企业缺乏对外部环境变化的适应能力。

(5) 官僚组织使企业组织更加"官僚化"。

(6) 垂直式组织效率的提高是以降低顾客服务质量为代价的。

20世纪信息技术的迅速发展使知识资源取代了物质资源，从而使人类社会可以转向利用知识来充分发掘自然资源效用的可持续发展方式，使企业投入生产过程的生产要素发生了变化，使企业的生产组织形式发生了变化，使企业中信息传递与交流的方式发生了变化，使人们的思想观念发生了变化。这些变化要求企业的组织结构形式要相应地变化，才能使企业的生存与发展能适应变化了的形势。这就要求我们对过去所形成的企业组织形式结构有一个正确的认识。总之，职能型的垂直组织结构形式，是一个完全以"物"的因素为基础形成的组织结构形式，它曾经是有效的但是现在却面临严峻的挑战。

(1) 需求的多样化、复杂化与社会的生产方式变革形成了一个互动的过程。

(2) 科技的发展改变了市场竞争的方式，要求改革组织结构形式。

(3) 知识成为主要的生产要素要求要有与之相适应的组织结构形式。

(4) 企业信息沟通方式的改变引起了企业组织结构形式的变革。

(5) 人的需求变化，要求组织结构给个人的发展提供更宽广的空间。

企业组织再也不能是束缚人们思想和限制人们行动自由的牢笼，而应该是一片使每个人都能实现其人生梦想的广阔天空。

扁平化组织结构是现代企业组织结构形式之一，这种组织结构形式改变了原来层级组织结构中的企业上下级组织和领导者之间的纵向联系方式，平级各单位之间的横向联系方式以及组织体与外部各方面的联系方式等。扁平化组织结构的优点是，能够提高管理效率，减少管理失误，降低管理费用，扩大管理幅度。

建立强大的管理信息系统可以使企业组织结构扁平化。从理论上讲，管理信息系统能够降低获取信息的成本并拓宽信息传播的范围，从而使牢固的金字塔结构得以改变。管理信息系统能把信息从操作部门直接传递给高层管理者，从而越过了中层管理者。管理信息系统还可使高层管理者通过通信和计算机网络直接与操作部门取得联系，而不必通过作为中介的中层管理者。所以，管理信息系统会使组织变得更加集权化，高层管理者的控制能力进一步增强，控制范围进一步扩大，并趋向于逐渐取消中层管理，企业组织结构变得更为扁平。

虚拟型组织结构是一种只有很精干的核心机构，以契约关系的建立和维持为基础，依靠外部机构进行制造、销售或其他重要业务经营活动的组织结构形式。被联结在这一结构中的两个或两个以上的单位之间并没有正式的资本所有关系和行政隶属关系，但却通过相对松散的契约纽带，透过一种互惠互利、相互协作、相互信任和支持的机制来进行密切的合作。

NIKE公司是著名的运动鞋制造厂商。但实际上NIKE公司只有一个很小的制造单位用来生产耐克鞋的气垫系统，而其余几乎100%的业务都是由外部供应商提供的。NIKE公司把主要的力量集中在新产品研究开发和市场营销上，制造上采用“多层伙伴”策略，按不同合作对象的特点采取不同的合作方式，这使得NIKE公司的产值以每年20%的递增率增长。有些著名的运动鞋制造厂商更是完全不从事制造活动。NIKE公司运用信息网络技术将所有的企业活动联系起来，使得他们能够很快地对市场上流行起来的顾客需求做出反应。

企业组织形式实现网络化和虚拟化是在信息技术普及的条件下，在市场激烈竞争的环境中产生的一种企业组织方式。为了最大限度地降低企业的运营成本，充分利用各种市场资源和社会资源，加强企业之间的联合，核心企业需要在现代信息技术的应用平台上，在供应商、制造商、销售商和客户之间建立一种新型的企业之间的命运共同体关系。在产品市场的供应链中，客户希望与厂商建立长期的和良好的关系，得到良好的服务，希望能在企业的经营管理过程中得到更大的发言权来满足自己对产品和服务的需求。而厂商也希望保持与老客户的关系，以达到降低企业的经营成本和市场风险的目的。以此类推，供应商不仅要向制造商及时地提供物美价廉的原材料和零部件，还要积极参与制造商的产品开发和设计，制造商则要给供应商以充分的信任，吸引他们参与企业的产品开发设计活动，分享有关的重要市场信息。这几个市场相关的利益方面在共同利益的基础上、在信息技术的平台上互相依赖，形成了一种新型的企业关系，从而诞生了一种新的企业形式、一种非正式经营实体——虚拟的网络型企业组织。

1.2.2 企业再造

20世纪六七十年代以来，信息技术革命使企业的经营环境和运作方式发生了很大的变化，而西方国家经济的长期低增长又使得市场竞争日益激烈，企业面临着严峻挑战。

企业再造也称为业务流程再造(business process reengineering，BPR)是随着信息时代的到来而产生的一场技术管理革命。作为较早倡导BPR理论的学者之一，美国麻省理工学院教授迈克尔·哈默(Michael Hammer)在《企业再造》(*Reengineering the Corporation*)一书中对业务流程再造是这样定义的：“从根本上重新思考并彻底重新设计业务流程，以实现在关键业绩(如成本、质量、服务和响应速度)上，取得突破性的进展。”企业再造就是重新设计和安排企业的整个生产、服务和经营过程，使之合理化。通过对企业原来生产经营过程的各个方面、每个环节进行全面的调查研究和细致分析，对其中不合理、不必要的环节进行彻底的变革。

企业再造成功的关键因素包括人的因素、文化的因素，其中企业文化的再造是成功的保证，信息技术的充分应用是企业再造的前提。

多数分析家认为，信息技术与流程再造唇齿相依。例如，如果沃尔玛离开了信息技术，就无法实现其大量市场零售货物的采购和分发流程的再造。福特公司通过 BPR 与 IT (information technology，信息技术)应用的结合，成功减少了其采购部 75%的人员。

许多信息技术部门在从事业务流程再造时遭遇了巨大挑战，为了能够更有效地实施 BPR 项目，信息技术部门必须在整个流程再造的过程中扮演更为积极的角色。它必须做到以下几个方面。

(1) 加深在 BPR 项目所有相关领域的参与程度。

(2) 为业务分析提供有关自动化流程的关键信息。

(3) 建立符合短期和长期改造需求的转型战略。

(4) 增强对目标系统的业务流程的整合。

(5) 在目标应用中保持现有的业务规范和相关内容。

一个 BPR 项目的驱动因素包括改善客户服务、简化程序、降低成本，以及在其他相互影响的方面提高效率。

1.2.3 竞争优势

所谓企业竞争优势，是指企业在产出规模、组织结构、劳动效率、品牌、产品质量、信誉、新产品开发以及管理和营销技术等方面所具有的各种有利条件。企业竞争优势是这些有利条件构成的整体，是企业竞争力形成的基础和前提条件。这里所指的企业竞争力，是指企业设计、生产和销售产品和劳务，参与市场竞争的综合能力。这种能力主要是由企业自身所拥有的竞争优势所决定的。

1. 企业竞争优势的类型

20 世纪 90 年代中叶，美国信息技术战略家伯纳德 · H · 鲍尔(Bernard H. Boar)将企业的竞争优势归纳为 5 种类型。

(1) 成本优势。这种优势能够使企业更廉价地提供产品或服务。

(2) 增值优势。这种优势能够使企业创造出更吸引人的产品或服务。

(3) 聚焦优势。这种优势能够使企业更恰当地满足特定顾客群体的需求。

(4) 速度优势。这种优势能够使企业比竞争对手更及时地满足顾客的需求。

(5) 机动优势。这种优势能够使企业比竞争对手更快地适应变化着的需求。

2. 应用信息系统获得竞争优势

1) 成本优势

(1) 采购成本的降低。在管理信息系统中，通过加强对供应商关系的管理，可以降低原材料的成本。首先，与供应商的合作，可以降低市场采购的风险，降低不确定性，减少交易费用。市场的风险、不完全的信息往往会使企业蒙受损失，失去许多商业机会。其次，大规模的采购以及长时间的合作，可以使供应商在价格上对企业实行优惠。一方面，大规模、长时间的采购本身就降低了原材料的运输成本；另一方面，供应商同样由于不确定性的降低而使费用下降。

(2) 库存成本的降低。库存成本的降低来源于管理信息系统对市场的预测能力的增强。在满足一定的服务水平的情况下，库存的降低可以减少存储费用、管理费用、运输费用。任何的成品和半成品都会增加仓库的管理费用。在制品的增加，会使其搬运费用等增加。采用管理信息系统后，企业一方面可以通过多批次、小规模的采购和供应商送货来减少原材料的存储费用；另一方面可以减少生产线上的在制品的流动，减少运输费用。最终半成品和产品的储存数量也会减少。

(3) 销售成本的降低。销售成本的降低得益于销售渠道成本的降低。管理信息系统对批发商和零售商进行了整合，在销售过程中降低了成本。首先，企业与批发商之间大规模的货物运输，利用了运输的规模效应，降低了销售费用。其次，减少了商品在销售过程中发生滞销所带来的损失。

2) 速度优势

在“拉动”方面，提高快速响应能力，进行及时快速的生产。

(1) 快速的订货和订单处理。信息技术的发展，如 POS(point of sale)技术、EDI(electronic data interchange，电子数据交换)技术、VPN(virtual private network，虚拟专用网络)等，为客户快速订货提供了方便。各个零售商店根据库存的情况或者根据订货点定期进行订货。这些订货信息及时地传递到销售商和生产商手里。企业根据销售商传来的订货清单进行分类处理，以确定生产哪些产品生产多少以及在什么时候生产。

(2) 敏捷制造。企业根据订单，在规定的尽量短的时间内，生产出符合要求的产品。实施供应链的企业，一般有两种生产方式：一种是基于 MRP Ⅱ(manufacturing resource planning，制造资源计划)或者是 ERP 的制造；另一种是基于 JIT(just in time，准时制生产)方式的制造。前者的特点在于根据大量的订单，迅速地制定出生产计划，确定订货提前期、每天的生产安排、对实施结果进行控制，并修改主生产计划。后者是根据订单，马上进行生产，并要求供应商及时地送货。前者是利用大规模生产的特点，依靠严格的计划和控制来提高制造的效率的。后者是依靠对产品质量的控制，提高生产的灵活性，来缩短生产周期的。

(3) 供应商及时送货。原材料的供应对企业实现快速生产起了关键的作用。供应商推迟送货，会延误生产的时间，甚至会使生产发生停顿。而过早送货，对基于 JIT 生产的企业来说，则同样会产生负面影响不但会增加存储的费用，而且还会影响生产的有序进行。

3) 机动优势

在“推动”方面，提高企业对市场的预测和反应能力，加强客户关系，及时满足市场的需求。

(1) 获取相关的信息。企业需要对消费者的需求状况、消费者的层次及其满意程度进行分析。要获取这些信息，需要对客户和市场进行调研。管理信息系统在获取这些信息方面有很强的优势。通过与销售商、零售商共享信息，可以准确而快速地获取多方面的信息。在市场方面，通过统计各销售渠道每种产品的销售信息，可以分析销售增长状况，看出哪些产品受到消费者的欢迎，哪些滞销。在客户方面，可以通过商场 POS 机等获取消费者个人的消费偏好，消费者种类和消费层次。有些零售商店通过发放会员卡等方式，对消费者的消费状况进行跟踪，为消费提供个性化的服务。对这类信息的汇总，可以获取各消费层次的消费偏好，以及产品的不同层次的需求，为产品决策提供依据。

（2）通过信息进行市场定位，制订生产计划。通过对获取的信息进行分类、汇总，可以对市场的需求进行预测。对不同层次、不同区域、不同季节的需求进行预测，以确定市场的范围，对市场进行准确定位，从而确定市场策略，进行生产计划。在此基础上，这一点在基于 MRP Ⅱ 的企业尤为重要。准确的市场信息是管理信息系统生产计划的前提。

案例

某日化企业成功的“战略匹配”

某日化企业从 1993 年就开始了信息化探索之路，当时购买了单机版的财务软件；1996—2000 年，该企业走过了一段漫长的选型之路；1998 年，实施了 ERP 系统，将财务管理、供应链管理、生产制造、人力资源管理引入到企业当中；2008 年，引入零售管理系统。不管在哪个信息化阶段，该企业的信息化建设始终围绕着企业战略展开。

市场细分和品牌多元化是该企业在中国一贯秉承的战略，根据不同的细分市场和消费群体，会将不同的品牌投放到其认为相适应的市场领域。为了实现这个战略，他们将其信息化建设分为以下 3 个关键阶段。

（1）解决操作问题，采用财务系统、库存管理系统和预算系统支持公司战略的实施，帮助企业进行品牌和渠道的投入产出分析，以更好地将产品品牌分配到不同的渠道和市场中。ERP 的实施实现了企业采购的精细化管理，对于该企业来说产品的生产周期比较短，但是原材料的采购周期比较长，为了能够实现集中运输和分别订货并随时调整，需要通过库存采购的精细化管理来发现问题、消除错误。

（2）解决多个系统的整合问题。为了更好地把握细分市场及其渠道，让多品牌战略进一步“落地”，需要对细分市场进行中短期的预测，因此，其需要解决多系统整合的问题，通过 ERP 系统的实施和不断升级，将销售、生产、库存采购以及物流等在内的整个供应链集成到一起。

（3）利用大量的数据为其战略决策提供支持。他们利用已有的 ERP 系统进行一些客户化开发，这些开发主要针对数据的深度挖掘和分析，产生一系列的报表报告，为决策提供充分的支撑信息。

某日化企业认识到了信息化在企业战略实现过程中扮演的重要角色，所以从 1993 年至今其信息化应用的进程始终与企业的发展和战略的实施形影不离、相得益彰，使其市场细分和品牌多元化战略在实践中取得了令人瞩目的经济效益。

案例

某机械企业欠佳的“战略匹配”

某机械企业是一家专业为全球消费电子产品制造商提供原厂塑胶模具及其塑胶制品的配套服

务厂商。公司目前主要为全球消费产品类别中最大类的手机、MP3/MP4、剃须刀、数码相机等电子产品提供高精密、高附加值的模具制作、注塑成型、表面加工处理、真空镀膜、IMD(in mold decoration)等全面技术配套服务。

某机械企业将其企业战略定位为“世界级先进制造企业”，其战略的核心是制造技术的创新。因此，要实现成为世界级先进制造商的梦想，企业的信息化应该从以下3个方面对该战略进行支撑。

(1) 要为企业实时获取终端市场的标准、跟踪终端市场的变化发展提供支持。该企业原先的生产和运营是在手工模式下进行的。2004年，随着企业的不断发展，这种手工作业的模式已经无法满足企业实时获取终端标准、跟踪终端市场变化发展的需要，因此企业实施了ERP系统。首先对库存和采购进行了管理，期望从库存和采购的管理中获取最真实的数据资料，以进行相关的分析，但是当时的信息系统根本无法满足他们的要求。为了进一步把握企业相关环节的来龙去脉，从中了解和把握市场的动态变化，该企业对现有信息系统进行了升级，增加了财务、销售、生产等相关环节，但是他们的信息化建设并未应用到企业的整个流程管理和统筹安排中，信息化应用停留在局部，加之大多环节采用信息化与手工操作结合的形式，企业所得信息的全面性和真实性大打折扣。

(2) 为企业内部实施精细化管理，提高运营管理效率提供信息化支撑。企业的利润可能流失于任何一个管理环节，为了实现“世界级先进制造企业”战略，该机械企业需要加强内部精细化管理，而精细化管理需要管理者在调整产品、服务和运营过程中采用信息化的手段作为支撑。他们通过财务管理、库存管理、采购管理、销售管理和生产管理等环节来进行精细化管理，虽然目前企业的成本核算和财务报表较之以前更加准确和及时，生产、排产等也借助系统的支持，但是很多环节还处在半信息化状态，必须通过手工的辅助才能完成，信息化作为对战略和管理流程支撑手段的力度不够，有待进一步深化和提高。

(3) 信息化需要在制造工艺和设计上给予支撑。为了随需而动，生产出符合市场要求和具有竞争力的产品，该机械企业需要在制造工艺和设计方面加强管理和创新。良好的制造工艺和流程需要现代信息技术的支撑，但是目前该企业信息化在这方面的支持很少。

我们判断目前某机械企业的信息化只能支撑企业战略不足50%的需求，信息化的应用主要停留在精细化管理中部分数据的采集和管理以及部分制造工艺中，他们的信息化虽然也随着企业战略的深入不断发展，但是在信息化的实际运行中与战略的匹配和吻合度不高，信息化的应用效果欠佳。

(资料来源：黄骁俭. 中国企业信息化行为研究报告［EB/OL］. http://www.enicn.com/2009/0922/844.shtml.［2012-03-20］.)

问题：

1. 通过对两家企业信息化过程的分析，试找出其成功与不够成功的原因。
2. 两家企业分别获得了哪些竞争优势?

1.3 制造资源计划

工业企业是一个以生产为核心，对产、供、销等活动进行全面控制的大系统。要使整个企业正常运行，就离不开符合生产过程实际需要的管理系统。

广义的生产管理包括从原材料、劳动力、资金、设备等资源的组织，经产品的设计、制造、供应、销售等环节，直至售后服务的整个产品生命周期。

生产管理系统的目标是要通过对生产过程中的信息管理，使物流和信息流同步运行，从而使管理工作有效地指挥生产活动，为实现企业的经营目标服务。MRP Ⅱ（Manufacturing Resources Planning）正是实现这一目标的现代化管理方法。

1.3.1 MRP Ⅱ的形成与发展

MRP Ⅱ是广泛应用于制造企业的一种管理思想和模式。它是人们在对生产管理规律进行了深入研究、总结了大量生产管理经验的基础上形成的。它正确反映了企业生产中人、财、物等要素和产、供、销等管理活动的内在逻辑联系，能够有效地组织企业的所有资源进行生产，因而获得了广泛的应用。

在传统的生产管理中，由于生产的产品品种繁多，批量变化较大，为了及时生产出合格的产品就必须采用各种方法解决生产中存在的问题。

早期一般采用监视库存的方法，一旦库存降低，就重新订货，以保证不间断地生产。这种方法在企业生产较为复杂的情况下，常常造成库存占用过高，资金利用率较低。美国管理学家R·H·威尔逊(R. H. Wilson)在1915年提出了经济批量的概念，1934年又提出用统计方法确定订货点的方法，首开库存管理研究之先河，后经人们不断完善，形成了现在的古典生产存储系统。

而在多变的市场中，物料需求也是随时间而变化的，为了避免物料短缺而对每个项目设置安全库存，使得库存投资增加、生产成本上升，为了解决生产中库存量较高的弊端，提高资金利用率，人们逐渐把注意力转向企业生产的物料需求上来，希望物料能在需要时运来，而不是过早地存放到仓库中，从而达到降低库存的目的。1965年，美国的约瑟夫·A·奥里奇(Joseph A. OrliCky)博士与奥列弗·W·怀特(Oliver W. Wight)等管理专家一起在深入调查美国企业管理状况的基础上，针对制造业物料需求随机性大的特点，提出了物料需求计划(material requirement planning，MRP)这种新的管理思想。

MRP系统建立在两个假设的基础上：一是生产计划是可行的，即假定有足够的设备、人力和资金来保证生产计划的实现；二是假设物料采购计划是可行的，即有足够的供货能力和运输能力来保证完成物料供应。

在实际生产中，能力资源和物料资源总是有限的，往往会出现生产计划无法完成的情况。因而，为了保证生产计划符合实际，必须把计划与资源统一起来，以保证计划的可行性。后来的研究者在MRP的基础上增加了能力需求计划，使系统具有生产计划与能力的平衡过程，形成了闭环MRP，进而又在闭环MRP的基础上增加了经营计划、销售、成本核算、技术管理等内容，构成了完整的企业管理——MRP Ⅱ系统。

从MRP Ⅱ产生的过程可见，它是随着计算机技术和管理理论的发展不断完善和提高的。近年来，国内外已有多家企业建立并运行了MRP Ⅱ系统。MRP Ⅱ系统利用计算机网络把生产计划、库存控制、物料需求、车间控制、能力需求、工艺路线、成本核算、采购、销售、财务等功能综合起来，实现企业生产的计算机集成管理，全方位地提高了企业管理效率。

综上所述，MRP Ⅱ系统是现代化的管理方法与手段相结合，对企业生产中的人、财、物等制造资源进行全面控制，以达到最优的客户服务、最小的库存投资和高效率的工厂作业等目的的集成信息系统。

1.3.2 MRP Ⅱ系统的工作原理

MRP Ⅱ系统是站在整个企业的高度进行生产、计划及一系列管理活动的。它通过对企业的生产经营活动做出有效的计划安排，把分散的工作中心联系起来进行统一管理，实现了物流与资金流的信息集成，是计算机集成制造系统(computer integrated manufacturing systems，CIMS)的重要组成部分，也是企业资源计划 ERP 的核心主体，是解决企业管理问题、提高企业运作水平的有效工具。因而，MRP Ⅱ系统是将企业的生产、财务、销售、采购、技术管理等子系统综合起来的一体化系统，各部分相互联系，相互提供数据。

MRP Ⅱ系统的核心在于各级计划系统。计划是为实现一定的目标而制定的行动方案；控制是为保证计划的完成而采取的措施。在 MRP Ⅱ中，计划从粗到细，从长期到短期，从一般到具体分为 5 个层次。

经营计划是计划的最高层次，是企业总目标的具体体现。企业的最高决策层根据市场调查和需求分析、国家政策、企业资源能力和历史状况、竞争对手情况等有关信息，制定企业的中长期发展规划。它包括未来 2～7 年内，企业产品的品种、市场份额、产品年销售额、年利润、生产率等。经营计划的制订要考虑现有资源及未来可获得的资源，具有较大的预测成分。经营计划是如下各层计划的基础。

生产计划大纲的任务是根据经营计划，确定未来 1～3 年内，每年、每月生产多少，需要哪些资源。

主生产计划(master production schedule，MPS)是确定每一具体的最终产品在每一具体时间段内生产数量的计划。这里的最终产品是指对于企业来说最终完成、要出厂的完成品，它要具体到产品的品种、型号。这里的具体时间段，通常是以周为单位，在有些情况下，也可以以日、旬、月为单位。主生产计划详细规定生产什么、什么时段应该产出，它是独立需求计划。主生产计划根据客户合同和市场预测，把经营计划或生产大纲中的产品系列具体化，使之成为展开物料需求计划的主要依据，起到了从综合计划向具体计划过渡的承上启下作用。

物料需求计划是根据最终产品的数量和交货期，计算零部件及材料的需求数量及时间。MRP Ⅱ系统要正确计算出物料需求的时间和数量，特别是相关需求物料的时间和数量，首先要使系统能够知道企业所制造的产品结构和所有要使用到的物料(物料清单，bill of material，BOM)。产品结构列出构成成品或装配件的所有部件、组件、零件等的组成、装配关系和数量要求。它是 MRP Ⅱ系统产品拆零的基础。库存信息是保存企业所有产品、零部件、在制品、原材料等存在状态的数据库。在 MRP 系统中，将产品、零部件、在制品、原材料甚至工装工具等统称为“物料”或“项目”。为便于计算机识别，必须对物料进行编码。物料编码是 MRP Ⅱ系统识别物料的唯一标志。根据以上的各个数值，可以计算出某项物料的净需求量。

车间作业计划则根据 MRP 生成的零部件生产计划编制工序排序计划。

5 个层次的计划都是从不同的角度解决生产管理中 3 个共同的问题：确定制造的目标；

确定制造的资源；缩小能力需求与可用能力的差距。

1.3.3 MRP Ⅱ系统的结构

MRP Ⅱ系统作为一种企业管理信息系统，必然包含企业管理的基本功能。而MRP Ⅱ作为一种现代化的管理思想和方法，作为一种管理哲理，其目标在于合理安排计划，充分利用各种制造资源，提高设备和工时利用率，实现均衡生产，提高"多品种、小批量"生产类型企业的生产组织能力，因而，MRP Ⅱ系统的应用不可能有千篇一律的模式。同时，MRP Ⅱ作为一种管理思想虽具有广泛的适应性，但其应用却与一个企业的生产环境和内部条件密切相关。在MRP Ⅱ系统的应用中，不同企业有不同的做法，不同的应用阶段也各有其重点。再有，企业的生产需随着市场的变化不断调整和完善，因而，MRP Ⅱ系统结构也不是一成不变的。

MRP Ⅱ系统通过对企业所有资源的有计划管理，在离散制造企业的管理中获得了成功的应用。实际上，MRP Ⅱ作为一种先进的管理思想，也同样适用于流程工业。

1.3.4 闭环MRP系统

20世纪60年代，时段式MRP系统能根据有关数据计算出相关物料需求的准确时间与数量，但它还不够完善，其主要缺陷是不能考虑到生产企业现有的生产能力和采购的有关条件的约束。因此，其计算出来的物料需求的日期有可能因设备和工时的不足而没有能力生产，或者因原料的不足而无法生产。同时，它也缺乏根据计划实施情况的反馈信息对计划进行调整的功能。

正是为了解决以上问题，MRP系统在20世纪70年代发展为闭环MRP系统。闭环MRP系统除了物料需求计划外，还将生产能力需求计划、车间作业计划和采购作业计划也全部纳入MRP系统，形成一个封闭的系统。

MRP系统的正常运行，需要有一个现实可行的主生产计划。它除了要反映市场需求和合同订单以外，还必须满足企业的生产能力约束条件。因此，除了要编制资源需求计划外，还要制订能力需求计划(capacity requirement planning，CRP)，同各个工作中心的能力进行平衡。只有在采取了措施做到能力与资源均满足负荷需求时，才能开始执行计划。

而要保证实现计划就要控制计划，执行MRP时要用派工单来控制加工的优先级，用采购单来控制采购的优先级。这样，基本MRP系统进一步发展，把能力需求计划和执行及控制计划的功能也包括进来，形成一个环形回路，被称为闭环MRP系统。因此，闭环MRP则成为一个完整的生产计划与控制系统。

小思考：一份内部研究发现，75%的制造部门事务是信息事务(如从不同报表中汇编数字)，剩下的25%是物料事务。很明显，从长远看，信息速度而不是物料速度将决定我们如何将供应商和顾客置于端点模式的"盒子"里。

1.4 企业资源计划

从MRP到MRP Ⅱ的发展过程中可以看出，MRP Ⅱ系统在企业中的应用有以下趋势：资源概念的内涵不断扩大，企业计划的闭环逐渐形成，应用由离散制造业逐步转向流程工业。

MRP Ⅱ系统已比较完善，应用也已相当普及，但其资源的概念始终局限于企业内部，在决策支持上主要集中在结构化决策问题。随着计算机网络技术的迅猛发展，20 世纪 80 年代以来，统一的国际市场逐渐形成，面对国际化的市场环境，包括供应商在内的供需链管理已经成为企业生产经营管理的重要部分，MRP Ⅱ系统已无法满足企业对资源全面管理的要求。MRP Ⅱ逐渐发展成为新一代的企业资源规划(enterprise resource planning，ERP)。

ERP 是先进的现代企业管理模式，目的是合理配置企业的制造资源，包括人、财、物、产、供、销等因素，以使之充分发挥效能，使企业在激烈的市场竞争中赢得优势，从而取得最佳经济效益。企业资源计划 ERP 系统在 MRP Ⅱ系统的基础上扩展了管理范围，提出了新的管理体系结构，把企业的内部和外部资源有机地结合在了一起。ERP 充分贯彻了供应链的管理思想，将用户的需求和企业内部的制造活动以及外部供应商的制造资源全部包括进来，体现了完全按客户需求制造的思想。

1.4.1 ERP 系统的结构

进入 20 世纪 90 年代，随着市场竞争的进一步加剧，企业竞争空间与范围的进一步扩大，MRP Ⅱ主要面向企业内部资源全面计划管理的思想逐步发展为 90 年代怎样有效利用和管理整体资源的管理思想，ERP 随之产生。ERP 在 MRP Ⅱ的基础上扩展了管理范围，给出了新的结构。

ERP 的基本构架和基本逻辑与 MRP Ⅱ并无本质上的不同。ERP 系统从功能上看仍是以制造过程为中心，其核心是 MRP 系统，它体现了制造业的通用模式。

ERP 系统在 MRP Ⅱ系统原有功能的基础上，向内、外两个方向延伸。向内主张以精益生产方式改造企业生产管理系统，向外则增加战略决策功能和供应链管理功能。

ERP 管理系统主要由以下功能子系统组成。

1. 支持企业整体发展战略的战略经营系统

支持企业整体发展战略的战略经营系统的目标是在多变的市场环境中建立与企业整体发展战略相适应的战略经营系统，实现基于 Intranet/Internet 环境的战略信息系统，完善决策支持服务体系，为决策者提供全方位的信息支持；完善人力资源开发与管理系统，既面向市场又注重企业内部人员的培训。

2. 全面成本管理系统

在一个不完全竞争的市场环境中，价格在竞争中仍旧占据着重要的地位。ERP 的全面成本管理系统的作用和目标就是建立和保持企业的成本优势，并由企业成本领先战略体系和全面成本管理(total cost management，TCM)系统予以保障。

3. 敏捷后勤管理系统

很多企业存在着供应链影响企业生产柔性的情况。ERP 的一个重要目标就是在 MRP

的基础上建立敏捷后勤管理系统(agile logistics)，以解决如供应柔性差、生产准备周期长等制约柔性生产的瓶颈，增加与外部协作单位技术和生产信息的及时交互，改进现场管理方法，缩短关键物料供应周期。

ERP 系统不仅仅是 MRP Ⅱ系统的扩展，而且是新的市场环境下的全新的经营理念，ERP 系统实际上包含着一系列管理思想和方法的变革。

1.4.2 ERP 系统与 MRP Ⅱ系统的主要区别

1. 在资源管理范围方面的差别

MRP Ⅱ系统主要侧重对企业内部人、财、物等资源的管理，ERP 系统在 MRP Ⅱ系统的基础上扩展了管理范围，它把客户需求和企业内部的制造活动以及供应商的制造资源整合在一起，形成了一个完整的供应链并对供应链上所有环节(如订单、采购、库存、计划、生产制造、质量控制、运输、分销、服务与维护、财务管理、人事管理、实验室管理、项目管理、配方管理等)进行有效管理。

2. 在生产方式管理方面的差别

MRP Ⅱ系统把企业归类为几种典型的生产方式进行管理，如重复制造、批量生产、按订单生产、按订单装配、按库存生产等，对每一种类型都有一套管理标准。而在 20 世纪 80 年代末 90 年代初期，为了紧跟市场的变化，多品种、小批量生产以及看板式生产等则是企业主要采用的生产方式，由单一的生产方式向混合型生产发展，ERP 系统则能很好地支持和管理混合型制造环境，满足了企业的这种多角度化经营需求。

3. 在管理功能方面的差别

ERP 系统除了 MRP Ⅱ系统的制造、分销、财务管理功能外，还增加了支持整个供应链上物料流通体系中供、产、销各个环节之间的运输管理和仓库管理；支持生产保障体系的质量管理、实验室管理、设备维修和备品备件管理；支持对工作流(业务处理流程)的管理。

4. 在事务处理控制方面的差别

MRP Ⅱ系统是通过计划的及时滚动来控制整个生产过程的，它的实时性较差，一般只能实现事中控制。而 ERP 系统支持在线分析处理、售后服务(质量反馈)，强调企业的事前控制能力，它可以将设计、制造、销售、运输等通过集成来并行地进行各种相关的作业，具有对质量、适应变化、客户满意、绩效等关键问题的实时分析能力。

此外，在 MRP Ⅱ系统中，财务系统只是一个信息的归结者，它的功能是将产、供、销中的数量信息转变为价值信息，是物流的价值反映。而 ERP 系统则将财务计划和价值控制功能集成到了整个供应链上。

5. 在跨国(或地区)经营事务处理方面的差别

现在企业的发展，使得企业内部各个组织单元之间、企业与外部的业务单元之间的协调变得越来越多、越来越重要，ERP 系统应用完整的组织架构，可以支持跨国经营的多国家(或地区)、多工厂、多语种、多币制应用需求。

6. *在计算机信息处理技术方面的差别*

随着IT技术的飞速发展，网络通信技术的应用使得ERP系统得以实现对整个供应链信息进行集成管理。

小思考：现代企业的竞争已经不是单一企业与单一企业间的竞争，而是一个企业供应链与另一个企业供应链之间的竞争，即企业不但要依靠自己的资源，还必须把经营过程中的有关各方(如供应商、制造工厂、分销网络、客户等)纳入一个紧密的供应链中，才能在市场上获得竞争优势。为什么说ERP系统正适应了这一市场竞争的需要?

1.5 管理信息系统的发展趋势

管理信息系统是与现代管理方法与手段相结合的系统，尤其是在企业管理信息系统中，只有计算机网络系统与现代管理方法相结合才能使系统在管理中发挥作用。20世纪50年代中期，计算机作为强有力的数据处理工具与手段，开始在企业管理中应用，但应用效果十分有限，主要由于系统开发中没有融合现代化的管理思想和方法，只是简单地用计算机系统去模拟原手工操作系统，充其量也只是减轻了管理人员的手工劳动。管理信息系统必须能够在仿真原管理信息系统的基础上，改进管理系统，使企业管理在先进的技术手段和准确及时的信息支持下，达到一个新层次。

现代管理方法很多，任何一种方法都不仅要进行科学管理，还要作定量分析。不同企业应根据自身状况选择相应的管理方法。现代管理活动都离不开数据和信息，而且要采用数学方法对决策问题进行求解，为此，还必须进行大量的数据处理。如果只有方法而没有相应的手段，仅仅依靠人工是难以实现的，因而，现代管理方法必须以计算机网络应用为基础，二者的结合可谓相辅相成、缺一不可。

1.5.1 准时制生产

准时制生产是以日本丰田公司的看板管理(Kanban)为代表的企业管理方法，其追求的目标是零库存，实现“准时制”生产，即在刚好需要该零部件时，把它生产出来并送到需要的地点。

准时制生产是指在所需要的时刻，按所需要的数量生产所需要的产品(或零部件)的生产模式，其目的是加速半成品的流转，将资金的积压减少到最低的限度，从而提高企业的生产效益。

准时制生产是一种全方位的系统管理工程。它像一根无形的链条调度并牵动着企业的各项工作能按计划安排的进程顺利实施，因而又被称为一种“拉动”式的生产模式。它与大批大量生产的福特模式生产线方式有很大的不同，后者是在每一道工序一次生产一大批零件，并需将其在中间仓库或半成品库中存放一段时间，然后再运送到下一道工序；而准时制生产是以市场需求为依据，采用拉动式的生产模式，准时地组织各个环节进行生产，既不超量，也不超前，以总装配拉动总成总配，以总成拉动零件加工，以零件拉动毛坯生产，以主机厂拉动配套厂生产。在生产过程中，工序间的零件是小批量流动，甚至是单件流动的，在工序间基本上不存在积压或者完全没有堆积的半成品。

准时制生产遵循着以下 5 个基本原则。

(1) 物流准时原则。要求在需要的时间段内，一般指 15～30 分钟，所有的物按照需要的规格、规定的质量水平和需要的数量，按规定的方式送到生产现场，或在指定的地点能提取货物。

(2) 管理的准时原则。要求在管理过程中，能够按照管理的需要，遵照管理规定的要求收集、分析、处理和应用所需的信息和数据，并作为指令来进行生产控制。

(3) 财务的准时原则。要求在需要时候，及时按照需要的金额调拨并运用所需的周转资金，保证企业的财务开支适应生产运行的需求。

(4) 销售的准时原则。要求在市场需求的供货时间内，组织货源和安排生产，按照订单或合同要求的品种和数量销售和交付产品，满足顾客的需求。

(5) 准时生产原则。企业通过实施劳动组织柔性化来坚持多机床操作和多工序管理的生产方式，通过培训使操作工掌握一专多能的技艺，形成一支适应性强、技术水平高和富有创造性的工作团队，以保证各项特殊要求的生产任务能出色和按时地完成。并且，在生产组织上实行工序间“一个流”的原则或成品/半成品储备量逐年下降的原则，最终实现“零库存”的管理目标。同时，生产准备工作和生产调度也必须适应多品种混流生产的要求，实现柔性化生产。

1.5.2 最优化生产技术

最优化生产技术(optimized production technology，OPT)是一种新的管理思想。OPT 提出了一种新的均衡编制与排产方法。与传统的强调生产作业优先级的确定、能力计划的编制等的管理方法不同，OPT 强调物流的优化。OPT 方法正确认识到影响制造系统产出率的瓶颈环节，通过优化瓶颈环节的物流，提高制造效率，并对所有支持瓶颈环节的排序计划的工作环节排序。OPT 方法的运用可大幅度减少在制品的数量。

OPT 思想主要有以下几点。

(1) 追求物流平衡，而不是能力平衡。

(2) 非瓶颈资源的利用水平不仅取决于自己的潜力，还由系统中其他一些约束来决定。

(3) 进行生产，并不总是等于有效地利用了资源。

(4) 在瓶颈资源上损失了一小时，就等于整个系统损失了一小时。

(5) 在非瓶颈资源上节约一小时，并没有多大的意义。

(6) 瓶颈环节决定了系统的产出和库存。

(7) 传输批量并不总是等于加工批量。

(8) 加工批量应当是可变的，不是固定的。

(9) 同时考虑系统的所有约束条件，才能确定优先级。

1.5.3 敏捷制造

敏捷(agile)制造是 20 世纪 90 年代兴起的先进制造技术和管理思想。这种方法面向现代企业集团化、虚拟化的需求，能够极大地提高企业对市场反应的敏捷性和适应能力。

敏捷制造作为一种制造哲理，目的是提高企业生产和经营上的敏捷性，及时满足市场多样化的需求；作为一种管理思想，其核心在于通过虚拟企业的形式，最大限度地提高资源利用率，充分利用转瞬即逝的市场机遇。

创新能力较强的企业可以通过敏捷制造，作为动态联盟的盟主，专攻附加值较高的部分，其他企业也可通过参加动态联盟，发挥自身优势，形成规模效益。

由于敏捷制造企业的目的在于提高资源利用率，进行敏捷化生产，因而在模式上，不同的企业有不同的做法，但都具有以下特点。

(1) 设备柔性。企业面临的是不可预知的市场环境，为了提高企业的生存能力，必须具备高度柔性的设备以满足不同产品的生产加工要求。

(2) 组织上的敏捷性。企业必须改变传统以车间、部门为基础的组织形式，而采用以项目组、独立制造岛为基础的组织形式。

(3) 高素质综合型人才。要求人员素质能适应不同生产任务的需要。人员的敏捷性要求高素质的综合型人才，以便以此为基础进行虚拟企业的建立与解体，满足不同任务对人才资源的需求。

(4) 企业的虚拟化。这是敏捷制造的基本要求，其特点是企业功能上的虚拟化、地域上的虚拟化、组织上的虚拟化。

虚拟企业要求在Internet/Intranet支持下，实现分散资源的整合，因而，要实现功能上的虚拟性，必须通过各企业管理信息系统的互联，实现企业间的远程生产调度、协作设计等功能。

企业的管理方法多种多样，各有其不同的特点和应用环境，在管理信息系统建设中，最重要的一点就是要在对企业管理状况进行认真分析的基础上，选择适合企业管理需要的管理方法，这是系统分析的主要任务之一，也是管理信息系统成功应用的先决条件。

1.5.4 管理信息系统的发展趋势

1. 智能化

管理信息系统的一大作用就是对信息的处理加工，以形成有益于经营决策者经营决策的数据或图表。对数据的自动智能加工是对未来管理信息系统的一大要求，如早期的CRM管理软件，只支持数据的录入，而现在普遍的功能则是形成月度、季度、年度销售报表，客户分析报表，典型的如漏斗分析、销售预测分析。

2. 细分化

管理信息系统是一个大的系统范畴，早期最通用的管理信息系统软件是企业进销存软件和财务软件。随着中国市场经济的发展，企业需求越来越细分，从当前的趋势来看，管理信息系统从功能适用性大致可分为客户关系管理(customer relationship management，CRM)、生产制造和管理(ERP)、办公自动化(office automation，OA)、计算机辅助设计(computer aided design，CAD)、财务管理、人事管理(electronic human resource，EHR)、项目管理(project management，PM)、进销存管理、资产管理、企业门户(enterprise information portal，EIP)、内联网(IP multimedia subsystem，IMS)等。可以预见，随着企业应用的进一步深入，管理信息系统的分类将持续细分。

3. 专业化

管理信息系统的发展从早期的人工管理，发展到现在名目繁多的专业化应用系统。例如，CRM智能精准准客户查找入库，将极大地减少销售员寻找准客户的时间。早期的进销存管理软件，只能用来记录企业产品的采购、销售和存货情况，并不能反映企业的经营状况，如财务风险、生产周期、资金回报率、资金周转率等供经营管理者做辅助决策的企业重大运营数据。而正是由于这一需求，20世纪90年代初才开始形成更专业的企业资源计划，即ERP管理。

随着企业管理信息系统的应用走向细分化，管理信息系统的专业化也随之提高。我们不可能要求ERP系统同时兼顾OA的功能，也不期望OA兼有CRM的客户维护和市场分析功能。

4. 网络化

传统的单机单人作业已经开始转向协同办公和网络办公，呈现网络化及集群化发展趋势。传统的单机单人作业，将信息封闭在一个小圈子之中，我们称之为信息孤岛，组织内部形成大大小小各类信息孤岛，彼此信息不共享，容易造成组织内部重复作业及沟通不畅，这已经成为大家的共识。将彼此孤立的各个信息体以某种方式有效衔接就成为必然趋势。在CRM领域早已经出现了链接各个销售员的多人CRM管理应用，实现各个销售员客户不冲突，形成公共客户等协同作业体系。

计算机网络技术的发展逐渐将各个计算机终端变成一个展示平台，而不是处理中心。当前最热点的云计算和B/S处理方式越来越受到人们的欢迎。用户只要能上网即可应用，而无需在电脑终端安装各种复杂的配置。

5. 移动化

中国互联网络信息中心(China Internet Network Information Center，CINIC)发布《第30次中国互联网络发展状况统计报告》。报告显示，截至2012年6月底，总体网民规模达到5.38亿；中国手机网民规模已达到3.88亿，同比增长22%；手机网民在手机用户中的渗透率为38.8%；随着智能手机的普及，庞大的智能手机网民规模为移动互联网应用的爆发提供了基础，各大互联网服务商也开始纷纷布局移动互联网。工业和信息化部数据显示，截至2012年1月底，全国3G用户总数达到17 557万户，伴随着3G网络的普及，网速问题瓶颈基本已经消除了，那么移动办公的需求出现“井喷”也就在情理之中了。

推荐阅读：敏瑞. 精益生产、敏捷制造与ERP如何融合[N]. 科技咨询导报，2005(9).

1.6 我国企业信息化现状

1.6.1 信息化的概念

信息化的概念起源于20世纪60年代的日本，西方社会普遍使用“信息社会”和“信息化”的概念是20世纪70年代后期才开始的。

1963年，日本学者梅棹忠夫(Tadao Umesao)在题为《论信息产业》的文章中，提出“信息化是指行为合理化、通信现代化和计算机化的总称。”其中，行为合理化是指人类按公认的合理准则与规范进行；通信现代化是指社会活动中的信息交流基于现代通信技术基础上进行的过程；计算机化是社会组织和组织间信息的产生、存储、处理(或控制)、传递等广泛采用先进计算机技术和设备管理的过程，而现代通信技术是在计算机控制与管理下实现的。因此，社会计算机化的程度是衡量社会是否进入信息化的一个重要标志。

关于信息化的表述，在中国学术界和政府内部作过较长时间的研讨。例如，有人认为，信息化就是计算机、通信和网络技术的现代化；有人认为，信息化就是从物质生产占主导地位的社会向信息产业占主导地位社会转变的发展过程；也有人认为，信息化就是从工业社会向信息社会演进的过程等。

1997年召开的首届全国信息化工作会议，对信息化和国家信息化定义为：“信息化是指培育、发展以智能化工具为代表的新的生产力并使之造福于社会的历史过程。国家信息化就是在国家统一规划和组织下，在农业、工业、科学技术、国防及社会生活各个方面应用现代信息技术，深入开发广泛利用信息资源，加速实现国家现代化进程。”实现信息化就要构筑和完善6个要素(开发利用信息资源，建设国家信息网络，推进信息技术应用，发展信息技术和产业，培育信息化人才，制定和完善信息化政策)的国家信息化体系。

所谓信息化，是指社会经济的发展，从以物质与能源为经济结构的重心，向以信息为经济结构的重心转变的过程。

信息化代表了一种信息技术被高度应用，信息资源被高度共享，从而使得人的智能潜力以及社会物质资源潜力被充分发挥，个人行为、组织决策和社会运行趋于合理化的理想状态。同时，信息化也是建立在IT产业发展与IT在社会经济各部门扩散的基础之上的，不断运用IT改造传统的经济、社会结构，从而通往如前所述的理想状态的一个持续的过程。

1.6.2 企业信息化

企业信息化是国民经济信息化的基础，指企业在产品的设计、开发、生产、管理、经营等多个环节中广泛利用信息技术，并大力培养信息人才，完善信息服务，加速建设企业信息系统。

企业信息化是指企业以业务流程的优化和重构为基础，在一定的深度和广度上利用计算机技术、网络技术和数据库技术，控制和集成化管理企业生产经营活动中的各种信息，实现企业内外部信息的共享和有效利用，以提高企业的经济效益和市场竞争力，这将涉及企业管理理念的创新、管理流程的优化、管理团队的重组和管理手段的创新。

如果从动态的角度来看，企业信息化就是企业应用信息技术及产品的过程，或者更确切地说，企业信息化是信息技术由局部到全局，由战术层次到战略层次向企业全面渗透，运用于流程管理、支持企业经营管理的过程。信息技术在企业的应用，在空间上是一个由无到有、由点到面的过程，在时间上具有阶段性和渐进性。信息化的核心和本质是企业运用信息技术，进行隐含知识的挖掘和编码化，进行业务流程的管理。成功的企业信息化往往是企业家、管理专家、经济学家与信息技术专家之间形成有机合作。

企业信息化的内涵概括起来体现在以下几个方面。

1. 企业管理一体化、柔性化

打破了传统企业管理系统单一的纵向信息联系格局，通过企业信息基础设施和内部信息网络把企业运行各环节融于一体，从科学、及时决策和最优控制的高度把信息作为战略资源加以开发利用，并把诸多现代管理思想、方法与手段根据企业目标的需要有机地集成，实现系统内的人、财、物等要素的优化管理和有效利用，增强企业的应变能力和适用性。

2. 生产自动化

在企业生产系统中采用现代信息技术对生产运行状态进行自动测量、计算、传递和变换，以此来控制整个生产过程。随着信息技术的不断提高与应用，生产自动化程度也在不断提高。

3. 产品设计自动化和产品智能化

在企业管理中，不断采用侧重设计过程自动化的 MIS，如计算机辅助设计、计算机集成制造系统，并设计开发智能含量高、附加值大的产品。

4. 商务活动电子化

商务活动电子化，即电子商务，指利用电子信息技术(主要指计算机和网络)实现网上数据交换、电子订货、电子支付、电子营销、电子报关等，并通过网络实时监视，分析环境、客户、供应商、竞争对手等的信息，以提高企业的快速应变能力。

5. 信息管理与传播自动化、网络化

对企业本身而言，通过建立企业管理信息系统，实现原材料的采购、生产调节、市场分析、计划安排、库存处理、成本核算、劳动工资、产品营销等管理全过程的自动化。用计算机硬件和软件支撑的管理信息系统，在生产、设计、管理等各个环节广泛应用信息技术，不断降低成本能耗和物耗，提高经济效益，有效地管理企业整个经营过程。对整个企业界而言，信息管理传播网络化则是发展的趋势，也是实现企业信息化的基础。我国“金企工程”的基本内容就是要建设联结一批大中型企业的信息网络并逐步扩大，为企业转换机制、进入市场、技术改造提供信息服务。信息传播网络化就是要建立企业内部信息网并且连接国家公用通信网络，把企业内各部门联系起来，把企业与社会联系起来，改变传统企业与社会相对独立、传统企业内各部门之间相对独立的状态。

1.6.3 我国企业信息化的发展历程

伴随着中国改革开放 30 多年的历程，中国企业的信息化也经历了从无到有、从浅到深的过程，期间对于“企业信息化对企业经营管理的影响”、“企业发展是否需要信息化”、“ERP 成功与否”、“电子商务是否全面兴起”等的质疑、讨论也贯穿了这个过程。

我国企业信息化开始于 20 世纪 80 年代，其发展的进程大致可分为 3 个阶段。第一个阶段是企业产品设计信息化阶段，开始于20世纪80年代初期，以CAD的应用为代表；第二个阶段是企业生产流程和生产工艺信息化阶段，开始于20世纪80年代中期，以生产设备的自动化和现代化为特征；第三个阶段是企业管理信息化阶段，开始于20世纪八九十年代，从会计电算化开始。其中，企业管理信息化发展历程又可分为3个阶段。第一个阶段是从20世纪80年代中期到1995年前后，以会计电算化为特征；第二个阶段大致是1995—1997年，以财务业务一体化为主要内容；第三个阶段大概是从1997年至今，以制造资源计划和企业资源计划为主要特征。

随着管理环境的变化与技术的发展，企业信息化又在功能上不断扩展，其近期的发展主要有以下几个方面。

(1) 注重整个供应链上的信息，加强对合作伙伴与客户信息的管理。在已有的市场管理、销售管理、售后服务管理的基础上，发展成影响很大的客户关系管理(customer relationship management，CRM)。

(2) 注重人力资源开发和知识管理，加强信息与知识的收集、创新、传递与利用已成为许多企业增强竞争能力、提高其市场价值的战略措施。

(3) 加强决策支持功能，采用数据仓库、数据挖掘技术和工作流管理技术。

(4) 加强系统的集成性与开放性，应用Internet技术、移动通信技术等，促进与电子商务的集成。

1.6.4 我国企业信息化存在的问题

用友软件股份有限公司携手工信部电子一所共同研究并发布的《2010年中国企业信息化指数调研报告》显示：2010年对于中国企业而言是十分重要的一年。后金融危机时代，企业开始从全球激烈的竞争中认真思考变革与创新，探讨从"粗犷式运营"向"精细化运营"过渡的途径与方法，探索竞争力实现跨越的独特发展模式。与此同时，2010年对于整个中国经济而言，也是十分重要的一年。"十一五"进入收官阶段，"十二五"面临产业结构调整、经济转型升级以及资源环境约束的重大挑战和机遇。信息技术的高速发展成为促进经济增长的重要推动力。信息技术产业不仅可以作为一个独立的产业，创造财富、吸纳就业，更为重要的是，信息技术尤其是新一代信息技术对于传统产业转变发展方式具有不可替代的带动和支撑作用，从而实现国民经济又好又快发展。

中国企业信息化指数比2009年有较大提升，总体处于由基础应用和关键应用向扩展整合与优化升级过渡阶段，信息化指数的提高主要来自于应用范围的大幅扩张。企业信息化发展到高级阶段对总体效益有突破性的提升作用。2010年中国企业信息化指数为48.06，与2009年相比，提高了7.6。中国企业整体信息化成熟度已经基本达到中等水平。其中，企业应用范围指标同比增长最快，企业逐步进入推动信息技术全面应用时代。企业信息化发展阶段性差异依然显著，58.8%的企业仍处于信息化建设的基础应用和关键应用阶段，信息化成熟度较高的企业的潜在动力在于关键业务流程扩展整合和系统集成及优化升级。随着企业信息化成熟度的不断提高，信息技术应用效益指数呈现上升趋势，企业信息化发展到高级阶段对总体效益有突破性的提升作用。

信息技术应用范围的变化主要体现在应用广度和深度两方面，企业基本完成了信息技术在各业务领域的应用覆盖，已逐渐开始深度关注企业业务发展需求，着力提升信息技术的应用价值。企业应用范围的变化主要体现在应用广度和深度两个方面：应用信息系统部门增多和信息系统功能点增加。从广度来看，企业信息化建设已从过去单纯的部门级应用(财务、营销等)逐步过渡到企业级应用，信息化所涉及的部门更加广泛，逐步向外部的分支机构和合作伙伴延伸。从深度来看，企业各环节应用功能点都有所增加，且不同信息化成熟度水平的企业应用深度有明显不同，对功能点增加也有明确的需求差异。企业信息化建设正逐步从关注部门全面覆盖(广度)向关注企业应用价值(深度)转变。以制造行业为例，信息化成熟度高的企业信息技术应用广度与成熟度低的企业应用广度相差不大，但是应用深度差距较大。未来，面向管理者、一线生产和销售人员，支撑内部价值链整合基础上的全员应用，以及面向供应商和客户，支撑供应链基础上的产业链集成将成为信息化建设的方向。

总体信息化成熟度提高，不同行业和不同规模企业信息化成熟度仍然存在较大差距，差异化的应用需求将催生个性化的 IT 服务。不同行业不同规模企业的信息化成熟度差异显著。政府、制造业等行业的信息化成熟度明显领先，总体处于扩展和整合优化阶段。建筑行业、流通行业，以及除金融和电信之外的服务行业的信息化建设成熟度相对较低，仍处在成长阶段。较大型企业信息化成熟度明显高于中小型企业的信息化成熟度。

IT 治理(软环境)成为提升应用状态水平的关键点，与信息化成熟度和企业效益存在较强的正相关性，是保持信息化建设与企业发展战略一致性的重要依托。IT 治理的重要性得到了更多企业的认可，企业领导对信息化的主导作用逐渐增强，IT 部门在公司内部的地位和重要性有所提升，企业信息技术应用状态由基础设施(硬环境)、IT 治理(软环境)组成，当企业成熟度发展到较高水平，其基础设施建设水平变化会逐渐减弱，但处于不同成熟度水平企业的 IT 治理水平差距则均较为明显，因此，IT 治理是成熟度提升过程中始终重要的相关因素。信息化成熟度低的企业与成熟度高的企业相比，企业信息化规划、信息化保障和信息化评估均是 IT 治理水平差距最明显的指标。IT 治理的重要性已得到更多企业的认可，体现在信息化主导作用增强、IT 部门在公司内部的地位和重要性提升两个方面。2010 年，企业领导主导信息化规划指数比 2009 年提高 19.8，企业设立独立的信息化部门的比例提升 10.6 个百分点，企业信息化部门的级别也在提高。企业 IT 治理是提高信息化建设与企业战略一致性的重要依托，其水平的差异对信息化咨询提出了更高要求。

B2B(business to business，企业对企业)电子商务和移动应用已经得到多数国内企业的认可，但对物联网和云计算等新兴技术和模式还处于认识阶段，还需要进一步的市场培育。不同发展阶段的企业对较为成熟的新技术和尚待培育的新技术具有差异化的态度和应用水平。从企业应用和实际需求两个角度来看，B2B 电子商务和移动应用等新技术认可程度更高。电子商务已经逐步向全程电子商务过渡，移动应用也逐步向行业纵深拓展。比较而言，物联网和云计算等技术和模式还处于市场导入期，企业还处于认识和理解阶段，观望现象比较明显。对于较为成熟的新技术。(如移动应用、商业智能、电子商务)，企业发展阶段越高，越强调这类新技术的应用。而对尚待培育的新技术(如物联网、云计算)，处于信息化基础应用阶段以及扩展整合和优化升级阶段的企业更为关注，而处于关键应用阶段的企业应用比例较低。信息系统是一种面广量大的计算机应用系统，管理信息系统、地理信息系统、指挥信息系统、决策支持系统、办公信息系统、科学信息系统、情报检索系统、医学信息系统、银行信息系统、民航订票系统等都属于这个范畴。

推荐阅读：工信部电子一所，用友软件股份有限公司．中国企业信息化指数调研报告[J]．中国制造业信息化，2011(4)．

本章小结

信息系统是由计算机硬件、网络和通信设备、计算机软件、信息资源、信息用户和规章制度组成的，以处理信息流为目的的人机一体化系统。

管理信息系统是一门新兴的科学，其主要任务是最大限度地利用现代计算机及网络通信技术，加强组织的信息管理，通过对组织拥有的人力、物力、财力、设备、技术等资源的调查了解，建立正确的数据，加工处理并编制成各种信息资料及时提供给管理人员，以便使之进行正确的决策，不断提高组织的管理水平和经济效益。

MRP Ⅱ系统利用计算机网络把生产计划、库存控制、物料需求、车间控制、能力需求、工艺路线、成本核算、采购、销售、财务等功能综合起来，实现企业生产的计算机集成管理，全方位地提高了企业管理效率。

ERP是先进的现代企业管理模式，目的是合理配置企业的制造资源，包括人、财、物、产、供、销等因素，以使之充分发挥效能，使企业在激烈的市场竞争中赢得优势，从而取得最佳经济效益。

管理信息系统是与现代管理方法与手段相结合的系统，主要向智能化、细分化、专业化、网络化、移动化等方向发展。

案例分析

上海通用通过SCM软件实现精益生产

上海通用汽车有限公司(以下简称“上海通用”)是由通用汽车公司和上海汽车工业(集团)总公司各出资50%组建而成的合资企业，是中国最大的轿车生产商。上海通用占地24 000平方米的工厂配备了世界一流的设备和领先的技术。

上海通用的全散装件生产流程包括组装从世界各地进口的汽车零配件。漫长的运输周期意味着必须提前两个月订购配件，这不仅占用了流动资金，而且影响了公司的现金流。由于生产计划经常会在最后一分钟发生变化，原本用于后来生产流程的引擎或底盘有时会用于满足客户订单的要求，从而导致配件短缺，并且延误后续的生产流程。

上海通用不准确的存货管理流程也造成了在从一个供应商采购的配件用完并采用另一个供应商的配件替代时，难以预测确切的断点或者更改时间。无法准确地确定断点还导致了在出现质量问题时无法对发生的事件进行追踪。

主要挑战

(1) 缩短组件的准备期。

(2) 提高生产灵活性。

(3) 提高存货管理水平和预测准确性。

(4) 实施精益生产。

(5) 项目目标。

定制现有的供应链管理(supply chain management，SCM)软件，帮助降低库存量，缩短较长的发货周期。

解决方案

上海通用通过采用 SAP Custom Development，定制其 mySAP$_{TM}$供应链管理(mySAP SCM)解决方案中的 SAP 高级计划和优化组件，削减存货成本、提高生产灵活性。

项目实施要点

(1) 在 6 个月内完成定制解决方案的设计、开发和实施。

(2) 将组件准备期从 60 天缩短到 40 天。

(3) 准确地预测生产线中的组件周转期。

(4) 能够在生产当天更改生产计划。

(5) 由于实时了解库存量而提高计划和预测准确度。

(6) 使公司能够为运输车辆提供准确的物料单。

依靠 SAP Custom Development 帮助调整其 SAP 供应链管理解决方案中的高级计划和优化(SAP APO)组件。消除浪费，理顺复杂而且冗长的生产周期，并确保公司内部整个供应链实现精益生产。

精益生产：方案帮助实现复杂供应链流程的同步和自动化，包括整车、引擎和传送。解决方案为公司的详细计划、排产和预测提供全面的支持，2003 年，使公司的产量提高了 81%，市场份额达 9.8%。

提高效率：提高长期计划的可预见性，调整生产能力以满足需求的变化，并且准确地预测更改时间。方案能够提供一种涵盖咨询、设计、开发、实施以及后续支持和维护的端到端解决方案。

准时订购：通过使用软件，上海通用现在能够预测生产线中的组件更改的准确时间。实时了解库存量使公司能够在生产当天更改配件，而不用提前 24 小时。目前，上海通用的每部汽车都有一个准确的物料单，而且所有组件都可以全面追踪。公司将组件订购周期从 60 天缩短到 40 天，并大大减少了库存量。

(资料来源：SAP 客户成功案例(汽车行业). SAP Custom Development 使上海通用实现精益生产 http://www.sap.com/china/sme/assets/sap_successful_shanghaitongyong.pdf. [2012-03-20].)

问题：

1. 上海通用在实际工作中遇到了哪些急需解决的问题？
2. 系统的实施解决了上海通用哪些问题？取得了什么效果？

习 题

一、名词解释

数据、信息、系统、复合系统、信息系统、管理信息系统、扁平化组织结构、虚拟型组织结构、企业再造、企业竞争优势、制造资源计划、企业资源计划、准时制生产、最优化生产技术、敏捷制造、企业信息化

二、选择题

1. 信息系统能为管理的(　　)职能提供支持。

A. 计划　　B. 组织　　C. 控制　　D. 以上全部

2. 新闻记者常爱说“抢新闻”，这是指信息的(　　)。

A. 事实性　　B. 时效性　　C. 价值性　　D. 等级性

3. 以下各点中不是当代企业面临的竞争环境的特点的是(　　)。

A. 工作地点的虚拟化　　B. 经济的全球化

C. 企业的规模化　　D. 电子商务

4. 管理信息系统是一个(　　)。

A. 计算机系统　　B. 业务管理系统　　C. 人机系统　　D. 自然系统

5. 以下叙述正确的是(　　)。

A. MIS 是一个人机系统　　B. 信息与载体性质有关

C. 信息化就是计算机化加网络化　　D. MIS 的目标就是提高工作效率、节省人力

6. ERP 的核心是(　　)。

A. MRP　　B. MRP Ⅱ

C. MIS　　D. CIMS

7. MRP Ⅱ的中文含义是(　　)。

A. 物料需求计划　　B. 企业资源计划

C. 制造资源计划　　D. 计算机集成制造

8. 信息流是物资流的(　　)。

A. 定义　　B. 运动结果　　C. 表现和描述　　D. 假设

9. 某公司下面设有几个工厂，其管理信息系统综合了从工厂一级到公司一级的所有财务方面的数据分析，使作业层的核算与上层的财务计划与控制结合起来，这种管理信息系统采取的结构属于(　　)。

A. 横向综合结构　　B. 纵向综合结构

C. 纵横综合结构　　D. 层次和功能结构

10. 管理信息系统的层次结构中，最高层是(　　)。

A. 事务处理　　B. 业务信息处理

C. 战术信息处理　　D. 战略信息处理

11. 不受传统组织边界或物理位置限制的，利用网络化的计算机信息系统将各种资源连接起来生产产品和服务的组织称为(　　)。

A. 虚拟组织　　B. 扁平化组织

C. 动态组织　　D. 现代组织

三、判断题

1. 信息是经过加工后的数据，它能对接收者的行为产生影响，它对接收者的决策具有价值。(　　)

2. 通常认为，管理信息系统主要解决结构化的决策问题，而决策支持系统则以支持半结构化和非结构化决策问题为目的。(　　)

3. 信息系统是计算机软件和硬件的集合。(　　)

4. 管理信息系统是为组织高层管理监督和控制业务活动、有效地分配资源提供所需信息的计算机应用系统。(　　)

5. ERP 主要关注的是组织内部供应链资源及活动的集成。 ( )

6. 扁平化组织结构是一种现代企业组织结构形式。 ( )

7. 企业再造从根本上重新思考并彻底重新设计企业组织结构。 ( )

8. 应用信息系统通过加强对供应商关系的管理，可以降低原材料的成本。 ( )

9. 最优化生产技术能够极大地提高企业对市场反应的敏捷性和适应能力。 ( )

10. 客户关系管理、生产制造和管理、办公自动化、计算机辅助设计等都属于管理信息系统的范畴。 ( )

四、问答题

1. 信息与数据有什么联系？
2. 信息系统的基本类型有哪些？
3. 如何理解“管理信息系统不仅是一个技术系统，而且是一个社会系统”？
4. 管理信息系统的结构指什么？
5. 管理信息系统的分类包括哪些？
6. 传统的企业组织结构形式有哪些？
7. 为什么强大的管理信息系统可以使得企业组织结构扁平化？
8. 信息技术部门在业务流程再造时应该注意哪些问题？
9. 信息系统从哪些方面可以获得竞争优势？
10. 介绍 MRP Ⅱ系统的工作原理。
11. ERP 与 MRP Ⅱ的主要区别有哪些？
12. 管理信息系统的发展趋势有哪些？
13. 企业信息化的内涵体现在哪些方面？

第 2 章 管理信息系统的技术基础

教学目标与要求

通过对本章的学习，了解计算机与网络技术、数据资源管理技术的应用现状及发展趋势。掌握 Web 开发技术的基本概念，掌握 HTML 常用标记的使用，对 ASP 动态网页有初步了解。

章节知识框架

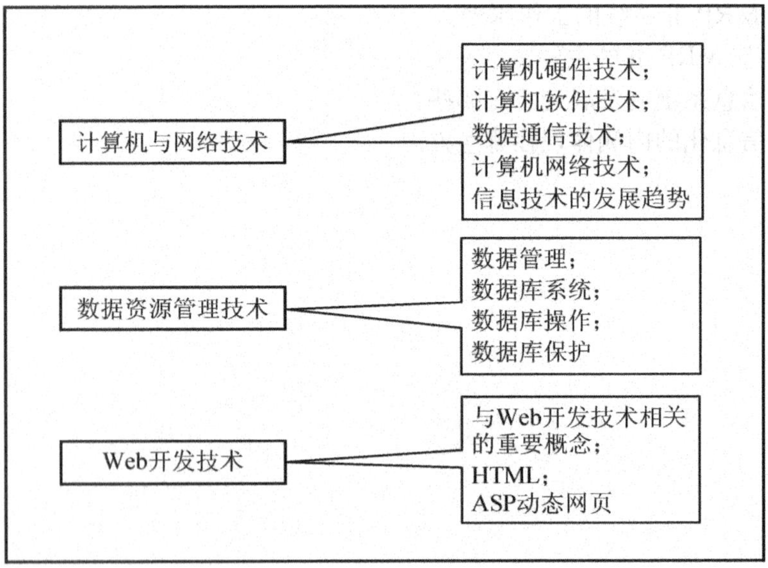

导入案例

安吉天地零部件物流信息系统成功案例

安吉天地汽车物流有限公司(以下简称“吉安天地”)是由上海汽车工业销售有限公司和国际著名跨国集团 Apollo 管理公司下属的 CEVA 物流各出资 50%组建而成的国内首家汽车物流合资企业。

2003年下半年开始，安吉天地决定逐渐将业务拓展到汽车零配件物流领域。同年，安吉天地提出了一整套针对上海大众业务的供应链管理理念，并希望结合信息化手段来解决上海大众入厂物流的管理问题。

技术架构

技术路线：梳理业务流程，规划信息系统建设规模；按需求紧迫程度，分步骤实现信息系统功能；先局部实施，成功应用后再进行逐步推广；信息系统功能优化，提升系统实用性；分析业务数据，实现决策支持、运营分析与评估等职能。

在入厂物流信息系统的建设中，根据安吉天地的需求进行规划，并按规划实施。

第一步，通盘了解入厂物流的现状，其中包括信息化程度以及标准作业流程的执行情况等。

第二步，第一次实施的范围：以途安车型的实施为基础，实现相关仓库的系统功能上线。仓库包括集装箱堆场、物流中心仓库和生产线线旁库。

第三步，完成与运输系统、SAP、ERP系统等多个系统的接口工作，实现数据交换。提供绩效考核功能，分析和管理作业执行情况。

第四步，优化系统功能，并将实施成功的信息系统推广到其他相同作业模式或类型的仓库。

第五步，引入排序件的管理，实现排序件的拣货配送功能，并实施上线。

第六步，建立BI分析体系，提供供应链决策分析和管理的技术支持。

先进技术应用

(1) B/S(Browser/Server，浏览器/服务器)结构的framework开发平台。

(2) Reference Model技术。

(3) TELNET手持应用系统。

吉安天地零部件物流信息系统技术构架图如图2.1所示。

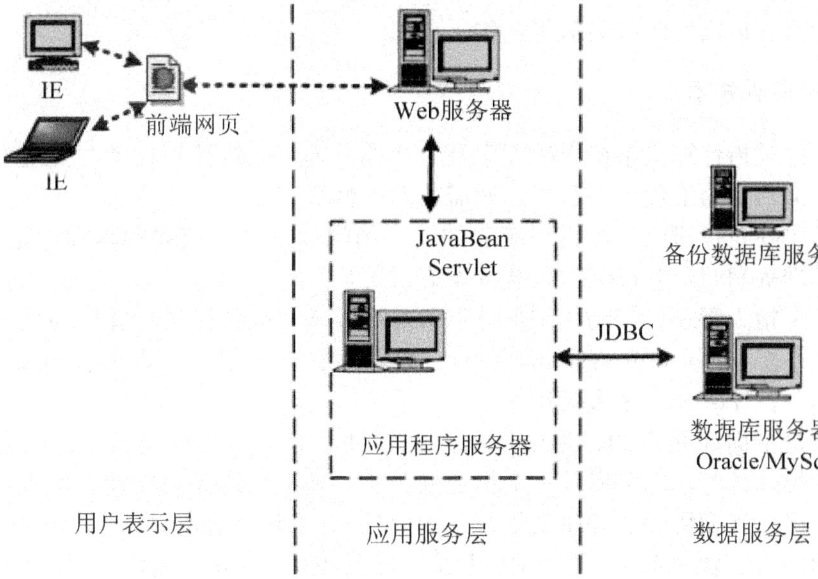

图2.1　技术架构图

（资料来源：佚名．安吉天地零部件物流信息系统成功案例［EB/OL］．http://www.topoint.com.cn./html/anli/wlcc/2008/07/2/3402.html．［2012-03-20］．）

问题：

1. 安吉天地入厂物流信息系统的建设是如何规划步骤的？有什么优势？
2. Web 2.0 技术的主要内容有哪些？
3. 举例说明 TELNET 手持应用系统在其他领域的应用情况，有何优缺点？

2.1 计算机与网络技术

信息技术是管理信息系统的基础，只有把信息技术与管理结合起来，才能真正发挥管理信息系统的作用。信息技术是一个外延很广的概念。一般而言，信息技术是计算机硬件技术、软件技术及通信技术的总称。

2.1.1 计算机硬件技术

1946 年，世界上出现了第一台电子数字计算机“ENIAC”，用于计算弹道。1956 年，晶体管电子计算机诞生了，这是第二代电子计算机。只要几个大一点的柜子就可将它容下，运算速度也大大地提高了。1959 年出现的是第三代集成电路计算机。从 20 世纪 70 年代开始便进入了计算机发展的最新阶段。由大规模集成电路和超大规模集成电路制成的“克雷一号”，使计算机进入了第四代。超大规模集成电路的发明，使电子计算机不断向着小型化、微型化、低功耗、智能化、系统化的方向更新换代。20 世纪 90 年代，计算机向“智能”方向发展，不但操作简易、价格低廉，而且可以代替人们的部分脑力劳动，可以进行思维、学习、记忆、网络通信等工作。

2.1.2 计算机软件技术

计算机软件是指计算机系统中的程序及其文档。程序是对计算任务的处理对象和处理规则的描述；文档是为了便于了解程序所需的阐明性资料。

软件技术主要是指研究计算机系统软件、应用软件及其所依赖的基础理论(如数据结构、数据库原理等)和基本方法(如系统开发方法等)。

系统软件是指为管理、控制和维护计算机外部设备，以及提供计算机与用户界面等的软件，如操作系统(operation system，OS)、数据库管理系统(database management system，DBMS)、各种语言编译系统等。

应用软件是指面向用户的、为用户服务的软件，如科学计算类软件、数据处理类软件、辅助设计类软件等。它可以是一个特定的程序，如一个图像浏览器；也可以是一组功能联系紧密、可以互相协作的程序的集合，如微软的 Office 软件；也可以是一个由众多独立程序组成的庞大的软件系统，如 ERP 系统。较常见的应用软件有文字处理软件、信息管理软件、辅助设计软件、实时控制软件、教育与娱乐软件等。

2.1.3 数据通信技术

数据通信是以“数据”为业务的通信系统。数据通信是 20 世纪 50 年代随着计算机技术和通信技术的迅速发展，以及两者之间的相互渗透与结合而兴起的一种新的通信方式，它是计算机和通信相结合的产物。随着计算机技术的广泛普及与计算机远程信息处理应用的发展，数据通信应运而生，它实现了计算机与计算机之间、计算机与终端之间的数据传递。

数据通信系统主要由中央处理装置、终端设备、通信线路及相关设备(如调制解调器和集线器)3 大部分组成。

(1) 中央处理装置包括主处理机、前端机及通信处理机，其主要功能有完成两个部件之间的通信，在通信系统与计算机主机之间形成一个接口，用以实现速度缓冲或串/并行转换。

(2) 终端设备是向系统发送数据或程序，并从系统接收信息的设备。

(3) 通信线路是连接所有设备的通道，它可以是电话线路、双绞线路或光纤线路等。

(4) 调制解调器可将终端或处理机的脉冲信号转变成载波信号送入电话网络系统或将电话网络中的载波信号转变为脉冲信号传送给终端或处理机。

(5) 集线器是将两个以上的通信信道组合在一起，形成一个更高速的通信信道，以降低通信线路费用。

通信系统传输手段包括电缆通信、微波中继通信、光纤通信、卫星通信、移动通信等。

有线数据通信经历了数字数据网(digital data network，DDN)、分组交换网(packet switched public data network，PSPDN)和帧中继网(frame relay network，FRN)。

无线数据通信也称移动数据通信，它是在有线数据通信的基础上发展起来的。有线数据通信依赖于有线传输，因此只适合于固定终端与计算机或计算机之间的通信。而移动数据通信是通过无线电波的传播来传送数据的，因而有可能实现移动状态下的移动通信。

2.1.4 计算机网络技术

计算机网络是管理信息系统运行的基础。由于一个企业或组织中的信息处理都是分布式的，把分布式信息按其本来面目由分布在不同位置的计算机进行处理，并通过通信网络把分布式信息集成起来，是管理信息系统的主要运行方式，因而，计算机网络技术是管理信息系统的基本技术。

计算机网络技术是通信技术与计算机技术相结合的产物。计算机网络是按照网络协议，将地球上分散的、独立的计算机相互联结的集合。连接介质可以是电缆、双绞线、光纤、微波、载波或通信卫星。计算机网络具有共享硬件、软件和数据资源的功能，具有对共享数据资源集中处理及管理和维护的能力。

1. 计算机网络的分类

虽然网络类型的划分标准多种多样，但是从地理范围划分是一种大家都认可的通用网络划分标准。按这种标准，可以把网络划分为局域网、城域网、广域网和互联网 4 种。局域网一般而言只能在一个较小区域内，城域网是不同地区的网络互联，不过网络划分并没有严格意义上地理范围的区分，只能是一个定性的概念。

在互联网应用如此发达的今天，它已是我们每天都要打交道的一种网络，无论从地理范围，还是从网络规模来讲它都是最大的一种网络，就是我们常说的“Web”、“www”和

“万维网”等多种叫法。从地理范围讲，它可以是全球计算机的互联。

随着笔记本式计算机和个人数字助理(personal digital assistant，PDA)等便携式计算机的日益普及和发展，人们经常要在路途中接听电话、发送传真和电子邮件、阅读网上信息以及登录到远程机器等。然而，在汽车或飞机上是不可能通过有线介质与单位的网络相连接的，这时候可能会对无线网感兴趣了。无线网的特点是用户可以在任何时间、任何地点接入计算机网络，而这一特性使其具有强大的应用前景。当前已经出现了许多基于无线网络的产品，如个人通信系统(personal communication system，PCS)电话、无线数据终端、便携式可视电话、个人数字助理等。无线网络的发展依赖于无线通信技术的支持。目前，无线通信系统主要有低功率的无绳电话系统、模拟蜂窝系统、数字蜂窝系统、移动卫星系统、无线局域网(local area network，LAN)和无线广域网(wide area network，WAN)等。

2. 计算机网络的主要功能

计算机网络的主要功能有资源共享、数据通信、均衡负荷与分布处理、综合信息服务4个方面，其中，其最基本的功能是资源共享和数据通信。

在当今信息化社会中，各行各业每时每刻都会产生大量的信息需要及时处理，而计算机网络在其中起着十分重要的作用。

3. 计算机网络的应用

计算机网络在资源共享和信息交换方面所具有的功能是其他系统所不能替代的。计算机网络所具有的高可靠性、高性能价格比和易扩充性等优点，使得它在工业、农业、交通运输、邮电通信、文化教育、商业、国防以及科学研究等各个领域、各个行业获得了越来越广泛的应用。我国有关部门也已制定了“金桥”、“金关”和“金卡”三大工程，以及其他的一些“金字号”工程。这些工程都是以计算机网络为基础设施，为促使国民经济早日实现信息化的主干工程，也是计算机网络的具体应用。计算机网络的应用范围非常广泛，除了早期的办公自动化、电子数据交换、远程交换(telecommuting)、远程教育(distance education)、电子银行、证券及期货交易、电子公告板系统(Bulletin board system，BBS)、电子商务、电子政务外，近几年又出现了一些带有普遍意义和典型意义的新应用领域，如社会交际网络(social communication network)、个人网络发布(Microblog)、网络电视(interactive personality TV，IPTV)、iPhone手机、云计算(cloud computing)等。

2.1.5 信息技术的发展趋势

信息技术推广应用的显著成效，促使世界各国致力于信息化，而信息化的巨大需求又驱使信息技术高速发展。当前信息技术发展的总趋势是以互联网技术的发展和应用为中心，从典型的技术驱动发展模式向技术驱动与应用驱动相结合的模式转变。

微电子技术和软件技术是信息技术的核心。集成电路的集成度和运算能力、信息技术性能价格比继续按每18个月翻一番的速度呈几何级数增长，支持信息技术达到前所未有的水平。现在每个芯片上包含上亿个元件，构成了“单片上的系统”(system on a chip，SOC)，模糊了整机与元器件的界限，极大地提高了信息设备的功能，并促使整机向轻、小、薄和低功耗方向发展。软件技术已经从以计算机为中心向以网络为中心转变。软件与集成电路设计的相互渗透使得芯片变成“固化的软件”，进一步巩固了软件的核心地位。软件技术的快速发展使得越来越多的功能通过软件来实现，“硬件软化”成为趋势，出现了“软件无线电”、“软交换”等技术领域。嵌入式软件的发展使软件走出了传统的计算机领域，促使多种工业产品和民用产品智能化。软件技术已成为推进信息化的核心技术。

三网融合和宽带化是网络技术发展的大方向。电话网、有线电视网和计算机网的三网融合是指它们都在数字化的基础上在网络技术上走向一致，在业务内容上相互覆盖。电话网和电视网在技术上都要向互联网技术看齐，其基本特征是采用 IP 协议和分组交换技术；在业务上要从现在的话音为主或单向传输发展成以交互式的多媒体数据业务为主。

互联网的应用开发也是一个持续的热点。一方面，电视机、手机、个人数字助理等家用电器和个人信息设备都向网络终端设备的方向发展，形成了网络终端设备的多样性和个性化，打破了计算机上网一统天下的局面；另一方面，电子商务、电子政务、远程教育、电子媒体、网上娱乐技术日趋成熟，不断降低对使用者的专业知识要求和经济投入要求；互联网数据中心(internet data center，IDC)、网门服务等技术的提出和服务体系的形成，构成了对使用互联网日益完善的社会化服务体系，使信息技术日益广泛地进入社会生产、生活各个领域，从而促进了网络经济的形成。

小思考：为什么说信息技术是管理信息系统的基础？

2.2 数据资源管理技术

2.2.1 数据管理

数据管理是利用计算机硬件和软件技术对数据进行有效的收集、存储、处理和应用的过程，其目的在于充分有效地发挥数据的作用。实现数据有效管理的关键是数据组织。随着计算机技术的发展，数据管理经历了人工管理、文件系统和数据库系统 3 个发展阶段。在数据库系统中所建立的数据结构，更充分地描述了数据间的内在联系，便于数据修改、更新与扩充，同时保证了数据的独立性、可靠性、安全性与完整性，减少了数据冗余，故提高了数据共享程度及数据管理效率。

2.2.2 数据库系统

1. 数据库系统的概念

数据库系统是由数据库及其管理软件组成的系统。它是为适应数据处理的需要而发展起来的一种较为理想的数据处理的核心机构。它是一个实际可运行的存储、维护和应用系统提供的数据的软件系统，是存储介质、处理对象和管理系统的集合体。数据库系统一般由 5 个部分组成：数据库、数据库管理系统、数据库管理员、用户和应用程序。

数据库(database)是按照数据结构来组织、存储和管理数据的仓库。随着信息技术和市场的发展，特别是 20 世纪 90 年代以后，数据管理不再仅仅是存储和管理数据，而转变成用户所需要的各种数据管理的方式。数据库有很多种类型，从最简单的存储有各种数据的表格到能够进行海量数据存储的大型数据库系统都在各个方面得到了广泛的应用。

数据库管理系统是一种操纵和管理数据库的大型软件，用于建立、使用和维护数据库。它对数据库进行统一的管理和控制，以保证数据库的安全性和完整性。用户通过DBMS访问数据库中的数据，数据库管理员也通过DBMS进行数据库的维护工作。它可使多个应用程序和用户用不同的方法在同时或不同时刻去建立、修改和访问数据库。DBMS提供数据定义语言(data definition language，DDL)与数据操作语言(data manipulation language，DML)，供用户定义数据库的模式结构与权限约束，实现对数据的追加、删除等操作。

数据库管理员负责全面管理和控制数据库系统。用户利用系统的接口或查询语言访问数据库。应用程序是直接为用户完成某特定功能所设计的程序。

2. 数据模型

数据模型是对客观事物及其联系的数据化描述。在数据库系统中，对现实世界中数据的抽象、描述以及处理等都是通过数据模型来实现的。数据模型是数据库系统设计中用于提供信息表示和操作手段的形式构架，是数据库系统实现的基础。目前，在实际数据库系统中支持的数据模型主要有3种：层次模型、网状模型和关系模型。

网状数据库和层次数据库已经很好地解决了数据的集中和共享问题，但是在数据独立性和抽象级别上仍有很大欠缺。用户在对这两种数据库进行存取时，仍然需要明确数据的存储结构，指出存取路径。而后来出现的关系数据库较好地解决了这些问题。关系数据库理论出现于20世纪60年代末70年代初。1970年，IBM的研究员E. F. 科德(E. F. Codd)博士发表的《大型共享数据银行的关系模型》一文中提出了关系模型的概念。后来科德又陆续发表多篇文章，奠定了关系数据库的基础。关系模型有严格的数学基础，抽象级别比较高，而且简单清晰，便于理解和使用。

从用户的观点来看，在关系模型下，数据的逻辑结构是一张二维表，每一个关系为一张二维表，相当于一个文件，实体间的联系均通过关系进行描述。

由于关系模型简单明了、具有坚实的数学理论基础，所以一经推出就受到了学术界和产业界的高度重视和广泛响应，并很快成为数据库市场的主流。20世纪80年代以来，计算机厂商推出的数据库管理系统几乎都支持关系模型，数据库领域当前的研究工作大都以关系模型为基础。

关系数据库，是建立在关系数据库模型基础上的数据库，借助于集合代数等概念和方法来处理数据库中的数据。目前主流的关系数据库有Oracle、SQL、Access、DB 2、SQL Server、Sybase等。

规范化理论研究关系模式中各属性之间的依赖关系及其对关系模式性能的影响，探讨关系模式应该具备的性质和设计方法。规范化理论给我们提供了判别关系模式优劣的标准，为数据库设计工作提供了严格的理论依据。规范化理论是科德在1971年提出的。他及后来的研究者为数据结构定义了5种规范化模式（normal form，简称“范式”）。范式表示的是关系模式的规范化程度，也即满足某种约束条件的关系模式，根据满足的约束条件的不同来确定范式。如满足最低要求，则为第一范式（first normal form，lNF）。符合lNF

而又进一步满足一些约束条件的称为第二范式(2NF)等。在这5种范式中，通常只使用前3种。

1）第一范式

在任何一个关系数据库中，第一范式是对关系模式的基本要求，不满足第一范式的数据库就不是关系数据库。

所谓第一范式，是指数据库表的每一列都是不可分割的基本数据项，同一列中不能有多个值，即实体中的某个属性不能有多个值或者不能有重复的属性。简而言之，第一范式就是无重复的列。

2）第二范式

第二范式是在第一范式的基础上建立起来的，即满足第二范式必须先满足第一范式。第二范式要求数据库表中的每个实例或行必须可以被唯一地区分。为实现区分通常需要为表加上一个列，以存储各个实例的唯一标志。这个唯一属性列被称为主关键字或主键、主码。

第二范式要求每个非主属性完全依赖于主关键字。所谓完全依赖是指不能存在仅依赖主关键字一部分的属性，如果存在，那么这个属性和主关键字的这一部分应该分离出来形成一个新的实体，新实体与原实体之间是一对多的关系。为实现区分通常需要为表加上一个列，以存储各个实例的唯一标志。简而言之，第二范式就是非主属性部分必须完全依赖于主关键字。

3）第三范式

满足第三范式必须先满足第二范式。第三范式要求一个数据库表中不包含已在其他表中已包含的非主关键字信息。例如，存在一个部门信息表，其中每个部门有部门编号、部门名称、部门简介等信息。那么，员工信息表中列出部门编号后就不能再将部门名称、部门简介等与部门有关的信息再加入员工信息表中。如果不存在部门信息表，则根据第三范式也应该构建它，否则就会有大量的数据冗余。简而言之，第三范式就是其属性不依赖于其他非主属性。

2.2.3 数据库操作

数据库操作主要有基本表的建立与删除、数据查询及更新等。下面我们简单介绍如何使用关系数据库标准语言——结构化查询语言(structured query language，SQL)来完成上述操作。

1. 表的建立

使用SQL语句实现表的建立的一般格式为

```
CREATE TABLE <表名>(列名 1 类型 [，列名 2 类型......])
```

常用的类型有CHAR(字符型)、INT(整型)、NUMERIC(数值型)、DATETIME(日期时间型)、BIT(逻辑型)和VARCHAR (变长字符型)等。

2. 表的修改

使用SQL语句实现表的修改的一般格式为

```
ALTER TABLE <表名>ADD 列名 类型/ALTER COLUMN 列名 类型/ DROP COLUMN 列名
```

3. 表的删除

使用 SQL 语句实现表的删除的一般格式为

```
DROP TABLE <表名>
```

4. 数据查询

SQL 的核心语句是数据库查询语句，其一般格式为

```
SELETE <列名>FROM<表名>[WHERE <条件表达式>] [GROUP BY<列名 1>][ORDER BY<列名 2>
[ASC/DESC]]
```

语句含义：根据 WHERE 子句中的条件表达式，从指定表中找出满足条件的元组（如二维表中的记录)，按目标列选出元组分量形成结果表。ORDER 子句确定结果表按指定的列名 2 按升序（ACS)或降序（DESC)排序。GROUP 子句将结果按列名 1 分组，每个组(所有列名 1 值相同的为一组)产生结果表中一个元组。

5. 数据修改

使用 SQL 语句实现数据修改的一般格式为

```
UPDATE <表名>SET <列名 1>= <表达式 1>[,<列名 2>= <表达式 2>......][WHERE<逻辑表达式>]
```

功能：修改指定表中满足条件的元组，将指定的列名 1 的值用表达式 1 的值替换，将指定的列名 2 的值用表达式 2 的值替换……

6. 数据删除

使用 SQL 语句实现数据删除的一般格式为

```
DELETE FROM <表名>[WHERE <逻辑表达式>]
```

功能：删除指定表中满足条件的元组。

7. 数据插入

使用 SQL 语句实现数据插入的一般格式为

```
INSERT INTO <表名>(<列名 1>[,<列名 2>......]) VALUES(<常量 1>[,<常量 2>......])
```

功能：向指定表中插入一个元组且使得列名 1 的值为常量 1，列名 2 的值为常量 2……

2.2.4 数据库保护

为了保证数据的安全可靠和正确有效，DBMS 必须提供统一的数据保护功能，主要包括数据的安全性、完整性、并发控制和数据库恢复等内容。

数据的安全性是指保护数据库以防止不合法的使用所造成的数据泄露、更改和破坏。数据的安全可通过对用户进行标示和鉴定、存取控制、OS 级安全保护等措施得到一定的保障。

数据的完整性是指数据的正确性、有效性与相容性。关系模型的完整性有实体完整性、参照完整性及用户定义的完整性。

(1) 实体完整性。指二维表中描述主关键字的属性不能取空值。例如，学生基本信息表的属性，“学号”被定义为主关键字，则“学号”的值不能为空。

(2) 参照完整性。指具有一对多联系的两个表之间，子表中与主表的主关键字相关联的那个属性（外部码）的值要么为空，要么等于主表中主关键字的某个值。

(3) 用户定义的完整性。针对某一具体数据库的约束条件，由应用环境确定。例如，月份是1～12的正整数，职工的年龄应大于18小于60等。

并发控制是指当多个用户同时存取、修改数据库时，为了防止发生互相干扰而得到错误的结果并使数据库的完整性遭到破坏，而对多用户的并发操作进行控制、协调。

数据库恢复是指当计算机软件、硬件或网络通信线路发生故障而破坏了数据或对数据库的操作失败使数据出现错误或丢失时，系统应能进行应急处理，把数据库恢复到正常状态。

推荐阅读：刘世平. 数据挖掘工具的评判[J]. 数学财富，2003(6).

2.3 Web开发技术

许多公司都拥有自己的网站，他们利用网站来进行宣传、产品资讯发布、招聘等。在因特网发展的早期，网站还只能保存单纯的文本。经过几年的发展，当万维网出现之后，图像、声音、动画、视频，甚至3D技术开始在因特网上流行起来，网站也慢慢地发展成我们现在看到的图文并茂的样子。通过动态网页技术，用户也可以与其他用户或者网站管理者进行交流。

一个网站一般由域名(domain name，俗称网址)、网站源程序和服务器(或称主机)3部分构成。

2.3.1 与Web开发技术相关的重要概念

1. IP地址和域名

在电话通信中，电话用户是靠电话号码来识别的。同样，在网络中为了区别不同的计算机，也需要给计算机指定一个号码，这个号码就是“IP地址”。每台联网的PC上都需要有IP地址，才能正常通信。我们可以把个人计算机比作一台电话，那么IP地址就相当于电话号码，而Internet中的路由器，就相当于电信局的程控式交换机。

Internet上的每台主机(host)都有一个唯一的IP地址。IP协议就是使用这个地址在主机之间传递信息，这是Internet能够运行的基础。IP地址的长度为32位，分为4段，每段8位，用十进制数字表示，每段数字范围为0～255，段与段之间用句点隔开，如159.226.1.1。IP地址由两部分组成，一部分为网络地址，另一部分为主机地址。IP地址分为A、B、C、D、E五类，常用的是B和C两类。

现在使用的IPv4协议，全部地址是2^{32}个，即43亿个地址。一方面是地址资源数量的限制，另一方面是随着电子技术及网络技术的发展，计算机网络进入人们的日常生活，可能身边的每一样东西都需要连入全球因特网。在这样的环境下，IPv6 应运而生。IPv6 协议可以提供 2^{128} 的海量地址空间，有人甚至称使用 IPv6 后地球上的每一粒沙子都可以拥有一个 IP 地址。目前，我国已经提出了向 IPv6 过渡的计划。

由于 IP 地址是数字标志，使用时难以记忆和书写，因此在 IP 地址的基础上又发展出一种符号化的地址方案，来代替数字型的 IP 地址。每一个符号化的地址都与特定的 IP 地址对应，这样网络上的资源访问起来就容易得多了。这个与网络上的数字型 IP 地址相对应的字符型地址，就被称为域名。

域名由两个或两个以上的词构成，中间用点号分隔开，最右边的那个词称为顶级域名。下面是几个常见的顶级域名及其用法。

.com 用于商业机构，它是最常见的顶级域名。任何人都可以注册 .com 形式的域名。

.net 最初用于网络组织，如因特网服务商和维修商。现在任何人都可以注册以 .net 结尾的域名。

.org 是为各种组织(包括非营利性组织)而定的。现在任何人都可以注册以 .org 结尾的域名。

.gov 是政府部门，.edu 是教育机构，.mil 是军事部门等。

国家代码是由两个字母组成的顶级域名，如 .cn，.uk，.de 和 .jp 被称为国家代码顶级域名(ccTLDs)。其中，.cn 是中国专用的顶级域名，其注册归 CNNIC 管理，以 .cn 结尾的二级域名我们简称其为国内域名。注册国家代码顶级域名下的二级域名的规则和政策与不同的国家的政策有关。

近年来，一些国家也纷纷开发使用采用本民族语言构成的域名，如德语、法语等。我国也开始使用中文域名，但可以预计的是，在我国国内今后相当长的时期内，以英语为基础的域名(英文域名)仍然是主流。

域名解析(domain name resolution，DNS)是把域名指向网站空间 IP，让人们通过注册的域名可以方便地访问到网站的一种服务。域名解析也叫域名指向、服务器设置、域名配置以及反向 IP 登记等。简而言之，就是将好记的域名解析成 IP，服务由 DNS 服务器完成，是把域名解析到一个 IP 地址，然后在此 IP 地址的主机上将一个子目录与域名绑定。

2. 网页和网站

网页(web page)，是网站中的一“页”，是一个文件，它存放在某一部计算机中。网页经由统一资源定位符(uniform resource locator，URL，也被称为网页地址、网址)来识别与存取，当我们在浏览器中输入网址后，经过一段复杂而又快速的程序，网页文件会被传送到你的计算机，然后再通过浏览器解释网页的内容，再展示到你的眼前，这些网页文件通常是 HTML(hypertext markup language，超文本标记语言)格式(文件扩展名为 .html、.htm、.asp、.aspx、.php、.jsp 等)。

网站(website)开始是指在因特网上，根据一定的规则，使用 HTML 等工具制作的用于展示特定内容的相关网页的集合。网页是构成网站的基本元素，是承载各种网站应用的平台。当一个网站服务器收到一台电脑上网络浏览器的请求时，发送的第一个页面称为主页(homepage，或首页)，主页中通常包括有指向其他相关页面或其他节点的指针(超链接)。

人们可以通过网站来发布自己想要公开的资讯，或者利用网站来提供相关的网络服务。人们可以通过网页浏览器来访问网站，获取自己需要的资讯或者享受网络服务。衡量一个网站的性能通常从网站空间大小、网站位置、网站连接速度(俗称“网速”)、网站软件配置、网站提供服务等几方面考虑，最直接的衡量标准是这个网站的真实流量。

网页设计的常用工具有以下几种。

(1) Dreamweaver、FrontPage、Visual Studio 等，用于编辑 HTML、ASP(active sever page，动态服务器页面)、JSP(Java sever pages，java 服务器页面)、PHP(hypertext preprocessor，英文超级文本预处理语言)时的辅助工具。

(2) Flash 动画制作软件。

(3) Photoshop、Fireworks 等图像处理软件，一般网页都需要有图片相搭配。

3. 静态网页和动态网页

在网站设计中，纯粹 HTML 格式的网页通常被称为“静态网页”，早期的网站一般都是由静态网页制作的。静态网页是相对于动态网页而言，是指没有后台数据库、不含程序和不可交互的网页。你编的是什么它显示的就是什么，不会有任何改变。静态网页相对更新起来比较麻烦，适用于一般更新较少的展示型网站。

静态网页的网址形式通常为 htm 结尾 ，还有是以.html、.shtml、.xml 等为后缀的。在 HTML 格式的网页上，也可以出现各种动态的效果，如.gif 格式的动画、Flash、滚动字幕等，这些“动态效果”只是视觉上的。

动态网页指的是采用 ASP、PHP、JSP 等程序动态生成的页面，该网页中的大部分数据内容来自于网站相连的数据库。这个页面在网络空间中其实并不存在，所以有些人看着某个页面内容比较有用想下载下来，自然是找不到资源了。动态页面只有接收到用户的访问请求后才生成并传输到用户的浏览器中显示出来，而且由于访问者能够实时得到他们想要的数据，动态网页往往容易给人留下深刻的印象。此外，动态网页还具有容易维护、更新的优点。

动态网页以数据库技术为基础，可以大大降低网站维护的工作量；采用动态网页技术的网站可以实现更多的功能，如用户注册、用户登录、在线调查、用户管理、订单管理等；动态网页实际上并不是独立存在于服务器上的网页文件，只有当用户请求时服务器才返回一个完整的网页。下面是几种常用的动态网页技术。

(1) ASP 是一个 Web 服务器端的开发环境，利用它可以产生和执行动态的、互动的、高性能的 Web 服务应用程序。ASP 采用脚本语言 VBScript(Java script)作为自己的开发语言。之后，微软又推出 ASP.NET，是 ASP 和.NET 技术的结合，提供基于组件、事件驱动的可编程网络表单，大大简化了编程，还可以用 ASP.NET 建立网络服务。

(2) PHP 是一种跨平台的服务器端的嵌入式脚本语言。它大量地借用 C、Java 和 Perl 语言的语法，并耦合 PHP 自己的特性，使 Web 开发者能够快速地写出动态产生页面。

(3) JSP 是 Sun 公司推出的新一代网站开发语言。Sun 公司借助自己在 Java 上的不凡造诣，又获得了 Java 应用程序和 Java Applet 之外的新的硕果，就是 JSP。JSP 可以在 Serverlet 和 JavaBean 的支持下，完成功能强大的站点程序。

2.3.2 HTML

HTML 叫做“超文本标记语言”。所谓超文本，因为它可以加入图片、声音、动画、影视等内容，可以从一个文件跳转到另一个文件，与世界各地主机的文件连接。HTML 文档是一个文本文档，和一般文本不同的是，一个 HTML 文档不仅包含文本内容，还包含一些“标记”(tag)。HTML 文档的后缀名是.htm 或者是.html，对大小写不敏感。

用记事本程序(notepad)就可以编写 HTML 文档了。专业的 Web 开发者常常使用 Dreamweaver 或 FrontPage 的 HTML 编辑器。

1. HTML 文档的结构

HTML 文档的结构如下：

```
<HTML>
    <HEAD>
        <TITLE>HTML 文件标题</TITLE>
            HTML 头信息
    </HEAD>
    <BODY>
            HTML 内容信息
    </BODY>
</HTML>
```

<HTML>和</HTML>是 HTML 文档的开始与结束，也是 HTML 文档的根元素。

HTML 文件中主要分为头信息(HEAD)与内容信息(BODY)。头信息可以容纳文档的 HTML 相关信息，如标题(title)、页面的语言与文字类型、CSS 层叠样式表、JavaScript 代码、简短描述、关键词等内容。内容信息包括用户可以看到的全部内容，如段落、链接、表格等。

HTML 文档由 HTML 标记组成，一般 HTML 标记由开始标记(如<TITLE>)和结束标记(如</TITLE>)组成。某些 HTML 元素没有结束标记，如
。

编写代码时一般要有层次感，下面是一个最基本的超文本文档的源代码。

```
<HTML>
    <HEAD>
        <TITLE>一个简单的 HTML 示例</TITLE>
    </HEAD>
    <BODY>
        <CENTER>
        <H3>欢迎光临我的主页</H3>
        <BR>
        <HR>
        <FONT SIZE= 2>
```

```
            这是我第一次做主页，无论怎么样，我都会努力做好！
        </FONT>
        </CENTER>
    </BODY>
</HTML>
```

2. 超文本中的标记

刚刚接触超文本，遇到的最大的障碍就是一些用“＜”和“＞”括起来的句子，我们称它为标记，是用来分割和标记文本的元素，以形成文本的布局、文字的格式及五彩缤纷的画面。

1）单标记

某些标记被称为“单标记”，因为它只需单独使用就能完整地表达意思，这类标记的语法是＜标记名称＞。最常用的单标记是＜BR＞，表示换行。

2）双标记

另一类标记被称为“双标记”，它由“始标记”和“尾标记”两部分构成，必须成对使用，其中始标记告诉 Web 浏览器从此处开始执行该标记所表示的功能，而尾标记告诉 Web 浏览器在这里结束该功能。始标记前加一个斜杠(/)即成为尾标记。这类标记的语法是

```
<标记>内容</标记>
```

其中“内容”部分就是要被这对标记施加作用的部分。例如，你想突出对某段文字的显示，就将此段文字放在一对＜EM＞ ＜/EM＞标记中，如＜EM＞第一：＜/EM＞。

3）标记属性

许多单标记和双标记的始标记内可以包含一些属性，其语法是

```
<标记名字 属性 1 属性 2 属性 3......>
```

各属性之间无先后次序，属性也可省略(取默认值)。例如，单标记＜HR＞表示在文档当前位置画一条水平线，一般是从窗口中当前行的最左端一直画到最右端。也可以带一些属性：

```
<HR SIZE= 3 ALIGN= LEFT WIDTH= "75% ">
```

其中，SIZE 属性定义线的粗细，属性值取整数，缺为 1；ALIGN 属性表示对齐方式，可取 LEFT(左对齐，缺省值)，CENTER(居中)，RIGHT(右对齐)；WIDTH 属性定义线的长度，可取相对值，(由一对“”括起来的百分数，表示相对于充满整个窗口的百分比)，也可取绝对值(用整数表示的屏幕像素点的个数，如 WIDTH＝300)，默认值是“100%”。

注意：属性值的引号一定要在英文状态下输入。

3. HTML 标记一览表

HTML 标记一览表见表 2-1。

表 2-1　HTML 常用标记一览表

标　　记	名称或意义	作　　用
<HTML>	文件宣告	让浏览器知道这是 HTML 文件
<HEAD>	开头	提供文件整体信息
<TITLE>	标题	定义文件标题，将显示于浏览器顶端
<BODY>	主体	设计文件格式及内容所在
<！--注解-->	说明标记	为文件加上说明，但不被显示
<P>	段落标记	为字、图、表格等之间留下一空白行
 	换行标记	令字、图、表格显示于下一行
<HR>	水平线	插入一水平线
<CENTER>	居中	令字、图、表格等显示于中间
<SUB>	下标字	文字下标
<SUP>	上标字	文字上标
<OL>	顺序清单	清单项目将以数字、字母顺序排列
<UL>	无序清单	清单项目将以实心圆点作为符号排列
<LI>	清单项目	清单中的项目，一个标记一行
<TABLE>	表格标记	设定该表格的各项参数
<CAPTION>	表格标题	做成一打通列以填入表格标题
<TR>	表格列	设定该表格的列
<TD>	表格栏	设定该表格的栏
<TH>	表格标头	相等于<TD>，但其内文字字体会变粗
<FORM>	表单标记	决定该表单的运作模式
<TEXTAREA>	文字框	提供文字输入栏
<INPUT>	输入标记	决定输入形式
<SELECT>	选择标记	建立弹出卷动清单
<OPTION>	选项	每一个清单选项
<IMG>	图形标记	用来插入图形及设定图形属性
<A>	链接标记	加入链接
<BASE>	基准标记	可将相对 URL 转绝对及指定链接
<FRAMESET>	框架设定	设定框架
<FRAME>	窗口设定	设定框架中的窗口
<IFRAME>	页内框架	于网页中插入框架
<NOFRAMES>	不支持框架	设定浏览器不支持框架时的提示

续表

标　记	名称或意义	作　用
<MAP>	影像地图名称	设定影像地图名称
<AREA>	链接区域	设定各链接区域
<BGSOUND>	背景声音	令背景播放音乐或声音
<EMBED>	多媒体	加入声音、音乐或影像
<MARQUEE>	走马灯	令文字走动
<BLINK>	闪烁文字	令文字闪烁
<META>	开头说明	提供关于此页的信息给浏览器
<STYLE>	式样表	控制网页版面
<SPAN>	自订标记	独立使用或与样式表一起用

4. 链接

链接语法：<A href=" url" >显示的文字</A>。

A——链接的标记

href——链接的属性，告诉浏览器链接到的网址(url)

url——要链接到的网页或者文件。url 可以是一个绝对的网页，如 http://www.163.com，或者是一个相对网页。url 除了是网页外，还可以是其他的文件(如文本文件、pdf 文件等)。url 还可以是指向 HTML 文件中的一个位置或者是 E-mail 地址。

显示的文字——想要显示的文字，浏览者点击“显示的文字”就会连接到 url 页面。

```
<A href= "../1.pdf">使用相对链接,访问 PDF 文件</A>
<A href= "mailto:example@ example.com">给我写邮件</A>
```

URL 是统一资源定位器，通过它可以以多种通信协议于外界沟通来存取信息。

URL 链接的形式：协议名：//主机．域名/路径/文件名。

5. 插入图像

超文本之所以在很短的时间内如此广泛地受到人们的青睐，很重要的一个原因是它能支持多媒体的特性，如图像、声音、动画等。超文本支持的图像格式一般有.gif、.jpeg、.png 等多种。

插入图像的标签是<IMG>，其格式为

```
<IMG src= "图像文件地址">
```

src 属性指明了所要链接的图像文件地址，这个图像文件可以是本地机器上的图像，也可以是位于其他主机上的图像。地址的表示方法可以沿用上面内容“文件的链接”中 URL 地址表示方法。例如，

```
<IMG src= "images/ball.gif">
```

IMG 还有两个属性是 HEIGHT 和 WIDTH，分别表示图像的高和宽。通过这两个属性，可以改变图像的大小，如果没有设置，图形按原大显示：

```
<IMG src= "flowers0.jpg" width= "200" heigth= "100">
```

alt——图像的替代文字。
title——提示文字。

```
<IMG src= "html_filex.png" alt= "alttext" title= "titletext" />
```

6. 表格

以下是一个表格的简单例子：

```
<TABLE border= 1>
    <CAPTION align= top>个人信息表</CAPTION>
    <TR>
        <TH>姓名</TH>
        <TH>性别</TH>
        <TH>年龄</TH>
    </TR>
    <TR>
        <TD>王林</TD>
        <TD>男</TD>
        <TD>25</TD>
    </TR>
</TABLE>
```

表格标题的位置，可由 align 属性来设置，其位置分别由表格上方(top)和表格下方(bottom)。

7. 表单

HTML 表单(form)是 HTML 的一个重要部分，主要用于采集和提交用户输入的信息。

例如，一个让用户输入姓名的 HTML 表单，其示例代码如下：

```
< FORM action= "yourname.asp" method= "post">
    请输入你的姓名：
    < INPUT type= "text" name= "yourname">
    < INPUT type= "submit" value= "提交">
< /FORM>
```

HTML 表单常用控件：
INPUT type=" text" 单行文本输入框；
INPUT type=" submit" 将表单里的信息提交给表单里 action 所指向的文件；
INPUT type=" checkbox" 复选框；

INPUT type=" radio" 单选框；

SELECT 下拉框；

TEXTAREA 多行文本输入框；

INPUT type=" password" 密码输入框(输入的文字用＊表示)。

静态网页不能实现用户和服务器之间的交互，只有学习了动态网页技术后才能获取HTML 表单的提交信息并进行相应处理。

2.3.3 ASP 动态网页

1. 动态网页的工作原理

所谓动态网页，就是说该网页文件不仅含有 HTML 标记，而且含有程序代码，这种网页的扩展名一般根据不同的程序设计语言而不同，如 ASP 文件的扩展名为.asp。

动态网页工作原理如图 2.2 所示。

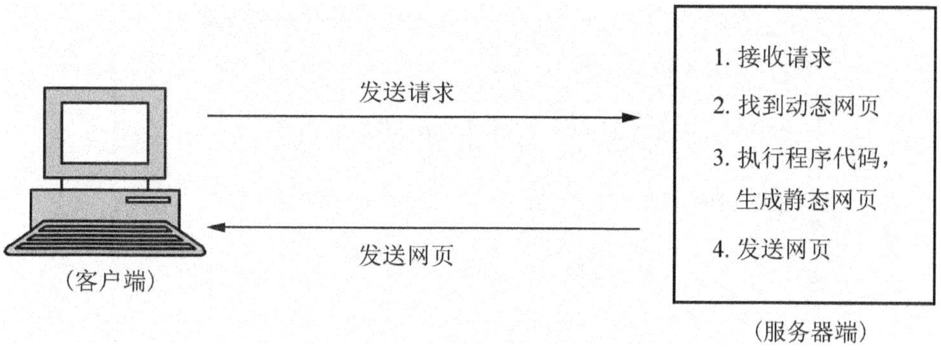

图 2.2 动态网页的工作原理

ASP 是微软公司推出的一种简单易学的网络程序设计语言，它的特点是将 VBScript 或 JavaScript 嵌入到 HTML 中。

ASP 的运行环境，服务器端需要安装以下软件。

(1) Windows 98 或 Windows 2000 Professional 或 Windows 2000 Server 或 Windows 2000 Advance Server 或 Windows XP Professional 或更高版本，其中 Windows 2000 系列需要安装 Service Pack 2.0。

(2) IIS 5.0(Internet 信息服务管理器 5.0)或更高版本。如果是 Windows 98，需要安装 PWS 4.0(个人 Web 服务管理器 4.0)。

客户端只要是普通的浏览器即可，如 Internet Explorer 5.0 或更高版本。

对于普通学习者，可以将自己的计算机当作服务器。成功安装 IIS 后，文件夹 C:\\inetpub\\wwwroot\\为服务器默认目录。在该文件夹下建立 ASP 文件后，可以通过在浏览器地址栏中输入“http://localhost/文件名.asp”来运行。

```
<HTML>
    <HEAD>
        <TITLE>一个简单的 ASP 程序</TITLE>
```

```
    </HEAD>
    <BODY>
        <H1 align= "center">欢迎您光临我的主页</H1>
        <%
          Dim a                               '声明一个变量
          a= "您来访的时间是:" & Time()        '给变量赋值，其中 Time 是时间函数
          Response.Write a                    '在页面上输出变量 a 的值
       %>
    </BODY>
</HTML>
```

一个简单的 ASP 程序运行结果如图 2.3 所示。

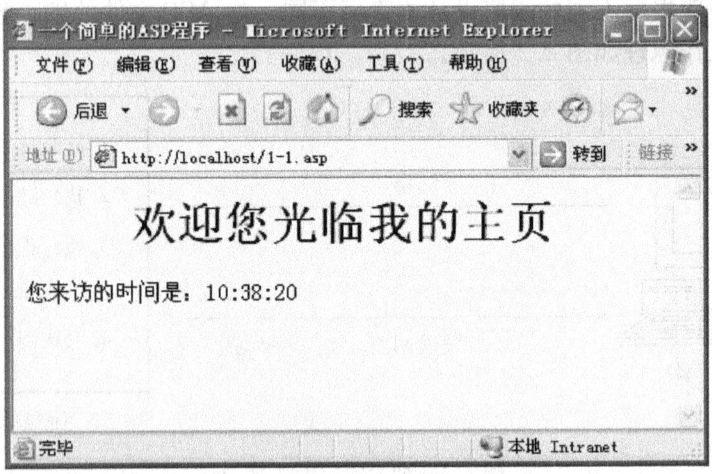

图 2.3 一个简单的 ASP 程序运行结果

2. ASP 内部对象

ASP 有以下 5 个重要的内部对象。

(1) Request 对象常用来从客户端获取数据，主要依靠 5 种数据集合，分别是 QueryString、Form、Cookies、ServerVariables、ClientCertificate。

(2) Response 对象常用来向客户端输出数据。

(3) Session 对象记载特定客户的信息。

(4) Application 对象记载同一个应用程序中的所有用户之间的共享信息。

(5) Server 对象提供服务器端的许多应用函数，如创建 COM 对象和 Scripting 组件等。

3. 利用数据库存取组件存取数据库

开发一个在线的通讯录程序。建立一个数据库 address.mdb ，表为 tbAddress，如图 2.4 所示。

tbAddress : 表

字段名称	数据类型	说明
ID	自动编号	序号
strName	文本	姓名(小于20位)
strSex	文本	性别(1位)
intAge	数字	年龄
strTel	文本	电话(小于20位)
strEmail	文本	E-mail(小于50位)
strIntro	备注	个人简介
dtmSubmit	日期/时间	添加日期

图 2.4 表 tbAddress 结构

查询

```
<HTML>
    <BODY>
        <H2 align="center">我的通讯录</H2>
        <%
        '以下连接数据库,建立一个 Connection 对象实例 conn
        Dim conn
        Set conn= Server.CreateObject("ADODB.Connection")
        conn.Open "address"                              '利用数据源连接数据库
        '以下建立记录集,建立一个 Recordset 对象实例 rs
        Dim rs
        Set rs=conn.Execute("Select *  From tbAddress")  '返回整个数据表
        '以下利用表格显示记录集中的记录
        %>
        <TABLE border="1" width="100% " align="center">
            <TR bgcolor="#E0E0E0">
                <TH>姓名</TH>
                <TH>性别</TH>
                <TH>年龄</TH>
                <TH>电话</TH>
                <TH>E-MAIL</TH>
                <TH>简介</TH>
                <TH>添加日期</TH>
            </TR>
            <%
            Do While Not rs.Eof                          '只要不是结尾就执行循环
            %>
            <TR>
                <TD><%=rs("strName")%></TD>
                <TD><%=rs("strSex")%></TD>
```

```
                <TD><%=rs("intAge")%></TD>
                <TD><%=rs("strTel")%></TD>
                <TD><A href="mailto:<%=rs("strEmail")%>"><%=rs ("strEmail")%>
</A></TD>
                <TD><%=rs("strIntro")%></TD>
                <TD><%=rs("dtmSubmit")%></TD>
            </TR>
            <%
                rs.MoveNext                                   '将记录指针移动到下一条记录
            Loop
            %>
        </TABLE>
    </BODY>
</HTML>
```

添加

```
<HTML>
    <BODY>
        <%
        '以下连接数据库,建立一个 Connection 对象实例 conn
        Dim conn
        Set conn=Server.CreateObject("ADODB.Connection")
        conn.Open "address"
        '以下利用 Connection 对象的 Execute 方法添加新记录
        conn.Execute("Insert Into tbAddress(strName,strSex,intAge,strTel,
strEmail,strIntro,dtmSubmit) Values('萌萌','女',21,'6112211','mm@372.net','金融系同
学',#2008-8-8#)")
        Response.Write "已经成功添加,你可以自己打开 address.mdb 查看结果。"
        %>
    </BODY>
</HTML>
```

删除

```
<HTML>
    <BODY>
        <%
        '以下连接数据库,建立一个 Connection 对象实例 conn
        Dim conn
        Set conn=Server.CreateObject("ADODB.Connection")
        conn.Open "address"
        '以下利用 Connection 对象的 Execute 方法删除记录
        conn.Execute("Delete From tbAddress Where ID=1")
```

```
        Response.Write "已经成功删除,你可以自己打开 address.mdb 查看结果。"
        %>
    </BODY>
</HTML>
```

修改

```
<HTML>
    <BODY>
        <%
        '以下连接数据库,建立一个 Connection 对象实例 conn
        Dim conn
        Set conn=Server.CreateObject("ADODB.Connection")
        conn.Open "address"
        '以下利用 Connection 对象的 Execute 方法更新记录
        conn.Execute("Update tbAddress Set intAge=22,strTel='61223211' Where
ID= 2")
        Response.Write "已经成功更新,你可以自己打开 address.mdb 查看结果。"
        %>
    </BODY>
</HTML>
```

推荐阅读：桂厚义. 下一代网络技术及其发展[J]. 江西通信科技，2004(3).

本章小结

信息技术是管理信息系统的基础，只有把信息技术与管理结合起来，才能真正发挥管理信息系统的作用。

数据通信是以“数据”为业务的通信系统。通信技术是计算机网络技术的基础。

由于一个企业或组织中的信息处理都是分布式的，把分布式信息按其本来面目由分布在不同位置的计算机进行处理，并通过通信网络把分布式信息集成起来，是管理信息系统的主要运行方式，因而，计算机网络技术是管理信息系统的基本技术。每台联网的 PC 上都需要有 IP 地址，才能正常通信。域名是一种符号化的地址方案。域名解析是把域名指向网站空间 IP。

网站是指在因特网上，根据一定的规则，使用 HTML 等工具制作的用于展示特定内容的相关网页的集合。人们可以通过网站来发布自己想要公开的资讯，或者利用网站来提供相关的网络服务。

静态网页是相对于动态网页而言的，是指没有后台数据库、不含程序和不可交互的网页。动态网页指的是采用 ASP、PHP、JSP、CGI(common gateway interface，公共网关接口)等程序动态生成的页面，该网页中的大部分数据内容来自于网站相连的数据库。

案例分析

天津公安人口信息系统

2004 年 4 月，作为我国先期启动第二代居民身份证的试点城市之一的天津，开始在和平区、西青区制发第二代居民身份证。

"二代证"工程的信息化难题

以天津原有的人口信息系统为例，其包括天津市常住人口 800 多万，算上暂住人口、历史记录、重点人口以及户籍信息等，数据库记录已达到了 2 000 多万条。同时，原有信息系统包含了一共 18 个分局和 384 个派出所，采用光纤和 DDN 网络连接到市局信息中心，如图 2.5 所示。

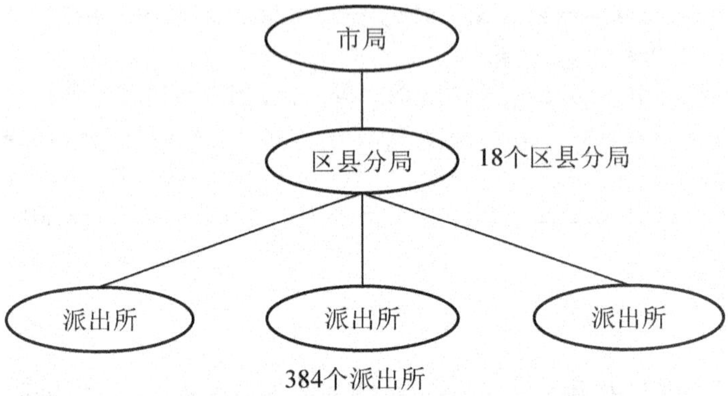

图 2.5　组织结构图

注：目前环境［市局为 HP Alpha ES40 UNIX 小型机(2×CPU. IG 内存，5×36G 磁盘阵列)，Oracle 81 数据库系统］。网络环境(市局与各分局为光纤连接，分局与各派出所为 DDN 2M 连接)。各个派出所和区县局通过广域网连接到市局常住人口数据库进行查询和登记更改处理。数据库环境(1 900 万条记录)。

用户的需求是一套能够实现天津市人口信息集中管理和网络办公的系统。数据库记录多，而且要求数据库系统的性能和稳定性都非常高。

(1) 用户希望建立一套新的集中式系统来满足目前天津市常住人口信息管理。

(2) 希望建立一套异地备份系统来备份天津市局的数据库系统，当中心数据库失效的话，可以切换到备份数据库系统，以不影响业务的正常进行。

(3) 软件系统希望采用 B/S 结构来设计，硬件系统希望采用高可靠和高可用系统。

(4) 用户要求第二代居民身份证系统的后台数据库是一个运行在硬件集群系统之上的并行数据库。另外，在远程有第二套并行数据库，数据通过一定的机制复制到这个数据库中。这样，就有两份同样的数据，实现了数据保护的功能。

(5) 并行数据库系统必须能够实现负载均衡、并行处理，能应付大数据量、大用户量的办公业务。

(6) 并行数据库必须能够实现失效接管。也就是当集群系统中的一个节点或多个节点出现故障，只要还有节点能够正常工作，数据库就仍然能够正常工作。

全面应对

联想万全 NS10000 高性能集群系统是集成了并行处理、负载均衡和高可用性的集群方案产品，采用联想万全高端IA服务器和存储产品，结合Oracle 8i OPS/9i RAC并行数据库，在Windows和Linux平台上为大型数据库应用提供高处理能力、高可用、高性价比的数据库平台。

在整个方案中，联想采用2台4路联想万全R630服务器加两台联想2G光纤通道磁盘阵列构成两个NS10000－2节点集群系统，这是一个2节点的集群系统，操作系统(Windows或Linux)、Oracle系统部分安装在每个节点的本地硬盘上，数据库安装在共享的磁盘阵列上。两节点机通过1000M以太网卡互相通信，作为集群系统的内部通信，因为是2节点集群，所以可以通过千兆以太网卡直接连接，不必通过交换机。两个节点机上的第二块百兆以太网卡作为与客户端的数据通信通道。内部通信网卡使用一个专用的网段，以避免干扰。

2节点集群系统实现负载均衡，客户端可以连接到任何一个节点进行数据库操作。同时，实现失效接管，只要两个节点中的任何一个节点能够正常工作，它就可以接管全部客户端的工作。远程备份服务器也是一套2节点集群系统，可以放置在远程，只要与主数据库能够通过TCP/IP协议相连，就可以实现数据复制，将主数据库中的数据复制到备份数据库中。复制的方式采用Data Guard实现，这样就可以实现数据保护。

该集群系统具有以下特点。

第一，集群系统是对服务器的保护，既能够实现负载均衡，充分利用服务器的硬件资源，又可以实现失效接管，不会中断任务处理，但是集群系统不会保护磁盘阵列。磁盘阵列的安全性也很重要，磁盘阵列也是全冗余的，双电源，双控制器，硬盘做RAID，可靠性高。另外，在方案中，有两个磁盘阵列，保存两份相同的数据，进一步提高可靠性。在这种情况下，将备份服务器放置在远程比较有意义。

第二，所有数据库的任务都在2节点的集群系统上实现，包括数据录入、查询、生成报表等操作，远程备份服务器数据库只保留一份相同的数据，起数据保护作用。远程备份服务器可以实现3部分数据功能：数据保护、数据查询和数据库冷备份。

第三，远程备份服务器数据库只保留一份相同的数据，起数据保护作用。这样，在一个数据库中，实现数据录入、查询以及生成统计报表等功能。另外，在远程有第二套并行数据库，数据通过一定的机制复制到这个数据库中。这样，就有两份同样的数据，实现了数据保护的功能。

客户收益显著

整套方案的总体设计思想符合天津公安系统数据集中的要求，高效、便捷、稳定。系统资源能很好地满足用户业务需求，达到了用户的预期目标。而且，用户在设备采购投入上节约了大量采购成本，此方案比采用小型机大约节省50%以上的成本。同时，后续维护成本很低廉，一般的信息中心技术人员即可处理技术故障，而联想提供的原厂商服务费用也远低于国外厂商的小型机服务费用。因此，这个项目在业务要求、服务投入、测试服务等各方面均很好地满足了客户的需求，得到了用户的信赖。

（资料来源：天津公安人口信息系统应用案例［EB/OL］. http://www.chinabyte.com./solution/2/1893002.shtml.［2012－03－20］.）

问题：

1. 天津市人口信息管理系统的并行处理包括哪些内容？
2. 天津市人口信息管理系统是如何实现数据的安全性和可靠性的？
3. 天津市人口信息管理系统的主要功能有哪些？

习　题

一、名词解释

计算机软件、数据通信、计算机网络、云计算、数据管理、数据库、数据库管理系

统、数据库系统、第一范式、第二范式、IP 地址、域名、网页、网站、主页、超文本标记语言、静态网页、动态网页

二、选择题

1. 当前的 Web 程序开发中通常采用(　　)模式。
A. C/S　B. B/S　C. B/B　D. C/C

2. Internet 的基础协议是(　　)。
A. FTP　B. X-Windows　C. TCP/IP　D. SNA

3. 在数据库模型中，目前最常用的是(　　)。
A. 层次模型　B. 网状模型　C. 面向对象的模型　D. 关系模型

4. 用二维表数据来表示实体之间联系的数据模型被称为(　　)。
A. 实体—联系模型　B. 层次模型　C. 网状模型　D. 关系模型

5. 数据库 DB、数据库系统 DBS、数据库管理系统 DBMS 三者之间的关系是(　　)。
A. DBS 包括 DB 和 DBMS　B. DBMS 包括 DB 和 DBS
C. DB 包括 DBS 和 DBMS　D. DBS 就是 DB，也就是 DBMS

6. 计算机网络的主要功能是(　　)。
A. 远程传输　B. 异构机连接　C. 分布处理　D. 高效通信

7. 计算机网络中，共享的资源主要是指(　　)。
A. 主机、程序、通信信道和数据　B. 主机、外设、通信信道和数据
C. 软件、外设和数据　D. 软件、硬件、数据和通信信道

8. 代表 WWW 页面文件的文件类型是(　　)。
A. htm 或 html　B. gif　C. jpeg　D. mpeg

9. 超文本与普通文本的主要区别是(　　)。
A. 超文本必须包括多媒体信息　B. 超文本的信息量超过了普通文本
C. 超文本含有指向其他文本的链接点　D. 超文本必须在浏览器中显示

10. 在 HTML 中，插入换行符用(　　)标记。
A. <HR>　B.
　C. <P>　D. Enter 键

11. HTML 中用(　　)标记表示表格的一行。
A. <ROW>和</ROW>　B. <TR>和</TR>
C. <TD>和</TD>　D. <TABLE>和</TABLE>

12. ASP 脚本代码是在(　　)执行的。
A. 客户端　B. 第一次在客户端，以后在服务器端
C. 服务器端　D. 第一次在服务器端，以后在客户端

三、判断题

1. 信息技术是管理信息系统的基础，只有把信息技术与管理结合起来，才能真正发挥管理信息系统的作用。(　　)

2. 数据通信是以信号为业务的通信系统。(　　)

3. 计算机网络技术是通信技术与计算机技术相结合的产物。(　　)

4. 计算机网络具有共享硬件、软件和数据资源的功能。 ( )

5. 当前信息技术发展的总趋势是以互联网技术的发展和应用为中心，从典型的技术驱动发展模式向应用驱动相结合的模式转变。 ( )

6. 在对关系模式进行规范化设计时，至少应达到第五范式。 ( )

7. IT可以帮助公司降低交易成本。而随着交易成本下降，公司规模便可缩小，管理成本下降，雇员人数减少。 ( )

8. B/S模式不需要特定的客户端，只要有普通浏览器，就可以访问到服务器了。 ( )

9. HTML文档包含的两个部分是指文档头部和文档主体。 ( )

10. 在超链接标记中，src属性用来指定超链接路径。 ( )

11. 在表单中，action属性用于指定表单处理程序文件的地址。 ( )

四、问答题

1. 数据通信系统主要由哪几大部分组成?
2. 通信系统传输手段包括哪些?
3. 有线数据通信经历了哪几个阶段?
4. 无线数据通信经历了哪几个阶段?
5. 计算机网络分为哪几类?
6. 计算机网络的主要功能有哪些?
7. 计算机网络的应用有哪些?
8. 数据管理经过了几个发展阶段?
9. 数据库系统中支持的数据模型主要有哪几种，目前流行的是什么?
10. 静态网页和动态网页有什么区别?
11. 目前常见的动态网页技术有哪些?

第3章 管理信息系统的战略规划和开发方法

教学目标与要求

通过对本章的学习，能正确认识组织在管理信息系统建设方面所处的阶段，明确是什么原因促使组织需要开发管理信息系统，对于所需要开发的管理信息系统如何从组织发展的战略目标出发进行系统规划。掌握管理信息系统建设规划的常用方法的基本思想、规划过程、使用工具，理解各种规划方法所适用的范围。通过对业务流程重组内容的学习，认识业务流程的重组对于提高管理水平和管理效率的重要性。明确管理信息系统的开发策略，理解结构化方法并掌握开发管理信息系统的方法。

章节知识框架

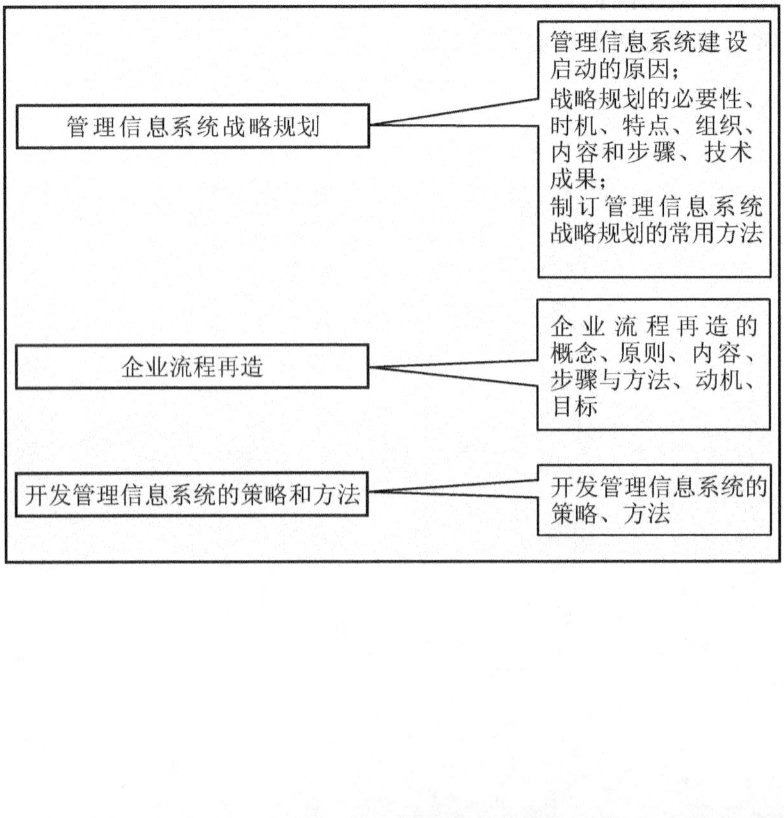

导入案例

青钢管理信息系统的系统规划

青岛钢铁集团公司(以下简称“青钢”)的杨总经理上任后发现，青钢信息管理手段较为落后，极大部分信息管理都通过手工进行。即便是有些单项业务使用了计算机，如生产经营日报的打印，也极具形式化的特征(例如，生产经营日报的汇总打印实际上是管理人员手工将经营日报的各项数据计算出来后再录入计算机并打印出来)。杨总经理与高层领导们商量以后，决定青钢拨出相应经费建立企业管理信息系统。杨总经理指派有很高协调能力的宣传部部长傅希岭组织协调这项工作。傅部长接手这项任务后，第一项工作就是组建青钢信息中心，并亲自担任信息中心主任。组建的信息中心除傅部长外，还有懂技术且原则性很强、能全身心投入的马副主任，熟悉计算机硬件及系统软件的小范及其同事们，共10人左右。

傅部长及马副主任接手这项工作以后，找到北京科技大学(以下简称“北科大”)管理学院的李教授，通过与李教授咨询决定，为了使企业中上层领导对企业管理自动化有一个知识性的了解并配合企业管理信息系统的开发工作，傅部长请示杨总经理后邀请李教授及其他北科大相关专家在青钢举办了针对处级以上领导的企业管理及其信息化的培训班。这之后，北科大李教授组织北科大管理学院及信息工程学院管理信息系统方面的专家到青钢搜集青钢相关资料，以了解青钢管理信息系统的需求范围与内容。几周后，李教授及各位专家根据搜集来的资料及对其他企业的管理信息系统的了解(这之前青钢信息中心马副主任带领其中心成员曾到已有管理信息系统的企业进行过参观考察)，列出了青钢管理信息系统的主要功能需求及信息需求，并应用一些方法对各项功能进行了整理分析，得到了青钢管理信息系统的总体功能结构，并据此与计算机及网络公司初步进行了经费估算，规划了人力分配和进度计划。杨总经理同意，决定将整个系统的建设分为三期工程完成。第一期工程开发建设物资管理、销售管理、技术管理、生产计划管理、生产调度、财务管理及总经理综合信息服务7个子系统。李教授的课题组通过几周的工作写出了《青钢管理信息可行性研究报告》。青钢随后组织了一次研讨会，由李教授及其他专家向青钢的各级主管领导和外请专家对青钢管理信息系统的系统规划工作做了报告。外请专家及青钢各级领导确认了报告的内容并对一些问题提出了修改意见与建议。随后，杨总经理指派青钢信息中心与北科大课题组就经费与完成时间进行了谈判，最后双方同意以350万元的经费及一年半的时间完成这个系统的第一期工程，并签署了合作协议。在北科大李教授的组织下，形成了由北科大专家和青钢信息中心工作人员组成的联合项目组，开始进入了青钢管理信息系统的第二阶段——系统分析阶段。

(资料来源：王舰. 管理信息系统精品课程 [EB/OL].
http://www.ouc.edu.cn. [2012-03-28].)

问题：

1. 青钢为什么决定建立管理信息系统?
2. 青钢在建立管理信息系统之前，做了哪些准备工作?
3. 从上面的情景案例中，为了完成系统规划阶段的任务，需要做哪些工作?

3.1 管理信息系统战略规划

3.1.1 管理信息系统建设启动的原因

20世纪90年代开始，随着微技术的进步，计算机科学的成本大大降低、性能大大提高，加之网络技术、多媒体技术的成熟，其在更大、更深的范围对管理信息系统产生重大影响。尤其在1993年9月美国克林顿政府发布了《国家信息基础结构：行动计划》政府报告，世界各发达国家纷纷响应，掀起建设信息高速公路、信息基础设施的热潮。信息高速公路改变了企业的外部环境，也改变着企业的内部环境。组织不断扩大增长，企业合并和并购屡见不鲜。因此，企业期望开拓新机遇，期望更有效地利用信息，增强自身竞争力，但现有的管理信息系统已经难以满足日益增长的企业需求，加之开始变化的个人能力所感知的潜在效益都将促使管理信息系统项目的启动。

3.1.2 管理信息系统战略规划的必要性

管理信息系统战略规划通常又称管理信息系统的战略计划，是对组织总的信息系统目标、战略、信息系统资源和开发工作的一种综合性计划，属于组织对管理信息系统最高层次管理的范畴。因此，管理信息系统战略规划是一个组织的战略规划的重要组成部分，是关于管理信息系统长远发展的规划。

首先，信息系统的应用是为企业战略服务的。信息系统的开发与建设是与企业战略相一致的，如果信息系统不能实现，会直接影响企业战略的实现。而企业战略实现与否将直接导致企业是否能存活。其次，现代企业用于信息系统的投资越来越多，由于管理信息系统开发建设是一项耗资巨大、技术复杂、开发周期长且涉及面广的工程项目，规划不好，就会造成损失。因此，在着手开发之前，必须认真地制订充分有效的管理信息系统战略规划。这项工作的好坏往往是管理信息系统建设成败的关键。发达国家的调查表明，企业管理信息系统项目的失败70%是由信息系统战略规划不当造成的。20世纪70年代，管理信息系统的部分失败同当时人们对总体规划的认识以及总体规划本身技术的成熟度有很大的关系。战略规划是对整个信息系统建设的外部环境及系统内部所产生的不确定性、风险性进行战略分析和研究，用一套规范化的科学方法来指导管理信息系统的建设，以免产生时间、资源和财力的浪费。

3.1.3 管理信息系统战略规划的时机

人们对管理信息系统战略规划必要性的认识，是随着系统的发展而逐渐加深的。虽然一个组织在做管理信息系统总体规划的时间上没有统一的标准，但是大致可以引用诺兰(Nolan)的关于组织信息处理发展的阶段模型——诺兰模型，来说明组织进行管理信息系统总体规划的时机。

把计算机应用到一个单位(企业、部门)的管理中去，一般要经历从初级到成熟的成长过程。诺兰总结了这一规律，于1973年首次提出了信息系统发展的阶段理论，被称为诺兰阶段模型。到1980年，诺兰进一步完善该模型，把信息系统的成长过程划分为如图3.1所示的6个不同阶段。

(1) 初始阶段：从企业引进第一台计算机开始，一般是在财务或统计部门先用，企业逐步认识计算机的作用，学习使用、维护计算机。

(2) 蔓延阶段：随着计算机的应用见到效果，应用从最初的一些部门向企业、政府的各个部门扩散。凡是能用计算机处理事务的部门，多从人工处理转向机器处理。为了管理和协调各部门的应用，数据处理管理部门从原先隶属于某一职能部门(如财务处或计划处)独立出来，成为向高层管理者直接负责的职能部门。

(3) 控制阶段：对第二阶段出现的计算机化引起大幅度上升的支出进行控制，更注重采用成本/效益分析去衡量应用系统的开发。针对各项已开发的应用系统的不协调和数据冗余等问题，制订统一的计划。

(4) 综合集成阶段：在经过第三阶段的全面分析、引入数据技术、建立数据通信网的条件下，数据处理系统又进入一个高速发展阶段。逐步地对原有系统进行改造、综合和一体化，建设一个更有效地为中、上层管理提供决策支持的系统，一个管理企业各种信息资源的系统。

(5) 数据管理阶段：诺兰认为，在集成化、综合系统实现之后才会进入数据管理阶段，数据成为组织的重要资源。

(6) 成熟阶段：信息系统的成熟表现在它与组织的目标完全一致，从操作层的事务处理到中层的管理控制和到高层管理的战略计划、辅助决策均能满足企业的要求。同时，系统还能适应任何管理和技术的新的变化。

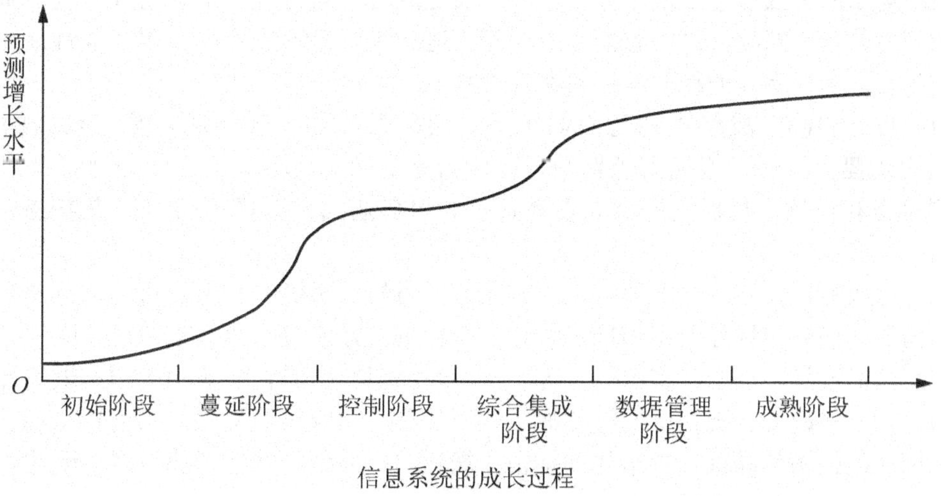

图3.1 诺兰的六阶段模型

在诺兰的六阶段模型中，第二阶段是数据处理发展最快的一个阶段，用户感到了计算机在事务处理上的好处，计算机利用率不断提高。一方面各部门都卷入这一潮流，开发了大量的应用程序。但这时还无法做到综合地开发系统，没有统一的规划，自然就产生了信息冗余，标准代码不一，数据难以共享。由于对于高层而言其管理服务效果不佳，加上各部门独立开发的“混乱”局面，于是产生了“危机”。另一方面，企业各部门采用自上而下开发的大量应用程序，与企业目标联系不紧，效益不佳，互相争夺和浪费了信息系统的有限资源。随着应用项目的积累、应用经验的丰富，客观要求组织协调，于是出现了由企业最高层管理者直接指导、各职能部门负责人参加的指导委员会。这一委员会的主要任务是对企业的信息系统资源进行控制，确定应用开发的“优先级”。委员会对“优先级”的主要考虑是成本/效益。而对于信息共享问题和如何使信息系统能够在实现企业的目标中发挥更大作用方面，则需要一个总体的战略计划。这种计划应从整个企业更高的角度制定出信息系统的蓝图。这一蓝图正是任何一个组织向信息系统更高阶段发展的必要条件。

经验表明，组织在计算机应用发展阶段以后着手制订管理信息系统总体规划，往往会得到比较好的效果。这是因为，一方面，第二阶段的自然发展为组织应用计算机提供了学习的机会，使组织获得了实际经验，对信息系统在管理中的作用和潜力有了感性的认识；另一方面，没有规划的各自开发所出现的投入大而效益低、数据不一致和重复开发等问题，使组织认识到了总体规划的需要。在这样的情况下，制订总体规划容易得到组织管理部门和信息系统部门的支持，并对规划的内容能有较深的理解，也有利于规划实施的控制。

诺兰的阶段模型总结了发达国家信息系统发展的经验和规律。一般认为，模型中的各阶段都是不能超越的。这个模型是我们进行管理信息系统开发工作的一个重要参考。因此，无论在确定开发管理信息系统的策略，或者是在制订管理信息系统规划的时候，都应首先明确本单位当前处于哪一阶段，进而根据该阶段的特征来指导管理信息系统的建设。

3.1.4 管理信息系统战略规划的特点

战略规划的有效性包括两个方面，一方面是战略正确与否，正确的战略应当做到组织资源和环境的良好匹配；另一方面是战略是否适合于该组织的管理过程，也就是和组织活动匹配与否。一个有效的战略一般具有以下特点。

(1) 目标明确。战略规划是面向全局、面向长远的关键问题，具有较强的不确定性，结构化程度较低。但战略规划的目标应当是明确的，不应是二义的。其内容应当使人得到振奋和鼓舞。目标要先进，但经过努力可以达到，其描述的语言应当是坚定和简练的。

(2) 可执行性良好。好的战略规划应当是通俗的、明确的和可执行的，它应当是各级领导的向导，使各级领导能确切地了解它、执行它，并使自己的战略和它保持一致。

(3) 灵活性好。一个组织的目标可能不随时间而变，但它的活动范围和组织计划的形式无时无刻不在改变。现在所制订的战略计划只是一个暂时的文件，只适用于现在，应当进行周期性的校核和评审，战略规划是企业规划的一部分，并随环境发展而变化，灵活性强使之容易适应变革的需要。

(4) 战略规划不宜过细。战略规划的目的是整个系统确定发展战略、总体结构和资源计划，而不是解决系统开发中的具体问题。它要给后续工作以指导，而不是代替后续工作。在系统规划阶段，系统结构着眼于子系统的划分，对数据的描述在于划分“数据类”，进一步的划分是后续工作的任务。

战略规划阶段是一个管理决策过程，要应用信息技术有效支持管理决策的总体方案；

它又是管理与技术结合的过程，规划人员对管理和技术发展的见识、开创精神、务实态度是系统规划成功的关键因素。

3.1.5 管理信息系统战略规划的组织

战略规划一般均是一次性的决策过程，这是不能预先进行实验的。用一些管理科学理论所建立的模型与决策支持系统，往往得不到管理人员的承认，他们喜欢用自己的经验建立启发式模型。另外，由于战略规划总是要考虑外部变化，要求进行内部的变革以适应外部变化，这种变革往往是企业人员不欢迎的，因为这可能会损害他们的既得利益。因此，执行好战略规划，应当做到以下几点。

(1) 做好思想动员工作。让各种人员了解战略的意义，知道如何才能做好战略规划，并能积极参加战略规划的实施。

(2) 规划领导小组。信息系统的战略规划应由谁来领导呢？苏联的经验是“第一把手原则”，美国是“主要领导参加”的原则。总之，都是要企业的最高领导出马担任领导。这个小组要在企业最高层管理者的直接领导之下，由一名负责全面规划工作的信息系统规划负责人和企业其他有关部门的主要负责人组成(包括信息管理负责人、系统分析负责人、财务负责人、各业务部门经理等)。信息系统规划负责人必须掌握一套成熟的科学规划方法。

(3) 人员培训。进行战略规划需要采用一套成熟科学的规划方法，为此应组织对高层管理人员、用户分析员以及规划领导小组其他成员进行培训，使他们掌握制订管理信息系统规划的方法。

(4) 规定进度。应该为规划工作制定一个大体上的时间限制，以便对规划过程进行严格管理，避免因过分拖延而丧失信誉或被迫放弃。

3.1.6 管理信息系统战略规划的内容和步骤

1. 管理信息系统战略规划的内容

管理信息系统的战略规划的内容包含甚广，由企业的总目标到各职能部门的目标，以及它们的政策和计划，直到企业信息部门的活动与发展，绝不只是拿点钱买几部机器的规划。

MIS战略规划一般包括3年或更长期的计划，也包含一年的短期计划。长期规划部分指出了总的发展方向，而短期计划部分则作为资源分配的具体依据。一般而言，整个规划包括以下内容。

(1) 信息系统的目标、约束、总体结构。信息系统战略规划应根据企业的战略目标、考虑外界环境的变化、结合企业内外部的约束条件来制定企业信息系统的总体目标。其中，信息系统的目标确定MIS应实现的功能；信息系统的约束包括MIS实现的环境、条件(如管理的规章制度、人力、物力等)；信息系统的总体结构指明了信息的主要类型和主要的子系统。

(2) 评价组织(企业、部门)的现状、业务流程情况及信息系统应用现状，包括计算机软件及硬件情况、产业人员的配备情况及开发费用的投入情况等；业务流程的现状、存在的问题和不足以及流程在新技术条件下的重组等。

(3) 对影响规划的信息技术发展的预测。这里涉及的信息技术主要指计算机硬件技术、网络技术及数据处理技术等。这些技术的推陈出新将在相当程度上给 MIS 的开发带来影响(如处理效率、响应时间等)，并决定将来 MIS 性能的优劣。因此，规划及时吸取相关新技术，有可能使开发出的 MIS 具有更强的生命力。

(4) 近期计划。在战略规划中，应对即将到来的一段时间(如一年)做出相当具体的安排，主要包括硬件设备的采购时间表、应用项目开发时间表、软件维护与转换工作时间表、人力资源的需求以及人员培训时间安排、财务资金需求等。

管理信息系统的战略规划应随着各种因素的变化不断修改。例如，企业人员变化、技术变革、组织自身的变化都可能影响到整个规划，甚至一种新的硬件或软件推出也能影响到规划。因此，信息系统战略规划问题要不断修改以适应不断变化的需要。

2. 制订战略规划的具体步骤

进行管理信息系统的战略规划一般应包括以下一些步骤。

(1) 确定规划的性质。明确 MIS 战略规划的年限、规划的方法，确定集中式还是分散式的规划，是进取还是保守的规划。

(2) 收集相关信息，包括从各级领导、竞争对手、企业内部各种信息系统、各种文件以及从书籍和杂志中收集信息。

(3) 现存状态的评价和识别计划约束。对 MIS 的目标、开发方法、功能结构、计划活动、现存硬件和软件质量、信息部门的情况、财务情况、现存设备、企业的思想和道德情况、风险度和政策等进行分析。

(4) 定义约束条件。根据单位(企业、部门)的财务资源、人力及物力等方面的限制，定义 MIS 的约束条件和政策。

(5) 明确战略目标。根据 (3)、(4) 的结果，确定 MIS 的开发目标，明确 MIS 应具有的功能、服务范围和质量等。它不仅包括信息系统的目标，而且应有整个企业的目标。

(6) 提出未来的略图。给出 MIS 的初步框架，包括各子系统的划分等。

(7) 选择开发方案。选定优先开发的项目，确定总体开发顺序、开发策略和开发方法。

(8) 提出实施进度。估计项目成本和人员需求，并列出开发进度表。

(9) 通过战略规划。将战略规划形成文档，经单位(企业、部门)领导批准后生成。如果没有批准，只好再重新进行规划。

3.1.7 管理信息系统战略规划的技术成果

信息系统规划阶段的技术成果主要包括系统开发立项报告、可行性研究报告和系统开发计划书等技术文档。

(1) 系统开发立项报告。这是对新系统开发的初步设想，主要内容包括现行系统的描述及存在的问题、新系统的期望目标和需求、项目经费预算及来源、开发进度和计划完成期限、项目验收标准和方法、可行性研究的组织及预算、有关文档和其他需要说明的问题。

(2) 可行性研究报告。这是对所立项的系统就开发的可能性与必要性作出的研究结果，主要内容包括新系统的目标、要求和约束，进行可行性研究的基本原则，对现行系统分析的描述及存在的主要问题，新系统对现行系统的影响，系统开发的投资和效益的分析，系统开发的各种可选方案及比较，可行性研究的有关结论等。

(3) 系统开发计划书。这是对正式批准立项的系统所制订的详细系统开发计划。其内容主要有新系统开发的目标、基本方针、人员组织、开发阶段等的描述，各主要开发阶段的任务、人员分工及负责人、时间分配、资金设备投入计划等，各项工作任务的验收方法和标准，系统开发中的单位、人员、开发阶段、责任与权益等的衔接、协调方式及协调负责人等。

3.1.8 制定管理信息系统战略规划的常用方法

目前管理信息系统战略规划的方法有多种，以下将重点介绍3种国际上常用的战略规划方法，它们是企业系统规划法(business system planning，BSP)、关键成功因素法(critical success factor，CSF)和战略集转化法(strategy set transformation，SST)。这些方法中的一些重要概念对我国管理信息系统界也有广泛的影响，特别是BSP方法，对国内的许多大型管理信息系统总体规划的制定起到了重要的作用。

1. 企业系统规划法

企业系统规划法是一种对企业管理系统进行规划的结构化方法，是由IBM公司在20世纪70年代提出的，旨在帮助企业制定信息系统规划，以满足企业近期和长期的信息需求，它运用面向过程的管理思想，是现阶段影响最广的方法，如图3.2所示。

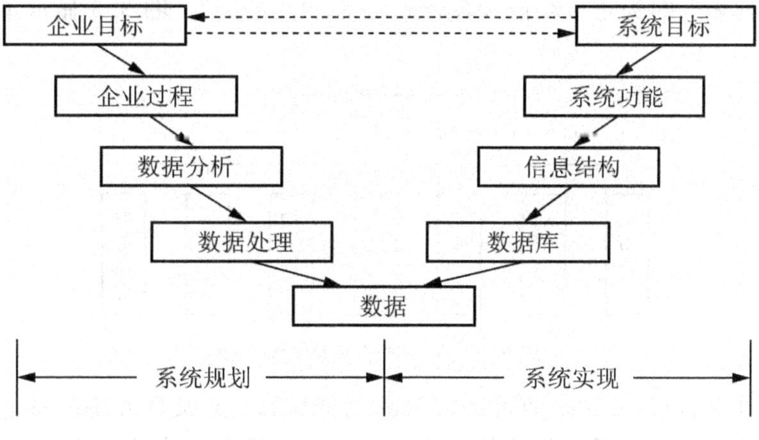

图3.2 企业系统规划法的基本思想和过程

注：图中虚线指从企业目标入手，逐步将企业目标转化为信息系统的目标和结构，从而更好地支持企业目标的实现。

1) BSP法的作用

BSP法是一种能够帮助规划人员根据企业目标制定MIS战略规划的结构化方法。通过这种方法可以做到以下工作。

（1）确定出未来信息系统的总体结构，明确系统的子系统组成和开发子系统的先后顺序。

（2）对数据进行统一规划、管理和控制，明确各子系统之间的数据交换关系，保证信息的一致性。

BSP法的优点在于利用它能保证信息系统独立于企业的组织机构之处，也就是能够使信息系统具有对环境变更的适应性。即使将来企业的组织机构或管理体制发生变化，信息系统体系也不会受到太大的冲击。

2）BSP法的工作步骤

用BSP制定规划是一项系统工程，其主要有以下几个工作步骤。

（1）准备工作。成立由最高领导牵头的委员会，下设一个规划研究组，并提出工作计划。

（2）调研。规划组成员通过查阅资料，深入各级管理层，了解企业有关决策过程、组织职能和部门的主要活动及存在的主要问题。

（3）识别管理功能。在系统初步调查的基础上，进一步确定系统功能模型。系统功能应独立于现行系统的组织结构之外，它不是企业现行各组织机构职能的罗列，而是从企业的全部管理工作中理出相关的管理活动，即管理功能。

识别系统功能的方法通常有以下两种。

① 归纳法。这是从现状出发，从基层出发，对现行各职能部门的职能进行整理、归纳，识别系统的管理功能。

② 演绎法。这是从各管理决策所需的信息角度出发，由高到低来分析企业的管理功能。

系统功能模型表示系统为了实现其目标而需具备的功能，它具有层次结构，最高层是功能整体，下一层功能是上一层功能的分解，逐层分解直到不再表现系统“做什么”，而表现系统“如何做”时为止，功能模型最底层为“任务层”。图3.3显示了某制造企业的功能模型。

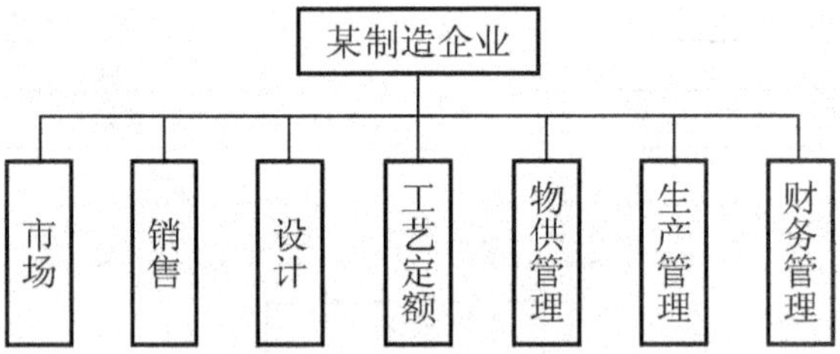

图3.3　某制造企业的功能模型

（4）定义业务过程(又称企业过程或管理功能组)，是BSP方法的核心。业务过程指的是企业管理中必要且逻辑上相关的、为了完成某种管理功能的一组活动，如产品预测、材料库存控制等业务处理活动或决策活动。一项任务可以分解为若干个执行过程，每个执行过程都是相对独立的一项功能，如销售功能可以分解为销售策略与管理、订货服务、合同管理、产品与库存管理等过程。过程确定后，应结合功能模型和调查资料来检查过程的正确性和完备性，并对过程按功能分组。最后把过程与组织结构之间的关系列在一张组织/过程矩阵表上，见表3-1。

表 3-1 某企业组织/过程矩阵

过程 组织	市场			销售			设计			工艺定额				物供管理			生产管理				财务管理			
	市场研究	市场/产品预测	市场计划	销售策略与管理	订货服务	合同管理	产品与库存管理	产品开发与设计	生产设计	技术规格	工艺过程设计	制定材料定额	制定工时定额	材料计划与采购	收、发、存管理	材料成本核算	生产计划大纲	作业计划	生产统计	调度	财务计划	资金管理	成本控制	应收应付管理
规划	●																							
经营	○	●	●	●	●	●	●																	
设计							●	●	●															
工艺定额										●	●	●												
物供													●	●	○									
生产																●	●	●	●	●				
财务																					●	●	●	●
质管																								

注：●表示主要负责者；○表示主要参加。

(5) 业务过程重组。这是在业务过程定义的基础上，找出哪些过程是正确的，哪些过程是低效的，需要在信息技术支持下进行优化处理，还有哪些过程不适合计算机信息处理的特点，应当取消。

(6) 定义数据类。这是指支持业务过程所必需的逻辑上相关的数据。对数据进行分类是按业务过程进行的，即分别从各项业务过程的角度将与该业务过程有关的输入数据和输出数据按逻辑相关性整理出来归纳成数据类。

定义数据类的第一步是识别数据类，识别数据类有两种方法——实体法和过程法。

实体法是先识别系统的实体，如记账凭证、物资、产品等，然后用 4 种类型的数据类描述每个实体，这 4 种类型的数据为计划型、统计型、存储型和事务型，然后把数据类型制作在一张表上就得到了实体/数据类型表，见表 3-2。

表 3-2 实体/数据类型表

实体 数据类	记账凭证	设备	材料	人员
计划型	资金筹措计划	设备使用、添置、维修、保养	材料需求	人员需求计划
统计型	统计销售收入、成本、应收、应付	设备利用率	材料耗用	各类人员统计
存储型	凭证文件	设备维护使用记录	材料入库、出库记录	职工档案
事务型	记账	设备进出记录	采购记录、收发	调动、晋升记录

过程法。它利用以前定义的企业过程，分析每一个过程利用什么数据、产生什么数据，或者说每一个过程的输入和输出的数据是什么，对每一个过程标出其输入、输出数据类。它可以用“输入—过程—输出”图(如图 3.4 所示)来形象地表达，再与用第一种方法得到的数据类比较并进行调整，最后归纳出系统的所有数据类。

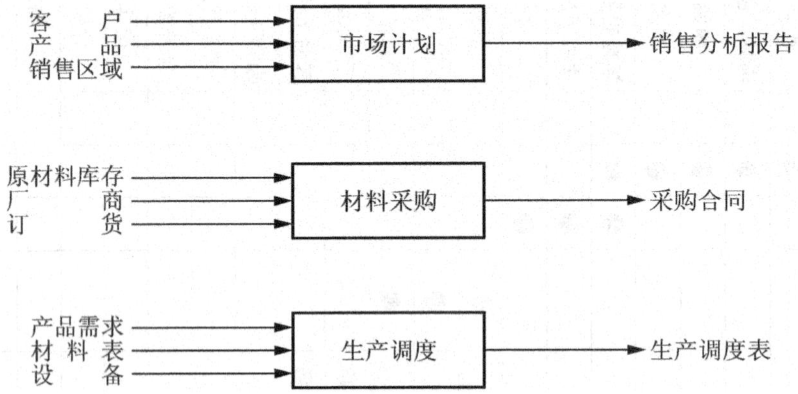

图 3.4　“输入—过程—输出”数据类图

(7) 定义信息系统总体结构。其目的是刻画未来信息系统的框架和相应的数据类。过程和数据类都定义好之后，可以得到一张过程/数据类表格，该表格又可称为过程/数据类矩阵或 U/C 矩阵。矩阵中行表示数据类，列表示过程，并以字母 U(use)和 C(create)来表示过程对数据类的使用和产生。

有了过程/数据类矩阵，就可以定义管理信息系统的结构了，即划分子系统。步骤如下：

第一步，调整过程/数据类矩阵，见表 3-3。首先，过程这一列按过程组排列。过程组指同类型的过程，如“经营计划”、“财务计划”、“资产规模”属计划类型，归入“经营计划”过程组。其次，排列“数据类”这一行，使得矩阵中 C 最靠近主对角线。

表 3-3　过程/数据类表格

数据类 / 功能	计划	财务计划	产品	零件规格	材料表	材料库存	成本库存	任务单	设备负荷	物资供应	工艺流程	客户	销售区域	订货	成本	职工
经营计划	C	U												U	U	
财务规划	U	C													U	U
资产规模		U														
产品预测			U									U	U			
产品设计开发	U		C	C	C							U				
产品工艺			U	U	U	U										
库存控制						C	C	U		U						
调　度			U				U	C	U		U					

续表

功能＼数据类	计划	财务计划	产品	零件规格	材料表	材料库存	成本库存	任务单	设备负荷	物资供应	工艺流程	客户	销售区域	订货	成本	职工
生产能力计划									C	U	U					
材料需求			U		U	U				C						
操作顺序								U	U	U	C					
销售管理		U	U				U					C	U	U		
市场分析		U	U									U	C	U		
订货服务			U				U					U	U	C		
发　　运		U	U				U						U	U		
财务会计	U	U	U				U					U		U		U
成本会计	U	U	U											U	U	
用人计划																C
业绩考评																U

第二步，画出过程组对应的方框，并起个名字，这就是子系统，见表3-4。

表3-4　划分子系统

功能		计划	财务	产品	零件规格	材料表	原材料库存	成品库存	工作令	机器负荷	材料供应	操作顺序	客户	销售区域	订货	成本	职工
经营计划	经营计划	经营计划子系统		←												U	
	财务规划			←												U	U
	资产规模																
技术准备	产品预测	U→		产品工艺子系统			←						U	U			
	产品设计开发						←						U				
	产品工艺						U										
生产制造	库存控制						生产制造子系统										
	调度			U→													
	生产能力计划																
	材料需求			U→													
	操作顺序																
销售	销售区域管理			U→									销售子系统				
	销售			U→													
	订货服务			U→													
	发运			U→				U									
财会	通用会计			U→									U→			财会	U
	成本会计														U		
人事	人员计划																人事
	人员招聘/考核																

（8）确定总体结构中的优先顺序，即对信息系统总体结构中的子系统按先后顺序排出开发计划。一般而言，对企业贡献大的、需求迫切的、容易开发的优先开发。以下是确定子系统开发顺序的原则。

第一步，系统需求程度与潜在的效益评估。通过对管理人员、决策者的调查访问，进行定性评估。根据评估准则，对每个系统在管理人员和决策人员中用评价的办法进行评估，每个子系统的得分作为排列顺序的参考。

第二步，技术约束分析。对子系统的关联，利用U/C矩阵评出每个子系统产生的数据有多少被其他子系统所共享。有较多子系统共享的数据应较早实现。

（9）完成BSP研究报告，提出建议书和开发计划。

BSP法的工作步骤如图3.5所示。

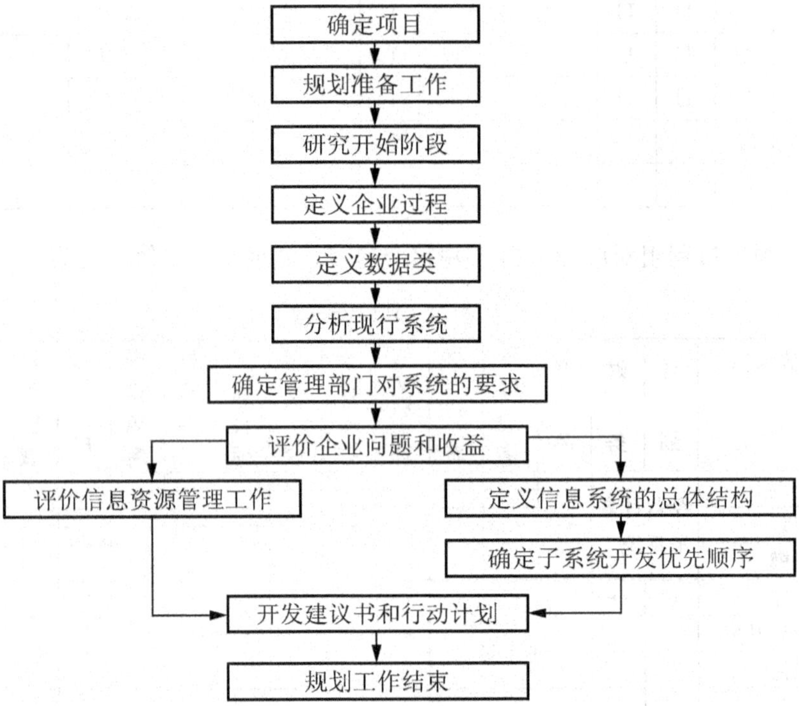

图3.5 BSP法的工作步骤

3）传统的BSP法在应用中存在的问题

（1）BSP方法的核心是识别企业过程，在识别过程阶段，由于过于注重局部，没有强调从全局上描述整个企业业务流程，不能保证功能的完整性和整体性。在定义数据类时，比较常用的是分析每一过程利用什么数据，产生什么数据，同样没有从全局上考虑整个数据流程，无法保证数据的一致性和数据流程的畅通性。

（2）BSP在需求分析阶段带有一定的盲目性。例如，在识别过程，它要求尽可能地列出更多的过程，不管这些过程是否符合逻辑，大小是否一致，而这一点正是后面合并和调整过程阶段浪费时间的原因，列出的过程过多、过于琐碎导致分析矩阵过大而难以对其进行分析，也因此增加了对企业问题的评价和子系统划分的难度。

(3) 由于信息系统开发时间长，在此期间企业某些生产方式和管理方式可能会发生变化，原有的信息系统计划没有充分考虑到这一点，导致在系统开发阶段又反复修改需求计划，浪费大量的人力、物力。

2. 关键成功因素法

1970年哈佛大学教授威廉·泽尼(William Zani)在管理信息系统模型中用了关键成功变量，这些变量是确定管理信息系统成败的因素。过了10年，美国麻省理工学院教授约翰·罗卡特(John Rockart)把CSF提高成为管理信息系统的战略，用以满足高层管理的信息需求，特别是解决那些每月收到的大量计算机生成的报表却几乎找不到任何有价值的信息的问题。关键成功因素指的是对企业成功起关键作用的因素。CSF法就是通过分析找出使得企业成功的关键因素，然后再围绕这些关键因素来确定信息系统的需求，并进行规划。

关键成功因素法主要包括以下几个步骤。

(1) 了解企业(或MIS)的战略目标。

(2) 识别所有的成功因素：主要是分析影响战略目标的各种因素和影响这些因素的子因素。

(3) 确定关键成功因素，不同行业的关键成功因素并不相同。例如，对于汽车制造业而言可能是制造成本控制，而对于保险业而言则是新项目开发和工作人员的效率控制。

(4) 明确各关键成功因素的性能指标和评估标准。

这4个步骤如图3.6所示。

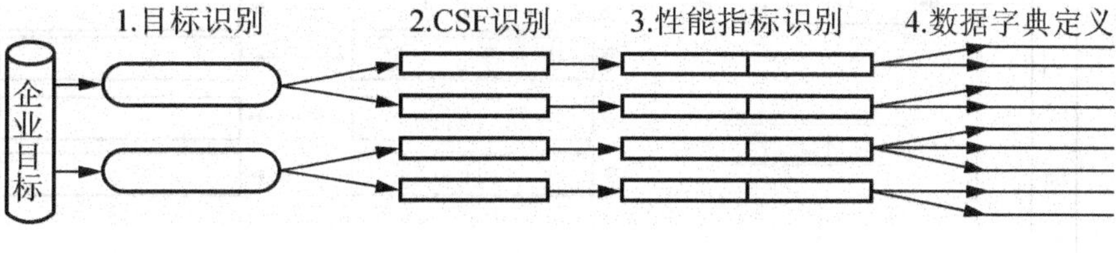

图3.6 关键成功因素法的工作过程

CSF也有局限性。

(1) 它过分注重于特定管理者的信息需求，而不是考虑整个组织的信息需求。

(2) 没有推荐或采用一种数据结构来完成信息规划战略和信息需求分析。

关键成功因素法就是要识别联系于系统目标的主要数据类及其关系，识别关键成功因素所用的工具是树枝因果图，如图3.7所示。例如，某企业有一个目标，是提高企业产品竞争力，就可以用图画出影响它的各种因素，以及影响这些因素的子因素。然而，如何确认这些因素中哪些是关键的成功因素，不同的企业有不同的做法。对于一个习惯于高层人员个人决策的企业，主要由高层人员在此图中选择。对于习惯于群体决策的企业，可以用德尔斐法或其他方法把不同人的关键因素综合起来。关键成功因素法在高层应用，一般效果较好。

例如，某大学应用关键成功因素法和企业系统规划法，为建设国际一流大学而进行的系统规划工作，如图3.8和图3.9所示。

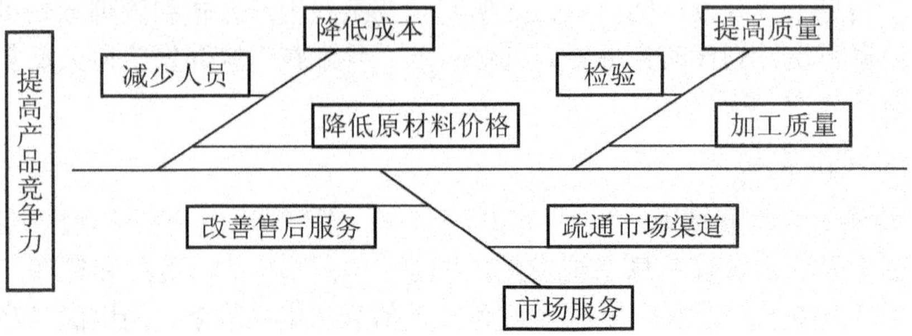

图 3.7　树枝因果图

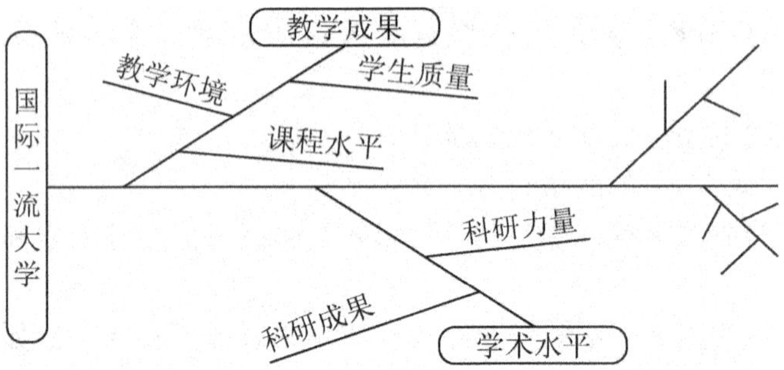

图 3.8　建设国际一流大学为主要目标的系统规划工作

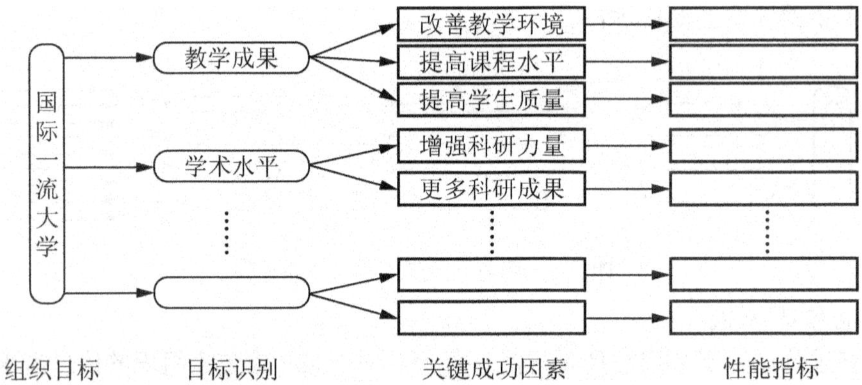

图 3.9　建设国际一流大学为主要目标的系统规划

3. 战略集转化法

战略集转化法是威廉·金(William King)于 1978 年提出的，他把整个战略目标看成是一个“信息集合”，由使命、目标、战略和其他战略变量(如管理的复杂性、改革习惯以及重要的环境约束等)组成。管理信息系统的战略规划过程是把组织的战略目标转变为管理信息系统战略目标的过程。

第一步是识别组织的战略集，先考查一下该组织是否有成文的战略长期计划，如果没有，就要去构造这种战略集合，可以采用以下步骤。

(1) 描绘出组织的关联集团，如卖主、经理、雇员、供应商、顾客、贷款人、政府代理人、地区社团及竞争者等。

(2) 识别关联集团的要求。

(3) 定义组织相对于每一个关联集团的任务和战略。

(4) 解释和验证组织的战略集。

第二步是将组织战略集转化成管理信息系统战略。管理信息系统战略应包括系统目标、约束以及设计原则等。这个转化的过程对应组织战略集的每个元素识别对应的管理信息系统战略约束，然后提出整个管理信息系统的结构。

战略集的转化过程还不能形成算法的形式，因为对于不同的组织，其战略集的内容相差很大。不过，确定和评价组织的战略集的过程也有系统化的方法，即用关联集团要求的概念。一旦确定了组成的战略元素，要由组织的最高负责人审查，这一过程可以采取结构性的提问法。

4. 3种系统规划方法的比较

关键成功因素法能抓住主要矛盾，使目标的识别突出重点。由于经理们比较熟悉这种方法，使用这种方法所确定的目标，经理们乐于努力去实现。该方法最有利于确定企业的管理目标。战略目标集转化法从组织的各类管理者的角度识别管理目标，它反映了各种人的要求，能保证目标比较全面，疏漏较少，但它在突出重点方面不如前者。

企业系统规划法的最大特点就是具有比较强大的数据结构规划功能，它全面展示了组织状况、系统或数据应用情况及其差距，可以帮助众多管理者和数据用户形成组织的一致性意见，并通过对管理部门的信息需求调查，来帮助组织找出在信息处理方面应该做些什么。该方法比较适用于刚刚启动或可能产生重大变化的企业组织。该方法的缺点是收集数据的成本较高，数据分析难度大，实施起来耗时、费资。

在总体规划中一定要强调数据位于管理信息系统的中心观念，即“数据中心”原理或“数据稳定性”原理。所谓数据中心原理是指，只要企业的性质和目标不变，它的数据类就是稳定的，任何经营管理活动都离不开对这些数据的存取。管理信息系统的开发应该面向数据类，而不应该面向处理过程，因为处理过程是多变的。尽管通过识别过程可以得到很多数据项，但开发新的管理信息系统时一定要明确“数据模型是稳定的而处理是多变的”基本原理和前提，在此基础上，尽量识别出企业的元数据和数据类。只有这样，开发的管理信息系统才有较强的适应性。

20世纪80年代初中国就有学者把这3种方法结合起来使用，称其为CSB方法，即先用关键成功因素法确定企业目标，然后用战略目标集方法补充、完善目标，并将这些目标转化为信息系统目标，再用企业系统规划法校核两个目标，并确定信息系统结构，这样就弥补了单种方法的不足。当然，这也使得方法过于复杂，而削弱了单种方法的灵活性。

案例

加利福尼亚的混乱

1996年，加利福尼亚州的信息系统建设处于一种混乱无序的状态。在该州汽车部，利用过时的系统处理各类事务要拖延32.8%的时间，顾客往往因等待过多而离去，而投资2 500万美元的新计算机站点却处于空闲状态。楼下的社会服务部大厅也因缺乏检查几个不同县是否存在重复提供救济金的系统，往往要多支付几百万美元的欺骗性救济金。也许最棘手的问题发生在生成收益的处理上，即州级的抽彩给奖法。在投资5 700万美元建立一个新的抽彩给奖法系统的同时，在潜在的彩票收入中，由于拖延而付出的代价超过1亿美元。显然，州政府需要制订一个满足全州总体需求的系统规划。

为了保证州政府的目标与新信息系统的目标相一致，州政府设立了一个首席信息主管(chief information officer，CIO)的职位，并聘请John Flynn担任这一职务。一位在加利福尼亚州Mountain View的G2研究所工作的产业分析家Megan Cotter解释说："设立CIO职位的作用是为州政府建立一种信息技术的指导战略，这是以前未曾有过的，这显然是州政府首脑直接关心此事而努力的结果。"首先，州政府必须在战略规划层次上识别和理解自身的需求，然后，制订满足这些需求的信息系统的规划，一种满足这些需求的方法就是着眼于对特殊信息需求的识别上。

在一年时间中，加利福尼亚的125个机构共筹集了25亿美元用于信息系统。每个机构都有其自身的工作重点，并建立了支持这些工作重点的系统需求。作为州级CIO，John的工作就是要保证这些机构的系统能帮助州政府实现它们的目标。因此，John为州政府找出了关键成功因素，如通过消除欺骗性救济金而削减成本。下一步是识别支持这些关键成功因素的信息需求。州IT预算分委员会前主席Debra Bowen说，"州内的问题之一是各机构之间的信息不能相互交流"。福利救济金的发放分别由58个独立的县级运行的系统单独进行，在此基础上，州政府则建立了一套新的用于全州范围的自动福利发放救济系统(statewide automated welfare system，SAWS)。该系统通过运用指纹识别，保证不会为同一人重复发放救济金。该系统将通过与各县交流谁在什么时间接受过哪类救济的信息，为州政府节省了几百万美元，并同时消除了欺骗行为。该系统满足了识别出的信息需求以及州政府经济目标这两方面的要求。

(资料来源：刘仲英. 加利福尼亚的混乱 [EB/OL]. http://jpkc.tongji.edu.cn/jpkc/mis/subject/case. [2012-03-28].)

问题：

1. 造成加利福尼亚州信息系统建设混乱的根本原因是什么？如何解决这个问题？
2. John Flynn是如何解决这种混乱状况的？
3. 企业高层管理者和企业外的顾问专家在管理信息系统规划中的作用和职责是什么？
4. 结合本案例，谈谈信息系统规划过程应注意哪些问题。

3.2 企业流程再造

3.2.1 企业流程再造的概念

20世纪90年代初，针对信息技术在企业管理中的应用，美国的迈克·哈默(Michael Hammer)和詹姆斯·钱皮(Jame Champy)提出了企业流程再造(business process reengineering，BPR)的概念，如图3.10所示。他认为："企业再造就是从根本上考虑和彻底地设计企业的业务流程，使其在成本、质量、服务和速度等关键指标上取得显著的提高。"它强调以业务流程为改造对象和中心、以关心客户的需求和满意度为目标、对现有的业务流程进行根本的再思考和彻底的再设计，利用先进的制造技术、信息技术以及现代的管理手段，最大限度地实现技术上的功能集成和管理上的职能集成，以打破传统的职能型组织结构，建立全新的过程型组织结构，从而使企业经营成本、质量、服务和速度等方面得到巨大改善。

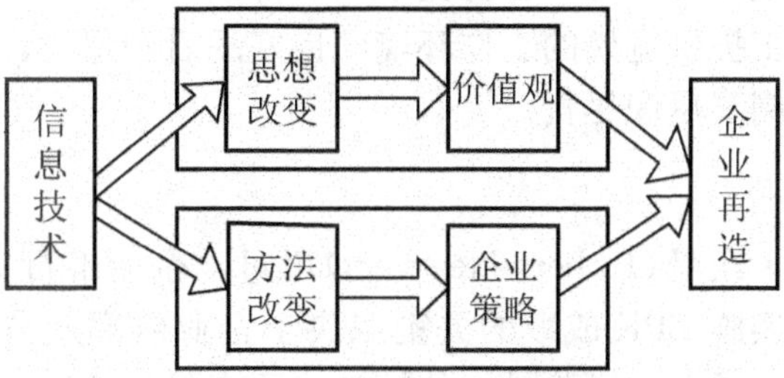

图 3.10 企业流程再造的概念图解

3.2.2 企业流程再造的原则

流程的变革必然会引起一定程度的组织机构的变革，保持原有的陈旧的组织结构而进行业务流程的再造是不可能的。在进行流程再造时，必然伴随着组织机构的再造，来适应新的、再造后的业务流程。哈默博士认为，BPR 就是打破企业中在采用信息技术前形成的各种规则和假设，建立适应信息技术的新规则，并提出了一些应该遵循的原则，如扁平化组织、并行工作、活动事例、决策权利下放等。

(1) 以过程管理代替职能管理，取消不增值的管理环节。

(2) 以事前管理代替事后监督，减少不必要审核、检查和控制活动。

(3) 取消不必要的信息处理环节，消除冗余信息集。

(4) 以计算机协同处理为基础的并行过程取代品德和反馈控制管理过程。

(5) 用信息技术实现过程自动化，尽可能抛弃手工管理过程。

上述原则指出了流程重组的指导性方法，在实际操作中，还应考虑具体的企业环境及条件，灵活运用，以设计出理想的企业流程。

3.2.3 企业流程再造的内容

1. 技术的再造

企业实施 BPR 必须用先进的信息技术改造企业的信息基础结构，利用先进的信息技术建立覆盖整个企业的信息网络，使每位员工通过网络就可得到与自己业务有关的各种信息。

2. 组织结构的再造

企业实施 BPR 必须按具体项目组成面向经营过程的工作小组，设立小组负责人，对内指导、协调与监督小组中各成员的工作情况，对外负责及时将顾客的意见和建议反馈回小组，并忙改进工作。明确小组内部各成员的作用和职责，做到责权利统一，使小组形成一个享有充分自主权和决策权的团体。

3. 企业文化的再造

实施 BPR 必须首先建立变革精神的企业文化，不安于现状，不满足于以往的成就，不固守传统的经营理念。同时，要加强对企业员工的培训，树立“企业员工是第一顾客”的新观念。竞争是企业成功的动力，各种竞争最终都归结为人才竞争，人才是企业最宝贵的财富，因此，要为员工提供宽松的工作环境和良好的后勤保障，激发他们的主人翁责任感，使他们能够敬业爱岗、尽职尽责。

4. 人的再造

德国企业家罗伯特·纽曼(Robert Newman)说过，企业推行 BPR 项目的最大阻力是人的惰性。由此可见，实施 BPR 成败的关键取决于企业内部人员的整体素质与水平。高层领导者要有富于革新、勇于向风险挑战的精神，要有强烈的市场竞争意识和危机感，对市场变化反应敏锐、善于决策，能与公司内外进行有效沟通，具备广泛的知识面，能深入领悟 BPR 的内涵，切实转变思想观念。

3.2.4 企业流程再造的步骤与方法

企业“再造”就是重新设计和安排企业的整个生产、服务和经营过程，使之合理化。通过对企业原来生产经营过程的各个方面、每个环节进行全面的调查研究和细致分析，对其中不合理、不必要的环节进行彻底的变革。在具体实施过程中，可以按以下步骤进行。

(1) 对原有流程进行全面的功能和效率分析，发现其存在问题。根据企业现行的作业程序，绘制细致、明了的作业流程图。一般而言，原来的作业程序是与过去的市场需求、技术条件相适应的，并由一定的组织结构、作业规范作为其保证。当市场需求、技术条件发生的变化使现有作业程序难以适应时，作业效率或组织结构的效能就会降低。因此，必须从以下方面分析现行作业流程的问题。

① 功能障碍。随着技术的发展，技术上具有不可分性的团队工作，个人可完成的工作额度就会发生变化，这就会使原来的作业流程或者支离破碎增加管理成本，或者核算单位太大造成权、责、利脱节，并会造成组织机构设计的不合理，形成企业发展的瓶颈。

② 重要性。不同的作业流程环节对企业的影响是不同的。随着市场的发展，顾客对产品、服务需求的变化，作业流程中的关键环节以及各环节的重要性也在变化。

③ 可行性。根据市场、技术变化的特点及企业的现实情况，分清问题的轻重缓急，找出流程再造的切入点。为了对上述问题的认识更具有针对性，还必须深入现场，具体观测、分析现存作业流程的功能、制约因素以及表现的关键问题。

(2) 设计新的流程改进方案，并进行评估。为了设计出更加科学、合理的作业流程，必须群策群力、集思广益、鼓励创新。在设计新的流程改进方案时，可以考虑：①将现在的数项业务或工作组合，合并为一；②工作流程的各个步骤按其自然顺序进行；③给予职工参与决策的权力；④为同一种工作流程设置若干种进行方式；⑤工作应当超越组织的界限，在最适当的场所进行；⑥尽量减少检查、控制、调整等管理工作；⑦设置项目负责人(case manager)。

对于提出的多个流程改进方案，还要从成本、效益、技术条件和风险程度等方面进行评估，选取可行性强的方案。

(3) 制定与流程改进方案相配套的组织结构、人力资源配置和业务规范等方面的改进规划，形成系统的企业再造方案。

企业业务流程的实施，是以相应组织结构、人力资源配置方式、业务规范、沟通渠道甚至企业文化作为保证的，所以，只有以流程改进为核心形成系统的企业再造方案，才能达到预期的目的。

(4) 组织实施与持续改善。实施企业再造方案，必然会触及原有的利益格局。因此，必须精心组织、谨慎推进，既要态度坚定，克服阻力，又要积极宣传，达成共识，以保证企业再造的顺利进行。

企业再造方案的实施并不意味着企业再造的终结。在社会发展日益加快的时代，企业总是不断面临新的挑战，这就需要对企业再造方案不断地进行改进，以适应新形势的需要。

利用上述一些原则简化一个采购流程的例子，如图 3.11 所示。

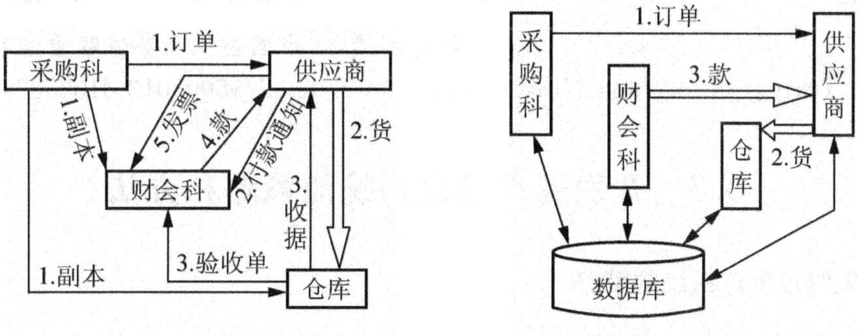

(a) 旧采购流程　　(b) 新采购流程

图 3.11　采购流程简化示例

企业流程重组实际上是站在信息的高度，对企业流程的重新思考和再设计，是一个系统工程，包括在系统规划、系统分析、系统设计、系统实施与评价等整个规划与开发过程之中。目前已有的流程设计方法大多仅仅提出流程设计的原则方法，还缺乏比较具体的操作规程，因而，流程设计的好坏在很大程度上取决于设计者对信息技术潜能的把握以及对现有业务流程、运行环境、客户需求等因素的熟悉程度。

3.2.5　企业流程再造的动机

企业想要进行 BPR 有以下几种情况：①企业濒临破产，不改只能倒闭；②企业竞争力下滑，企业改变战略和进行再造；③企业领导认识到 BPR 能大大提高企业竞争力，而企业又需要扩张；④BPR 的策略在自己相关的企业获得成功，影响本企业。

一般而言，两头的企业(濒临破产的和需要大发展的企业)容易推进 BPR。根据 1993 年的报道，BPR 的失败率高达 50%～70%，这和 MIS 在 20 世纪 60 年代的成功率 50%是可以对应的。BPR 的成功完全是在企业可控范围的事，只是取决于企业领导的决心和能力，并无外部的不定因素。

信息技术、人与组织管理是BPR得以实现的使能器，即利用IT改变企业过程，利用组织结构变革达到组织精简，再加上企业领导的抱负、知识、意识和艺术，才能有效地促使BPR成功实施。

3.2.6 企业流程再造的目标

BPR的目标在于实现管理的现代化。BPR的成功也定会使企业朝着现代化的方向迈进一大步，其中包括①企业的组织更趋扁平化，工作方式也将改变；②企业将更多地采用更大的团队工作方式；③团队间的相互了解和主动协调将大大提高；④领导更像是教练，而不像司令官；⑤整个组织将更主动、更积极地面向顾客，从而达到管理过程化、职能综合化和组织扁平化。

从上面的介绍我们可以看出信息系统规划(information system planning，ISP)和BPR有着非常密切的关系：它们均有共同的思想——使顾客满意；它们均是采用系统的方法；它们均应由系统队伍去完成。在实际工作上它们也是相互衔接的。现在的趋势是将ISP规划和BPR结合在一起，也就是达到了整体规划的阶段，或者称基于BPR的信息系统规划。

推荐阅读：《中国企业业务流程重组和组织优化》
(http://info.china.alibaba.com./news/detail/v5003013-d1035874531.html.)

3.3 开发管理信息系统的策略和方法

3.3.1 开发管理信息系统的策略

开发管理信息系统有两种策略。

1. “自上而下”的开发策略

“自上而下”的开发策略强调从整体上协调和规划，由全面到局部，由长远到近期，从探索合理的信息流出发来设计信息系统。它要求很强的逻辑性，难度较大，但它是一种重要的策略，是信息系统的发展走向成熟和集成的要求。

2. “自下而上”的开发策略

“自下而上”的开发策略是从现行系统的业务状况出发，先实现一个个具体的功能，逐步地由低级到高级建立MIS，所以这种方法首先从研制各项数据处理应用开始，然后根据需要逐步增加有关管理控制方面的功能。其优点是可以避免大规模系统可能出现运行协调的危险；缺点是不能像想象那样完全周密，由于缺乏从整个系统出发考虑问题，随着系统的进展，往往要做许多重大修改，甚至重新规划、设计，如图3.12所示。

“自下而上”的策略用于小型系统的设计，适用于对开发工作缺乏经验的情况。特别是一些组织在初装和蔓延阶段，各种条件(设备、资金、人力)尚不完备的情况下，常常采用这种开发策略。

在实践中，对于大型系统往往把这两种方法结合起来使用，即先自上而下地作好MIS的战略规划，再自下而上地逐步实现各系统的应用开发。

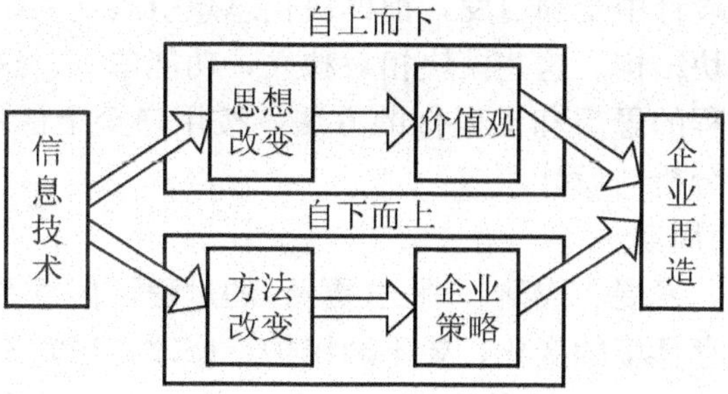

图 3.12 “自上而下”开发策略与“自下而上”开发策略

3.3.2 开发管理信息系统的方法

开发管理信息系统的具体方法很多，通常不严格地将它们分为结构化系统开发方法、原型法、面向对象开发方法和CASE开发方法等几大类。

1. 结构化系统开发方法

1）结构化系统开发方法的基本思想

结构化系统开发方法产生于20世纪70年代中期。“结构化”一词出自程序设计，即我们熟知的结构化程序设计。在结构化程序设计出现之前，程序员按照各自的习惯和思路编写程序，没有统一的标准，也没有统一的方法。同样一件事情，不同的程序员编写的程序所占用的内存空间、运行时间可能差异很大。更严重的是，这些程序的可读性和可修改性很差，一个程序员编写的程序，别人可能看不懂，修改更困难，往往修改不如重写。1964年，波姆(Bohn)和G·雅科比尼(G. Jaeopini)提出结构化程序设计的理论，认为任何一个程序都可以用如图3.13所示的3种基本逻辑结构来编制。E·戴克斯特拉(E. Dijkstra)等人主张程序中避免使用GOTO语句，而仅用上述3种结构反复嵌套来构造程序。在这一思想指导下，一个程序的详细执行过程可按“自顶向下，逐步求精”的方法确定，即把一个程序分成若干个功能模块，这些模块之间尽可能彼此独立，用作业控制语句或过程调用语句把这些模块联系起来，形成一个完整的程序。这种方法大大提高了程序员的工作效率，改进了程序质量，增强了程序的可读性和可修改性，修改程序的某一部分时，对其他部分的影响也不太大。可以说这种方法使程序设计由一种“艺术”成为一种“技术”。

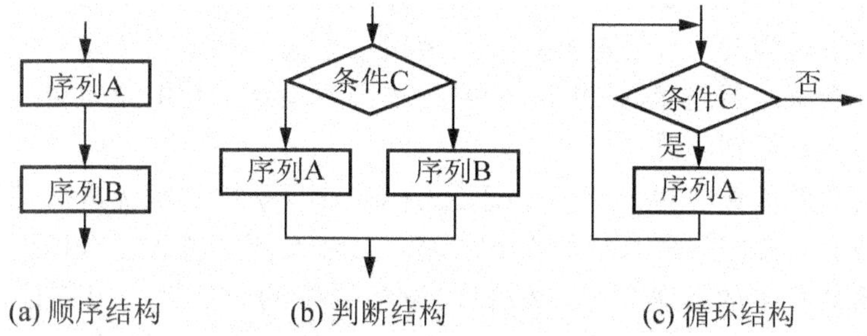

图 3.13 程序的基本逻辑结构

人们从结构化程序设计中受到启发，把模块化思想引入到系统设计中来，将一个系统设计成层次化的程序模块结构。这些模块相对独立，功能单一。这就是结构化系统设计的基本思想，即用系统工程的思想和工程化的方法，按用户至上的原则，结构化、模块化、自顶向下地对系统进行分析与设计。

2）信息系统的生命周期

任何事物都有产生、发展、成熟、消亡(更新)的过程，信息系统也不例外。信息系统在使用过程中随着其生存环境的变化，要不断维护、修改，当它不再适应的时候就要被淘汰，就要由新系统代替老系统，这种周期循环称为信息系统的生命周期(life cycle)，如图 3.14 所示。

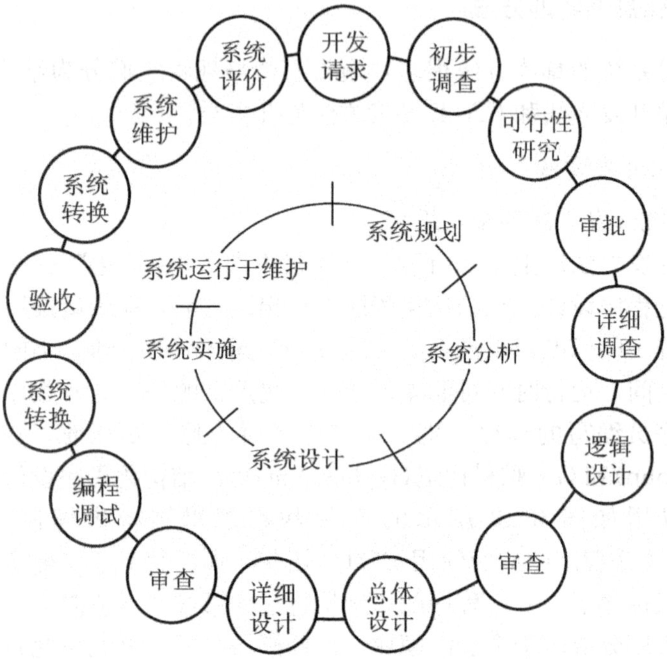

图 3.14　信息系统的生命周期

结构化系统开发方法(structured system analysis and design，SSA&D)又称结构化生命周期法，是系统分析员、软件工程师、程序员以及最终用户按照用户至上的原则，自顶向下分析与设计和自底向上逐步实施的建立计算机信息系统的一个过程，是组织、管理和控制信息系统开发过程的一种基本框架。用结构化系统开发方法开发一个系统，将整个开发过程划分为 5 个首尾相连接的阶段，一般称之为系统开发的生命周期。

第一阶段：系统规划阶段。

系统规划阶段的任务是对企业的环境、目标、现行系统的状况进行初步调查，根据企业目标和发展战略，确定信息系统的发展战略，对建设新系统的需求作出分析和预测，同时考虑建设新系统所受的各种约束，研究建设新系统的必要性和可能性。根据需要与可能，给出拟建系统的备选方案。对这些方案进行可行性分析，写出可行性分析报告。可行性分析报告审议通过后，将新系统建设方案及实施计划编写成系统设计任务书。

第二阶段：系统分析阶段。

系统分析阶段的任务是根据系统设计任务书所确定的范围，对现行系统进行详细调查，描述现行系统的业务流程，指出现行系统的局限性和不足之处，确定新系统的基本目标和逻辑功能要求，即提出新系统的逻辑模型。这个阶段又称为逻辑设计阶段。这个阶段是整个系统建设的关键阶段，也是信息系统建设与一般工程项目的重要区别所在。系统分析阶段的工作成果体现在系统说明书中，这是系统建设的必备文件。它既是给用户看的，也是下一阶段的工作依据。因此，系统说明书既要通俗，又要准确。用户通过系统说明书可以了解未来系统的功能，判断是不是其所要求的系统；系统说明书一旦讨论通过，就是系统设计的依据，也是将来验收系统的依据。

第三阶段：系统设计阶段。

简而言之，系统分析阶段的任务是回答系统“做什么”的问题，而系统设计阶段要回答的问题是“怎么做”，即根据系统说明书中规定的功能要求，考虑实际调试具体设计实现逻辑模型的技术方案，也即设计新系统的物理模型。这个阶段又称为物理设计阶段，可分为总体设计和详细设计两个阶段。这个阶段的技术文档是系统设计说明书。

第四阶段：系统实施阶段。

系统实施阶段是将设计的系统付诸实施的阶段。这一阶段的任务包括计算机等设备的购置、安装和调试，程序的编写和调试，人员培训，数据文件转换，系统调试与转换等。此阶段的特点是几个互相联系、互相制约的任务同时展开，必须精心安排、合理组织。

系统实施是按实施计划分阶段完成的，每个阶段应写出实施进度报告。系统测试之后写出系统测试分析报告。

第五阶段：系统运行与维护阶段。

系统投入运行后，需要经常进行维护和评价，记录系统运行的情况，根据一定的规格进行必要的修改，评价系统的工作质量和经济效益。

但是，结构化系统设计不能帮助系统设计人员建立一个直观的系统模型，使用户在实际得到并使用这个系统之前，就能够知道这个系统是不是他所需要的计算机信息系统。用户关心的是这个系统的逻辑功能，是否满足他的需要，是否能解决他要解决的问题。至于这个系统如何实现这些功能，并不是他最关心的问题。为了使所设计的系统满足用户的要求，在设计之前，先要正确理解和准确表达用户的要求，这就是系统分析阶段的基本任务。结构化系统分析，强调系统分析员与用户一起按照系统的观点对企业活动由表及里地进行分析，调查分析清楚系统的逻辑功能，并用数据流程图等工具把系统功能描述清楚。用户可以判断未来的系统是否满足其功能要求，而系统设计人员根据这种描述进行系统设计，保证系统功能的实现。这就是结构化系统开发方法的由来。

为保证系统开发的顺利进行，结构化系统开发方法强调遵循以下几个基本原则。

(1) 面向用户的观点。用户的要求是系统开发的出发点和归宿。信息系统是为用户服务的，最终要交给管理人员使用。系统的成败取决于它是否符合用户的要求，用户对它是否满意。因此，必须动员、吸引管理人员积极参与系统的研制过程。实践证明，用户的参与，尤其是领导的介入，是系统成功的关键。在整个研制过程中，系统研制人员应该始终与用户保持联系，从调查研究入手，充分理解用户的信息需求和业务活动，不断地让用户了解工作的进展情况，校准工作方向。

（2）严格区分工作阶段。每个阶段都有其明确的任务和应得的成果，混淆工作阶段是使工作延期甚至失败的重要教训之一。结构化方法强调按时间顺序、工作内容，将系统开发划分为几个工作阶段，如系统分析阶段、系统设计阶段、实施阶段以及运行维护阶段等。对于复杂的系统，更要强调和加强前期工作，强调分析、设计的深入细致，以避免后期返工，造成投资耗费和负社会效益。

（3）按照系统的观点，自顶向下地完成系统的研制工作。在系统分析阶段，按全局的观点对企业进行分析，自上而下，从粗到精，由表及里，将系统逐层逐级进行分解，最后进行逆向综合，构成系统的信息模型。在系统设计阶段，先把系统功能作为一个大模块，然后逐层分解，完成系统模块结构设计。在实施阶段，先实现系统的框架，自上而下完善系统的功能。程序的编写遵循结构化程序设计的原则，自顶向下，逐步求精。

（4）充分考虑变化的情况。管理信息系统的环境处于不断变化之中，因此用户对系统的要求也在不断变化。结构化方法充分考虑到这种变化的情况。在系统设计中，把系统的可变更性放在首位，运用模块结构方式来组织系统，使系统的灵活性和可变更性得以充分体现。

（5）工作成果文献化、标准化。系统开发是一项复杂的系统工程，参加人员多，经历时间长。为保证工作的连续性，每个开发阶段的成果都要用文字、图表表达出来，资料格式要标准化、格式化。这些资料在开发过程中是开发人员、用户交流思想的工具，工作结束之后是系统维护的依据。因此，资料必须简单明确，无二义性，既便于研制人员阅读，又便于用户理解。

结构化系统开发方法克服了传统方法的许多弊端，强调了开发过程的整体性和全局性，在整体优化的前提下考虑具体的分析设计问题，是最成熟、应用最广泛的一种工程化方法。当然，这种方法也有其不足和局限性。

（1）开发周期长。不能充分了解用户的需求和可能发生的变化，仅在开始几个阶段与用户沟通多。一方面使用户在较长时间内本应得到一个可实际运行的物理系统，但似乎“只闻楼梯响，不见人下来”；另一方面，难以适应环境变化，一个规模较大的系统，在3～5年的开发过程中，其生存环境可能已经发生了变化。

（2）早期的结构化方法注重系统功能，兼顾数据结构方面不够。

（3）结构化程度较低的系统，在开发初期难于锁定功能要求。这些问题在应用中有的已得到解决，同时也产生了其他一些方法，如原型法、面向对象开发方法。

（4）严格区分工作阶段，每一阶段及时总结、发现，及时反馈和纠正，避免造成浪费和混乱。

因此，这种方法适用于大型系统、复杂系统。

2. *原型法*

1）原型法的基本思想

原型法(prototyping approach)的基本思想是1977年开始被提出的，它试图改进结构化系统开发方法的缺点，由用户与系统分析设计人员合作，在短期内定义用户的基本需求，开发出一个功能不十分完美的、实验性、简易的应用软件基本框架(又被称为原型)，然后通过反复修改来实现管理信息系统。

其基本思想是开发人员要对用户提出的问题进行总结，然后开发一个原型系统并让其运行。开发人员和用户一起针对原型系统的运行情况反复对它进行修改，也可以增加新功能，直到用户对系统完全满意为止。原型法如图 3.15 所示。

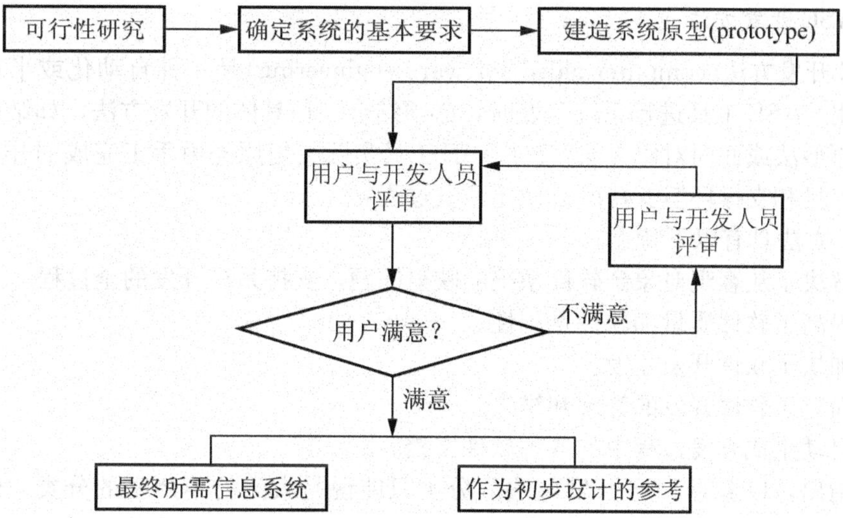

图 3.15 原型法示意图

2）原型法的优缺点

原型法贯彻的是“从下到上”的开发策略，更易被用户接受。但它缺乏对管理系统全面、系统的认识，因此，它不适用于开发大型的管理信息系统，而且每次反复都要花费人力、物力，如果用户合作不好，盲目纠错，就会拖延开发时间。

3. 面向对象开发方法

面向对象开发方法(object oriented method)是由面向对象程序设计方法(object oriented programing，OOP)而发展起来的。这种程序设计的基本思想可以归纳为以下 4 点。

(1) 客观世界的任何事物都是对象(object)。它们都有一些静态属性和有关的操作。对象作为一个整体，对外不必公开这些属性与操作。这就是对象的封装性(encapsulation)。

(2) 对象之间有抽象与具体、群体与个体、整体与部分等几种关系，这些关系构成对象的网络结构。

(3) 抽象的、较大的对象所具有的性质，自然地成为其子类的性质，而不必进行说明。这就是继承性(inheritance)。

(4) 对象之间可以互送消息(message)。消息可以是传送一个参数，也可以是使这个对象开始某个操作。

程序设计包括数据结构和算法(功能)两个方面，即信息的静态结构和对它的处理。对象这个概念把这两个方面结合起来，使程序设计的思想方法更接近人们的思维方式。面向对象的程序设计为人们提供了更有力的认识框架。这一认识框架迅速地扩展到程序设计范围之外，相继出现了面向对象的数据库管理系统、面向对象的系统分析、面向对象的系统设计，逐步合流形成了一套完整的方法。

按照上述思想，可将用面向对象开发方法开发一个系统分为 3 个阶段：面向对象分析、面向对象设计和面向对象程序设计。

4. CASE 开发方法

CASE 开发方法(computer aided software engineering)是一种自动化或半自动化的方法。在采用 CASE 工具进行系统开发时，必须结合一种具体的开发方法，如结构化系统开发方法、原型法或面向对象方法等。CASE 工具实际上把原先由手工完成的开发过程转变为自动化工具和支撑环境支持的自动化开发过程。

CASE 方法具有以下特点。

(1) 解决了从客观对象到软件系统的映射问题，支持系统开发的全过程。

(2) 提高了软件质量和软件重用性。

(3) 加快了软件开发速度。

(4) 简化了软件开发的管理和维护。

(5) 自动生成开发过程中的各种软件文档。

应当指出，以上对 MIS 开发方法的分类只能说是大致的不严密的分类。由于有不少交叉的内容，分类并非在同一坐标维度上进行，所以在概念上有含糊之处。例如，用结构化系统开发方法开发的时候，也可能部分采用原型法；用面向对象开发方法开发的同时，也可能采用了结构化系统开发方法。

对于同一个系统开发过程而言，使用不同的系统开发方法在其具体的操作过程上是有所区别的。也就是说，如果用结构化系统开发方法来开发系统，其思路应该是先对问题进行调查，然后从功能和流程的角度来分析、了解和优化问题，最后规划和实现系统；如果用原型法来开发系统，其思路应该是先请用户介绍问题，然后利用软件工具迅速地模拟出一个问题原型，再与用户一道运行和评价这个原型，如不满意则立刻修改，反反复复，直到用户满意为止，最后优化和整理系统；如果用面向对象开发方法来开发系统，其思路应该是先对问题进行调查，然后从抽象对象和信息模拟的角度来分析问题，将问题按其性质和属性划分成各种不同的对象和类型，弄清它们之间的信息联系，最后用面向对象的软件工具实现系统。

推荐阅读：黄明. 几种典型管理信息系统开发方法的比较[J]. 软件，1996 (8).

本章小结

本章首先讨论了管理信息系统规划的战略作用。管理信息系统是一个组织的战略规划的重要组成部分，是关于管理信息系统长远发展的规划，它除了具有一般战略性计划的属性外，还具有自身特殊的性质和任务。管理信息系统战略规划的内容包括 MIS 的目标、约束及总体结构；单位的现状；业务流程的现状、存在的问题和流程在新技术条件下的再造；对影响规划的信息技术发展的预测；近期计划。诺兰阶段模型把信息系统的成长过程划分为6个阶段，即初始、蔓延、控制、综合集成、数据管理和成熟阶段，这个阶段模型能较好地说明组织进行管理信息系统总体规划的时机。制订管理信息系统开发规划，离不开高层管理者的积极支持和参与，同时，一个强有力的核心小组以及持续不断的支持过程也是总体规划成功的必要条件。

目前管理信息系统规划的方法非常多，本章重点介绍了3种国际上比较常用的规划方法：企业系统规划法、关键成功因素法和战略集转化法。还讨论了高层管理者参与的必要性与管理信息系统的组织管理问题。本章将MIS开发方法大致分为结构化系统开发方法、原型法、面向对象开发方法和CASE开发方法等几类。

案 例

IBM信贷业务部的业务流程再造

IBM信贷公司为IBM的计算机销售提供融资服务。这是一项绝对赚钱的买卖，而且向顾客的此类采购活动提供融资服务的金融风险很小。但是，这种小额信贷的经济效益则主要取决于人均业务量。刚开始该公司的经营情况并不好，其早期的生产流程是按传统的劳动分工理论进行设计的，共包括6步流程（如图3.16所示）。

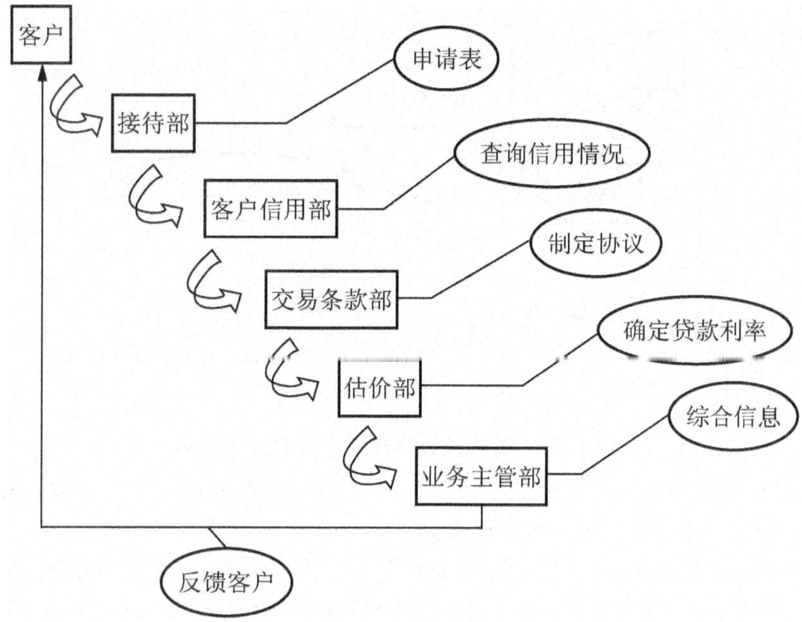

图3.16 IBM信贷部再造前的业务流程图

第一步，“接待部”。如果IBM的客户需要融资服务，负责对该客户进行产品销售的IBM业务人员将代表该客户向IBM信贷公司提出融资申请，接待人员则在一张申请表上记录下该项申请。

第二步，“客户信用部”。申请表被送到楼上的“客户信用部”，专业人员通过计算机系统审查申请人的资金信用情况，并签署审查意见。

第三步，“交易条款部”。根据申请人的具体情况对公司的标准贷款协议进行补充和修改，把一些特殊条款附加在申请表上。

第四步，“估价部”。估价员根据以上信息，借助计算机系统初步确定向客户征收的贷款利率，并把建议利率和确定的依据一起交给文书小姐，呈交给业务主管审批。

第五步，业务主管把所有的信息综合起来，形成最终的报价。

第六步，报价通过销售业务代表来通知客户。

通过对 IBM 信贷部业务流程的分析，发现其弊端。

(1) 周期太长。客户可能在这期间找到其他贷款，或被其他计算机公司的推销员拉走或改变主意取消这笔交易。

(2) 不便于推销员或顾客查询他们的申请运行到哪一步，何时可以得到批准。

因此，IBM 信贷公司针对以上弊端做出以下改进。

(1) 设立总控制台的办法：每完成一步就送回总控制台，再由总控制台送到下一步。这样能随时掌握申请的运行状态，回答顾客的询问，但是花费的时间会更长。

(2) 处理加急申请的办法：有的重要申请需要加急办理，老练的推销员便拿着申请依次跑遍各个部门，请办事员放下其他工作处理加急申请。这样申请只需 90 分钟就能完成。但是，因为打乱了原来的排队和办事员的常规工作，其代价是其他的申请需要 7 天以上的时间。

签发贷款的流程实际所需要的时间只有 90 分钟，而不是 7 天。管理者开始认识到问题的实质了。问题不在于某个任务或执行任务的人，在于流程结构本身。换言之，需要改变的不是某个步骤，而是整个流程。

由于上述两个办法局限于传统的职能部门的假设，它们的效果都不理想。所以，该企业实施了企业流程再造，如图 3.17 所示。

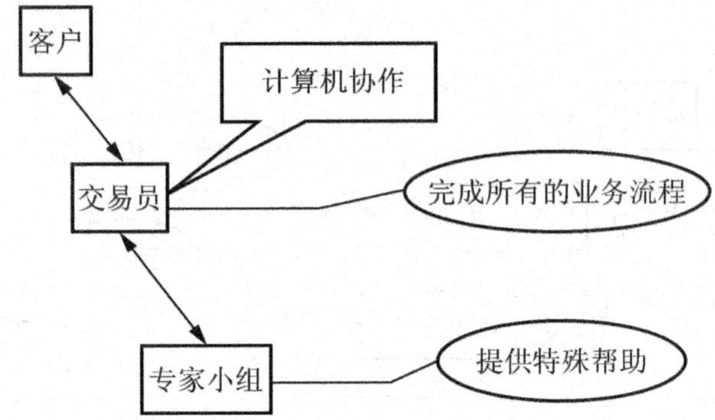

图 3.17　IBM 信贷部再造后的业务流程图

(1) IBMCC 的 BPR 的核心是取消各个专门部门，以多面手取代专业人员(如贷款核查员、定价员等)，职能部门(如业务部、核价部)也随之消失。

(2) 由称为“交易员”的流程多面手(通才办事员)一个人完成某项贷款的整个申请流程。这一改造从根本上打破了原来不言而喻的假设：每个贷款项目都是很复杂的，需要分解成多个步骤，每个步骤由经过专门培训的专业人员执行。

(3) 实际上，由于信息技术的发展，整个流程已变得很容易了：交易员在数据库中查寻客户档案、贷款利率，按标准格式输入数字，只需配备一台计算机，一个人是可以胜任的。为此，IBMCC 开发了新的更先进的系统来支持和协助交易员的工作，在多数情况下该系统完全能胜任所需的信息和指导。

（资料来源：黄梯云．管理信息系统[M]．北京：高等教育出版社，2009.15—18.）

问题：

1. IBM 信贷部为什么进行流程再造？

2. IBM 信贷部流程再造后带来的效果如何？

习　题

一、名词解释

管理信息系统战略规划、关键成功因素法、战略目标集转化法、企业系统规划法、可行性研究、企业流程重组

二、选择题

1. 诺兰阶段模型把信息系统的成长过程划分为(　　)阶段。
A. 3个　　B. 4个　　C. 5个　　D. 6个
2. MIS的战略规划可以作为将来考核(　　)工作的标准。
A. 系统分析　　B. 系统设计
C. 系统实施　　D. 系统开发
3. BSP法的优点在于能保证(　　)独立于企业的组织机构。
A. 信息系统　　B. 数据类
C. 管理功能　　D. 系统规划
4. U/C矩阵是用来进行(　　)的方法。
A. 系统开发　　B. 系统分析
C. 子系统划分　　D. 系统规划
5. 结构化系统开发方法在开发策略上强调(　　)。
A. 自上而下　　B. 自下而上
C. 系统调查　　D. 系统设计
6. 结构化系统开发方法的主要缺点之一是(　　)。
A. 系统开发周期长　　B. 缺乏标准、规范
C. 用户参与程度低　　D. 主要工作集中在实施阶段
7. 管理信息系统生命周期的起始阶段是(　　)。
A. 系统分析　　B. 系统设计
C. 总体规划　　D. 系统更新
8. 在诺兰阶段模型中，企业管理从以计算机管理为主转向以数据管理为主的阶段是(　　)。
A. 控制阶段　　B. 集成阶段
C. 数据管理阶段　　D. 成熟阶段
9. 对于大型信息系统的开发或系统开发缺乏经验的情况，通常采用的开发方法是(　　)。
A. 结构化系统开发方法　　B. 原型法
C. 面向对象开发方法　　D. CASE开发方法
10. 下列关于U/C矩阵方法的描述不正确的是(　　)。
A. U/C矩阵由企业过程和数据类之间的关系组成
B. U/C矩阵中每个数据所占的这一列中只能有一个C
C. U/C矩阵中每个功能所占的这一列中只能有一个U
D. U/C矩阵方法主要用来进行功能分析和划分子功能

三、判断题

1. 原型法主要适用于大系统或系统开发缺乏经验的情况。 ( )
2. BSP 法的优点在于能保证系统规划独立于企业的组织机构。 ( )
3. 文件与数据库在数据组织中并非属于同一层次。 ( )
4. 在总体规划阶段，一般应进行详细调查以收集和分析用户需求。 ( )
5. 要构建一个管理信息系统至少要具备硬件、软件和管理人员。 ( )
6. 总体规划阶段解决系统“是什么”，同时也解决系统“干什么”等问题。 ( )
7. 总体结构设计需要从软、硬件两方面描述系统的总体结构。 ( )
8. 用户需求是新系统目标的具体化，而系统的逻辑模型则是用户需求的明确、详细表示。 ( )
9. 系统的详细调查在总体规划阶段完成。 ( )
10. 现行系统分析就是描述现行系统的物理模型和逻辑模型的过程。 ( )

四、问答题

1. 管理信息系统规划与企业计算机应用计划有什么区别?
2. 为什么要进行管理信息系统的战略规划?战略规划的任务是什么?
3. 战略规划有什么特点?
4. 管理信息系统战略规划的主要内容是什么?
5. 诺兰阶段模型有何实用意义?它把信息系统的成长过程划分为哪几个阶段?
6. 企业系统规划法和关键成功因素法的作用有什么不同?
7. 为什么说企业流程再造不仅涉及技术，而且涉及人文因素?人文因素体现在哪些方面?
8. 某纺织品制造业(较大企业)信息系统案例分析。

该公司现已有信息系统，但大多数的信息系统使用传统文件方式，许多系统是单一开发，许多客户、产品、厂商和订单等数据被存放在不同的数据库中，公司的管理结构需要开发一个用于销售和分配领域的新的应用软件，现在的主要需求是将传统的批处理订货登记和库存控制系统转向联机系统。实际上，每个部门的管理者都有自己的关键需求，另外还对积压了 5～6 年的信息系统项目十分不耐烦。那么，这种情况如何用 BSP 方法解决?

第4章

管理信息系统的系统分析

教学目标与要求

通过对本章的学习，理解系统分析在管理信息系统开发中的重要意义，明确系统分析的主要内容与步骤，了解结构化系统分析方法，掌握系统分析的几种主要图表工具：业务流程图、数据流程图、数据字典、结构化语言、判断树、判断表，并能运用这些工具对系统进行分析，建立系统的逻辑模型。

章节知识框架

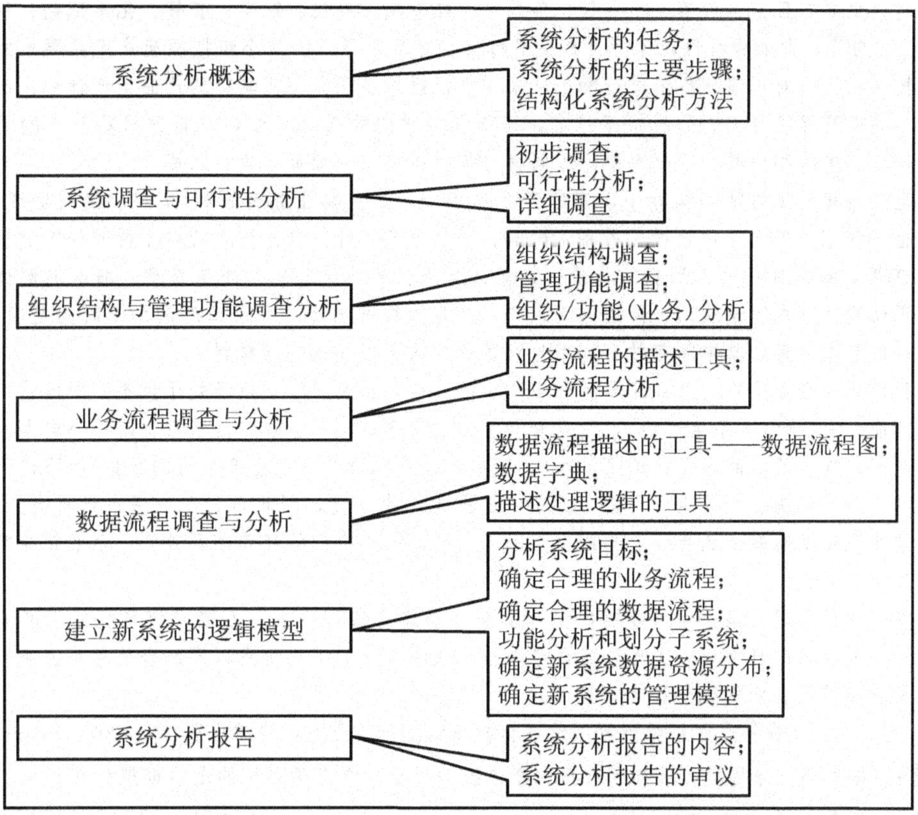

导入案例

如何从分析企业业务现状入手，获得用户需求

某合资企业生产与经营用于计算机、家电、仪表、玩具等的微型电容器，其客户主要分布在国外。除销售自己生产的电容器外，还要根据客户的需要，自组非本企业生产的产品销售(因为客户在购买时，有时还需要本企业不生产的产品，而客户则一揽子全部交给了本企业)。该企业现有正式职工20余人、临时工60余人。该企业设有总经理办公室、销售科、财务科、生产科和物资科。

总经理办公室有常务副总经理、总工程师和秘书。副总经理除抓全盘外，主要负责财务科和销售科的工作，总工程师负责生产科和物资科，秘书每月对职工出勤情况进行统计，并造工资册。

销售科设有科长一名、销售员和成品库保管员各一名，科长和销售员根据用户的订货需求，销售本企业生产的产品，还自行组织货源进行销售，其业务主要有合同签订与执行、销售管理、回款管理、退货管理、用户信息管理。成品库保管员对自行生产的产品以及自组产品进行收、发货管理，月底进行收发存统计、销售统计和分析。

财务科设主管会计、会计和出纳各一名。主管会计负责会计报表的编制方法管理和重大财务问题的处理。会计和出纳完成日常的事务工作，如做账、结账和编制统计报表，以及各种外币汇率的信息管理，根据秘书编制的工资册发放工资，并根据人员的不同分类，做工资转账，在进行物资转账前，首先要对物资科每月的每笔收/发逐项进行品种、数量、价格、金额的稽核，稽核正确后才能转账。

物资科设科长、采购员、仓库保管员各一名，还有一个加工小组。该公司用来生产微型电容器的材料主要有正箔、负箔、正导针、负导针、电解纸、皮头、铝壳、套管、化学试剂、包装等7类。采购员负责采购材料，保管员负责材料收、发及库存；加工小组按照生产产品要求的尺寸以及技术指标，对正箔、负箔进行加工。采购员根据总经理办公室制订的产品生产计划、产品的材料定额以及保管员编制的材料库存表，编制各类材料的采购计划，并根据采购回来的材料品种、数量、单价和金额填写收料单，连同材料和收料单交保管员验收、入库。

生产科在总工程师的指导下，完成产品的生产，其主要业务有领料/退料、编制生产计划、执行生产计划、工人计件统计、成品入库以及编制生产统计报表。该企业电容器的加工过程分为11个工序，按顺序排列为卷绕、浸渍、装配、清洗、套管、老化、外观修整、漏电流测试、损耗角正切测试、电容量测试，最后入库，其生产为大批量生产，每道工序的加工时间是确定的。生产科设有中转库，其中除存放半成品外，还存放从物资科领来的材料。

目前，该企业生产的产品主要销往中国香港、美国、韩国等，市场处于供不应求的状态。由于生产能力有限(仅3条生产线)，又没有开发管理信息系统，当客户要求订货时，公司无法准确掌握在客户规定的时间内可供的产品数(包括成品库中的数量以及生产线上的数量)，不得不动用大量的人工，盘查、统计生产线上各工序中正在加工的数量，因此丧失了许多市场机会。另外，企业领导无法及时知道销售、材料中发生的三角债。由于企业的经营涉及外汇，企业领导需掌握各种外币的数量。

鉴于这种情况，该企业领导提出要开发管理信息系统的要求，并要求该系统处于网络环境下，除完成各科的日常业务工作外，还要动态地反映各科的主要信息以及综合信息，企业领导在办公室就能掌握企业的生产和经营状况。

(资料来源：蔡淑琴. 管理信息系统[M]. 北京：科学出版社，2007：246—247.)

问题：作为系统分析员，应如何获得该新系统的需求，建立新系统的逻辑模型？

4.1 系统分析概述

4.1.1 系统分析的任务

无论采用何种方法开发管理信息系统，系统分析都是系统开发过程中非常重要的一环，它直接影响到系统开发的成败。实践证明，许多管理信息系统失败的主要原因都或多或少与忽视系统分析有直接关系。

系统分析就是在系统总体规划的指导下，对系统进行初步调查、问题识别、可行性分析、详细调查、业务流程分析、数据流程分析，最后确定新系统逻辑方案的过程。更进一步说，系统分析的任务，就是在初步调查和分析现行系统的基础上，根据组织的战略目标和用户要求对原系统存在的问题进行识别，进一步详细调查现行系统的组织结构、管理功能和业务流程，利用数据流程图、数据字典、判断树、判断表等图表工具来分析、表达一个系统的全部逻辑特征(包括对系统作业处理逻辑及其有关数据的全部定义)，最终完成新系统的逻辑模型设计，为下一步系统设计提供依据。

通过系统分析，解决了系统“做什么”的问题，而并不涉及“怎么做”的问题，即不涉及具体的物理实现。

4.1.2 系统分析的主要步骤

系统分析的主要步骤如图 4.1 所示。

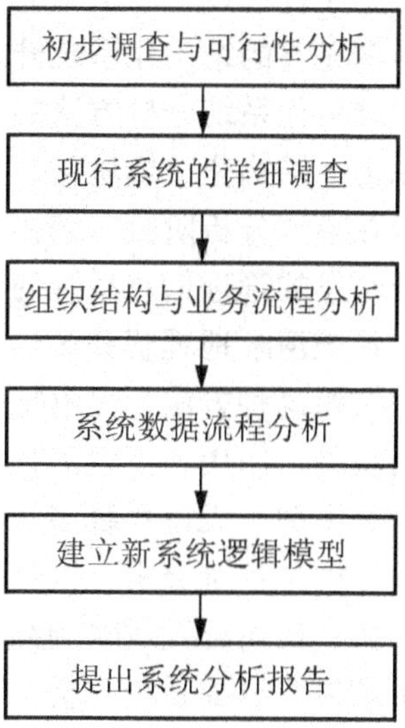

图 4.1 系统分析的主要步骤

1. 初步调查与可行性分析

初步调查主要了解用户对系统的需求以及系统预期达到的目标，在此基础上系统分析人员针对用户提出的问题进行识别，给出系统开发的初步方案。可行性分析则是对开发项目从经济上、技术上、管理上进行必要性和可行性的分析论证。

2. 现行系统的详细调查

一旦确定系统开发是可行的，就要对被开发对象通过各种途径做全面、充分和详细的调查研究，弄清现行系统的边界、组织机构、人员分工、业务流程，以及各种计划、单据和报表的格式、种类及处理过程，企业资源及约束情况，为系统开发做好原始资料的准备工作。

3. 组织结构与业务流程分析

通过对组织结构的分析，详细了解各级组织的职能和有关人员的工作职责、决策内容及对新系统的要求。业务流程的分析应当按照原系统中信息流动的过程逐步进行，通过业务流程图详细描述各个环节的处理业务和信息的流程。

4. 系统数据流程分析

在组织结构与业务流程分析的基础上，把数据在原系统内部的流动情况抽象地独立出来，舍弃具体组织机构、信息载体、处理工作、物资、材料等，仅从数据流动过程考查实际业务的数据处理模式。系统数据流程分析主要包括对信息的流动、传递、处理和存储的分析。

5. 建立新系统逻辑模型

逻辑模型是新系统开发中要采取的管理模型和信息处理方法。系统分析阶段的详细调查、组织结构与业务流程分析、数据流程分析都是在为建立新系统的逻辑模型做准备。

6. 提出系统分析报告

系统分析报告是系统分析阶段的成果，它反映了系统分析阶段调查分析的全部情况，也是下一阶段系统设计的工作依据。

4.1.3 结构化系统分析方法

1. 结构化系统分析方法的基本思想

结构化系统分析(structured analysis，SA)方法是由美国 Yourdon 公司提出的，适用于对大型 MIS 的系统分析，是企事业管理信息系统开发的一种常用的方法。结构化系统分析方法常常和系统设计阶段的结构化设计(structured design，SD)和系统实施阶段的结构化程序设计(structured programming，SP)等方法衔接起来使用。它们一脉相承，构成了一套完整的结构化系统开发方法。

结构化系统分析方法的基本思想是，用系统的思想和系统工程的方法，按照用户至上的原则，结构化、模块化、自顶向下地对系统进行分析与设计。

在系统分析阶段，结构化系统分析方法通过自顶向下、逐层分解的方式来理解和表达将要开发的管理信息系统的功能，由大到小、由表及里，逐步细化、逐层分解，直到能将整个系统清晰地理解和表达出来。

按照这种方法，可以把一个复杂的系统逐级向下分解成尽可能独立的子系统、模块、子模块等，使用户不但对系统有一个总体概念，而且对那些具体的、局部的组成也有一个深刻的了解。无论系统多么复杂，分析工作都可以有条不紊地进行。

结构化系统分析可以借助大量直观、形象的图表工具进行，主要使用数据流程图、数据字典、描述处理逻辑的判断树、判断表等图表工具，采用规范化的图表和文字记载系统分析结果，形成系统分析报告。

2. 结构化系统分析方法的特点

1）强调用户自始至终的积极参与

在系统分析阶段，用户始终积极参与，使得用户可以更多地了解新系统，并随时从业务和用户角度提出新的要求。另一方面，也可使系统分析人员能更多地了解用户的要求，更深入地调查和分析管理业务，使新系统更加科学、合理。

2）注重整体分析，层层落实

按系统的观点，任何事情都是相互联系的有机整体。在分析时应首先站在整体的角度，将各项具体的业务或组织融合成一整体进行考察，首先确保全局的正确，然后再层层分解进行解剖分析。

3）强调系统的适应性

各种事物都是运动和变化的。同理，在进行系统分析时，要充分预料到可能会发生的变化，增强系统的适应性，以应付各种各样的变化。这些变化主要来自以下几个方面。

① 系统外部环境的变化。例如，外部的组织机构发生了变化，将引起信息传递渠道的变化；上级主管部门需要的信息发生了变化，则会引起输出和处理模块的变化。

② 系统内部处理模式的变化。例如，系统内部组织机构、管理方式和工艺流程的改变，必将引起数据的收集、输入以及处理方式的变化。

③ 用户要求的变化。随着时间的推移、问题的深入、技术的发展，用户的要求也会随之变化。

总之，发生变化的因素是多种多样的，系统分析时要严密注意和充分考虑到这些变化，以增强系统的适应能力。

4）重视工作文件的标准化和文献化

在结构化系统分析中，多采用规范化的图表和文字来记载这些分析结果。这些资料要有专人保管，要建立一套管理、查询制度。

推荐阅读：《超越自我 从程序员到系统分析员》

（http://tech.163.com/05/0327/18/1FSBPAR700091589.html.）

4.2 系统调查与可行性分析

系统调查分初步调查和详细调查两步进行。

第一步是可行性分析之前的初步调查，先投入少量人员了解现系统状况，针对用户提出的各种问题和初始要求，对问题进行识别，以便进行系统开发的可行性研究。

第二步是可行性分析之后的详细调查，一旦确定系统开发具有可行性后，投入大量的人力，进行全面的业务调查。

4.2.1 初步调查

系统初步调查的内容包括以下3个方面。

1. 用户需求

新系统是在现行系统基础上经过改建或重建得到的，因此，在对新系统进行分析之前，要了解用户对系统的需求，以及系统预期达到的目标。这里的用户包括企业高层管理人员、各部门负责人、主要业务人员，了解他们对新系统开发的需求、期望实现的目标，是否参与开发、是否能配合协调上下级间对系统开发的认识分歧等。此外还要了解用户希望在新系统中增添哪些额外的功能。

2. 企业现有信息系统运行状况

无论企业在此之前是否应用计算机进行管理，其信息系统都是客观存在的。在决定开发新系统之前，首先要对企业现有的手工或计算机信息系统的运行状况、存在问题、可利用的技术力量及设备有所了解，这部分调查是对新系统进行可行性分析的原始资料。

3. 企业管理状况

信息系统的运行与企业的管理状况密切相关，但在初步调查阶段只需对企业的管理状况作大致的了解，如企业整体管理状况、重要职能部门的管理方式，以便预测开发的管理信息系统在企业的应用前景及产生的效果。

初步调查的最终结果是提交一份初步调查报告，报告内容应包含对系统的需求评价、成本和效益评估及分析人员的建议。

4.2.2 可行性分析

可行性分析，也称可行性研究。在现代化管理中，对经济效益的评价是进行决策的重要依据，在采取一项重大的改革和投资行动之前，首先关心它能取得多大的效益。新系统开发是一项耗资多、耗时长、风险大的工程项目，因此，在新系统开发之前，要对系统开发的必要性和可行性进行分析。必要性来自实现开发任务的迫切性，而可行性则取决于实现应用系统的资源和条件。可行性分析的目的是避免盲目投资，减少不必要的损失。

1. 可行性分析

可行性分析通常从以下 3 个方面进行。

1）技术上的可行性

技术可行性分析是根据新系统的目标，围绕企业中现有的硬件、软件能力，相关技术人员数量与水平，以及计算机硬件软件行业的水平展开的，即分析所提出的要求，如管理规模的要求、处理精度的要求、通信功能的要求等，在现有技术资源条件下是否能够实现。在硬件方面，主要考虑计算机的内存、功能、联网能力、安全保护设施，以及输入、输出设备，外存储器和联网数据通信设备的配置、功能、效率等。软件方面应考虑操作系统、编译系统、数据库管理系统等配置及功能等。应用软件方面则要考虑是否有现成的软件包，或本企业是否有能力编制有关软件。

由于用户对信息技术、信息系统缺乏足够的了解，容易出现要么过分依赖信息系统，要么认为其不可靠而放弃使用这两种极端情况。技术可行性分析实际上还可以帮助企业了解信息技术发展趋势，从技术上帮助用户消除对信息系统不切实际的想法。

2）经济上的可行性

经济上的可行性分析是可行性研究的重要部分，其核心内容是成本/效益分析。若项目的成本大于效益，则不可行，否则可行。

成本是新系统开发所需费用，包括投资费用和将来的运行费用。

投资和运行费用主要包括以下内容。

（1）设备费用：计算机硬件、软件、外部设备、电源、机房、空调等费用，购入的应用软件及其他设备的费用等。

(2) 人员费用：全部系统开发人员、操作人员和维护人员的所有工资支出、加班费和培训费用。

(3) 材料费用：测试和运行的正常开支，如各种纸张、墨盒、U盘、机时费、水费、电费、各种设备的维护费等。

(4) 其他费用：不属于以上所列费用的一切开支。例如，为了保证新系统运行的可靠性，通常要求手工和计算机处理在相当一段时间内并存，由此所发生的费用就属于这类开支。

在费用估算时，往往会出现低估现象，因为有很多意外因素是事先估计不到的，会使费用大大增加，所以费用估算时要加大一定比例。

而效益的估算则更加复杂和不易，有些是有形效益，有些则是难以量化的无形效益。提高效益一般应考虑：①节省人力，减轻劳动强度；②降低成本和其他费用；③改进薄弱环节，提高工作效率；④提高数据处理的及时性和准确性；⑤其他各种有利方面。

建立信息系统是企业一项重要的基础投资，对此很多企业都有自己的一套考查评价标准，这些标准在企业的成本/效益分析中是重要的参考依据。

3) 管理上的可行性

管理上的可行性主要考查管理人员对信息系统的态度、管理方面的条件及应用信息系统对员工行为的影响。

首先，主管领导的态度是考查的重点。如果主管领导不支持或抵触情绪很大，说明现在还不是开发的时候，有必要再等等，应积极地去做领导的工作，设法让其加强对信息系统开发必要性的认识。只有领导支持，各项工作才会顺利进行，克服各种困难和障碍才会有保障。

其次，管理方面的条件主要是了解企业的规模，根据规模确定信息系统的目标。另外，要了解企业管理的规范化程度，管理信息系统是一个对企业全过程进行管理的人机系统，自动化程度高，它的成功必须以规范的管理模式为基础。同时，规章制度是否齐全、原始数据是否完整正确等，都必须考查。

最后，应用管理信息系统后对员工行为可能产生的影响也是很重要的，但这常常被忽略。新系统应用后，必然会引起企业某些方面的变化。例如，以计算机处理为基础的信息系统可以替代很多管理人员原来的人工劳动，于是要重新考虑他们的工作安排问题；新系统中工作流程的变化对现行组织机构也可能带来影响；员工对新系统的接受程度、适应性，以及对现有人员的培训、招聘新员工的条件、新系统对环境的影响等，都是可行性研究的考虑因素。

2. 可行性分析报告

进行了可行性研究论证后，要写出书面的可行性分析报告。可行性分析报告是可行性分析的结果，也是系统分析阶段的重要文件之一。其内容包括系统简述、项目的目标、所需资源、预算、期望效益及对项目可行性的结论等。

可行性结论通常包括以下几种。

(1) 可行，立即开发。

(2) 需要推迟到某些条件(如资金、人力、设备等)落实以后，或者对开发目标进行某些修改之后才能开始进行。

(3) 不能进行或不必进行(如因技术上不成熟、经济上不合算等)。

可行性分析报告要让管理人员充分理解，因此报告用语要简练流畅，尽量避免使用过于专业化的词汇。可行性分析报告要经过有关管理人员和专家的评审认可，并经领导批准，方可以此为依据，进入对系统的详细调查阶段。

4.2.3 详细调查

1. 详细调查的目的

详细调查的对象是现行系统(手工系统或旧的管理信息系统)，目的在于完整地掌握现行系统的状况，发现问题和薄弱环节，收集资料，为下一步的系统分析和建立新系统的逻辑模型做好准备。

2. 详细调查的原则

详细调查应遵循用户参与的原则，即由信息系统使用部门的业务人员、主管人员和系统开发部门的系统分析人员、系统设计人员共同进行。设计人员虽然掌握计算机技术但对使用部门的业务不够清楚，而管理人员则熟悉本身业务却不一定了解计算机，两者结合，就能互补不足。

3. 详细调查的内容

详细调查的内容十分广泛，涉及企业的生产、经营、管理、资源与环境等各个方面，一般可以从定性调查和定量调查两个方面进行。

1) 系统的定性调查

定性调查主要是对现有系统的功能进行总结，包括组织结构的调查、管理功能的调查、业务流程的调查、数据流程的调查、处理特点的调查、系统环境与约束条件的调查及薄弱环节的调查等。

(1) 组织结构的调查。调查现行系统的组织机构、隶属关系、人员分工和配备情况等，不仅可以了解系统的构成、业务分工，而且可以进一步了解人力资源，还可以发现组织和人事等方面的不合理现象。

(2) 管理功能的调查。所谓功能是指完成某项工作的能力。为了实现目标，系统必须具备各种功能。各个子系统功能的完成，又依赖于下面更具体的功能的实现。

(3) 业务流程的调查。业务流程是系统为了完成系统功能而进行的业务处理过程。分析人员要全面细致地了解系统各个方面的业务流程，以及物流和信息流的情况，发现和消除其中不合理的环节。

(4) 数据流程的调查。在业务流程调查的基础上舍去具体的物质形式，对收集的数据和数据处理过程进行分析和整理，绘制数据流程图。

(5) 处理特点的调查。为了确定合理有效的信息处理方式，需要紧密结合计算机处理方式和可能的规模来进行。处理特点的调查包括数据收集方式、数据使用的时间要求、现行数据处理方式有无反馈控制等。

(6) 系统环境与约束条件的调查。系统环境是指不直接包括在计算机信息系统内，但是对管理信息系统有着极大影响的因素的集合。在调查中需要明确现行系统和哪些外部环境有工作联系，有哪些物质和信息的往来关系，哪些环境条件对该组织的活动有明显的影响，现行系统在人员、资金设备、处理时间和方式等各方面有哪些限制条件和规定。

(7) 薄弱环节的调查。现行系统中的各个薄弱环节正是新系统中要解决和改进的主要问题，往往也是新系统目标的重要组成部分。因此，在调查中要注意收集用户的各种要求，善于发现问题并找到问题的前因后果。

2) 系统的定量调查

定量调查的目的是弄清数据流量的大小、时间分布和发生频率，掌握系统的信息特征，据此确定系统规模，估计系统建设工作量，为下一阶段的系统设计提供科学依据。

主要需要收集各种计划、凭证、原始单据、输出报表等信息载体，统计各类数据(如平均值、最大值、最小值等)的特征，此外还需要收集现行系统的各类业务工作量、作业周期、差错发生数等，在调查过程中要注重数量概念，收集足够的数据供定量分析之用。

4. 详细调查的方法

在做出开发新系统的决策之后，就应当组织力量成立调查小组，采用多种方法对现有系统进行调查分析。详细调查应当遵循用户参与的原则，调查组应由使用单位的业务人员、领导和设计单位的系统分析员、系统设计员共同组成。详细调查的方法有多种，经常使用的有以下几种。

1) 问卷调查法

问卷调查表通常由问题和答案两部分组成，问题由主持调查工作的系统分析人员列出，然后交由被调查单位的业务人员完成。被调查人员选择答案的方式主要有3种。

(1) 系统分析人员已经列出了问题的若干可能的标准答案，选择最适合于被调查单位情况的答案即可。这种问题一般是比较具体明确的问题。例如，采用何种方法计算机器设备的折旧?

(2) 问题是向用户了解一个不确定的因素，可能的答案比较广泛，用户必须根据本单位的具体情况作出明确的答复。例如，账户月发生额最大值为多少? 由于不同单位的生产规模、业务量的不同，账户月最大发生额显然是不会相同的。

(3) 问题是要求用户提供某些资料。例如，要求用户提供现行系统中各种单、证、账、表的格式，要求用户给出成本核算流程图。

利用问卷调查表进行调查可以减轻被调查部门的工作负担，方便系统调查人员，得到的调查结果系统、准确。但利用问卷调查法的最大的困难在于问卷调查表的设计。如果问题设计得不明确或不全面，那么得到的调查结果就会不准确或不完整。所以把问题提得全面、易懂、明确，是设计调查表应遵守的基本原则。设计调查表必须有管理和计算机两方面的知识，且必须有开发管理信息系统的丰富经验。

2）人员访问调查法

人员访问调查就是由系统调查人员直接走访被调查者，当面询问问题的方法，可以通过对现行系统有关人员的直接访问，获取有关现行系统的详尽资料。这是一种最常见的系统调查方法。这种方法具有调查情况更真实、具体、深入的优点，但是也存在调查成本高、调查资料受调查人主观偏见影响大的缺点。为了保证每次访问都得到足够多的信息，系统调查者应做到以下几点。

（1）必须明确每次访问的任务，做到有的放矢。必须制订访问计划，以防止访问过程中提不出问题。

（2）访问对象必须选得准确。应将那些对访问任务最了解、对建立新系统最有信心的人员作为被访问的对象。

（3）要注意访问的方式。要友善和善于引导，不要让被访问者觉得他是在被审问，应让他感到他是在和你共同探讨，甚至让他觉得他是在发挥他的专长，向你提供各种意见是他感兴趣的事。

（4）要及时做好访问记录，并在访问完毕后进行归纳整理，使之文档化，最终形成一整套系统调查资料。

直接访问有关人员，可以了解到一些问卷调查所不能得到的信息，特别是管理人员对建立新系统的看法往往会更多。

3）召开调查会

召开调查会是一种集中调查的方法，适合于基层的管理者。通过开调查会，可以了解基层管理者的业务范围、工作方式、业务的内外关系等。管理中的有些问题常牵涉众多人员，召开调查会的方式往往能有利于尽快地弄清这些问题的来龙去脉，把握住问题的本质。在深度调查和征询有关人员对建立系统的看法时，开会讨论的调查方法更能发挥作用。为了开好调查会，应先写好调查提纲，发给每个被调查对象，让其有一定的准备时间，这样便于把问题讲清楚。

4）直接参加业务实践

开发人员亲自参加业务实践，不仅可以获得第一手资料，而且便于开发人员和业务人员的交流，使系统的开发工作更接近用户。用户直接参加系统开发工作的实践，也便于用户更加深入地了解新系统。

此外，系统调查人员也可以采用查阅企业的有关资料、个别访问、由用户的管理人员向开发者介绍情况、专家调查等调查方法来了解现行系统的情况。应该说，不同的调查方法有不同的侧重点和适用面，实际工作中应结合具体情况，可以将上面提到的几种方法混合使用。

小思考：某大型企业集团的财务处经过分析发现，员工手机通话量的80%是企业内部员工之间进行的，而90%的企业内部通话者之间的距离不到1 000米，如果能引入一项新技术降低或者免掉内部员工通话费，这对集团来说将能节省很大一笔费用。集团找到了局域网的原集成商A公司，经过调研，选中了一种基于无线局域网IEEE 802.11n改进的新技术“无线通”手机通信系统，也了解到有一家山寨机厂家在生产这种新技术手机。这种手机能自动识别“无线通”、移动和联通，其中“无线通”为优先接入。经过初步试验，发现通话效果很好，因为是构建在集团现有的局域网之上，除去购买专用无线路由器和这种廉价手机之外，内部通话不用缴费。而附近其他单位听说后，也纷纷要求接入“无线通”，于是准备放号并准备收取这些单位适当的话费。但等到“无线通”在集团内部推广时，发现信号覆盖有空白、噪声太大，高峰时段很难打进打出，更麻烦的是当地政府的主管部门要他们暂停并要对他们罚款。此时，该集团已是骑虎难下。造成这种局面的可能原因是什么？

4.3 组织结构与管理功能调查分析

在系统详细调查的基础上，要对现行系统的组织结构及管理功能进行分析，主要有组织结构调查、管理功能调查和组织/功能分析等内容。

4.3.1 组织结构调查

组织结构，指的是一个组织(部门、企业、车间、科室等)的组成及这些组成部分之间的隶属关系或管理与被管理的关系。

组织结构调查就是对组织结构与功能进行分析，弄清组织内部的部门划分，以及各部门之间的领导与被领导关系、信息资料的传递关系、物资流动关系与资金流动关系，并了解各部门的工作内容与职责。此外，还应根据同类企业的国际、国内先进管理经验，对组织结构设计的合理性进行分析，找出其存在的问题。根据计算机处理的要求，为决策者提供机构设置的参考意见。

通常用组织结构图来表示一个组织的各组成部分之间的隶属关系。一般的组织结构图如图 4.2 所示。

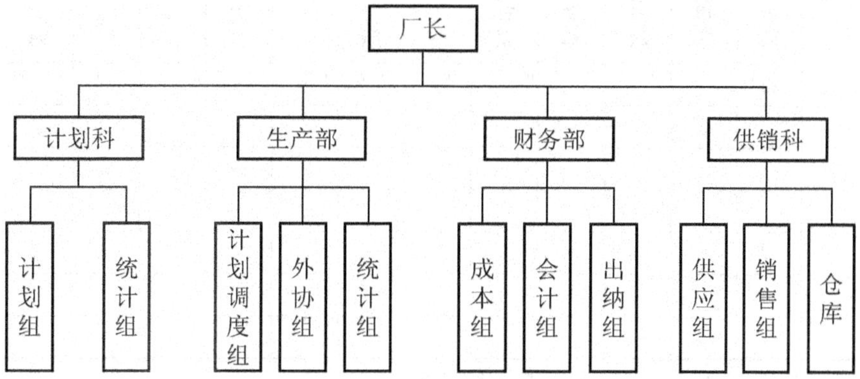

图 4.2 组织结构图

4.3.2 管理功能调查

为了实现系统的目标，系统必须具有各种功能。所谓功能，指的是完成某项工作的能力。调查中可用功能结构图表示从系统目标到各项功能的层次关系，某销售系统的功能结构图如图 4.3 所示。

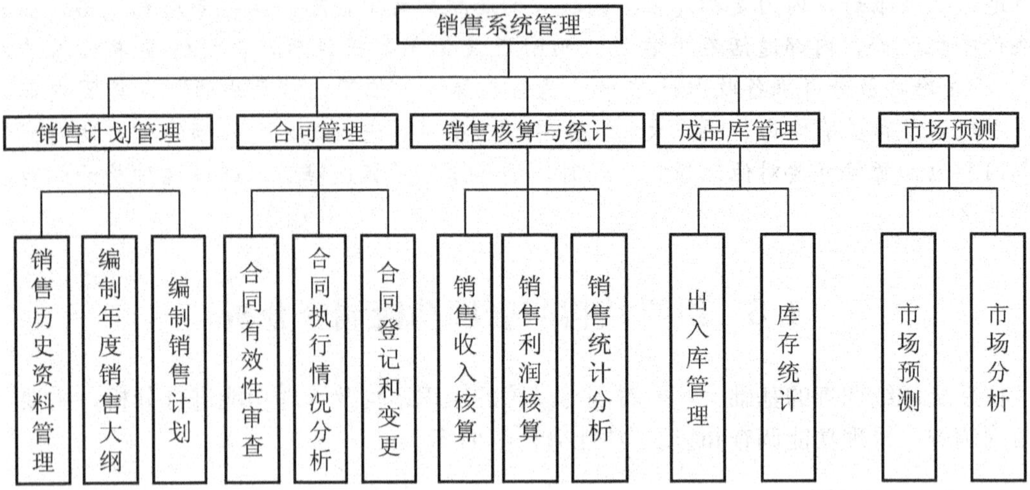

图 4.3 销售管理功能结构图

4.3.3 组织/功能分析

组织结构图反映了组织内部各部门之间上下级及隶属关系，但是对于组织内部各个部门之间联系程度、各部门的主要业务职能及承担的工作却反映不出来。借助组织/功能(业务)关系表，可以将组织内部各部门的主要业务职能、承担的工作及相互之间的业务关系清楚地反映出来。组织/功能(业务)关系表中的横项表示各组织的名称，纵项表示功能(业务)，中间栏表示组织在执行业务功能过程中的作用，见表 4-1。

表 4-1 组织/功能(业务)关系表

组织 功能(业务)	计划科	质量科	设计科	工艺科	机动科	总工室	研究所	生产科	供应科	人事科	总务科	销售科	仓库	……
计划	※					√		×	×			×	×	
销售		√										※	×	
供应	√							×	※				√	
人事										※				
生产	√	×	×	×		※		※	×			√	√	
设备更新				※	√	√	√	×						
……														

注：“※”：该功能(业务)是对应组织的主要功能(业务)；
“×”：该单位是参与协调该项功能(业务)的辅助单位；
“√”：该单位是参加该项功能(业务)的相关单位；
空格：该单位与对应功能(业务)无关。

管理信息系统会受到组织机构的影响，但同时管理信息系统也会反过来对组织结构和功能产生重大影响。这种影响产生的结果是，组织结构发生重大变革，组织的功能出现重新组合。通过组织/功能(业务)分析，能够进一步理顺组织的功能，提高管理效率。

小思考：一整天的公司高层例会结束后，公司总经理不禁陷入沉思。由3位元老创立的公司已经6年了，经过全体员工努力奋斗与拼搏，公司取得了很大的发展。总公司下设5个分公司，即综合娱乐中心、房地产开发公司、装修公司、汽车维修公司和物业管理公司。各部门都自成体系，公司管理层次过多，如总公司有3级，各分公司又各有3级以上管理层，最为突出的是娱乐中心的高、中、低管理层次竟达7级，且专业管理机构存在重复设置现象。管理效率和人员效率低下，这从根本上导致了管理成本加大，组织效率下降，这对于任何一个公司而言都是发展大忌。如何走出困境，关键是要强化内部管理，特别是财务管理。现在公司的财务管理比较混乱，各个分部独立核算后，都有了自己的账户，总公司可控制的资金越来越少。如果要进一步发展，首先必须做到财务管理上的集权，这样才有利于公司通盘考虑，共图发展。请根据以上信息，画出相应的组织结构图，并为该公司设计一套合适的组织结构。

4.4 业务流程调查与分析

业务流程就是企业业务活动按照一定的业务规则运行形成的流程。

在对现行系统的组织结构和管理功能有了初步的了解后，还需要从业务流程的角度将系统调查中的有关资料整理出来，作进一步的分析。

调查业务流程应顺着原系统信息流动的方向逐步进行，内容包括各环节的业务内容、作用、信息来源、数据存储、信息的处理方法及过程等。

业务流程分析可以帮助开发者了解该业务的具体处理过程，发现和处理系统调查工作中的错误和疏漏，修改原系统的不合理部分，在新系统中优化处理流程。

4.4.1 业务流程的描述工具

1. 业务流程图

业务流程图(transaction flow diagram，TFD)，是利用一些规定的符号及连线来表示具体处理业务过程。

1）基本符号

业务处理流程图用尽可能少的符号、尽可能简单的方法来描述业务的处理过程。

业务流程图图例没有统一标准，但在同一系统开发过程中所使用的图例应是统一的。某一系统使用的业务流程图图例如图4.4所示。

2）业务流程图的绘制

业务流程图的绘制基本是按业务的实际处理步骤和过程进行的。业务流程图的绘制步骤如图4.5所示，某单位成品仓库管理的业务流程图如图4.6所示。从图中可以看出仓库管理的业务流程：成品库保管员按车间送来的入库单登记库存账；发货时，发货员根据销售科送来的发货通知单将成品出库，并发货，同时填写三联出库单，其中一联交给成品库保管员，由他按此出库单登记库存账，出库单的另两联送交销售科和会计科。

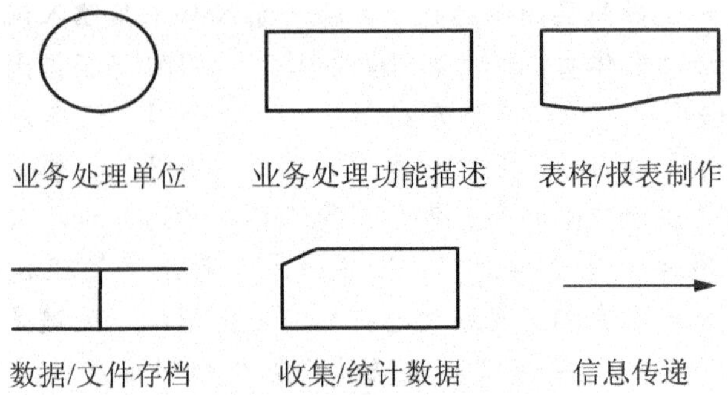

图 4.4　业务流程图基本符号

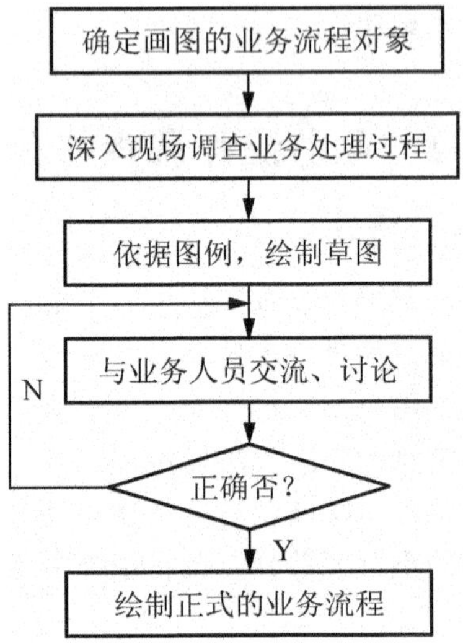

图 4.5　业务流程图的绘制步骤

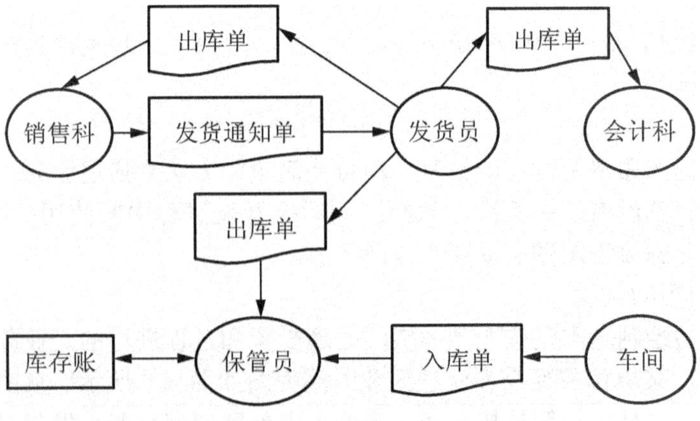

图 4.6　某工厂成品库管理业务流程图

2. 表格分配图

表格分配图可帮助系统分析员表示出系统中各种单据和报告与哪些部门发生业务关

系，在各个部门之间传递和处理的情况。反映某企业订购设备的表格分配图(如图 4.7 所示)，其中每一列表示一个部门，箭头表示数据流向。由图 4.7 可知，订货单一式 4 份，一份交给供货单位；一份交给申请购货部门，通知其货物已订；一份交与验收部门，对货物进行登记、验收；最后一份由采购部门存档。

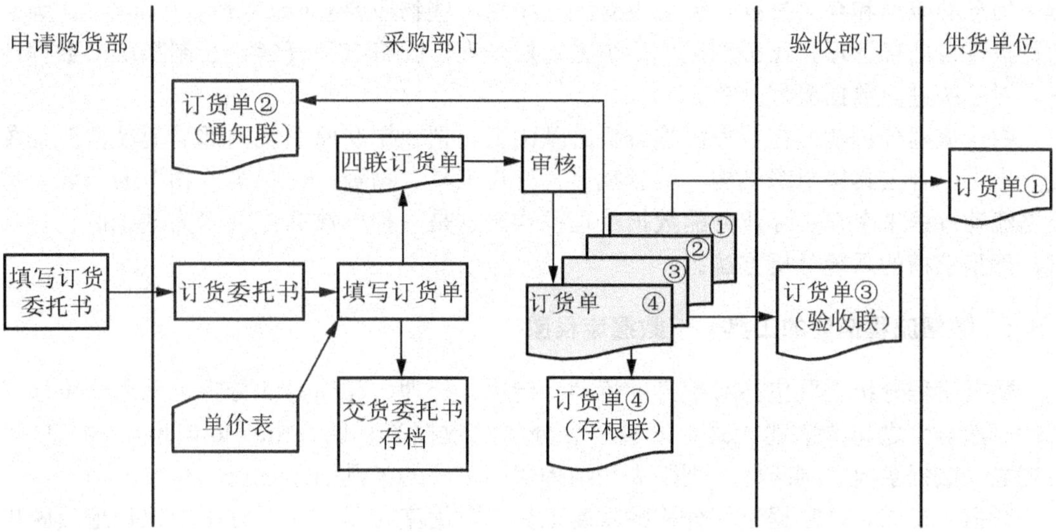

图 4.7　某企业订购设备的表格分配图

4.4.2　业务流程分析

通过细致的业务流程调查，就可以对现行系统的业务流程有更深入、详尽的理解。因而，通过对业务流程的分析，可以看到系统业务流程的现状：可能是管理思想和方法落后，业务流程不尽合理；也可能是因为计算机信息系统的建设，为优化原业务流程提供了新的可能性。这时，就需要在对现有业务流程进行分析的基础上进行业务流程再造，产生新的更为合理的业务流程。

业务流程分析包括以下过程。

(1) 现行流程的分析。分析原有的业务流程的各个处理过程是否合理、是否具其有存在的价值，其中哪些过程可以改进，哪些过程可以合并，哪些过程可以删除。

(2) 业务流程的优化。原有业务流程中哪些过程存在冗余信息，可以按计算机信息处理的要求进行优化，流程的优化可以带来什么好处。

(3) 确定新的业务流程。画出新系统的业务流程图。

实用小窍门：流程优化是系统依靠流程，还是流程依靠系统？经验告诉我们，不要“为了 IT 而 IT”，系统的运行应该与企业的管理结合在一起，发挥两者的优势。因此，需要弄清楚：①项目实施的目的；②系统的流程；③系统处理的长处和不足；④现有业务流程的核心环节；⑤现有业务流程中的突出问题；⑥业务流程中，花费 80%时间做 20%的事情是哪些；⑦因为系统而解放出来的人力和时间，能做哪些增值性的工作；⑧流程的改进是渐进式的还是彻底型的；⑨组织结构的改进。

4.5 数据流程调查与分析

在业务流程调查分析中，绘制的管理业务流程图和表格分配图等虽然形象地表达了管理中信息的流动和存储过程，但仍没有完全脱离一些物质要素(如货物、产品等)。为了用计算机进行信息管理，还必须进一步舍去物质要素，收集有关资料，绘制系统的数据流程图，对系统进行数据流程分析。

数据流程分析就是在业务流程分析的基础上，把数据在原系统内部的流动情况抽象地独立出来，舍去具体组织机构、信息载体、处理工具、物资、材料等“物”的因素，单从数据流动过程来考查实际业务的数据处理模式。这是一种以数据流技术为基础的、自顶向下、逐步求精的系统分析方法。

4.5.1 数据流程描述的工具——数据流程图

数据流程分析主要包括对信息的流动、传递、处理、存储等的分析，采用介于形式语言和自然语言之间的描述方式，通过一套分层次数据流程图(data flow diagram，DFD)，并辅之以数据字典、判断树、判断表和结构式语言等的工具描述系统。

数据流程图，是数据流程分析的重要工具。数据流程图以图形方式形象化地反映出数据在一个系统中的作用，用少数几种符号综合反映出数据在系统内部的逻辑流向、系统的逻辑功能及数据的逻辑变换(处理过程)和存储情况。

由于数据流程图是从业务流程图中抽取出的数据处理过程，反映了信息的流动、加工、存储和使用情况，本质上是从信息处理的角度将一个复杂的实际系统抽象成一个逻辑模型。因此，数据流程图成为一种能全面地描述信息系统逻辑模型的主要工具。

1. 数据流程图的符号

数据流程图由外部实体(外部项/起点或终点)、数据流、处理逻辑(加工/功能)、数据存储(文件)4 种元素组成，不同的教材上，这 4 种元素的表示符号并不完全一致，但表达的内容是一致的。常用的数据流程图表示符号见表 4-2。

表 4-2 数据流程图四元素常用表示符号

符　号	名　称
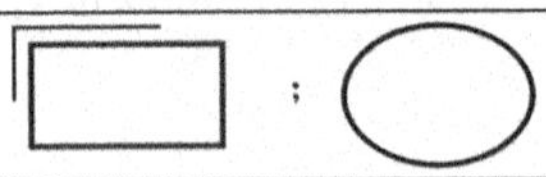	外部实体（外部项/起点或终点）
	数据流
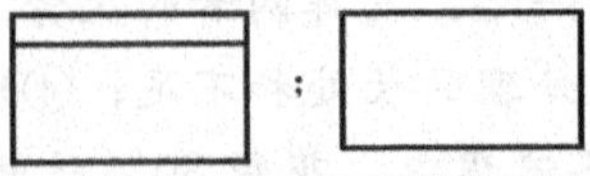	处理逻辑（加工/功能）
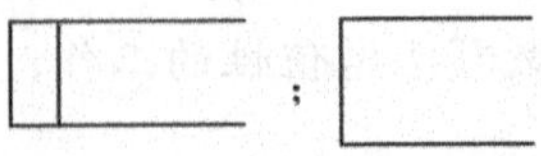	数据存储（文件）

(1) 外部实体(外部项)，又称外部项、数据起点或终点，是与系统有信息传递关系，但又不受本系统控制的一些系统之外的单位、组织或人。外部实体反映了数据的来源与信息的归宿。在外部实体符号内要写上外部实体名称。

(2) 数据流，表示数据的流动，是指一项按特定的方向从源点流到终点的数据，它指出了数据及其流动的方向。

数据流是传递数据的通道，能反映系统各部分之间的数据传递关系。它可以是一项数据，也可以是一组数据；可以是单向箭头，也可以是双向箭头。通常应在数据流符号的上方标明数据流的名称。

数据流细分起来有 5 种情况：①外部实体(起点)→处理；②处理→数据存储；③数据存储→处理；④处理→处理；⑤处理→外部实体(终点)。

可以看出，数据流总是有一端连着“处理”，要么从“处理”出来，要么进入“处理”。

(3) 处理逻辑(加工/功能)。处理逻辑是对数据流的一种加工。一个数据流程图中至少有一个处理；任何处理至少有一个输入数据流和一个输出数据流。在处理逻辑符号内要写上处理逻辑的名称。

(4) 数据存储(文件)，能反映数据的存储(长期或暂时)。在数据存储符号内要写上数据存储的名称。

数据存储应该有写入的数据流和读出的数据流。数据流指向数据存储，表示将数据写入文件；反之，是从文件中读出数据。如果没有读出，说明这个数据存储中的数据没有利用价值(不过，在实际画数据流程图时，有时省略了“读出”)；反之，如果没有写入，则说明这个数据存储没有数据来源。

2. 数据流程图的绘制

数据流程图的绘制过程也是系统分析的过程。可以通过调查绘出现行系统的数据流程图，也可以对现行系统的数据流程图经过系统分析和改进后，绘出新系统的数据流程图。

1) 绘制方法

概括地说，数据流程图的绘制方法就是通过“从外向里”分析问题和“自顶向下”扩展内容，逐层分解，画出分层的数据流程图。

在分析一个 MIS 时，由于系统的复杂性，用一个数据流程图是远远不能反映出系统的数据处理过程的，必须根据系统的层次结构，对数据流程进行自上而下的逐层分解。这一思想反映到数据流程图上，就是分层的数据流程图。

“从外向里”分析问题，即先考虑外围情况，搞清楚系统的输入输出要求，然后再深入内部处理；“自顶向下”扩展，则是先用少数几个处理过程高度概括、抽象地描述整个系统的逻辑功能，然后，针对处理过程逐步地分解、扩展，直到最终得到的每个“处理逻辑”和“数据存储”都是能使用计算机处理的底层数据流程图为止。

2) 绘制步骤

数据流程图的绘制步骤如下：①先画出顶层数据流程图；②根据需要，逐层拓展每个处理过程，即下一层的每个数据流程图，都是由上层数据流程图中对应的处理过程拓展而来。

顶层数据流程图只有一张，它说明了系统总的处理功能和输入输出的数据流。而分层的层数多少，则视具体系统的复杂程度而定。对一个大的系统，可分至七八层之多。

为了提高规范化程度，可以对图中各个元素进行编号。通常在编号之首冠以字母，用以表示不同的元素，如用P表示处理，D表示数据流，F表示数据存储，S表示外部实体。

3）分层数据流程图实例

根据某企业的销售处理业务，绘制出分层数据流程图。

（1）先画出顶层(第一层)DFD，如图4.8所示。

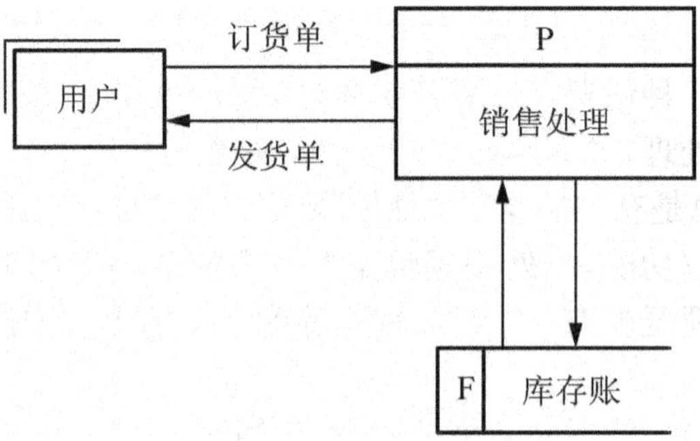

图4.8　销售处理的顶层数据流程图

（2）再画出下一层(第二层)的DFD。

在第一层数据流程图中，尽管说明了主要处理功能和信息流向，但具体处理功能方面的信息很模糊，这就有必要对第一层的数据流程图进行第二次分解。第二层的DFD围绕顶层DFD中的处理过程“销售处理”展开，如图4.9所示。

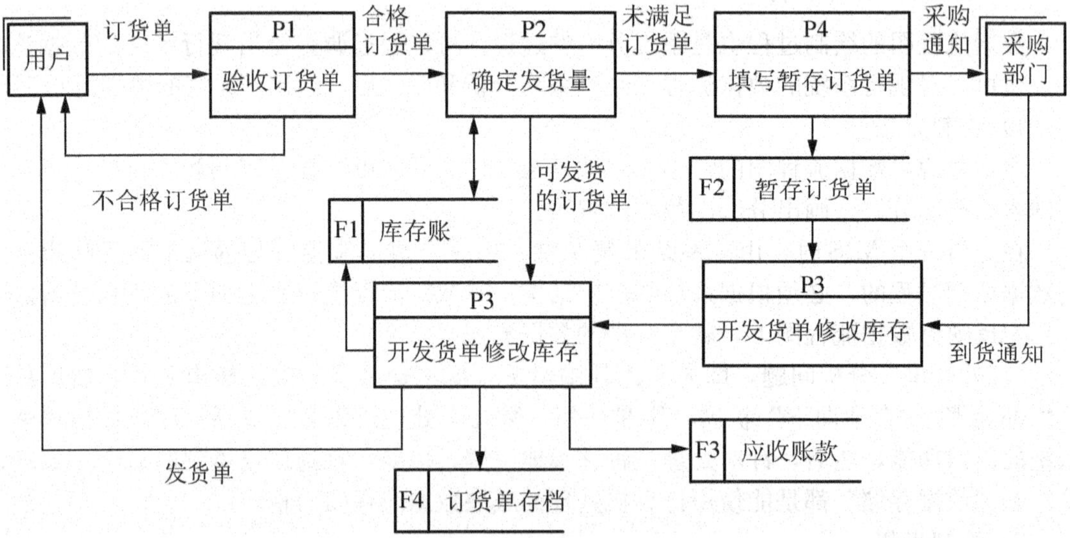

图4.9　销售处理的第二层数据流程图

整个销售处理被分解为以下5个“处理”。

① 验收订货单，将填写不清的订货单和无法供应的订货单退回给顾客，将合格的订货单送到下一步处理。

② 确定发货量，查库存台账，根据库存情况将订货单分为两类，分别送至下一步处理。

③ 开发货单修改库存。开发货单、修改库存、记应收账和将订货单存档。

④ 填写暂存订货单，对未满足的订货填写暂存订货单(等有货后发货的发货单)。

⑤ 对照暂存订货单，接到采购部门到货通知后应对照暂存订货单，如可发货，则执行“开发货单和修改库存”处理功能。

4）绘制数据流程图的方法与应注意的问题

对于一个系统的理解，不可能一开始就是全面的，因此，绘制数据流程图也不可能是一步到位的，可以反复核对，逐步修改，最终获得较为满意的图。下面是画流程图可借鉴的一些方法。

(1) 集中精力考虑主要的数据流，数据流向大体上遵循自上而下、自左至右的原则。

(2) 数据守恒，或称输入数据和输出数据匹配。数据不守恒有两种情况：一种是某个处理过程用以产生输出数据，如果没有输入数据给这个处理过程，就肯定是遗漏了某些数据流；另一种就是某些输入数据在处理过程中没有被使用到，这不一定是个错误，但是产生这种情况的原因及是否可以简化值得研究。

(3) 先绘制系统的输入输出，由输出信息确定需要的输入信息；再绘制系统的内部，将系统内部划分成几个主要操作，每一操作看成一个数据处理，决定它们的输出输入信息，再用数据流与数据存储将这些相关的处理连接起来。

(4) 在一个完整的数据流程图中，任何一个数据存储必定有流入的数据流和流出的数据流，即写文件和读文件，缺少任何一种都意味着遗漏了某些数据处理。

(5) 任何一个数据流都至少有一端连着处理框。也就是说，数据流不能从外部实体直接到数据存储，不能从数据存储到外部实体，也不能在外部实体之间或数据存储之间流动。

(6) 对数据流程图中的各个组成部分正确命名和编号。其中，数据处理的命名要准确恰当，一般由一个动词加一个名词组成。

(7) 每一数据流程图的绘制都要遵循业务处理全过程，但要注意数据流程图与企业流程图的区别。

(8) 上层数据流程图(父图)与下层数据流程图(子图)保持平衡。父图中的某一处理框的输入、输出数据流必须出现在相应的子图中，否则就会出现父图和子图的不平衡。

绘制数据流程图应注意以下问题。

(1) 只需考虑处理过程之间的数据流动，不需考虑数据之间的控制。

(2) 注意提高数据流程图的易理解性。

(3) 绘制数据流程图是一个反复构建的过程，很少能够一次成功。

利用数据流程图进行数据流程分析的过程与业务流程分析的过程类似，包括以下步骤。

(1) 对原有数据流程进行分析。分析原有的数据流程的各处理过程是否合理、是否具有存在的价值，其中哪些过程可以改进，哪些过程可以合并，哪些过程可以删除。

(2) 优化数据流程。原有数据流程中哪些过程存在冗余信息，可以按计算机信息处理的要求进行优化，流程的优化可以带来什么好处。

(3) 确定新系统的数据流程。画出新系统的数据流程图。

4.5.2 数据字典

数据流程图反映了系统中各部分之间的数据联系，但并没有说明系统中各成分的含义。为了准确描述DFD中的数据流、数据存储、处理逻辑、外部实体等元素，还需要其他工具对数据流程图进行补充说明。

数据字典(data dictionary，DD)是结构化方法提供的一个重要工具。数据字典是一种用文字对数据流程图中的各数据项、数据结构、数据流、处理逻辑、数据存储和外部实体进行确切定义和详细描述的工具，也是系统设计阶段进行数据库设计的重要依据。数据流程图与数据字典，从图形和文字两方面对系统的逻辑模型进行完整的描述。

数据字典对数据流程图中每一个成分一一给出精确的定义，并将所有成分的定义按一定次序排列起来。数据字典主要由以下几种条目组成。

1. 数据项

数据项又称数据元素，是最小的、不可再分割的数据单位，如学号、姓名等。分析数据的特性应从静态和动态两个方面去进行。在数据字典中，仅定义数据的静态特性。数据项静态特性主要由数据项编号、数据项名称、数据项简述、类型、长度、取值范围等组成。

例如，数据项“凭证号”条目如图4.10所示。

数据项编号：P101
数据项名称：凭证号
数据项简述：对凭证按月按分类顺序的编号
类型：数值
长度：5位
取值范围：1～99 999

图4.10 数据项定义

2. 数据结构

数据结构描述某些数据项之间的关系。一个数据结构可以由若干个数据项组成，也可以由若干个数据结构组成，还可以由若干个数据项和数据结构组成。例如，表4-3所示订货单就是由3个数据结构组成的数据结构，表中DS表示数据结构，I表示数据项。

表4-3 用户订货单的数据结构

DS03：用户订单		
DS03—01：订货单标志	DS03—02：用户情况	DS03—03：配件情况
I_1：订货单编号	I_3：用户代码	I_{10}：配件代码

续表

DS03：用户订单		
I_2：订货日期	I_4：用户名称	I_{11}：配件名称
	I_5：用户地址	I_{12}：配件规格
	I_6：联系人	I_{13}：订货数量
	I_7：电话	
	I_8：开户银行	
	I_9：账号	

数据字典中对数据结构的定义包括以下内容：①数据结构的名称和编号；②简述，简单说明数据结构的信息；③数据结构的组成。

如果是一个简单的数据结构，只要列出它所包含的数据项即可。如果是一个嵌套的数据结构(数据结构中包含数据结构)，则需列出它所包含的数据结构的名称，因为这些被包含的数据结构在数据字典的其他部分已有定义。

表 4-3 的数据结构定义如图 4.11 所示。

数据结构编号：DS03
数据结构名称：用户订货单
数据结构简述：用户所填用户情况及订货要求等信息
数据结构组成：DS03—01+DS03—02+DS03—03

图 4.11　数据结构的定义

3. 数据流

数据流是数据流动情况的说明，是处理逻辑的输入和输出，由一个或一组固定的数据项组成。数据流条目由编号、名称、简述、组成、流量、来源、去向等部分组成。例如，数据流“银行对账单”的定义如图 4.12 所示。

数据流编号：FD2—06
数据流名称：银行对账单
数据流简述：银行按月发送给企业用于与银行核对银行存款账户账务的联系单
数据流组成：月份+日期+结算方式+票据号+借贷方向+金额
流量：30 张/月，每张约 50 笔数据
来源：开户银行
去向：银行对账处理

图 4.12　数据流“银行对账单”的定义

4. 数据存储

由于常以文件的形式存储数据，因此数据存储的条目由文件编号、名称、简述、组成、存储方式、存取频率等部分组成。例如，“凭证文件”的数据存储如图 4.13 所示。

数据存储编号：F1—04
数据存储名称：凭证文件
数据存储简述：日常处理后的凭证汇总
数据存储组成：日期＋凭证类别＋凭证号＋摘要＋科目编号＋借方金额＋贷方金额＋填制人＋主管＋出纳＋审核人＋记账人＋附单据张数
存储方式：顺序
存取频率：30 次/天

图 4.13 “凭证文件”的数据存储

5. 处理逻辑

对于数据流程图中的处理逻辑，需要在数据字典中详细描述其编号，名称，简述，有关的输入、输出等。对处理逻辑“填写成绩单”的定义，如图 4.14 所示。

处理逻辑编号：P2.1.4
处理逻辑名称：填写成绩单
处理逻辑简述：通知学生成绩，如有不及格科目则说明重修日期
输入：D2→P2.1.4
输出：P2.1.4→学生(成绩通知单)
处理逻辑：查 D2(成绩一览表)，打印每个学生的成绩通知单，如有不及格科目，不够留级的，则在“成绩通知单”填写重修事项；若直接留级则注明“留级”

图 4.14 对处理逻辑“填写成绩单”的定义

6. 外部实体

外部实体是数据的来源和去向。因此，在数据字典中关于外部实体的条目，主要说明进出外部实体的数据流以及该外部实体的数量等。外部实体的数量对于估计本系统的业务量有参考作用，确定外部实体就是明确系统与外部环境之间的边界。对外部实体的定义主要包括外部实体的编号、名称和简述，输入和输出数据流。对外部实体“客户”的定义如图 4.15 所示。

外部实体编号：S02—01
外部实体名称：客户
外部实体简述：购买本公司产品的用户
输入的数据流：D04—05，D04—07
输出的数据流：D04—02

图 4.15 对外部实体“客户”的定义

数据字典实际上是一个“关于系统数据的数据库”，编写数据字典是系统开发的一项重要的基础工作。一旦建立并按编号排序以后，数据字典就是一本可供查阅的关于数据的字典。为保证数据在整个系统开发过程中的完整性、一致性，在整个系统开发过程中，包括系统交付使用后的维护阶段，一直都会充实和修改数据字典，为此，数据字典必须由专

人(数据管理员)管理，任何人修改数据字典的内容，都必须要通过数据管理员，并由数据管理员将数据字典的更新版本及时通知有关人员。

可利用数据库文件、Excel 电子表格或专门的数据字典软件来建立数据字典。

4.5.3 描述处理逻辑的工具

描述数据字典中的处理逻辑并非一件容易的事情，往往只能对那些简单的处理逻辑进行简单描述，但还有许多复杂的处理逻辑，必须借助描述处理逻辑的其他工具进行更为详细的说明。目前较常用的描述处理逻辑的工具有以下几种。

1. 结构式语言

结构式语言是一种介于自然语言与程序设计语言之间的语言。它由程序设计语言的框架和自然语言的词汇组成，易于编写，能简明地描述较复杂的处理过程。其中，程序设计语言的框架(3 种基本结构)是顺序结构、分支结构、循环结构；自然语言的词汇即动词、名词和程序设计语言的保留字等。

结构式语言中所使用的语句，有简单的祈使语句、判断语句、循环语句和复合语句，其中最典型的是复合语句。复合语句是一种复合结构，即 3 种基本语句之中还可以嵌套任何一种基本语句，以便描述复杂的处理过程。

[例 4-1]　“处理用户订货单”需要根据用户欠款时间长短和现有库存量情况采取不同的处理方案，请用结构化语言表示这一处理逻辑。

```
IF 欠款时间≤30天
   THEN IF 需要量≤库存量
           THEN 立即发货
        ELSE
            先按库存量发货,进货后再补发
ELSE
   IF 欠款时间≤100天
      THEN IF 需求量≤库存量
              THEN 先付款再发货
           ELSE
              不发货
   ELSE
      要求先付欠款
```

2. 判断树

判断树又称判定树、决策树，是一种树状图形工具，它能按顺序表示条件和行动，因此能使系统分析人员明确首先应该考虑哪些问题，其次应该考虑哪些条件，另外它还能表现各种条件和所有可能的行动之间的关系。判断树比较形象、直观，容易理解。下面我们用判断树来描述上例处理用户订货单的过程，如图 4.16 所示。

[例 4-2]　将例 4-1 用判断树表示出来。

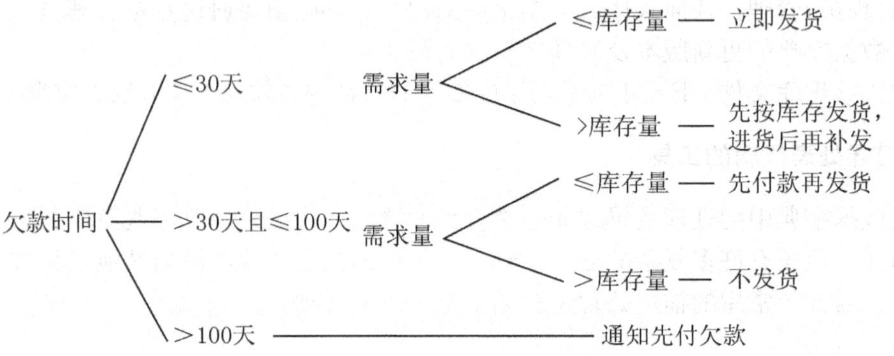

图 4.16 处理用户订货的判断树

从判断树的构造可以看出，当系统非常复杂，所需决策的各种条件和行动过多时，分支数目会很大，决策路径会很多，判断树的规模会变得难以控制，这时用判断树不容易清楚地表达整个处理逻辑。

3. *判断表*

判断表又称判定表、决策表。判断表用表格形式，根据某些条件来描述一个处理。对于一个复杂的处理，往往很难用文字来表达，或者表达出来也不太好理解，容易产生歧义。采用判断表可以清晰地表达条件、决策规则和应采取的行动之间的逻辑关系，容易为管理人员和系统分析人员所接受。

构造判断表，首先将整个表以一个“十”字划分为 4 个区域，左上区域用于列出决策涉及的条件，左下区域用于描述各种行动，右上区域用于列出各种条件的可能的取值组合，右下区域用于列出在一定条件组合下选择的行动。然后，采用以下步骤构造出正确的判断表。

（1）确定判断要涉及的相关因素，即决策问题涉及的几个条件，而这些条件的选择必须是发生或不发生两种取值之一。

（2）分析每个条件取值的集合，条件发生用 Y 表示，不发生用 N 表示。

（3）列出条件的各种可能组合。

（4）分析决策问题涉及几个可能的行动。

（5）确定在不同条件组合下应选择的行动，在该列条件组合与对应的行动交叉格填上“×”，即形成条件项和行动项相关联系的决策规则，以这些规则指导做决策。

（6）检验判断表中的决策规则是否冗余，如有冗余，合并规则并简化判断表。

［例 4-3］ 将例 4-1 用判断表来表示，注意表中以粗线将表划分为 4 个区域，见表 4-4。

表 4-4 用户订货处理的判断表

决策规则号		1	2	3	4	5
条件	欠款时间≤30 天	Y	Y	N	N	N
	欠款时间>100 天	N	N	Y	N	N
	需求量≤库存量	Y	N	—	Y	N

续表

决策规则号		1	2	3	4	5
应采取的行动	立即发货	×				
	先按库存量发货，进货后再补发		×			
	先付款，再发货				×	
	不发货					×
	要求先付欠款			×		

判断表的特点是直观，它将处理对象、算法及处理结果全部表达在一个表中，一目了然。判断表能把各种组合情况无一例外地表示出来，有助于发现遗漏和矛盾之处。

在管理信息系统的系统分析实际工作中，处理逻辑经常用多种方式描述。可以通过练习，熟练掌握这些描述工具。下面将3种描述工具做一个简单的比较、归纳。

(1) 对于一个不太复杂的处理逻辑，最好使用判断树。

(2) 对于一个十分复杂的处理逻辑，最好使用判断表。

(3) 若处理过程中既包含顺序结构，又有判断和循环逻辑的时候，最好使用结构化语言。

至此，我们已讨论了数据流程图的画法，以及数据词典及处理逻辑说明的定义和描述方式。一套层次数据流程图、数据字典和处理逻辑的描述是结构化分析方法的主要成果，它将构成系统分析报告的主要内容。

实用小窍门：构造数据流程图的有关原则：①外部实体一般只在TOP流程图和第一层数据流程图中标出，在其他层次不必再标出，以利突出重点，便于理解。②构造第一层数据流程图是关键的一环。必须按照规范步骤进行，抓住主要的输入、输出环节。③在第一层数据流程图中一般只是集中表示系统的主要处理逻辑和与之相关的数据流动和转换，暂不反映出错处理和例外处理。④数据流程图一般不反映时间顺序和判断控制条件。⑤数据流程图只说明系统中的数据处理过程，不要将程序设计语言的某些命令当成数据流程图的步骤也列入其中。⑥数据流程图中的数据流必须开始于处理逻辑或终止于处理逻辑，即各种处理逻辑与数据流必须相互关联，处理逻辑或者是接受数据流进行数据转换，或者是将已处理转换的数据输出到另一个处理逻辑或数据存储或外部实体。⑦必须给数据流程图的各个元素都赋予一个清晰而有意义的名字。命名的一般原则：数据流和数据存储应反映系统中流动的和存储的数据组成；处理逻辑要用简明的动词加表语表示所发生在那些基本数据上的处理和转换。⑧下一层数据流程图的编号应在上一层数据流程图编号的基础上进行扩展。

4.6 建立新系统的逻辑模型

通过系统调查，对现行系统的业务流程、数据流程、处理逻辑等进行深入的分析，都是在为建立新系统的逻辑模型做准备。建立逻辑模型是系统分析阶段的最终成果，也是下一个阶段进行系统设计工作的主要依据。建立新系统的逻辑模型，可以从以下几个方面进行。

4.6.1 分析系统目标

通过前面的详细调查之后，对企业的目标以及信息系统的目标已经有了明确的认识。在此基础上，对可行性分析报告中提出的系统目标进行再次考查，对项目的可行性和必要性进行重新考虑，并根据对系统建设的环境和条件的调查细化系统目标、修正系统目标，使系统目标适应组织的管理需求和战略目标。新系统的目标可以从功能、技术和经济 3 个方面考虑。

系统的功能目标指系统所能处理的特定业务和完成这些业务的质量；系统的技术目标是指系统应当具备的技术性能和应该达到的技术水平，通过一些技术指标(如系统运行效率、响应速度、存储能力等)给出一定的评价；系统的经济目标是指系统开发的预期投资费用和经济效益的权衡和比较。

由于系统目标对系统建设具有举足轻重的意义，所以必须经过仔细论证才能修改。

4.6.2 确定合理的业务流程

由 4.4.2 节可知，通过对业务流程进行分析，可以看到流程中的问题，从而可以确定更为合理的业务流程。

例如，过去某工厂仓库由管理人员凭印象确定订货量，新系统改为根据各种备件的库存量和订货点来确定订货量，这时的信息处理流程就有了很大的变化。

业务流程分析的结果通过业务流程图(详见 4.4.1 节)来表达。

4.6.3 确定合理的数据流程

由于老系统中的数据处理是建立在手工处理或陈旧的信息处理手段基础上的，新的信息技术条件将为数据处理提供更为有效的处理方法。因而，与业务流程的改进和优化相对应，数据流程的分析和优化一直是系统分析的重要内容。确定合理的数据流程，也即列出数据流程分析的结果并加以说明，由用户最终确认；同时，说明删除或合并哪些多余或重复的数据处理流程，对哪些数据流程进行了优化和改动。

数据流程分析的结果主要通过数据流程图来表达，辅之以数据字典对图中的数据流、处理和存储等元素作进一步的说明，并用工具描述比较复杂的加工逻辑。

新系统的数据流程图是在以上分析过程中逐步完善的。这是一项需要经过多次反复、去粗取精、去伪存真的细致工作。

4.6.4 功能分析和划分子系统

为了实现系统目标，系统必须具备一定的功能。功能分析就是对系统功能进行逐层分解。目标可看做实现系统功能，即第一层功能，一级子系统就要实现第二层功能，下面的层次就要实现更具体的功能，依次类推。这项工作叫做划分子系统。

把系统划分为子系统可以大大简化设计工作，只要子系统之间接口关系明确，基本上可以互不干扰地独立进行每一子系统的设计、调试、修改或扩充，而不至于牵动全局。

到目前为止，关于划分子系统还没有形成一套公认的方法。在实际工作中，划分方案往往受到个人经验、企业原有业务处理关系及是否便于分阶段实施等多种因素的影响。不同的教科书，对划分子系统这部分内容也有不同的编排，例如，将这部分的内容作为系统分析部分的最后章节，或者作为系统设计部分的开始。对于大系统而言，划分子系统的工作应该在系统规划阶段进行，常用的工具是 U/C 矩阵。

4.6.5 确定新系统数据资源分布

在系统功能分析和子系统划分之后，应该确定新系统的数据资源的分布，即哪些数据资源存储在本系统的内部设备上，哪些是存储在网络或主机上的。

4.6.6 确定新系统的管理模型

管理模型是系统在每个具体管理环节上所采用的管理方法的抽象。在手工系统中，由于受信息获取、传递和处理手段的限制，只能采用一些简单的管理模型，而计算机技术的应用使许多复杂的计算在瞬间就可完成，这也使得一些现代管理方法(如 MRP Ⅱ、ERP 等)的应用成为可能。另外，管理科学的发展在管理活动的各层次和各环节上形成了较成熟的管理方法和定量化的理论，这也为各种管理模型在管理信息系统的应用创造了条件。系统分析中要根据业务和数据流程，对每个处理过程进行认真分析，研究每个管理过程的信息处理特点，找出相适应的管理模型。常用的管理模型有以下几种。

1. 生产计划模型

生产计划包括生产计划大纲和作业计划模型两大类。

1）生产计划大纲

生产计划大纲主要是安排与综合计划有关的生产指标，这部分涉及的模型有量—本—利分析模型、数学规划模型、设备负荷和生产加工模型等。

2）作业计划模型

作业计划模型主要是安排产品数量、加工路线、时间安排和材料供应等，一般常用的模型有投入产出矩阵模型、关键路径模型、设备能力负荷平衡模型和经验法等。

生产计划模型选定方法后，还需根据企业的实际情况做出相应的调整，具体如何去做应该根据系统分析情况来定。

2. 成本管理模型

1）成本核算模型

成本核算模型包括生产过程直接消耗和间接费用两部分，采用的方法分别为分步法、平行结转法和完全成本计算法。

2）成本分析模型

成本分析模型主要是对成本的分析进行比较的模型，如本期成本与历史同期可比成本的比较及产品成本差额模型与量—本—利模型的比较等。

3）成本预测模型

目前常用的成本预测模型有数量经济模型、回归分析模型和指数平滑模型等。

3. 经营管理决策模型

经营管理决策涉及企业高层管理者所做的信息收集、处理和环境条件的制约等一系列活动。经营管理决策的确定非常复杂，它需要与用户在分析阶段通过不断协商来完成。研究的范围包括企业决策过程的研究、决策模型的选择和优化、系统支持决策的方式及执行过程的模拟等。

4. 预测模型

预测模型可应用于销售量和市场变化趋势的分析预测上，常用的模型有多元回归预测模型、时间序列预先模型和普通类比外推模型等。

除以上模型外，还有库存管理模型、综合计划模型、财务管理模型和统计模型等。在确定新系统的管理模型时，应从实际环境和影响因素、业务发展和市场需求及企业设计能力等多方面综合考察，搭建合理的信息系统模型。

推荐阅读：张莉. 结构化分析方法和面向对象分析方法的比较[J]. 陕西师范大学学报（自然科学版），2001(2).

4.7 系统分析报告

系统分析阶段的成果就是系统分析报告，它反映了这一阶段调查分析的全部情况，是下一步设计与实现系统的纲领性文件。系统分析报告形成后，必须组织各方面的人员(包括组织的领导、管理人员、专业技术人员、系统分析人员等)一起对已经形成的逻辑方案进行论证，尽可能地发现其中的问题、误解和疏漏。对于问题、疏漏要及时纠正，对于有争议的问题要重新核实当初的原始调查资料或进一步地深入调查研究，对于重大的问题甚至可能需要调整或修改系统目标，重新进行系统分析。

4.7.1 系统分析报告的内容

一份好的系统分析报告应该充分展示系统分析阶段调查和分析的结果，提出新系统逻辑方案。系统分析报告内容一般包括以下几个方面。

1. 概述

概述部分应包括：①建立信息系统的背景材料；②企业概况和组织结构；③可行性分析报告；④新系统的名称、目标和主要功能。

2. 现行系统详细调查

现行系统详细调查部分应包括：①现行系统目标、规模和界限；②现行系统具体模型分析；③现行系统逻辑模型分析；④用户要求分析；⑤存在问题分析。

这一部分采用业务流程图和数据流程图来说明现行系统的概况。

3. 新系统逻辑模型

新系统逻辑模型部分应包括以下内容。

（1）新系统目标。

（2）新系统逻辑模型：①分层数据流程图；②数据字典；③处理逻辑描述；④子系统初步划分；⑤系统配置逻辑需求。

（3）新系统功能分析。

（4）新系统数据分析。

（5）存在的问题。

4. 项目的初步计划

项目的初步计划部分应包括以下内容。

（1）工作任务分解：对开发中应该完成的各项工作，按系统功能划分，指定专人分工负责。

（2）时间进度计划：对系统开发中各项工作制定预订的开始日期和结束日期，规定任务完成的先后顺序。可以使用PERT图或甘特图表示进度。

（3）资源与经费预算：逐项列出本项目所需要的资源及经费的预算，包括各项工作所需要的人力、设备、办公费、差旅费、资料费等。

系统分析报告在编写时应尽可能用通俗的语言来描述系统，以便建立一个让参与开发的各方面人员可以进行良好交流与沟通的平台。

4.7.2 系统分析报告的审议

系统分析报告是系统分析阶段的技术性文档和工作报告，系统分析报告完成后要提交给信息系统指导委员会审批确认，一旦审议通过，则成为具有约束力的指导性文件，成为用户和技术人员之间的技术合同，成为下一阶段系统设计的依据。

对系统分析报告的审议是整个系统研制过程中一个重要的里程碑。审议应该由研制人员、企业领导、管理人员、局外系统分析专家等共同完成。审议通过之后，系统分析报告就成为系统开发人员和企业对该项目共同意志的体现。

至此，系统分析作为一个工作阶段，宣告结束。

推荐阅读：《江苏小天鹅集团有限公司管理信息系统分析报告》
（http://wenku.baidu.com.）

本章小结

系统分析是管理信息系统开发的重要阶段，这个阶段采用的是结构化系统分析方法，对系统进行初步调查、问题识别、可行性分析、详细调查、业务流程分析、数据流程分析，最后确定新系统逻辑方案。

可行性分析的内容包括管理上的、技术上的和经济上的可行性。要明确指出是立即开发新系统，还是改进现行系统或者目前不可开发。

详细调查主要针对现行系统的管理业务和数据流程进行，应把建立新系统看成是对组织的一种有目的的改变过程。通过详细调查掌握现行系统现状，为分析和提出新系统的逻辑设计做好准备。

业务流程分析，通过业务流程图描述现行系统的业务流程，在对现有业务流程进行分析的基础上进行业务流程的优化、再造，产生更为合理的新系统业务流程。

数据流程分析，采用数据流程图配以数据字典和描述处理逻辑的工具，描述信息在现行系统中的流动、加工、存储和使用情况，在此基础上优化数据流程，产生新系统的数据流程图。

建立新系统逻辑模型，即以文字和结构化分析方法规定的一系列图表工具描述系统分析的结果，确定系统目标，确定合理的业务流程和数据流程，进行子系统的划分，形成系统分析阶段的最终成果系统分析报告。

案　例

学子超市信息系统的系统分析

本案例运用结构化系统分析方法开发学子超市的信息系统。

1. 系统开发的目标

超市管理信息系统的总体目标是以科学的管理方法为基础，结合商业企业自身特点，建立一套具有商业企业经营特色的、覆盖超市企业主要业务功能的、人机协调的管理信息系统，实现对商品流转管理、商情管理等实时控制、修改、加工、分析的综合性管理信息系统，及时反映超市企业的经济活动状态和所需的各种商情信息，为各级管理者提供良好的决策支持环境，成为各级管理人员的有力助手，提高学子超市的经济效益。

2. 系统开发的必要性

现在的学子超市业务越来越好，顾客的购买量很大，日益频繁的业务产生了大量的数据。数据量的增大，使得查找不方便，数据的掌握也不准确，容易造成决策的滞后或是失误。因此，开发一套以促进管理体制改革和管理手段改进、改善决策方法和决策依据的管理信息系统是很有必要的。这对于在信息服务中创造价值、促进资源共享和信息集成、减员增效、提高管理水平都有很大的帮助。

3. 系统开发的可行性

本系统采用的数据库技术有很强的数据处理能力，网络技术则体现在C/S(client/server)模式中客户端和服务器之间的数据通信能力，良好的硬件配备无需高档的设备。

本系统可以提供更加准确和及时的信息，可以改善领导层的决策方式，促进管理体制改革和提高工作效率，减少人员费用，这些都是可以在日后的经营过程中体现出来的，并且可以令学子超市比其他竞争对手更加具有竞争优势，对企业长远的发展有不可忽视的作用。

学子超市的领导对信息技术给企业管理带来的变革是十分认同的，他们大都认为，在现代企业管理中，信息技术能够帮助企业在日益激烈的竞争中获得难以想象的竞争优势，特别是能够改进企业管理机制，改善决策方式，减少管理成本，提高工作效率。领导的支持对于信息系统的开发和实施有很大的作用，也能保证系统在开发过程中妥善解决矛盾，在企业上下顺利实施信息系统，实现信息系统的目标。

4. 组织结构的调查

学子超市的组织结构部门包括主任办公室、市场开发部(洽谈室)、营运部、综合办公室(人力资源、企划、质检、防损)、财务部、配送中心、计算机中心。

在人员业务方面，学子超市的成员由经理、资料管理员、仓库管理员、采购员、发货员组成。经理主管事务；资料管理员负责单据录入、采购计划、发货计划的编制；仓库管理员负责仓库中货物的进库与出库；采购员根据采购计划进行商品的采购；发货员根据发货计划进行发货。

5. 业务流程分析

经理收到汇款单，经过核实之后交给资料管理员，资料管理员根据已录入的资料，产生采购计划、发货计划，交给采购员和发货员。采购员根据采购计划完成采购，把进货单返回给资料管理员；发货员完成发货，并把发货单、退货单返回给资料管理员。这是业务过程中的主要部分。

6. 数据流程分析

根据学子超市组织结构和业务流程的调查分析，可以得到要求开发的学子超市管理系统，它可以由5类处理系统组成，依次为单据录入、报表生成、汇款汇总、库存管理和管理分析。相应的系统数据流图如图4.17比较清楚地反映了系统中数据的流动和转换。

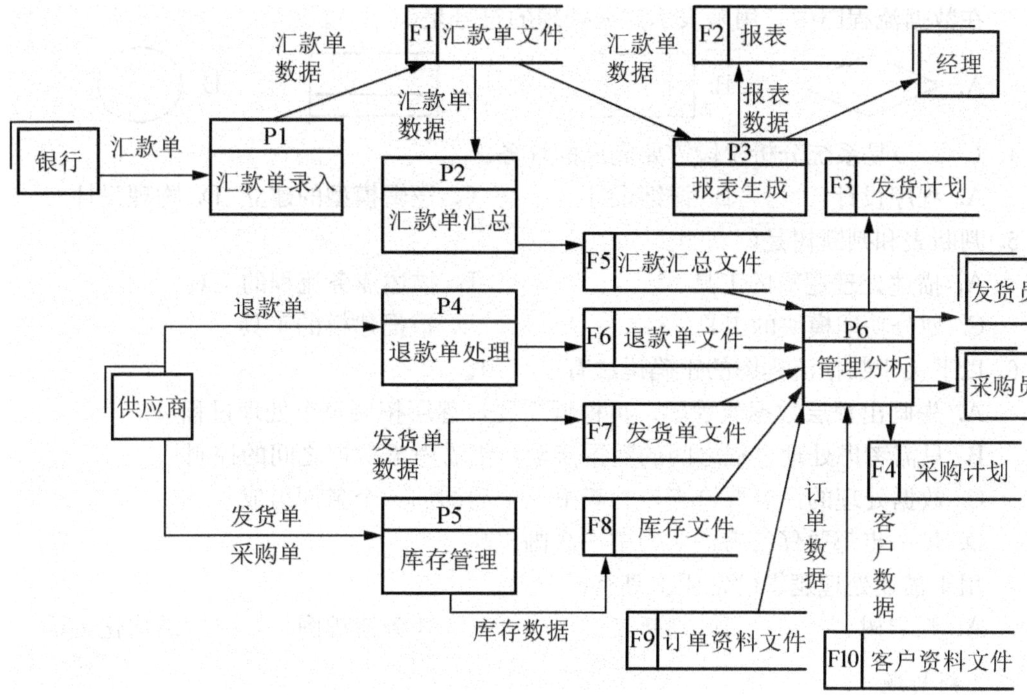

图 4.17　学子超市系统数据流程图

略去其他部分。

（资料来源：李一军. 管理信息系统案例集[M]. 北京：高等教育出版社，2005：183—187.）

问题：

1. 可行性报告一般从哪几个方面进行阐述？
2. 根据数据流程图中的各个元素建立必要的数据字典。

习　　题

一、名词解释

系统分析、初步调查、详细调查、业务流程、数据流程分析、数据流程图、数据流、数据字典

二、选择题

1. 在详细调查过程中，对于调查面广而调查的信息量不大的情况，最适合采用的调查方法是(　　)。

A. 访问　　B. 发调查问卷　　C. 召开调查会　　D. 参加业务实践

2. 在信息系统开发中，(　　)使用各种形象直观的图表工具分析、描述系统，实现信息技术人员与用户之间的信息沟通。

A. 系统管理人员　　B. 系统设计人员　　C. 系统分析人员　　D. 程序设计人员

3. 在数据流程图中，用来表示数据处理的符号是(　　)。

A. 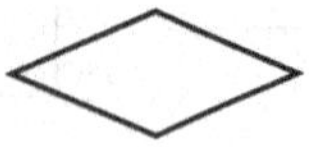　　B. 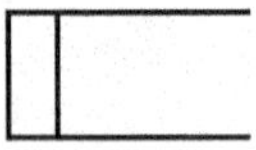　　C. 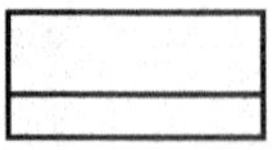　　D. 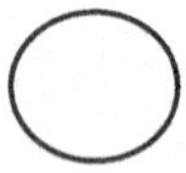

4. (　　)是系统分析阶段需要完成的任务。

A. 程序设计　　B. 详细设计　　C. 逻辑模型的建立　D. 物理设计

5. 判断表和判断树是(　　)。

A. 描述处理逻辑的工具　　B. 描述业务流程的工具

C. 划分功能模块的工具　　D. 数据建模的工具

6. 以下关于数据流程图的正确说法有(　　)。

A. 先画出顶层数据流程图，再根据需要，逐层拓展每个处理过程

B. 只需考虑处理过程之间的数据流动，不需考虑数据之间的控制

C. 数据处理的命名要恰当，一般由一个动词加一个名词组成

D. 每一步都要仔细考虑，力求一次画成功

7. 用于描述处理逻辑的常用工具有(　　)。

A. 判定树　　B. 判断表　　C. 业务流程图　　D. 结构化英语

三、判断题

1. 系统分析是系统开发过程中重要的一环，它直接影响到系统开发的成败。(　　)

2. 初步调查主要了解用户对系统的需求，确定新系统逻辑方案。(　　)

3. 业务流程的分析应当按照原系统中信息流动的过程逐步进行，通过业务流程图详细描述各个环节的处理业务和信息的流程。(　　)

4. 系统分析报告是系统分析阶段的成果。(　　)

5. 结构化系统分析方法适用于对中小型 MIS 的系统分析。(　　)

6. 结构化开发方法的基本思想是用系统的思想和系统工程的方法，按照用户至上的原则，结构化、模块化、自顶向下地对系统进行分析与设计。(　　)

7. 管理上的可行性主要考查管理方法能否适应信息系统。(　　)

8. 详细调查的对象是现行系统，目的在于完成可行性报告。(　　)

9. 通过细致的业务流程调查，可以对现行系统的业务流程有更深入、详尽的理解。对现有业务流程进行分析的基础上进行业务流程重组，产生新的更为合理的业务流程。(　　)

10. 数据流程图以图形方式形象化地反映出数据在一个系统中的作用，用少数几种符号综合反映出数据在系统内部的逻辑流向、系统的逻辑功能及数据的逻辑变换(处理过程)和存储情况。 (　　)

四、问答题

1. 试述系统分析的任务和主要步骤。

2. 简述结构化分析方法的思想。

3. 为什么要进行可行性分析？应该从哪些方面对新系统进行可行性分析？

4. 详细调查主要涉及哪些内容？有哪些常用系统调查方法？各自适用于什么情况？

5. 试述结构化语言、判断树和判断表3种处理逻辑描述方法的特点及适用情况。

6. 系统分析报告应包含哪些内容？

7. 以下是对某企业物资管理流程的描述，试绘制其业务流程图。

物资管理流程：车间填写领料单到仓库领料，库长根据用料计划进行审批，未批准的领料单退回车间。库工收到批准的领料单后查阅库存账，如有货，通知车间领取所需物料，并登记用料流水账；缺货，将缺货通知单送交采购人员，采购人员根据缺货通知，查阅订货合同单；如已订货，则向供货单位催货，否则申请临时订货。

8. 供应科编制材料供应计划的处理包括以下过程，请绘制数据流程图。

(1) 计算生产材料用量：根据生产科提供的生产计划和工艺科提供的材料消耗定额，计算出各种产品的材料需要量，得到生产材料用量表，此表需保存。

(2) 计算材料净需要量：根据生产材料用量表和库存文件中材料期初库存、储备定额等数据计算材料净需用量表，并保存此表。

(3) 制订采购资金计划：根据材料净需用量表中需要采购的各种材料数量，及库存文件中各种材料的价格计算采购所需资金，形成采购资金计划送财务科。

9. 移动通信公司发行各种优惠卡，发卡包括以下规则。

(1) 从未发生过话费拖欠，且每月通话费≥300元，获金卡。

(2) 从未发生过话费拖欠，且150元≤每月通话费<300元，获银卡。

(3) 从未发生过话费拖欠，且每月通话费<150元，获普通卡。

(4) 发生过话费拖欠，能在规定时间内补清欠款，且每月通话费≥300元，获银卡。

(5) 发生过话费拖欠，能在规定时间内补清欠款，且150元≤每月通话费<300元，获普通卡。

(6) 发生过话费拖欠，且未能在规定时间内补清欠款，无论每月通话费多少，均不获卡。

试用判断树、判断表分别表示以上规则。

10. 某校学籍管理制度中关于补考成绩的处理有以下规定。

(1) 经补考全部及格者，升级。

(2) 经补考仍有2门及以上考试课不及格者，留级。

(3) 经补考，考试课和考查课共计仍有3门及以上不及格者，留级。

(4) 经补考，仍有不及格课程但未达到留级标准者，可升级但不及格科目要重修。

试用判断树、判断表分别表示以上规则。

第5章

管理信息系统的系统设计

教学目标与要求

通过对本章的学习，掌握管理信息系统总体设计、详细设计的任务和具体内容；了解系统设计报告内容。

章节知识框架

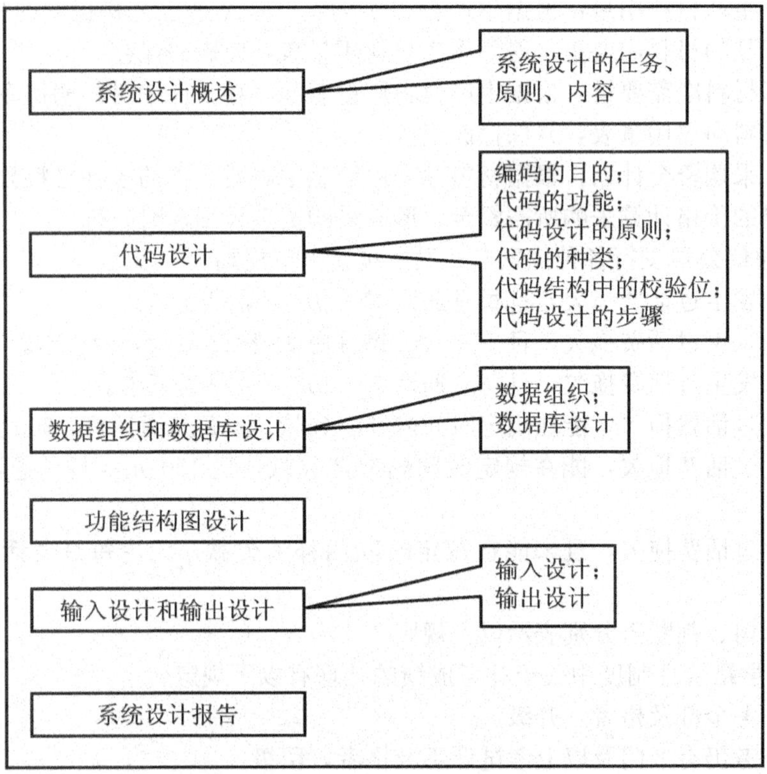

导入案例

给用友上课的人

2002年10月，用友软件与苏拿国际集团(中国)有限公司(以下简称“苏拿”)签约，在苏拿实施U8管理系统。

然而，当用友派出的项目小组夹着大摞的讲义走进苏拿的培训课堂时，他们吃惊地发现，在这里，他们不是老师，而是学生。而提出这个创意的人，正是苏拿的CIO顾庆华。

最了解我们需要的是自己

在别的ERP项目中，一般都是先由软件供应商对实施企业的员工进行培训，而顾庆华却反其道而行之。用友的项目小组一来，他就让各个部门的负责人给他们上课，让他们充分认识苏拿的财务、物流、生产、工艺质量、设备等各个环节。“只有这样，他们才能真正了解我们需要一个什么样的系统。”顾庆华向本刊记者表达他作为苏拿CIO的思路。而其他参与这个项目的人，第一感觉都是不适应。连用友方面的项目经理罗建钢也笑着对记者说：“在苏拿，我们像是没什么事做似的，事都被苏拿的人自己做完了。”

在苏拿，ERP项目的会议从来不由软件供应商来召开，而是由苏拿自行召开，在明确了需要解决的问题之后，再与用友协商解决。不仅如此，在客户化的问题上，苏拿也发挥了很强的主导性。顾庆华要求他手下的员工编写物料编码，甚至连源代码有一部分也是自己编写的。用友所要做的，就是把这些东西规范到一套系统中去。在这样的要求下，员工的压力非常大，也有人对此感到不解和委屈。“当时有员工曾说，既然我们已经付了钱给用友，这些事情为什么不让用友来做？让我们如此辛苦。但是，他们没意识到，软件提供商只能从技术上支持我们，真正最了解自己需要的人，还是我们自己。”顾庆华说，就是在这样的工作中，一批过硬的系统维护人员成长起来了。正因为顾庆华的这种作风，用友对苏拿也是“又爱又恨”，“恨”的是苏拿的问题最多。顾庆华总是能在最短的时候内发现问题并且要求用友解决，“爱”的是这种方式恰恰保证了项目的顺利实施。当然，项目成功重于一切，因为“爱”总是大过“恨”，以致苏拿这种独立特行的做法成了用友口中的“苏拿模式”，在客户中进行推广。顾庆华也因为这个项目的感染力和做出的贡献被评为2003年50位优秀CIO之一。

攻心是最有效的办法

虽然项目总体上是顺利的，但是阻碍也肯定少不了。

苏拿有位管库存的老师傅姓仇，只有初中文化，但是干了几十年库房管理，工作认真负责，在员工当中有口皆碑。原来管理库房里的货物，进货出货只需大笔一挥，填张单就行。而上ERP以后，却要他去摆弄碰也没碰过的电脑，仇师傅无论如何也不能接受。就在大家束手无策的时候，顾庆华计上心来。在系统培训课上，员工们要互相演示自己对系统的掌握程度，先学会的员工要给同事们做示范。顾庆华事先悄悄告诉仇师傅，培训课要让他去做演示。仇师傅年纪大了，却比任何人都好面子，要是到时候演示不出来，岂不是脸都丢大了？这时，顾庆华不厌其烦，三次到库房去手把手地教仇师傅，终于让仇师傅学会了使用系统，会用了，就不会再排斥。

为了减轻员工的抗拒，顾庆华还有一个主意。在初期对员工进行培训的时候，他不让员工看U8原来的用户界面。“眼镜行业有其特殊性，原来输入订单的时候，有一部分手工订单。这些订单输入时是一个矩阵表，一边是近视和老花的度数，一边是散光的度数。操作人员一直以来都习惯于这种矩阵表，如果他们看到界面与自己的工作天差地远，自然会有抗拒心理。在我们把界面改成这样后，他们发现与自己原来的工作方式很接近，而且更加方便，就会接受它了。”“其实要让员工接受并学会使用系统，最要紧的还是要抓住员工的心理，让他们心甘情愿地来学习使用这个东西。”顾庆华从实际操作中找到了心得。

我不是一个严格意义上的CIO

在现代企业中，CIO已不只是一个单纯负责技术工作的人员，而是一个既懂技术，又懂企业，还懂管理的高层管理人员。在苏拿，顾庆华的职位是行政及财务总监，又是ERP项目的负责人。“虽然我的工作有一部分是CIO，但不是全部，所以我不是严格意义上的CIO。当时由我来担负这项使命，完全出于一种责任，是我作为一名高层管理人员，对公司应尽的责任。我的专业决定了我本身就是一名管理人员，之所以走上CIO这个岗位，也与我以前曾有过电脑方面的背景有关。”

1993年，顾庆华参加了南京大学在广东省科学院的计算机应用第二学士学位班。“从那以后，我就爱上了电脑，喜欢编程什么的，后来还在一个计算机三级考试辅导班当过一段时间老师。”这一段经历为他之后走上CIO岗位埋下了伏笔。关于未来，顾庆华有着自己的规划，“我不会一直做CIO，等有人接替我之后，我会尝试去做营销，甚至去尝试做CEO(chief executive officer)。”这是他为自己设计的未来，而苏拿也给了他实现自己计划的空间，所以，即使再辛苦劳累，他依然当着苏拿中国公司三驾马车中的一个骑手，努力前进。

（资料来源：魏蔚. 给用友上课的人[J]. IT时代周刊，2004(13)：79—80.）

问题： 结合上述案例，请说明用户参与系统分析与系统设计的作用。

5.1 系统设计概述

系统设计是在系统分析的基础上进行的，根据系统分析阶段产生的系统分析报告，即可进行新系统设计。

5.1.1 系统设计的任务

系统分析是解决管理信息系统“做什么”的问题，描述了管理信息系统的目标与功能，这个阶段的成果是系统的逻辑模型，系统设计则解决管理信息系统“怎么做”的问题，即在系统分析的基础上，按逻辑模型的要求，科学合理地进行系统的总体设计和详细设计，为下一阶段系统实施提供必要的技术资料。

5.1.2 系统设计的原则

在系统设计中，应尽量遵守以下原则。

1. 系统性

系统是作为统一整体而存在的，因此在系统设计中，要从整个系统的角度进行考虑，系统的代码要统一，设计规范要标准，传递语言要尽量一致，对系统的数据采集要做到数出一处、全局共享，使一次输入得到多次利用。

2. 灵活性和适应性

为使系统保持长久的生命力，要求系统具有很强的环境适应性，采用模块化结构；为此，系统应具有较好的开放性和结构的可变性。这就要求在系统设计中应尽量采用模块化结构，提高各模块的独立性，尽量减少各模块之间的数据依赖性。这样，既便于模块的修改，又容易增加新的内容，提高系统适应环境变化的能力。

3. 简单性

在系统设计中，应尽量避免不必要的复杂化，以便缩短处理流程，减少处理费用。

4. 可靠性

可靠性是指系统抵御外界干扰的能力及受外界干扰时的恢复能力。一个成功的管理信息系统必须具有较高的可靠性，如安全保密、检错纠错、抗病毒能力等。

5. 经济性

经济性是指在满足系统需求的前提下，尽可能减少系统的开销。一方面，在硬件投资上不能盲目追求技术上的先进，应以满足应用需要为前提；另一方面，系统设计中应尽量避免不必要的复杂化，各模块尽量简洁，缩短处理流程，减少投入费用。

5.1.3 系统设计的内容

系统设计包括总体设计、系统平台设计、详细设计和编写系统设计报告。其中，总体设计包括系统功能模块设计、系统功能结构图设计和信息流程图设计。系统平台设计包括计算机处理方式、网络结构设计、网络操作系统的选择、数据库管理系统的选择等软、硬件选择与设计工作等。详细设计包括代码设计、数据库设计、输入输出设计等。

1. 系统总体设计

系统总体结构设计是根据系统分析的要求和组织的实际情况对新系统的总体结构形式和可利用的资源进行大致设计，它是一种宏观、总体上的设计和规划。系统总体设计的主要内容有子系统的划分(或称系统划分)、网络和设备的配置、设备选型、新系统计算机处理流程图。

1）模块化设计

系统化分为若干个子系统的工作，在系统分析阶段已经基本完成，但不够详细。系统模块化结构设计工作是在系统分析阶段对子系统划分的基础上，再进一步地划分，将它逐层地分解成多个大小适当、功能单一、具有一定独立性的模块，以便程序设计工作的进行。常用的子系统划分与当前的功能部门对应，有一个独立的功能管理部门，就有一个管理信息子系统。有的企业的子系统就有十多个，还有的达二十多个。这种划分方法，在当时建立管理信息系统时比较容易得到组织/人力上的保证，得到部门领导和业务人员的支持，实现起来顺利一些，但却存在一个致命问题，就是当管理部门的组织机构或职责范围调整时，会导致该管理信息子系统需重新设计。

因此，为了保证管理信息系统与企业功能组织结构之间的相对独立性，管理信息系统子系统(模块)的划分是从信息的角度来划分的。管理信息系统的各子系统可以看做是系统目标下层的功能，系统功能分解的过程就是一个由抽象到具体、由复杂到简单的过程。所谓功能结构图就是按功能从属关系画成的图表，图中每一个框称为一个功能模块，所以功能模块图也称模块结构图。功能模块可以根据具体情况划分得大一点或小一点，分解得最小的功能模块可以是一个程序中的每一个处理过程，而较大的功能模块则可能是完成某一任务的一组程序。这样，经过层层分解，把一个复杂的系统分解为多个功能单一的功能模块。这种把一个信息系统设计成若干个模块的方法被称为模块化。模块化是一种重要的设计思想，这种思想把一个复杂的系统分解为一些规模较小、功能较简单的、更易于建立和修改的部分。一方面，各个模块具有相对独立性，可以分别设计实现；另一方面，模块之间的相互关系则通过一定的方式予以说明。

2）结构化系统设计方法

结构化系统设计是在结构化思想的基础上发展起来的一种用于复杂系统结构设计的技术，它是运用一套标准的设计准则和工具，采用模块化的方法进行系统结构设计。该方法适用于管理信息系统的总体设计，可以同系统分析阶段中的结构化系统分析与实施阶段中结构化程序设计方法前后衔接起来使用。

结构化系统设计的基本思想是采用分解的方法，将系统设计成由相对独立、功能单一的模块组成的结构。它是以系统逻辑功能和数据流关系为基础，根据数据流程图和数据字典，借助于一套标准的设计准则和图表工具，通过“自上而下”和“自下而上”的反复，把系统逐层划分为多个大小适当、功能明确、具有一定独立性且容易实现的模块，从而把复杂系统的设计转变为多个简单模块的设计，使系统开发的整体工作量变小。

2. 系统平台设计

管理信息系统平台是管理信息系统开发与应用的基础。

1）按管理信息系统的目标选择系统平台

① 单项业务系统——常用各类 PC、数据库管理系统作为平台。

② 综合业务管理系统——以计算机网络平台，如 Novell 网络和关系模型数据库管理系统。

③ 集成管理系统——OA、CAD、CAM（computer aided manufacturing，计算机辅助制造）、MIS、DSS 等综合而成的一个有机整体，综合性更强，规模更大，系统平台也更复杂，涉及异型机、异种网络、异种库之间的信息传递和交换。在信息处理模式上常采用 C/S 模式或 B/S 模式。

2）计算机处理方式的选择和设计

计算机处理方式可以根据系统功能、业务处理的特点、性能/价格比等因素，选择批处理、连机实时处理、连机成批处理、分布式处理等方式。在一个管理信息系统中，也可以混合使用各种方式。

3）计算机网络系统的设计

如何将初步规划的各个子系统用内部局域网连接起来，以及今后系统如何与外部系统相连接的问题，这就是网络设计问题。

计算机网络系统的设计主要包括中、小型主机方案与微机网络方案的选取，网络互联结构及通信介质的造型，局域网拓扑结构的设计，网络应用模式及网络操作系统的选型，网络协议的选择，网络管理，远程用户等工作。

系统分析阶段对新系统计算机资源配置已作了分析，但太笼统，不够清晰。系统网络设计是在此基础上作进一步的详细设计，设计出计算机网络的拓扑结构和计算机资源配置图。(详见第 2 章 管理信息系统的技术基础)。

特别需要说明的一点是，这里所说的网络设计并不是去设计或开发出一个网络，而是根据实际业务的需要去考虑如何配置和选用一个网络产品。网络设计首先要根据用户的要求选择网络的结构，然后根据系统结构划分的结果，安排网络和设备的分布，即什么地方要什么设备、哪些设备需要联网、网络的结构采用什么方式为好、选用什么网络产品等。然后，再根据厂区内部的布局来考虑联网布线和配件。最后，就是根据实际业务的要求划定网络各节点的级别、管理方式、数据读写的权限、选择相应的软件系统等，通常将它称为网络设计的“三部曲”。确定了这三步的内容并设计完整个系统后，就可以通知提供网络产品的公司，按要求建立起网络系统。通常在一个组织的内部都是考虑建立一条或几条局域网。因此，在信息系统开发过程中，考虑和使用最多的还是连接组织内部各子系统的局域网。

4) 数据库管理系统的选择

数据库管理系统选择的原则是，支持先进的处理模式，具有分布处理数据、多线索查询、优化查询数据、联机事务处理的能力；具有高性能的数据处理能力；具有良好图形界面的开发工具包；具有较高的性能、价格比；具有良好的技术支持与培训。普通的数据库系统有 FoxPro、Clipper、Paradox 等。大型数据库系统有 Microsoft SQL Sever、Oracle Sever、Sybase SQL 和 Informix Sever 等。

5) 软、硬件选择

根据系统需要和资源约束，进行计算机软、硬件的选择。计算机软、硬件的选择，对于管理信息系统的功能具有很大的影响。大型管理信息系统软、硬件的采购可以采用招标等方式进行。

硬件的选择原则包括：①选择技术上成熟可靠的标准系列机型；②处理速度快；③数据存储量大；④具有良好的兼容性、可扩充性与可维修性，有良好的性能价格比；⑤厂家或供应商的技术服务与售后服务好；⑥操作方便；⑦在一定时间内保持一定的先进性的硬件；⑧软件的选择包括操作系统、数据库管理系统、汉字系统、设计评议和应用软件包等软件的选择。

随着计算机科学与技术的飞速发展，计算机软、硬件的升级与更新速度也很快。新系统的建设应当尽量避免先买设备，再进行系统设计的情况。

推荐阅读：张斌. 生产管理信息系统的设计思想和技术策略[J]. 电力系统自动化，2000(14).

5.2 代码设计

代码是代表事物的名称、属性、状态等的符号，为了便于计算机处理，一般用数字、字母或它们的组合来表示。

5.2.1 编码的目的

在系统开发过程中，设计代码的目的包括以下几个方面。

1. 唯一化

在现实世界中有很多东西如果不加标志是无法区分的，这时机器输入就十分困难。所以能否将原来不能确定的东西，唯一地加以标示是编制代码的首要任务。最简单、最常见的例子就是职工编号。从人事档案管理中不难发现，人的姓名不管在一个多么小的单位里都很难避免重名。为了避免二义性，唯一地标示每一个人，因此编制了职工代码。

2. 规范化

在唯一化的前提下还要强调编码的规范化。例如，纺织部门关于纺织工业产品标准编码的规定，以“2”打头的表示纯毛类产品，其中“21”表示纯毛哔叽类产品，“22”表示纯毛华达呢类产品，“24”表示纯毛花呢类产品等。这样在查找或统计某一类产品时就十分方便了。例如，要查找纯毛类产品，只要将文件记录进行一次排序，显示出“2”字打头的一段即可；再要细分化，就再限定第二位，如“22”字打头的显示出来的就是所有纯毛华达呢类产品的记录。

3. 系统化

系统所用代码应尽量标准化。在实际工作中，一般企业所用大部分编码都有国家或行业标准。例如，在产成品和商品中各行业都有其标准分类方法，所有企业必须执行。

5.2.2 代码的功能

(1) 代码为事物提供了一个概要而不含糊的认定，便于数据的存储和检索，同时缩短了事物的名称，无论是记录、记忆还是存储，都可以节省时间和空间。

(2) 使用代码可以提高处理的效率和精度。按代码对事物进行排序、累计或按某种规定算法进行统计分析，速度快。

(3) 代码提高了数据的全局一致性。对同一事物，即使在不同场合有不同的叫法，也可以通过编码统一起来，代码提高了系统的整体性，减少了数据不一致造成的错误。

(4) 代码是人和计算机的共同语言，是两者交换信息的工具。为了给尚无代码的数据项编码，为了统一和改进原有代码，使之适应计算机处理的要求，在建立系统时，必须对整个系统进行代码设计。

为了有效地推动计算机应用和防止标准化工作走弯路，我国十分重视制定统一编码标准的问题，并已公布了中华人民共和国国家标准 GB 1988—1998《信息技术 信息交换用七位编码字符集》等一系列国家标准编码。在系统设计时，有关人员要认真查阅国家和部门已经颁布的各类标准。

代码设计在系统分析阶段就应当开始。由于代码的编制需要仔细调查和多方协调，是一项费时、费事的工作，因此，在系统设计阶段才能最后确定。

5.2.3 代码设计的原则

(1) 唯一性。一个代码应唯一标志它所代表的事物或属性。

(2) 实用性。设计的代码在逻辑上必须能满足用户的需要，在结构上应当与处理的方法相一致。例如，在设计用于统计的代码时，为了提高处理速度，往往使之能够在不需调出有关数据文件的情况下，直接根据代码的结构进行统计。避免使用易误解、混淆的字符。例如，O、Z、I、S、V与0、2、1、5、U易混；不要把空格作代码；要使用24小时制表示时间等。

(3) 可扩充性与灵活性。在代码设计时，要预留足够的位置，以适应不断变化的需要。一般而言，代码愈短，分类、准备、存储和传送的开销愈低；代码愈长，对数据检索、统计分析和满足多样化的处理要求就愈好，但编码长，留空太多，多年不用，也是一种浪费。

(4) 规律性。尽量采用不易出错的编码结构，例如，字母—字母—数字的结构(如AA1) 比字母—数字—字母的结构(如A1A)发生错误的机会要少一些。当代码长于4个字母或5个数字时，应分成小段，这样读写时不易发生错误。

5.2.4 代码的种类

1. *顺序码*

用连续数字代表编码对象的代码。例如，1代表厂长，2代表科长，3代表科员，4代表生产工人等。

顺序码的优点是位数少，短而简单，处理和设计容易，易于管理。但这种码没有逻辑基础，不易记忆，除了能起序列作用外，本身并无意义。此外，新增加的代码只能列在最后，删除则造成空码。通常，顺序码作为其他码分类中细分类的一种补充手段，适用于项目少、内容多且时间不变动的编码。

2. *区间码*

把数据项分成若干组，每一区间代表一个组，码中数字的值和位置都代表一定意义。邮政编码就是典型的例子。区间码的优点是信息处理比较可靠，排序、分类、检索等操作易于进行。但这种码的长度与其分类属性的数量有关，有时可能产生很长的码。在许多情况下，码有多余的数。另外，区间码维护起来也比较困难。

区间码可以分为多种类型。

(1) 多面码。一个数据项具有多方面的特性。例如，对于机制螺钉的编码设计，见表5-1。

表5-1 机制螺钉的编码设计

材　料	螺钉直径	螺钉形状	表面处理
1—不锈钢	1—Φ0.6	1—圆头	1—未处理
2—黄铜	2—Φ1.0	2—平头	2—镀铬
3—钢	3—Φ1.6	3—六角	3—镀锌
		4—方形	4—喷漆

(2) 上下关联区间码。由几个意义上相互有关的区间码组成，其结构一般由左向右排列。例如，会计核算方面，用最左位代表核算种类，下一位代表会计核算项目。身份证、邮政编码也属于上下关联区间码。

(3) 十进位码。相当于图书分类中沿用已久的十进位分类码。例如 F270.171，小数点左边的数字组合代表主要分类，小数点右边的数字指出子分类。

3. 助忆码

用文字或数字来描述，也可用文字和数字的组合来描述。其特点是可以通过联想帮助记忆。例如，TV-B-12 代表 12 英寸黑白电视机，TV-C-29 代表 29 英寸彩色电视机。助忆码通常用于数据项目较少的情况(一般少于 50 个)，否则可能引起错误的联想。

4. 表意码

表意码是把直接或间接表示编码化对象属性的某些文字、数字、记号原封不动地作为编码。例如，

kg 代表千克，cm 代表厘米，mm 代表毫米。

这种编码的特点是见码知意，易记、易理解。但随着编码数量的增加，其位数亦需增加，会给处理带来不便。表意码适用于物质的性能、尺码、重量、容积、面积和距离等。

5.2.5 代码结构中的校验位

代码作为计算机的重要输入内容之一，其正确性直接影响到整个处理工作的质量。特别在人们需要重复抄写代码和将它通过人工输入计算机时，发生错误的可能性极大。为了保证正确输入，有意识地在编码设计结构中的原有代码的基础上，另外加上一个校验位，使它事实上变成代码的一个组成部分。校验位通过事先确定的数学方法计算出来。代码一旦输入，计算机会用同样的数学运算方法按输入的代码数字计算出检验位，并将它与输入的检验位进行比较，以证实输入是否有错。

1. 确定校验位值的方法

确定校验位值的方法有算术级数法、几何级数法和质数法。

计算过程是将原代码的各位数分别乘以权重，计算各乘积之和，用一个模数去除乘积之和，所得余数作为校验位。将校验位置于原代码之后，组成新代码。模数一般取 9～13。

1) 算术级数法

原代码 4　0　1　0　1　0　1

权　　 7　6　5　4　3　2　1

加权和

S=4×7+0×6+1×5+0×4+1×3+0×2+1×1=37

设模 M=11

S/M=37/11=3……4

校验位为 4

带校验位的代码：40101014

2）几何级数法

原代码 4　0　1　0　1　0　1

权　　64　32　16　8　4　2　1

加权和

$S=4\times64+0\times32+1\times16+0\times8+1\times4+0\times2+1\times1=277$

设模 $M=11$

$S/M=277/11=25\cdots\cdots2$

校验位为 2

带校验位的代码：40101012

3）质数法

原代码 4　0　1　0　1　0　1

权　　17　13　11　7　5　3　2

加权和

$S=4\times17+0\times13+1\times11+0\times7+1\times5+0\times3+1\times2=77$

设模 $M=11$

$S/M=77/11=7\cdots\cdots0$

校验位为 0

带校验位的代码：40101010

2. 校验位可以发现错误的种类

(1) 抄写错误，如 1(正)—7(误)。

(2) 移位错，如 1234(正)—2341(误)。

(3) 双移位错，如 26913(正)—21963(误)。

(4) 其他随机错误。

5.2.6 代码设计的步骤

(1) 确定代码对象。

(2) 考查是否已有标准代码。如果国家标准局或某个部门对某些事物已规定了标准代码，那么应遵循这些标准代码。如果没有标准代码，那么在代码设计时要参考国际标准化组织、其他国家、其他部门(或单位)的编码标准，设计出便于今后标准化的代码。

(3) 确定代码的种类和类型。

(4) 考虑检错功能。

(5) 编写代码表。代码编好后，要编制代码表，作详细说明，通知有关部门组织学习以便正确使用。

例如，某人的 15 位身份证号码是 310221650923041，求其 18 位身份证号码。

18 位身份证标准在国家质量技术监督局于 1999 年 7 月 1 日实施的国家标准 GB 11643—1999《公民身份号码》中做了明确的规定。GB 11643—1999 为国家标准 GB 11643—1989《社会保障号码》的修订版，其中指出将原标准名称“社会保障号码”更名为“公民身份号码”，另外，GB 11643—1999 从实施之日起代替 GB 11643—1989。GB 11643—1999主要包括以下内容。

1. 范围

GB 11643—1999 规定了公民身份号码的编码对象、号码的结构和表现形式，使每个编码对象获得一个唯一的、不变的法定号码。

2. 编码对象

公民身份号码的编码对象是具有中华人民共和国国籍的公民。

3. 号码的结构和表示形式

1）号码的结构

公民身份号码是特征组合码，由 17 位数字本体码和 1 位校验码组成。排列顺序从左至右依次为 6 位数字地址码，8 位数字出生日期码，3 位数字顺序码和 1 位数字校验码。

2）地址码

地址码是表示编码对象常住户口所在县(市、旗、区)的行政区划代码，按国家标准 GB/T 2260—2007《中华人民共和国行政区划代码》的规定执行。

3）出生日期码

出生日期码用于表示编码对象出生的年、月、日，按国家标准 GB/T 7408—2005《数据和交换格式 信息交换 日期和时间表示法》的规定执行，年、月、日代码之间不用分隔符。

4）顺序码

顺序码表示在同一地址码所标示的区域范围内，对同年、同月、同日出生的人编定的顺序号，顺序码的奇数分配给男性，偶数分配给女性。

推荐阅读：毕利．管理信息系统中的代码设计[J]．宁夏大学学报（自然科学版），1996(9)．

5.3 数据组织和数据库设计

5.3.1 数据组织

1. 数据结构

数据结构是计算机信息处理中的一个重要概念，包括数据的存储结构及在此结构上的运算或操作。数据结构分为数据的逻辑结构和物理结构。数据的逻辑结构是指数据间的逻辑关系。逻辑结构包括两大类：线性结构和非线性结构：线性表、队列及串为线性结构，而树和图则为非线性结构。物理结构又称存储结构，指数据元素在计算机存储器中的存储方式。存储方式一般有 4 种：顺序存储、链接存储、索引存储及散列存储。对于给定的逻辑结构，需要寻找一种恰当的与其对应的存储结构，以便在计算机中存储。以顺序存储方式存储的线性表被称为顺序表；以链接方式存储的线性表被称为链表。

2. 数据文件

在信息系统中，数据组织一般采用文件组织和数据库组织。把数据按某种数据结构组织起来存放在外部设备上，就构成了数据文件。一般而言，数据文件简称文件，是为某一特定目的而形成的同类记录的集合。记录是文件中数据组织的基本单位，由若干个数据项组成，数据项又是数据处理的最小单位。数据项都有一个代表着事物某一方面属性的名，同时相对于每条记录，还有一个代表这方面属性的值。记录中能唯一标示该记录的数据项称为主键，还可能把其他能够鉴别记录的数据项定义为副键。主键和副键统称为鉴别键，其功能是用来鉴别和搜索记录。

在计算机系统中，文件是数据库组织的基础，任何对数据库的操作最终都要转化为对数据文件的操作。因此，文件的逻辑组织形式将直接影响整个信息系统的效率。

数据文件的组织方式是指文件内部构造数据的方式，主要包括顺序文件、索引文件、直接存取文件等。

3. 数据库

数据库是比文件系统更高级的一种数据组织方式。在文件系统中，文件由记录构成，通过种种数据结构描述应用领域的数据及其关系，数据的存取以记录为单位。由于文件系统的结构只限于记录内部，因而仅能适用于单项应用的场合，对于一个组织的管理信息系统而言，要求从整体上解决问题，不仅要考虑某个应用的数据结构，而且要考虑全局数据结构。为了实现整个组织数据的结构化，要求在数据组织结构中不仅能够描述数据本身，而且要能描述数据之间的关系。因而在复杂的应用中，应采用数据库组织数据。

数据库是存储在一起的结构化的、逻辑相关的数据集合，并为多种应用服务。它既有存放实际数据的物理数据库，也有存放数据逻辑结构的描述数据库。

4. 关系的规范化

数据组织的规范化形式是关系数据库的创始人之一——E・F・科德首先提出的。早在1971年，科德就提出了规范化理论(normalization theory)，并在随后一系列的论文中逐步形成一整套数据规范化模式，这些模式已经成为建立关系数据库的基本范式。

在数据的规范化表达中，一般将一组相互关联的数据称为一个关系(relation)，而在这个关系下的每个数据指标项则被称为数据元素(data element)，这种关系落实到具体数据库上就是基本表(库文件)，而数据元素就是基本表中的一个字段(field)。规范化表达还规定在每一个基本表中必须定义一个数据元素为关键字(key)，它可以唯一地标示出该表中其他相关的数据元素。

在规范化的理论中表是二维的，它有以下4种性质，见表5-2，而这4种性质又可以看成是对前面基本概念的另一种解释。

表5-2　二维表举例

合同号	甲方	乙方	……
124578	……	……	……
578904	……	……	……
635798	……	……	……
……	……	……	……

(1) 在表中的任一列上，数据项应具有同一种属性(如图中每一列都存放着不同合同记录的同一发生数据)。

(2) 表中所有行都是不相同的，不允许有重复组项出现(如图中每一行都是一个不同的合同记录)。

(3) 在表中，行的顺序无关紧要(如图中每行存的都是合同记录，至于先放哪一合同都没关系)。

(4) 在表中，列的顺序无关紧要，但不能重复(如图中合同号和合同名谁先谁后都没关系，但二者不可重复或同名)。

在对表的形式进行了规范化定义后，科德还对数据结构进行了5种规范化定义，并定名为规范化模式，称为范式。在这5种范式中，一般只用前三种，对于常用系统就足够了。而且这5种范式是“向上兼容”的，即满足第五范式的数据结构自动满足第一、二、三、四范式，满足第四范式的数据结构自动满足第一、二、三范式，……以此类推。

第一范式就是指在同一表中没有重复项出现，如果有，则应将重复项去掉。这个去掉重复项的过程称之为规范化处理。例如，表5-3即不符合第一范式的关系，经过规范化处理后符合第一范式的关系，见表5-4。

表5-3　不符合第一范式的关系

教师代码	姓　名	工　资	
		基本工资/元	附加工资/元
1001	张兴	500.00	60.00
1002	李明	799.00	70.00
1003	王进	400.00	50.00

表5-4　符合第一范式的关系

教师代码	姓　名	基本工资/元	附加工资/元
1001	张兴	500.00	60.00
1002	李明	799.00	70.00
1003	王进	400.00	50.00

第二范式是指每个表必须有一个且仅有一个数据元素为主关键字，其他数据元素与主关键字一一对应。例如，将合同号定义为主关键字(其他数据元素中的记录数据都有可能重名，故不能作为主关键字)，故只要知道了一个合同记录的合同号，就可以唯一地在同一行中找到该合同的任何一项具体信息。通常我们称这种关系为函数依赖关系，即表中其他数据都依赖于主关键字，或称该数据元素唯一地被主关键字所标示。不符合第二范式的关系见表5-5。

表 5-5　不符合第二范式的教师与研究课题名称

教师代码	姓　　名	职　　称	研究课题号	研究课题名

经过分解，化成符合第二范式的关系。①教师关系：教师代码、姓名、职称；②课题关系：研究课题号、研究课题名；③教师与课题关系：教师代码、研究课题号。

第三范式就是指表中的所有数据元素不但要能够唯一地被主关键字所标示，而且它们之间还必须相互独立，不存在其他的函数关系。也就是说，对于一个满足了第二范式的数据结构而言，表中有可能存在某些数据元素依赖于其他非主关键字数据元素的现象，必须清除。不符合第三范式的关系见表 5-6。

表 5-6　不符合第三范式的产品关系

产品代码	产品名	生产厂名	生产厂地址

经过分解，化成符合第二范式的关系。①产品关系：产品代码、产品名、生产厂名；②生产厂关系：生产厂名、生产厂地址。

5. 关系数据结构的建立

在进行了数据结构的规范化再造后，还必须建立整体数据的关系结构。建立关系数据结构涉及 3 个方面的内容：确定关联的关键指标项并建立关联表；确定单一的父系记录结构；建立整个数据库的关系结构。

1）链接关系的确定

在进行上述数据规范化再造后，已经可以确保每一个基本数据表都是规范的，但是这些单独的表并不能完整地反映事物，通常需要通过指标体系，整体指标数据才能完整、全面地反映问题。也就是说，在这些基本表的各字段中，所存储的是同一事物不同侧面的属性。那么，计算机系统如何能知道哪些表中的哪些记录应与其他表中的哪些记录相对应，它们表示的是同一个事物吗？这就需要在设计数据结构时将这种各表之间的数据记录关系确定下来。这种表与表之间的数据关系一般都是通过主或辅关键词之间的连接来实现的。因为在每个表中只有主关键词才能唯一地标示表中的这一个记录值(因为根据第三范式的要求，表中其他数据函数都依赖于主关键词)，所以将表通过关键词就能够唯一地标示出某一事物不同属性在不同表中的存放位置。

2）确定单一的父子关系结构

所谓确定单一的父系关系结构就是要在所建立的各种表中消除多对多(以下用 m：n 来表示)的现象，即设法使得所有表中记录之间的关系呈树状结构(只能由一个主干发出若干条分支，而不能有若干条主干交错发出若干条分支的状况)。所谓的“父系”就是指表的上一级关系表。消除 m：n 关系可以借助于 E-R 图的方法来解决，也可以在系统分析时予以注意，避免这种情况的发生。

消除这种 m：n 情况的办法也很简单，只需在二表之间增加一个表，则原来 m：n 关系便会改成 m：1、1：n 的关系了，如图 5.1 所示。

项目号	项目名	……
B3566	……	……
F4569	……	……
H3578	……	……
J3688	……	……
A1357	……	……
……	……	……
……	……	……

合同号	合同名	……
145677	……	……
356778	……	……
467788	……	……
673462	……	……
245777	……	……
……	……	……
……	……	……

项目合同表(基本表)

项合号	项目号	合同号
XH5390	B3566	145677
XH5391	F4569	356778
XH5392	F4569	467788
XH5393	F4569	673462
XH5394	H3578	245777
XH5401	J3688	245777
XH5402	A1357	245777
XH5403	……	……
……	……	……

图 5.1　消除多对多关系

5.3.2　数据库设计

数据库设计是在选定的数据库管理系统基础上建立数据库的过程，数据库设计与系统中开发的各个阶段相对应，对应关系如图 5.2 所示。

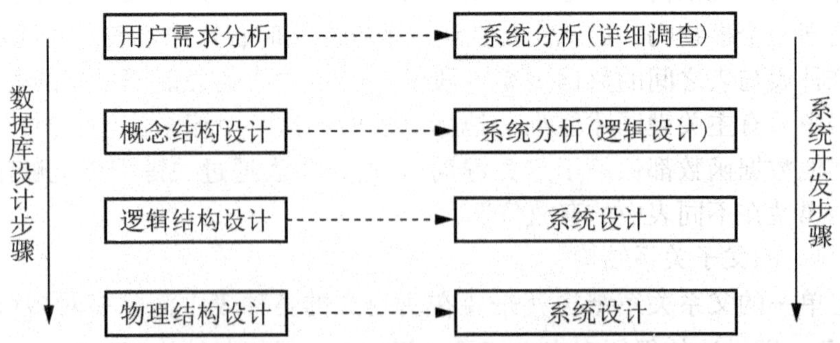

图 5.2　数据库设计与系统开发设计

数据库设计分为用户需求分析、概念结构设计、逻辑结构设计和物理结构设计 4 个阶段。

1. 用户需求分析

进行数据库设计首先必须准确了解与分析用户需求(包括数据与处理)，它是整个数据库设计过程的基础。用户需求分析的目标是获得用户对计划建立的数据库的信息需求的全面描述，通常使用数据流程图和数据字典方法完成。

2. 数据库的概念结构设计

概念模型的设计是不依赖于任何数据库管理系统的，它是对用户需求的归纳，能够方便、准确地表示出信息世界的常用概念，与具体的硬件环境和软件环境均无关。数据库的概念结构设计是在系统分析阶段进行的，它的任务是根据用户需求设计数据库的概念数据模型(简称概念模型)。

概念模型是从用户角度看到的数据库。概念模型的表示方法很多，其中最为常用的是实体—联系方法，该方法用E-R图来描述现实世界的概念模型。

建立概念模型首先要根据收集到的资料，抽象出实体，并一一命名，再根据实体的属性描述其间的各种联系。

例如，在学校课程管理中涉及的实体包括系、学生、课程和教师。各个实体及其属性如下。

系：系号，系名，系主任

学生：学号，姓名，性别，出生年月

课程：课程号，课程名，学分

教师：职工号，姓名，性别，出生年月，职称

这些实体之间的联系如下。

组成：一个系由多名学生组成，而一名学生只属于一个系，为1∶n联系。

选修：一名学生可以选修多门课程，而一门课程也可以被多名学生选修，所以是m∶n联系，其属性为成绩。

讲授：一门课程可以由多名教师讲授，而一名教师可以讲授多门课程，所以是m∶n联系。

实体之间的联系如图5.3所示。

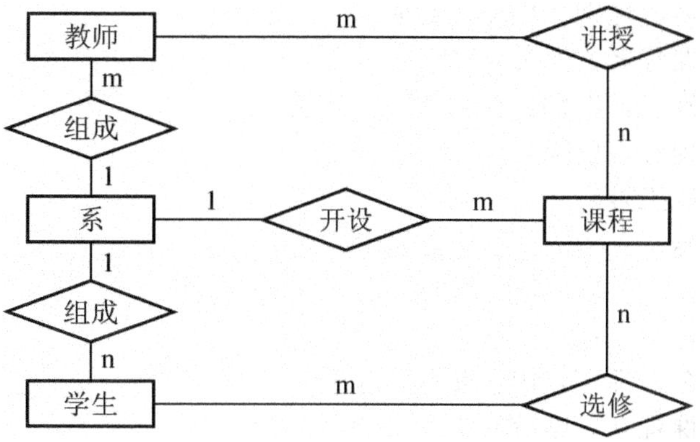

图5.3 实体之间的联系

3. 数据库的逻辑结构设计

数据库的逻辑结构设计是将概念结构设计阶段完成的概念模型转换成能被选定的数据库管理系统支持的数据模型。

逻辑结构设计是将概念模型从 E－R 图转换成某种数据库管理系统支持的数据模型，一般是转换为关系数据库模型。E－R 图中每个实体相应地转换为一个关系，即一个二维表，该关系应包括对应的实体的全部属性，并确定出关键字。对 E－R 图中的联系要根据联系的不同采取不同的手段将其转换为不同的关系，具体包括以下规则。

(1) 每一个实体都转换为一个关系模式，实体的名称作为关系的名称，实体的属性就是关系的属性。

系(系号，系名，系主任)

学生(学号，姓名，性别，出生年月)

课程(课程号，课程名，学分)

教师(职工号，姓名，性别，出生年月，职称)

(2) 将每个 m：n 联系都转换为一个关系模式，联系的名称为关系的名称，联系的属性由相关联系的各实体中的关键属性和该联系自己所具有的属性组成，如本例中的“选修”和“讲授”联系，可转换为选修(学号，课程号，成绩)，讲授(课程号，职工号)。

(3) 将每一个一对多联系都转换为一个关系模式，也可以不单独转换为一个关系模式，只需在联系的“N”端实体所对应的关系模式中加入“1”端实体的关键属性即可。例如，本例中的“组成”联系可转换为：组成(学号，系号)；也可在“学生”关系中加上一个“系号”，使“学生”关系变为：学生(学号，姓名，性别，出生年月，系号)，而不再对“组成”联系进行转换。

(4) 两个实体集的一对一联系的转换，可按规则 (2) 进行，也可按规则 (3) 进行，视具体情况而定。

根据上述原则，上例中学校课程管理的概念模型可转换为以下两种关系模型。

关系模型一：

系(系号，系名，系主任)

学生(学号，姓名，性别，出生年月)

课程(课程号，课程名，学分)

教师(职工号，姓名，性别，出生年月，职称)

选修(学号，课程号，成绩)

讲授(课程号，职工号)

组成(学号，系号)

关系模型二：

系(系号，系名，系主任)

学生(学号，姓名，性别，出生年月，系号)

课程(课程号，课程名，学分)

教师(职工号，姓名，性别，出生年月，职称)

选修(学号，课程号，成绩)

讲授(课程号，职工号)

4. 数据库的物理结构设计

为数据模型在设备上选定合适的存储结构和存取方法，以获得数据库的最佳存取效率，主要包括确定数据的存储结构，存取路径的选择和调整，确定数据存放位置和存储分配等。

经过上述步骤，数据库就建立起来了，接下来就可以利用数据库对信息进行管理了。

推荐阅读：朱鑫孝. 管理信息系统开发过程中数据库设计方法探讨[J]. 计算机应用，1989(S2).

5.4 功能结构图设计

管理信息系统的各子系统可以看做是系统目标下层的功能。对其中每项功能还可以继续分解为第三层、第四层，甚至更多的功能。从概念上讲，上层功能包括(或控制)下层功能，愈上层的功能愈笼统，愈下层的功能愈具体。功能分解的过程就是一个由抽象到具体、由复杂到简单的过程。所谓功能结构图就是按功能隶属关系画成的图表，图中每一个框被称为一个功能模块。功能模块可以根据具体情况分得大一点或小一点。分解得最小的功能模块可以是一个程序中的每个处理过程，而较大的功能模块则可能是完成某一任务的一组程序。很明显，功能结构图中各层功能与新的信息系统中数据流程图中的处理(功能)是对应的。工资管理子系统的功能结构图如图 5.4 所示。由图可知，工资管理子系统被分解为建立主文件、更新主文件、建立扣款文件以及计算和打印 4 个子功能。其中，每个子功能还可以继续分解下去。

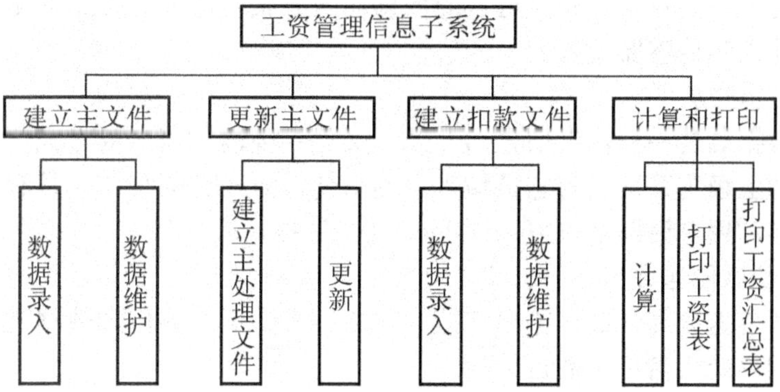

图 5.4 工资管理子系统的功能结构图

这样，经过层层分解，可以把一个复杂的系统分解为多个功能较单一的功能模块。这种把一个信息系统设计成若干模块的方法被称为模块化。模块化是一种重要的设计思想，这种思想把一个复杂的系统分解为一些规模较小、功能较简单的、更易于建立和修改的部分，一方面，各个模块具有相对独立性，可以分别设计实现；另一方面，模块之间的相互关系(如信息交换、调用关系)则通过一定的方式予以说明。各模块在这些关系的约束下共同构成一个统一的整体，完成系统的功能。

5.5 输入设计和输出设计

5.5.1 输入设计

输入设计包括输入方式设计和用户界面设计。一个好的输入设计能为今后系统运行带来很多方便。

1. 输入方式设计

输入方式的设计主要根据代码设计和数据库设计的要求来确定数据输入的具体格式。常用的输入方式有键盘输入、数模/模数转换方式、网络传送数据、数据存储器传送数据等几种形式。通常在设计新系统的输入方式时，应尽量利用已有的设备和资源，使输入接近数据源，减少重复输入次数，特别是要避免大批量的数据重复多次地通过键盘输入。因为键盘输入不但工作量大，速度慢，而且出错率高。

1）键盘输入

键盘输入方式包括联机键盘输入和脱机键盘输入两种方式。脱机键盘输入是种通过键到盘、键到带等设备，将数据输入到磁盘/磁带文件中然后再读入系统设备的输入方式。键盘输入方式适用于常规、少量的数据和控制信息的输入以及原始数据的录入，以及和业务处理结构的输入，如银行业务员的输入和少量控制信息的输入。这种方式不适合大批中间处理性质的数据的输入。

2）数模/模数转换方式

数模/模数转换方式是一种直接通过光电设备对实际数据进行采集并将其转换成数字信息的方法，是一种既省事又安全可靠的数据输入方式。这种方法最常见的有条码(棒码)输入、扫描仪输入和传感器输入。

3）网络传送数据

网络传送数据既是一种输出信息的方式，又是一种输入信息的方式。对下级子系统而言它是输出，对上级主系统而言它是输入。网络传送方式有两种：一是利用数字网络直接传送数据；二是利用电话网络(通过 modem)传送数据。

4）数据存储器传送数据

数据存储器传送数据即数据输出和接收双方事先约定好的传送数据文件的标准格式通过活动硬盘、闪存或光盘传送数据文件。

2. 输入格式

在实际设计数据输入时，常常遇到统计报表(或文件)结构与数据库文件结构不完全一致的情况。如有可能，应尽量改变统计报表或数据库关系表二者之一的结构，并使其一致，以减少输入格式设计的难度。现在还可采用智能输入方式，由计算机自动将输入送至不同表格。

3. 校对格式

在输入时，针对数字、金额数等，没有适当的校对措施做保证是很危险的。因为从理论上来说，操作员输入数据时所发生的随机错误在各个数位上都是等概率的。如果错误出现在财会记录的高位，则势必酿成大事故。所以对一些重要的报表，输入设计一定要考虑适当的校对措施，以减少出错的可能性。但应指出的是，绝对保证不出错的校对方式是没有的。常用校对方式有以下几种。

(1) 人工校对。即输入数据后再显示或打印出来，由人来进行校对。这种方法效率太低，在实际系统中很少使用。

(2) 二次键入校对。二次键入是指同一批数据两次输入系统的方法。输入后系统内部再比较这两批数据，如果完全一致则可认为输入正确；反之，则将不同部分显示出来由人有针对性地来进行校对。该方法最大的好处是方便、快捷，而且还可以用于任何类型的数据符号。尽管该方法中二次键入在同一个地方出错，并且错误一致的可能性是存在的，但是这种可能性出现的概率极小。该输入校对方式的缺点是工作量加倍。

(3) 数据平衡校对。这种校对方法常用在对财务报表和统计报表等这类完全数字型报表的输入校对中。具体做法是在原始报表每行每列中增加一位数字小计字段(在这类报表中一般本来就有)，然后在设计新系统的输入时再另设一个累加值，系统可将输入的数据累加起来，与原始报表中的小计自动比较。如果一致，则可认为输入正确；反之，则拒绝接受该数据记录，这是一种非常有效的方法。但该方法也不是十全十美的，当同一记录中几个数同时输错，而累加后结果仍正确时，就无法检测出错误之处，这种情况在实际中出现的可能性也是很小的。

4. 用户界面设计

用户界面设计应坚持友好、简便、实用、易于操作的原则，尽量避免过于烦琐和花哨。例如，在设计菜单时，应尽量避免菜单嵌套层次过多和每选择一次还需确认一次的设计方式。菜单最好是二级或三级。又如，在设计大批数据输入屏幕界面时应避免颜色过于丰富多变，因为这样对操作员眼睛压力太大，会降低输入系统的实用性。界面设计包括菜单方式、会话方式、操作提示方式和操作权限管理方式等。

5.5.2 输出设计

输出设计的内容包括确定输出方式的设计和确定输出信息的内容。

1. 输出方式的设计

可使用的输出方式有显示输出、打印输出和磁盘输出等。输出方式不同，所使用的输出介质和输出设备也不同。

1) 显示输出

显示输出是指在显示器上输出信息，通常以人机对话的形式输出，主要用于查询、检索。这种输出方式的特点是实时性强、速度快、效率高，节约时间和纸张耗材，但输出的信息不能保存。例如，会计信息系统的各种账、表以及各种查询都可以采用显示输出方式。

2) 打印输出

打印输出是指在打印机上输出信息，由于打印介质是纸张，输出的信息可以长期保存，这种方式符合人们的习惯，使用对象广泛。例如，会计信息系统的各种账簿、报表、凭证都应设计打印功能，供用户需要时选用。

3）磁盘输出

磁盘输出是将产生的信息输出到磁盘介质中。凡是需要长期保存的信息以及系统内较重要的信息都要用磁盘备份。磁盘输出主要有两个作用：一方面可以存储大量的信息；另一方面，在系统发生故障时可用备份的数据进行系统恢复，保障系统的安全。

2. 确定输出信息的内容

根据使用要求，输出设计要确定以下信息输出的内容。

信息名称：输出信息的名称。

信息功能：输出信息起什么作用。

输出周期：信息多长时间输出一次。

输出方式：是打印输出还是显示输出。

数据库文件名：存放输出信息的数据库文件的名称。

应用程序文件名：为输出该信息将要编制的程序名。

输出份数：该输出数据的份数。

输出数据结构：输出数据的库文件结构。

输出格式：该输出信息以什么样的格式输出。

每种输出信息的内容确定好以后，均应填写到输出设计说明书上，作为程序员编制程序的依据和系统维护的文书资料。

推荐阅读：徐捷. 管理信息系统软件用户界面设计[J]. 情报探索，1995(1).

5.6 系统设计报告

程序设计说明书是用以定义处理过程的书面文件，它以每个处理过程为单位，由系统设计员编写，交程序员使用。程序员根据说明书指示内容进行程序设计。说明书的编写必须清楚明确，系统设计员所设想的处理内容应整理得使别人能够正确理解。程序设计说明书应当包括以下内容：程序名、所属系统及子系统名、程序的功能、程序的输入输出数据关系图、输入文件和输出文件的格式、程序处理说明(包括计算公式、决策表及控制方法等)。程序设计说明书的实例如图 5.5 所示。

系统设计工作结束后，要提交系统设计报告，其内容包括：①系统总体设计方案；②代码设计方案；③输入和输出设计方案；④文件设计方案；⑤程序模块说明书。

一旦系统设计被审查批准，整个系统开发工作便进入系统实施阶段。

推荐阅读：《MIS 设计报告》(http://wenku.baidu.com/view/241c5af8770bf78a6529543e.html.)

<table>
<tr><td>系统名</td><td colspan="3">财务系统</td><td>子系统名</td><td colspan="3">工资子系统</td></tr>
<tr><td>程序名</td><td colspan="3">更新工资主文件</td><td>程序标识符</td><td colspan="3">GXCL.PRG</td></tr>
<tr><td>语　言</td><td colspan="3">Visual Basic</td><td>日　期</td><td colspan="3">1993.08.06</td></tr>
<tr><td colspan="4">一、输入</td><td colspan="4">二、输出</td></tr>
<tr><td>文件名</td><td>文件标志</td><td>设备</td><td>备注</td><td>文件名</td><td>文件标志</td><td>设备</td><td>备注</td></tr>
<tr><td>上月主文件</td><td>GZ1.DBF</td><td>D1</td><td></td><td>本月主文件</td><td>GZ2.DBF</td><td>D1</td><td></td></tr>
<tr><td>主处理文件</td><td>GZCL.DBF</td><td>D2</td><td></td><td></td><td></td><td></td><td></td></tr>
<tr><td colspan="8">三、程序功能　更新主文件</td></tr>
<tr><td colspan="8">四、程序处理过程说明</td></tr>
</table>

图 5.5　某财务系统程序设计说明书

本章小结

系统设计是在系统分析的基础上，按系统逻辑模型的要求，科学合理地进行系统的总体设计和详细设计，为下一阶段系统实施提供必要的技术资料。系统设计要考虑系统的系统性、灵活性、可靠性和经济性。

总体设计是对系统进行规划，给出系统的逻辑结构，其结果是功能结构图设计和模块结构图设计。详细设计包括代码设计、数据库设计、用户界面设计、处理流程设计、系统物理配置方案设计和系统设计说明书等。代码设计是为了实现全局数据的统一，代码结构要合理，有助于防错和纠错。用户界面设计为用户提供方便的人机交互手段，为管理人员提供实用、快捷的信息。系统物理配置方案设计包括计算机硬件设计和选择、计算机网络设计和选择等。

系统设计阶段的成果是系统设计说明书，为系统实施阶段的工作提供具体的方案。

案例分析

某大学工资管理系统的设计

通过对学校管理业务的实际调查分析，弄清该学校工资管理工作的业务流程和管理功能，在绘出系统业务流程图的基础上进行新系统的功能设计、代码设计、数据库设计、输入/输出设计。

1. 新系统的功能设计

1）功能模块图设计

新系统的功能设计是以原系统业务流程和数据流程为依据的。为此，新系统的功能划分为数据录入、工资查询、报表输出、系统维护 4 个模块，如图 5.6 所示。

2）信息系统流程图设计

系统把工资数据分为固定半固定数据和变动数据两大部分。相对固定的数据长期存储在主文件中。对变动很大的变动数据，每月重新输入，暂时保存在磁盘的扣款补贴文件中。最后计算并输出全校职工工资发放单和本月份工资汇总表。其信息系统流程图如图 5.7 所示。

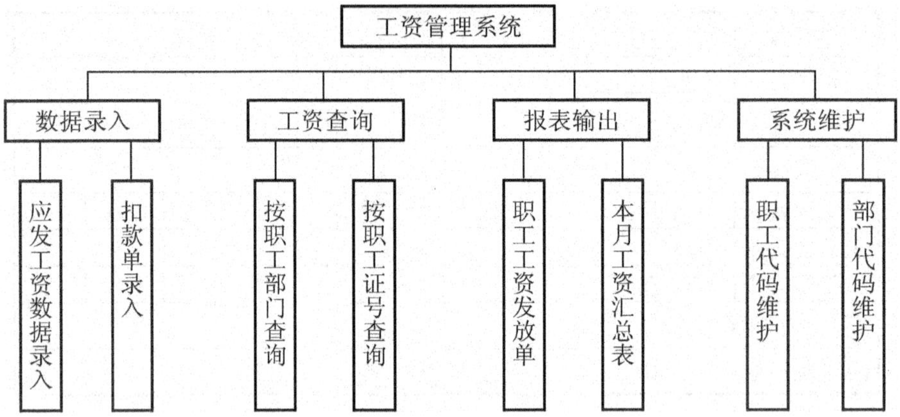

图 5.6　某大学工资管理系统功能模块图

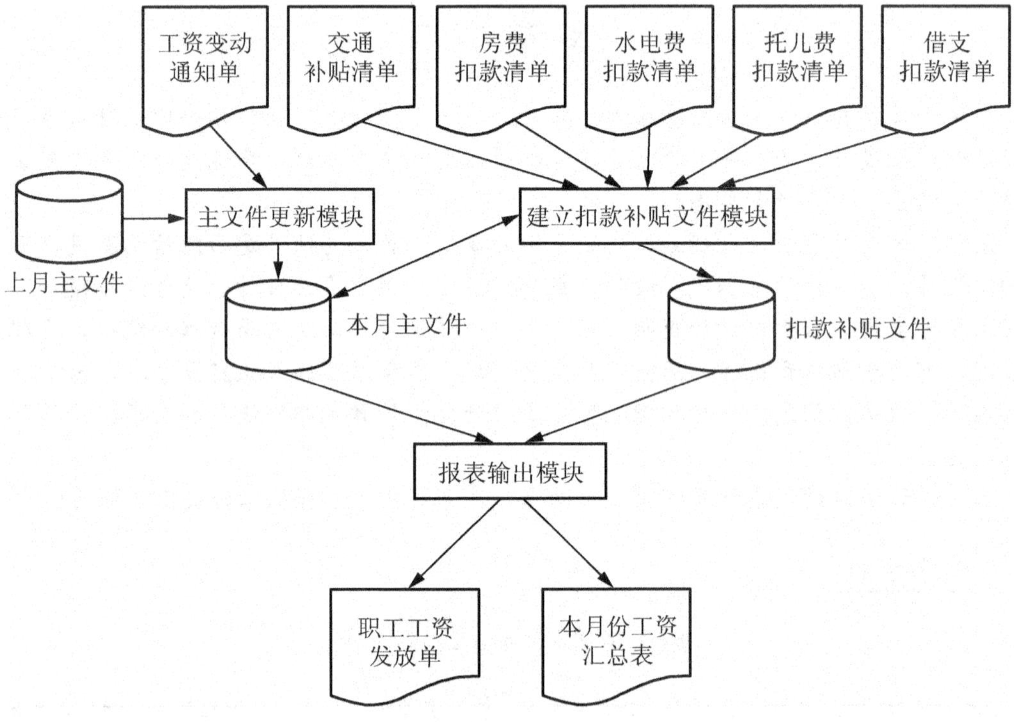

图 5.7　信息系统流程图

2. 代码设计

新系统为每个职工设计了代码，一方面可统一职工的信息，另一方面是为了方便数据的输入。职工代码为 8 位数字字符，为区间码结构。

在系统运行过程中，凡是需要输入某个职工时，只需输入职工证号即可，系统可根据职工证号、职工姓名及其他信息对照表，自动将相应的职工姓名及其他信息调出来，而且代码表显示在输入/输出窗口中，用户不一定要记住职工的证号，可随时通过系统联机查询。

3. 系统运行环境与数据库设计

（略）

4. 输入/输出设计

(略)

(资料来源：占从文. 某高校管理信息系统的设计与实现[EB/OL]. http://www.doc88.com/p-694303921134.html. [2012-03-30].)

问题：请依据上述案例写出该大学工资管理系统的系统设计报告。

习　　题

一、名词解释

模块、模块结构图、总体设计、详细设计、代码、系统设计说明书

二、选择题

1. 系统总体设计的内容包括系统总体结构设计、计算机系统配置方案设计和(　　)。
   A. 程序设计　B. 数据库设计　C. 代码设计　D. 用户界面设计
2. 关于系统转换，正确的叙述是(　　)。
   A. 直接转换风险小　B. 并行转换费用低
   C. 并行转换工作量小　D. 分阶段转换会遇到许多接口问题
3. 属于系统详细设计工作的是(　　)。
   A. 输入输出设计　B. 程序设计
   C. 系统结构设计　D. 计算机方案设计
4. 程序设计质量的最基本要求是(　　)。
   A. 正确性　B. 可读性　C. 可测试性　D. 可维护性
5. 我国的邮政编码属于(　　)。
   A. 顺序码　B. 层次码　C. 区间码　D. 自检码
6. 描述模块的层次结构以及模块之间的控制关系的图是(　　)。
   A. 系统结构图　B. 系统流程图　C. 数据流程图　D. 组织机构图
7. 系统设计阶段的成果是(　　)。
   A. 源程序清单　B. 系统设计说明书
   C. 系统设计任务书　D. 系统使用说明书
8. 程序员进行程序设计的主要依据是(　　)。
   A. 输入数据　B. 模块说明书　C. 系统流程图　D. 数据流程图
9. 系统设计的工作不包括(　　)。
   A. 代码设计　B. 程序设计　C. 输入输出设计　D. 数据库设计
10. 系统设计的目的是(　　)。
    A. 设计系统的逻辑方案
    B. 将系统的逻辑方案转换成系统的物理方案
    C. 系统中的程序设计
    D. 程序流程图的设计

三、判断题

1. 系统设计阶段的任务是按照系统分析阶段提出的逻辑模型的要求进行具体的逻辑设计。 （ ）

2. 为了达到系统灵活性的目的，在系统设计中应尽量采用模块化结构。 （ ）

3. 代码设计工作应早在系统分析阶段就开始。 （ ）

4. 每一代码对其所代表的事物或属性都必须具有唯一性。 （ ）

5. 为了适应系统环境的变化，编码结构每隔1～2年需进行一次修订。 （ ）

6. 不应把空格作为代码位。 （ ）

7. 代码M2M比代码MM2发生错误的机会少一些。 （ ）

8. 代码结构中的校验位是由人或计算机事前按照一定算法计算出来后加到原代码上去的。 （ ）

9. 系统物理配置方案设计中采用双工系统是为了解决资源共享问题。 （ ）

10. 系统设计阶段完成的功能结构图不仅描述系统结构，而且表达了各功能之间的数据传送关系。 （ ）

四、问答题

1. 系统设计的任务是什么？

2. 结构系统设计的基本思想是什么？

3. 何谓模块？什么是模块结构图？

4. 结构化系统设计的特点是什么？

5. 代码具有哪些功能？简述代码的种类并举例说明。

6. 试画出学校补考管理系统的功能结构图，并设计出相应的数据库。

第 6 章

管理信息系统的系统实施

教学目标与要求

通过对本章的学习，掌握系统实施的概念、主要内容；程序设计的方法；系统测试的方法，系统调试的步骤；系统转换的概念，系统转换的内容和方法；系统维护的概念，系统维护的主要内容，软件维护的内容；MIS 开发管理的内容；系统运行管理的内容；文档管理的内容；系统评价及其目的、内容。

章节知识框架

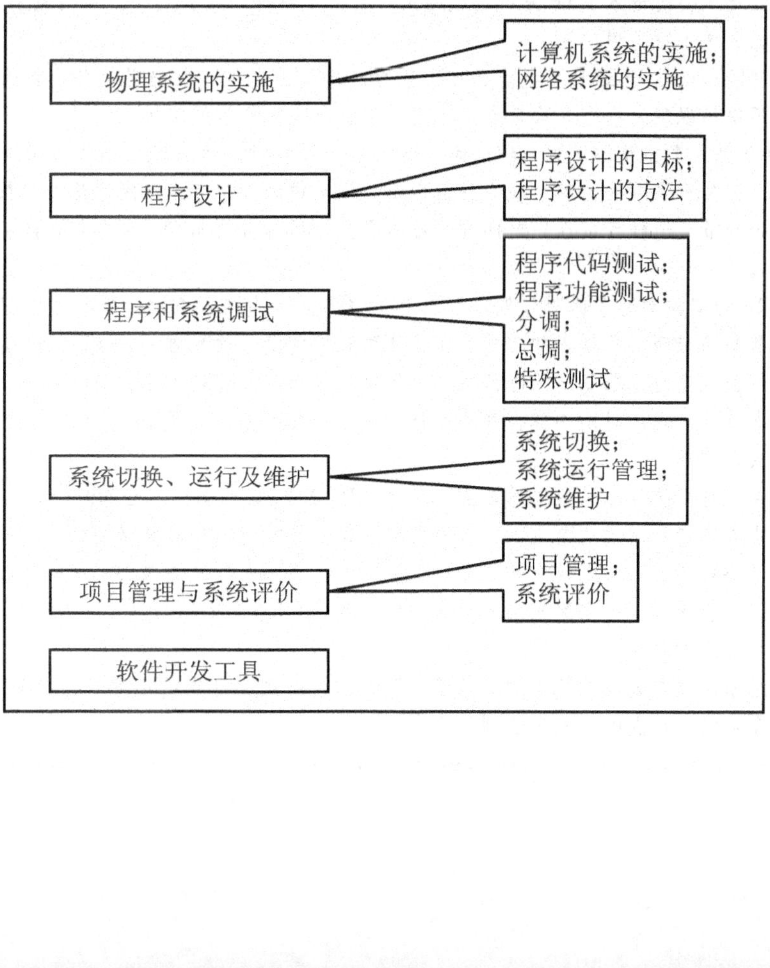

导入案例

上海某食品公司信息系统的实施

上海某食品公司诞生于中国台湾，其产品不仅在台湾家喻户晓，而且还远销美国、加拿大、东南亚等华人集中的地方。1992年，该食品公司正式进入祖国大陆，短短几年中，该食品店在上海已有42家，并在北京、无锡、杭州、成都等地建立了分公司及100余家直销连锁店。

公司信息系统发展历程

公司成立初期，进销存活动仍处于纸上作业阶段。通过几年的努力，该公司开始在门店引进收款机进行一些简单的收款管理活动，但远未达到POS所应具备的销售管理以及和总部的实施通信。

随着门店数量的增多，该公司在1999年底决定引进POS系统，但却简单地把解决的方法简化到了门店POS系统层面上，而未能从整个企业的层面上来系统地思考全部业务流程。

2001年，公司成立ERP项目实施小组，选择根据软件原型按客户要求进行定制。由于POS系统的开发成功与否从很大程度上决定了整个项目是否成功，所以该公司决定先开发和实施POS系统，然后实施ERP项目。

系统实施

该公司只用了3天时间将POS系统在所有的门店内全面铺开，调试并运行成功。公司把POS终端做得简单易操作，另一方面严格培训。在初步培训完成后，该公司为POS系统的输入准确率设立了排行榜，前几名有奖，后几名要罚。

库存系统是该公司进入ERP系统实施的第一关，是数据的源头之一。在实施了库存系统后，该公司又相继实施了财务模块。

基础数据的正确性是ERP系统能正常运转的前提条件之一。但当时该公司在财务上存在着严重的账实不符的现象。经过3次盘点，保证了实物与账面价值的准确率。

由于ERP是一个完整的流程系统，而不是简单的操作行为的堆积，所以保证流程的畅通是非常重要的。该公司采取的信息系统实施方案是，先用短短的3个月时间搭好整个系统框架，暂时忽略其中的细节，这样可以在短时间内使系统贯穿公司的整个流程。3个月之后，再做详细的“装修”工作。

许多ERP的实施者为了保险起见，都使用了“并行”的实施方法，这样可以保证操作人员不会因为不熟悉系统而耽误了正常工作。而该公司却没有沿用这种方法，使用这种实施策略的风险显而易见。但该公司采取了一些降低风险的策略，如大力度培训操作人员和奖惩操作人员就是为了让操作人员在最短的时间内掌握系统操作，从而降低新系统的风险。

流程与人员调整

该公司在信息系统实施过程中尽量避免使用BPR这个敏感词语，但事实上，信息系统的实施都会或多或少地涉及流程的改进和人员的调整。在与少数对业务非常精通的该公司管理层人员沟通后，对该公司绝大部分的现有流程进行了改进。信息系统已经使该公司关掉了两个仓库，撤销了一个部门，也增加了一个原来没有的部门和一些重要的工作岗位。

信息系统带来的收益

随着信息系统逐渐融入该公司的日常管理运作中，对账和盘点的难度和差错都在急剧下降，到了第三次盘点时，盘点的正确率达到了98%。

信息系统使管理模式可以在全国的任何地方快速复制，为该公司的地域扩张战略提供了基础和支持。

直营店和加盟店的信息系统直接将销售数据定时传送到公司总部，有专人对数据进行分析，可以对特许加盟店的商业价值做出评估。

（资料来源：李菲．精致烘焙出的信息系统[EB/OL]. http://www.e-works.net.cn./bpm/Artcle7555_2.htm. [2012-03-20].）

问题：

1. 公司第一次实施信息系统失败的主要原因有哪些？
2. 该公司管理信息系统的开发方式是什么？
3. 该公司管理信息系统采用的是什么切换方式？

6.1 物理系统的实施

系统实施指的是将系统设计阶段的结果在计算机上实现，即将纸面设计的系统转化为可在计算机上实际运行的 MIS 软件。系统分析和系统设计好比描绘一座发电厂的蓝图，而系统实施则是依据蓝图将发电厂建起来。系统实施阶段的主要任务是按总体设计方案购置和安装计算机网络系统，建立数据库，编程与调试，测试，培训有关人员，系统转换和试运行。

物理系统的实施是计算机系统和通信网络系统设备的订购、机房的准备和设备的安装调试等一系列活动的总和。

6.1.1 计算机系统的实施

计算机购置的基本原则是能够满足 MIS 的设计和运行的要求，当然对于有些设备可以采用租用或托管的方式(如服务器)。目前计算机品牌繁多，在计算机购置应考虑如下问题：计算机系统是否具有合理的性能价格比；计算机系统是不是具有良好的可扩充性；其能否得到来自供应商的售后服务和技术支持等。

机房设施应该满足计算机的环境要求，如空调、防静电地板、功率足够的不间断电源(ultraviolet photoelectron spectroscopy，UPS)等。

计算机设备到货，按合同开箱验收。安装与调试任务主要应由供货方负责完成。

系统运行用的常规诊断校验系统也应由供货方提供，并负责操作人员的培训。

6.1.2 网络系统的实施

网络系统的实施就是用通信线路把各种设备连接起来组成网络系统。网络产品包括路由器设备和交换机设备。常用的通信线路有双绞线、同轴电缆、光纤电缆、微波和卫星通信等。

MIS 网络类型可以是局域网或广域网。局域网通常指一定范围内的网络，可以实现楼宇内部和邻近的几座大楼之间的内部联系。广域网设备之间的通信，通常利用公共电信网络，如中国公用数字数据网(china digital date network，CHINADDN)、中国公用分组交换网(china public packet switched data network，CHINAPAC)、公用交换电话网(public switched telephone netwoek，PSTN)等，实现远程设备之间的通信。

推荐阅读：《人力资源管理信息系统成功实施的注意事项》(http://news.china-b.com.)

6.2 程序设计

管理信息系统的开发方式有自行开发、外包或两者结合等几种形式，一般根据企业的技术力量、资源及外部环境来决定采用哪种形式。

如果企业所组建的系统开发团队有足够的经验与实力，企业各个部门能够通力合作，团队的系统分析、开发人员积极努力，其优点是明显的。可以完全按照企业自己的要求进行系统的开发，可以确保所开发的系统符合企业的习惯，可以随时满足企业对系统的维护要求，并且既可以减少首期的投入费用，也可减少后期维护费用，同时也为公司在获得更大发展时再扩大系统管理范围创造了条件。但问题的关键是，我们是否可以真正组建这样的一个团队？我们是否可以确保这一团队成员的工作是可以有效进行控制的？否则其风险也是明显的。因为我们可能必须面临更长的开发周期和更大的投入。

外包商通常在规模经济、经验以及在对最新技术的掌握等方面具有明显的优势，而这些优势是单个组织的信息技术部门所难以企及的。有的企业内部缺乏专门的信息技术人才，他们将外包作为一种切实可行的替代方式。

某些情况下，许多企业对所需软件采用自行开发与外包相结合的方式，两者的配合与互补是取得成功的关键。一般情况下，以外部力量为主，内部力量为辅，前者重点放在技术问题上，后者重点放在与用户的联系与协调上。这种方式可扬长补短，是目前较普遍采用的开发方式。通过这种方式，企业也可在实践中培养出一批信息管理人员，这比自己摸索或外送培训都要好得多。

6.2.1 程序设计的目标

1. 可维护性

可维护性：可以对程序进行补充或修改。

由于信息系统需求具有不确定性，系统需求可能会随着环境的变化而不断变化，因此，就必须对系统功能进行完善和调整，就要对程序进行补充或修改。此外，由于计算机软硬件的更新换代，也需要对程序进行相应的升级。

MIS 寿命一般是 3～8 年时间，因此程序的维护工作量相当大。一个不易维护的程序，用不了多久就会因为不能满足应用需要而被淘汰，因此，可维护性是对程序设计的一项重要要求。

2. 可靠性

可靠性：程序应具有较好的容错能力，在正常情况下能正确工作，在意外情况下应便于处理，不至于产生意外的操作，从而造成严重损失。

3. 可理解性

可理解性：程序不仅要求逻辑正确，计算机能够执行，而且应当层次清楚，便于阅读。

4. 效率

效率：程序能否有效地利用计算机资源。

程序效率的地位已不像以前那样举足轻重了，因为硬件价格大幅度下降，而其性能却不断完善和提高。

程序设计人员工作效率的地位日益重要。程序设计人员工作效率高不仅能降低软件开发成本，而且可明显降低程序的出错率，进而减轻维护人员的工作负担。为了提高程序设计效率，应充分利用各种软件开发工具，如 MIS 生成器等。

程序效率与可维护性、可理解性的关系通常是矛盾的。实际编程过程中，人们往往宁可牺牲一定的时间和空间，也要尽量提高系统的可理解性和可维护性，片面地追求程序的运行效率反而不利于程序设计质量的全面提高。因为，随着计算机应用水平的提高，软件越来越复杂，同时硬件价格不断下降，软件费用在整个应用系统中所占的比重急剧上升，从而使人们对程序设计的要求发生了变化。对于大型程序，人们则倾向于首先强调程序的可维护性、可靠性和可理解性，然后才是效率。

6.2.2 程序设计的方法

目前，主要的程序设计方法有结构化程序设计方法、面向对象的程序设计方法等。

1. 结构化程序设计方法

结构化程序设计(structured programming)是进行以模块功能和处理过程设计为主的详细设计的基本原则。其概念最早由戴克斯特拉在 1965 年提出的，是软件发展的一个重要的里程碑。它的主要观点是采用自顶向下、逐步求精的程序设计方法；使用 3 种基本控制结构构造程序，任何程序都可由顺序、选择、循环 3 种基本控制结构构造。

由于模块相互独立，因此在设计其中一个模块时，不会受到其他模块的牵连，因而可将原来较为复杂的问题化简为一系列简单模块的设计。模块的独立性还为扩充已有的系统、建立新系统带来了不少的方便，因为我们可以充分利用现有的模块作积木式扩展。

结构化程序设计的优点：①整体思路清楚，目标明确；②设计工作中阶段性非常强，有利于系统开发的总体管理和控制；③在系统分析时可以诊断出原系统中存在的问题和结构上的缺陷。

结构化程序设计的缺点：①用户要求难以在系统分析阶段准确定义，致使系统在交付使用时产生许多问题；②用系统开发每个阶段的成果来进行控制，不能适应事物变化的要求；③系统的开发周期长。

传统编程语言如 Basic、C++等，数据库系统如 VF、ORACLE、DB 2 等。

2. 面向对象的程序设计方法

面向对象是一种认识客观世界的世界观，是从结构组织角度模拟客观世界的一种方法，人们在认识和理解现实世界的过程中，普遍运用以下 3 个构造法则：区分对象及其属性，如区分车和车的大小；区分整体对象及其组成部分，如区分车和车轮；不同对象类的形成及区分，如所有车的类和所有船的类。

1）对象

对象(object)是对一组信息及对其的操作的描述。例如，一辆汽车是一个对象，它包含了汽车的信息(如颜色、型号、载重量等)及其操作(如启动、刹车等)；一个窗口是一个对象，它包含了窗口的信息(如大小、颜色、位置等)及其操作(如打开、关闭等)。

2）属性

属性(property)即对象所包含的信息，如窗口的宽度(form1. width)。属性可以在设计对象时确定，也可以在程序运行时读取和修改(如：W＝form1. width；form1. width＝100)。

3）方法

方法(methord)即对象所具有的各种操作，如窗口关闭(form1. close)。这种操作的过程对外是封闭的，即用户只能看到这一方法实施后的结果。这相当于事先已经设计好的各种过程，只需要调用就可以了，用户不必去关心这一过程是如何编写的。事实上，这个过程已经封装在对象中，用户也看不到。对象的这一特性，即是对象的封装性。

4）事件

事件(event)即对象在执行某一操作后激发并执行的一个或多个过程。这些过程对用户是透明的，用户可以为这个过程编写自己的程序代码，以完成特定的操作。例如，窗口对象在执行打开过程时，就会激活一个 active 事件(过程)，用户可以自己编写这一过程的代码，以便在打开这个窗口时完成一些自己所要求的任务，如打开一个数据库，对某个变量进行初始化等。

5）类与实例

类(class)是具有共同属性、共同方法、共同事件的对象的集合，而一个具体的对象则是其对应类的一个实例(instance)。

如果对某一个类的定义进行修改，如增加一些属性或修改一些方法，就得到一个新的类，而原先的类就是新类的父类。

例如，我们在窗口类的定义上，另外定义它还包含两个按钮，一个标题是“确定”，一个标题是“取消”，并且在分别按下这两个按钮后，执行“OK”与“Cancel”两个事件。这样就定义了一个新类，我们可以把它叫做“选择窗口”类，并保存它，这样就可以直接由“选择窗口”生成窗口实例，而不用每次都由“窗口”类产生，然后再添加按钮。

6）继承

任何一个子类都具有其父类所有的属性、方法、事件，这一特性叫做类的继承(inheritance)。如果父类的特性发生变化，其子类也会相应改变。继承机制的优点体现在以下方面。

(1) 避免了由于系统内类对象封闭而造成的数据和操作冗余的现象。类与其父类、子类构成层次关系，称为类阶(class hierarchy)。每个子类都可以继承其父类的特性，包括状态与行为。同时，子类可以有与其父类不同的地方，即子类可根据自身特点新增或局部修改(modification)父类的行为而加以使用，甚至可以覆盖父类中的定义。利用继承，我们只要在原有类的基础上修改、增补、删减少量的数据和方法，就可以得到子类，然后生成大小、初态不同的实例。

(2) 接口的一致性(consistency of interface)，父类衍生子类的其他操作接口也传递给其子类。

(3) 符合软件可重用性。传统的结构化方法中的过程调用，以及类定义出对象，都是重复使用的典型例子。但它们都比不上继承的层次高。因为通过继承明显使软件开发速度加快，实现较高程度的共享。这是继承最重要的优势。

7) 消息

面向对象的世界是通过对象与对象间彼此的相互合作来推动的，对象间的这种相互合作需要一个机构协助进行，这样的机构可以称为“消息(message)传递”。消息传递过程中，由发送消息的对象(sender)的使动操作产生输出结果，作为消息传送至接受消息的对象(receiver)，引发接受消息的对象一系列的操作。所传送的消息实质上是接受对象所具有的操作方法名称，有时还包括相应参数，图 6.1 就表示了这样的概念。

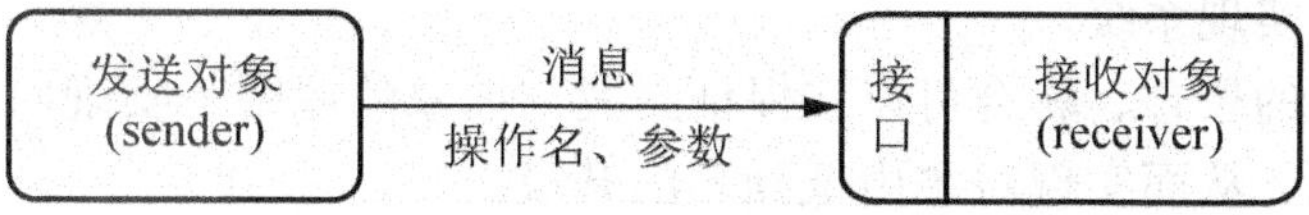

图 6.1 消息传递模型

例如，一个汽车对象具有“行驶”这项操作，那么要让汽车以时速 50 千米行驶，我们需传递给汽车对象“行驶”及“时速 50 千米”的消息，以触发这个对象。

注意，“消息传递”机制与传统的“过程调用”机制的意义是截然不同的，发送消息仅仅是触发对象相关处理，有时提供一些附加数据，接受对象响应消息后按照消息模式找到匹配方法，因而同样的输入参数(触发事件)可能会因对象状态的不同得到不同的终态(若有输出则结果不同)。而过程调用则相反，只要有相同的输入，输出总是恒定的。但不否认可以借用“过程调用”机制来实现“消息传递”，此时只要在匹配方法后考虑到接受对象的当前状态即可。因而，系统可以简单地看做一个彼此通过传递消息而相互作用的对象集合。

总之，面向对象的整体概念可具体表示为：

面向对象＝数据抽象＋数据抽象类型＋继承性

8) 面向对象的特征

(1) 封装性：对象的概念突破了传统数据与操作分离的模式。对象作为独立存在的实体，将自由数据和操作封闭在一起，使自身的状态、行为局部化。

(2) 继承性：继承是面向对象特有的，亦是最有力的机制。通过类继承可以弥补由封装对象带来的如数据或操作冗余的问题，通过继承支持重用，实现软件资源共享、演化以及增强扩充。

(3) 多态性：同一消息发送至不同类或对象可引起不同的操作，使软件开发设计更便利，编码更灵活。

(4) 易维护性：面向对象的抽象封装使对象信息隐藏在局部。当对象进行修改，或对象自身产生错误的时候，由此带来的影响仅仅局限在对象内部而不会波及其他对象乃至整个系统环境，这极大方便了软件设计、构造和运行过程中的检错、修改。

9）面向对象的优点

面向对象出现以前，结构化程序设计是程序设计的主流，结构化程序设计又被称为面向过程的程序设计。

（1）数据抽象的概念可以在保持外部接口不变的情况下改变内部实现，从而减少甚至避免对外界的干扰。

（2）通过继承大幅减少冗余的代码，并可以方便地扩展现有代码，提高编码效率，也降低了出错概率，降低软件维护的难度。

（3）结合面向对象分析、面向对象设计，允许将问题域中的对象直接映射到程序中，减少软件开发过程中中间环节的转换过程。

（4）通过对对象的辨别、划分可以将软件系统分割为若干相对独立的部分，在一定程度上更便于控制软件复杂度。

（5）以对象为中心的设计可以帮助开发人员从静态（属性）和动态（方法）两个方面把握问题，从而更好地实现系统。

（6）通过对象的聚合、联合可以在保证封装与抽象的原则下实现对象在内在结构以及外在功能上的扩充，从而实现对象由低到高的升级。

推荐阅读：李雄. 程序设计方法的演化及极限[J]. 计算机教育，2005(6).

6.3 程序和系统调试

程序和系统调试的目的是发现程序和系统中可能存在的错误并及时予以纠正。

6.3.1 程序代码测试

利用精心挑选的测试数据，使程序和模块中的每一条语句都能得到执行，即能够测试程序中的任一逻辑通路。常用的测试数据有以下几种。

（1）用正常数据调试。

（2）用异常数据调试。

（3）用错误数据调试。试验程序对错误的处理能力，包括显示出错信息以及容许修改错误的可能性。具体检查包括以下内容。

① 输入键号错误时（包括错的键号和不应有的键号）能否及时检出和发出出错信息，并允许修改。

② 输入数据错误时（包括错误数据、不合理数据和负数）能否及时查出或发出出错信息，并容许修改。

③ 操作错误时（包括磁盘错误、操作步骤或方法错误）能否及时检出并发出警告信息，并允许改正。

6.3.2 程序功能测试

经代码测试正确的程序只是基本上具备了程序逻辑上的正确性，但并不能验证程序是否满足程序说明中定义的功能，也不能验证数据本身是否完备。

程序功能测试则面向程序应用环境，把程序看做一个“黑盒子”，认为程序只要满足应用功能上的需求，就是可行的。

6.3.3 分调

系统的应用软件通常由多个功能模块组成，每个模块由一个或几个程序构成。在单个程序调试完成以后，尚需进行分调(系统功能调试)。

分调将一个功能内所有程序按次序串联起来进行调试，目的是要保证模块内各程序间具有正确的控制关系，同时可以测试模块的运行效率。

6.3.4 总调

总调也被称为能行性联调，包括以下内容。

(1) 主控程序和调度程序调试。将所有控制程序与各功能模块的接口“短路”，即用直接送出预先安排计算结果的联系程序替代原功能模块。

其目的不是检验处理结果的正确性，而是验证控制接口和参数设置的正确性，以及发现并解决资源调试中的问题。

(2) 系统程序总调。将主控程序和调度程序与各功能模块联结起来进行总体调试。对系统各种可能的使用形态及其组合在软件中的流通情况进行测试。

程序和系统调试如图 6.2 所示。

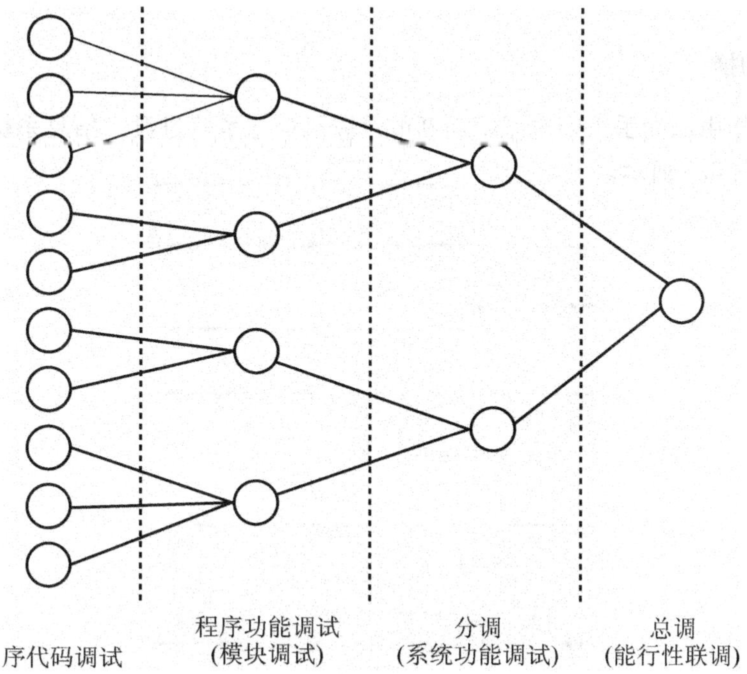

图 6.2 程序和系统调试

6.3.5 特殊测试

除了上述常规测试之外，还有一些必要的性能测试，这些测试往往不是针对程序在正常情况下运行的正确与否，而是根据系统需求选择进行的，主要包括以下内容。

(1) 峰值负载测试、容量测试、响应时间测试、恢复能力测试等。

(2) 严格核对计算机处理和人工处理的两种结果。

通常是先校对最终结果，发现错误再回到相应中间结果分别校对，直到基本确定错误范围。

系统测试完成后，在交付用户使用之前，还需要进行实况测试。

(3) 实况测试。以过去手工处理方式下得出正确结果的数据作为输入资料，将系统处理结果与手工处理结果进行比较。除严格校对结果外，主要考查系统运转的合理性与效率，包括可靠性(作业处理的成功率是否高)。

(4) 编写操作说明书。系统调试完成后，应编写操作说明书，完成程序框图和打印源程序清单。

知识扩展：软件测试工程师(software testing engineer)指理解产品的功能要求，并对其进行测试，检查软件有没有错误(bug)，决定软件是否具有稳定性(robustness)，写出相应的测试规范和测试用例的专门工作人员。简而言之，软件测试工程师在一家软件企业中担当的是“质量管理”角色，及时纠错、及时更正，确保产品正常运作。

6.4 系统切换、运行及维护

6.4.1 系统切换

系统切换指由旧的手工处理系统向新的计算机信息系统过渡。信息系统的切换一般有3种方法，如图6.3所示。

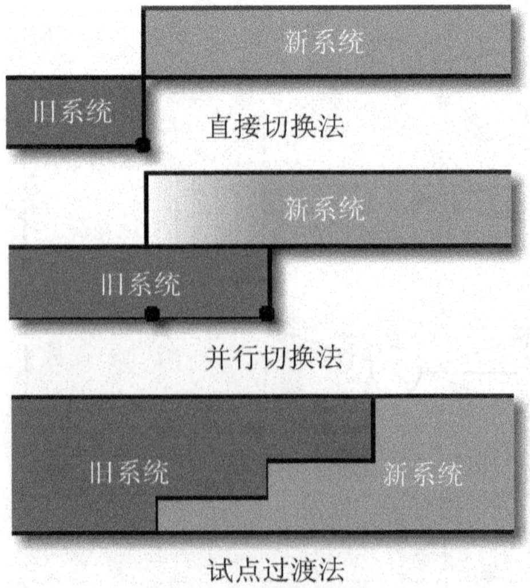

图6.3 系统切换方法

1. 直接切换法

在某一确定的时刻，老系统停止运行，新系统投入运行，新系统一般要经过较详细的测试和模拟运行。

考虑到系统测试中试验样本的不彻底性，一般只有在老的系统已完全无法满足需要或新系统不太复杂的情况下采用这种方法。

2. 并行切换法

新系统投入运行时，老系统并不停止运行，而是与新系统同时运行一段时间，对照两者的输出，利用老系统对新系统进行检验，一般可分两步进行。

第一步：以新系统为正式作业，原系统作校核用。

第二步：经过一段时间运行，在验证新系统处理准确可靠后，原系统停止运行。

并行处理的时间视业务内容而定，短则2～3个月，长则半年至一年。转换工作不应急于求成。

3. 试点过渡法

先选用新系统的某一部分代替老系统，作为试点，逐步代替整个老系统。系统切换过程中，应注意以下问题，这些问题解决得好，将给系统的顺利切换创造条件。

(1) 新系统的投运需要大量的基础数据，这些数据的整理与录入工作量特别庞大，应及早准备、尽快完成。

(2) 系统切换不仅是机器的转换、程序的转换，更是人工的转换，应提前做好人员的培训工作。

(3) 系统运行时会出现一些局部性的问题，这是正常现象，系统工作人员对此应有足够的准备，并做好记录。

系统只出现局部性问题，说明系统是成功的，反之，如果出现整体的问题，则说明系统设计质量不好，整个系统甚至要重新设计。

6.4.2 系统运行管理

MIS系统正式投入运行后，为了让MIS长期高效工作，必须加强对IMS运行的日常管理。

MIS运行的日常管理绝不仅仅是机房环境和设施的管理，更主要的是对系统每天运行状况、数据输入和输出情况以及系统的安全性与完备性及时如实的记录和处置。这些工作主要由系统管理员完成。

1. 系统运行的日常维护

系统运行的日常维护包括数据收集、数据整理、数据录对入及处理结果的整理与分发。此外，还包括简单的硬件管理和设施管理。

2. 系统运行情况的记录

除了记录正常情况(如处理效率、文件存取率、更新率)外，还要记录意外情况发生的时间、原因与处理结果。

6.4.3 系统维护

系统刚建成时所编制的程序和数据很少能一字不改地沿用下去。系统人员应根据MIS运行的外部环境的变更和业务量的改变，及时对系统进行维护。维护包括以下内容。

1. 程序的维护

(1) 程序维护指根据需求变化或硬件环境的变化对程序进行部分或全部的修改。

(2) 修改时应充分利用原程序，修改后要填写程序修改登记表。

(3) 在程序变更通知书上写明新老程序的不同之处。

2. 数据文件的维护

(1) 数据文件的维护(主文件的定期更新不算在内)有许多是不定期的，必须在现场要求的时间内维护好。

(2) 维护时一般使用开发商提供的文件维护程序，也可自行编制专用的文件维护程序。

3. 代码的维护

(1) 代码的维护(如订正、添加、删除至重新设计)应由代码管理小组（由业务人员和计算机技术人员组成)进行。

(2) 变更代码应经过详细讨论，确定之后应书面写清、贯彻。

代码维护的困难往往不在代码本身的变更，而在于新代码的贯彻。为此，除了成立专门的代码管理小组外，各业务部门要指定专人进行代码管理，通过他们贯彻使用新代码。这样做的目的是要明确管理职责，有助于防止和订正错误。

推荐阅读：

关于切换新出入境管理信息系统丢失网上、电话申请数据的告示

因近期全省公安出入境信息系统切换，造成6月16～18日的网上、电话申请数据部分丢失，无法恢复。请在此期间使用网上、电话申请的市民及时到市公安局出入境管理部门(广州市解放南路155号出入境大厦)或拨打电话83115725查询，确认自己的申请数据是否丢失，丢失的请重新申请，以免耽误出行计划。给您带来不便，敬请谅解！

同时，暂没有出行计划的群众，我们建议您不要急于办理证件，错开这段办证高峰期再行办理。

6.5 项目管理与系统评价

6.5.1 项目管理

MIS的开发与实施涉及面广，时间长，过程复杂，本身就是一个需要很好的统筹和协调的系统工程，需要多方面人员的密切配合和科学的项目管理。项目管理技术可以使管理人员事先对可能发生的情况作出预测，在问题发生之前及时进行控制和调整，从而使项目管理工作由被动的事后解决变为主动的事前控制，使项目开发工作少出差错，少走弯路。

项目管理要做好以下几个方面的工作。

1. 人员管理

管理信息系统的开发和应用需要以下人才。

(1) 系统工作人员：负责系统分析和设计，他们应当既精通管理业务，又是计算机专家。

(2) 程序员：负责编写和调试程序。

(3) 操作员：包括上机操作人员和数据录入人员。

(4) 硬件人员：负责机器维护和保养工作。

(5) 项目负责人：相当于系统开发的总工程师，应当精通管理业务，熟悉计算机技术并具有相当的组织协调能力。

(6) 用户管理人员参与：项目开发还应由管理人员参与。这是因为计算机应用人员往往对具体管理业务不够熟悉，没有用户的积极参与和配合，往往会使设计脱离应用需要，不能很好地投入运行。另一方面，管理人员与计算机技术人员考虑问题的出发点不同，有时会发生矛盾。

(7) 计算机和用户的关系：在系统开发中，计算机和用户的关系是计算机为用户服务，而不是用户为计算机服务，计算机应当成为提高用户工作效率的工具和手段，而不应当成为用户的负担。这是简单的道理，却不易做到。因为对计算机而言是简单的方案，往往意味着用户使用起来较麻烦，甚至根本不愿意用，或者简直就无法使用；而对用户来说非常方便的应用方案，可能意味着系统开发投入的成倍甚至数倍增加。因此，项目管理中应采取措施加强用户和设计人员之间的理解和沟通。

2. 拟定和实现项目工作计划

为了有条不紊地按计划完成系统开发工作，要制订好项目工作计划，经常检查计划完成情况，分析滞后原因并及时调整计划。

制订计划可采用卡特图或网络计划技术，以达到用最短的时间、最小的资源消耗完成预定的目标。

3. 制定相应文件

在开发 MIS 的每个阶段都应制定好相应的文件，明确工作目标和职责范围。

6.5.2 系统评价

MIS 投入运行后，要在日常运作管理工作的基础上，定期对其运行状况进行集中评价。系统评价的目的是通过对系统运行过程和绩效的审查，来检查系统是否达到了预期的目标，是否充分利用了系统内各种资源(包括计算机资源、信息资源)，系统的管理工作是否完善，并提出今后系统改进和扩展的方向。

(1) 系统评价的主要依据是系统日常运行记录和现场实际测试数据。

(2) 通常，新系统的第一次评价与系统的验收同时进行，以后每隔半年或一年进行一次。

(3) 参加首次评价工作的人员：系统研制人员、系统管理人员；用户、用户单位领导和外来专家。以后各项评价工作主要由系统管理人员、用户和单位领导参加。

(4) 系统评价的内容包括：①对信息系统的功能评价；②对现有硬件和软件的评价；③对信息系统的应用评价；④对信息系统的经济效果评价。

推荐阅读：黎炼. 企业信息化系统评价方法[J]. 农村电气化，2007(1).

6.6 软件开发工具

计算机人员逐行编写应用程序不仅周期长、效率低、质量差，而且重复劳动多，不易修改。计算机在信息系统中应用的日益扩大，促使人们对软件设计自动化进行了大量研究，并开发出各种软件开发工具。利用软件开发工具进行系统开发可以大量减少甚至避免手工编写程序，并且避免了手工方式下的编程错误，从而极大地提高了系统开发效率。

广义地说，凡是帮助某一特定领域的用户，开发和实现某一类型的计算机应用系统的软件，都可以称之为软件开发工具。作为一种工具，它的实用性质十分明显。由于应用领域的丰富多样，软件开发工具也是丰富多样的。

软件开发工具有包括以下几类。

(1) 软件需求工具，包括需求建模工具和需求管理工具。

统一建模语言(unified modeling language，UML)，又称标准建模语言，是始于1997年一个OMG标准，它是一个支持模型化和软件系统开发的图形化语言，为软件开发的所有阶段提供模型化和可视化支持，包括由需求分析到规格，到构造和配置。面向对象的分析与设计方法的发展在20世纪80年代末至90年代中出现了一个高潮，UML是这个高潮的产物。它不仅统一了Booch、Rumbaugh和Jacobson的表示方法，而且对其作了进一步的发展，并最终统一为大众所接受的标准建模语言。

UML是一种定义良好、易于表达、功能强大且普遍适用的建模语言。它融入了软件工程领域的新思想、新方法和新技术。它的作用域不限于支持面向对象的分析与设计，还支持从需求分析开始的软件开发的全过程。UML适用于以面向对象技术来描述任何类型的系统，而且适用于系统开发的不同阶段，从需求规格描述直至系统完成后的测试和维护。

当用户需求频繁变化的时候，软件开发者因为需要应对需求的变化而不得不与需求管理工作打交道。需求管理的工具一般分成两种：需求内容管理工具和需求过程管理工具。所谓内容管理，主要是是进行需求条目化管理、需求跟踪、需求基线管理的工具，主要有IBM Doors、IBM RequestPro、Borland CalibraRM、Hanskey Dragonfly等。需求过程管理的工具主要是变更管理工具，如IBM Clearquest、Hanskey的Butterfly、IBM Change等。

(2) 软件设计工具，用于创建和检查软件设计。因为软件设计方法具有多样性，这类工具的种类很多。

(3) 软件构造工具，包括程序编辑器、编译器和代码生成器、解释器和调试器等。

（4）软件测试工具，包括测试生成器、测试执行框架、测试评价工具、测试管理工具和性能分析工具等。

（5）软件维护工具，包括理解工具(如可视化工具)和再造工具(如重构工具)等。

（6）软件配置管理工具，包括追踪工具、版本管理工具和发布工具等。

（7）软件工程管理工具，包括项目计划与追踪工具、风险管理工具和度量工具等。

（8）软件工程过程工具，包括建模工具、管理工具和软件开发环境等。

（9）软件质量工具，包括检查工具和分析工具等。

（10）软件开发工具包(software development kit，SDK)是一些被软件工程师用于为特定的软件包、软件框架、硬件平台、操作系统等建立应用软件的开发工具的集合。

它或许只是简单地为某个程序设计语言提供应用程序接口的一些文件，但也可能包括能与某种嵌入式系统通信的复杂的硬件。一般的工具包括用于调试和其他用途的实用工具。SDK 还经常包括示例代码、支持性的技术注解或者其他的为基本参考资料澄清疑点的支持文档。

推荐阅读：《iPhone 软件开发工具 SDK 对企业有何意义?》
(http://dev.yesky.com/263/11107763.shtml.)

本章小结

系统实施指的是将系统设计阶段的结果在计算机上实现，即将纸面设计的系统转化为可在计算机上实际运行的 MIS 软件。

物理系统的实施是计算机系统和通信网络系统设备的订购、机房的准备和设备的安装调试等一系列活动的总和。

管理信息系统的开发方式有自行开发、外包或两者结合等几种形式，一般根据企业的技术力量、资源及外部环境来决定采用哪种形式。

程序和系统调试的目的是发现程序和系统中可能存在的错误并及时予以纠正，包括程序代码测试、程序功能测试、分调(系统功能调试)、总调(能行性联调)。

系统切换指由旧的手工处理系统向新的计算机信息系统过渡，包括直接切换法、并行切换法、试点过渡法。MIS 正式投入运行后，为了让它长期高效地工作，必须加强对它运行的日常管理。

项目管理技术可以使管理人员事先对可能发生的情况作出预测，在问题发生之前及时进行控制和调整，从而使项目管理工作由被动的事后解决变为主动的事前控制，使项目开发工作少出差错，少走弯路。

利用软件开发工具进行系统开发可以大量减少甚至避免手工编写程序，并且避免了手工方式下的编程错误，从而极大地提高了系统开发效率。广义地说，凡是帮助某一特定领域的用户，开发和实现某一类型的计算机应用系统的软件，都可以称之为软件开发工具。

案　例

某服装企业ERP成功上线

在当今复杂多变的全球贸易环境中，要实现销售收入的持续增长必须理顺企业内外部供应链上的每一个环节，从生产到管理，从行政到人事，从供应商到客户，从分销商到零售商，任何一个方面的疏忽都会导致销售额的下滑。

A服装有限公司(以下简称“A公司”)主营女装生产和销售，拥有年产80万套的时装生产线。由于公司对ERP的交付和信息化总体拥有成本等因素的成功把握，公司信息化项目的实施和应用取得了极大成功。搭乘ERP的信息快车，已经实现了公司经营成本的降低，以及业务中对公司自己的客户实现完美的产品交付，有望在管理和经营上实现新的突破。

以需求为导向

随着市场规模的不断扩大，A公司为了最大限度地满足用户的需求，开始增加产量，增加采购资金，同时延长工人的工作时间，这样还做不出足够的产品，于是为了应付订单就把一些原来自制订单和工序进行外包，由此造成了整个企业的物流体系一片混乱。最后，管理层发现公司的发展瓶颈在于无法保证大额订单按时按量交付，而且这种不定期的订单让公司的成本支出大为增加。事实上，整个企业的生产能力已经达到极限，除了扩大厂房和投资外，ERP是最佳的解决之道。信息化可以提高企业的产品交付能力，并降低企业运营成本。

合理选型

由于对ERP了解得不够深入，企业在ERP软件的选型上疏于调查和科学论证，结果草草实施，造成ERP项目实施不到两个月即宣告失败。这不仅浪费了主要业务人员的时间和精力，更重要的是影响了管理和业务人员对以后实施ERP系统的信心。在第二次的ERP软件选型时，A公司及时总结教训，成立了专门的软件选型小组。该小组制定了3项原则：一是严格实行招标制度，邀请有关专家进行多家分析和比较；二是认真考察ERP生产厂商；三是确保软件选型避免急于上线，一定要脚踏实地，避免徇私舞弊情况的发生。经过对国内外数家ERP软件提供商的考察、分析和比较，最终选择了某公司的ERP产品。该公司具有成功实施大中型企业用户ERP的经验，在业内有着较高的声誉。

顺利交付

作为信息化项目成功的第一关键要素，ERP厂商的产品与服务能否有效交付至关重要。ERP系统的交付绝不仅仅是产品的简单安装，更重要的是实施和服务。A公司上线的ERP系统包括ADM/CMS基本信息系统、INV存货管理系统、PUR采购管理系统等15个模块。管理层深知ERP的交付是用户和ERP厂商双方共同参与的一个系统工程，除了系统安装，还包括员工意识的动员和转变、业务流程梳理、系统调试、人员培训、模拟运行等诸多环节。在ERP项目实施的初期，就遇到了阻力，有些领导干部对实施ERP的必要性提出了质疑，有些员工对于改变原有的工作方式和实施规范的操作流程也感到不适应，因此产生畏难和抵触情绪。管理层充分发挥“一把手”的作用，对于实施中的阻力，通过强制推行进行下去。

分阶段实施

公司在实施ERP的过程中，各个部门都提需求，有大有小，没有轻重缓急，如果全部满足，整个实施工作用两年也完不成。对此，主管企业信息化建设的副总与主管销售的副总、主管生产的副总、主管财务的副总召开联席会议，筛选出最迫切的“需求”，进行重点和优先实施。对于一些技术和实施上相对较容易的需求，则留给企业的技术人员解决。

员工的认同

影响ERP成功的因素很多，产品的成熟度、培训与服务的专业程度、实施方法的系统化、项目管理的科学化和人性化、顾问人员的专业化等。因此，以这些因素为指导来推动项目实施，是保证项目成功的第一步。管理层表示："要重视培训工作，这不仅仅局限于对 ERP 使用的培训上，更重要的是让员工们从整体上认识并了解 ERP，真正知道 ERP 给企业乃至于员工个人带来的好处，从而提高员工们使用 ERP 系统的积极性。此外，制定好相应的奖惩条例对企业信息化的实施也是至关重要的。"

培训计划

由于很多员工对计算机知识懂得不多，所以对 ERP 系统产生畏惧感，为此，公司制订了详细的培训计划。该公司把培训工作划分为 3 个步骤：第一步是理解概念，正确导入 ERP 及其单元技术，在软件系统上达到会用的程度；第二步强化原理培训，要求员工吃透精神，根据软件中的原理和做法，具体应用到实际工作中；第三步应用培训，把 ERP 理念贯彻到日常工作中，做精、做好，以达到培训的最佳效果。

（资料来源：佚名．某服装企业 ERP 成功上线的案例探讨[EB/OL]. http://www.tz.ef360.com/Articles 005/2007-10-14/44809.html.）

问题：

1. ERP 如何提高企业的产品交付能力，并降低企业运营成本？
2. A 公司采用的是什么开发方式？
3. A 公司采用的是什么系统切换方式？
4. A 公司是如何做好人员培训工作的？
5. A 公司系统成功实施的原因有哪些？

习　　题

一、名词解释

系统实施、物理系统实施、结构化程序设计方法、面向对象的程序设计方法、程序代码测试、程序功能测试、分调、总调、系统切换、直接切换法、并行切换法、试点过渡法、项目管理、软件开发工具、统一建模语言、软件开发工具包

二、选择题

1. 用来表示系统可靠性的指标是(　　)。

   A. 响应时间的长短　　B. 连续工作时间

   C. 吞吐量的大小　　D. 系统物理配置

2. 下列工作哪些属于管理信息系统实施阶段的内容？(　　)

   A. 模块划分，程序设计，人员培训

   B. 选择计算机设备，输出设计，程序调试

   C. 可行性分析，系统评价，系统转换

   D. 程序设计，设备购买，数据准备与录入

3. 评价一个系统好坏的主要依据是(　　)。

   A. 系统设计报告

   B. 信息系统的经济效益

   C. 系统日常运行记录和现场实际监测数据

   D. 信息系统的功能评价

4. 系统受外界干扰时的抵御力与恢复能力是指系统的(　　)。

A. 容错性　　B. 可靠性　　C. 灵活性　　D. 免疫性

5. 下列系统切换方法中，最可靠的是(　　)。

A. 直接切换法　　B. 并行切换法　　C. 分段切换法　　D. 试点切换法

6. 在数据输入时，下列方法中，属于源数据自动化的是(　　)。

A. 键盘输入　　B. 软盘输入

C. 磁带输入　　D. 光符号识别输入

7. 下列系统切换方法中，最快捷的是(　　)。

A. 直接切换法　　B. 并行切换法　　C. 分段切换法　　D. 试点切换法

8. 在程序和系统调试中，对主控制和调度程序调试的一般方法是(　　)。

A. 系统模型法　　B. 逻辑调试法

C. 理论法　　D. 短路程序法

9. 用户单位建设管理信息系统的途径一般不包括(　　)。

A. 购买商品化的 MIS 系统

B. 根据本企业的要求修改商品化的 MIS 系统

C. 自己用第四代工具(语言)来开发

D. 外聘专家来开发

10. 系统工作人员在管理信息系统的开发中的工作包括(　　)。

A. 系统分析和设计　　B. 编写和调试程序

C. 数据录入　　D. 项目负责人

三、判断题

1. 程序设计工作在系统开发的系统实施阶段进行，所以编写程序设计说明书应在系统实施阶段进行。(　　)

2. 由于 MIS 的寿命一般是 3～10 年，因此程序的维护工作量相当大。(　　)

3. 程序调试过程中采用的测试数据除了正常数据外，还应包括异常数据和错误数据。(　　)

4. 当输入操作员发现输入的原始数据出错时，应立刻自己修正该错误。(　　)

5. 效率与可维护性和可理解性是互相矛盾的，片面追求程序的运行效率不利于程序设计质量的全面提高，因此，在程序设计时，往往牺牲一定的时间和空间，尽量换取程序的可维护性和可理解性的提高。(　　)

6. 在编写程序过程中，节省时间和空间是最主要的，不能用牺牲一定的时间和空间来换取程序的可维护性。(　　)

7. 由于硬件价格近年来已大幅度下降，所以程序效率问题已不像以前那样举足轻重了。(　　)

8. 程序总调时采用的调试数据没有必要完全按真实情况下的数据量进行，但系统中的数据库或库文件的数量和结构应当是完整的。(　　)

9. 对于大系统，可直接用新系统取代旧系统，而不必采用平行转换方法来进行系统转换。(　　)

10. 在系统转换阶段，新系统出现局部性错误，是允许的，不能说系统设计得不成功。 ( )

11. 程序调试时应当用正常数据进行调试，不应用错误数据去调试。 ( )

12. 项目管理是对项目的管理，其内容不包括对系统工作人员、程序员、操作员、硬件人员的管理。 ( )

13. 系统维护中，除了修改程序、数据、代码等部分以外，必须同时修改其所涉及的所有文档。 ( )

四、问答题

1. 系统实施阶段包括哪些内容？
2. 程序设计的目标要求是什么？
3. 有哪些主要的程序设计方法，其各有什么优点？
4. 什么是系统的调试和测试？系统的调试测试分为几个阶段？
5. 什么是系统的切换？系统切换的方式有哪些，其各自的优缺点是什么？
6. 系统管理主要包括哪些方面？
7. 什么是系统的维护？系统维护的内容有哪些？
7. 项目管理的主要内容有哪些？
8. 系统评价及其主要内容是什么？
9. 软件开发工具的种类有哪些？
10. 统一建模语言的作用域包括系统开发的哪些阶段？其有什么优点？

第 7 章 管理信息系统的管理

教学目标与要求

理解信息管理的重要性；明确信息系统的管理所涵盖的内容；熟悉信息系统的开发方式，并能掌握各种开发方式的异同；了解道德和修养对信息系统分析员的重要性；了解信息道德与信息系统分析员的修养和能力的主要内容；增强读者培养自己的修养和能力的信心。

章节知识框架

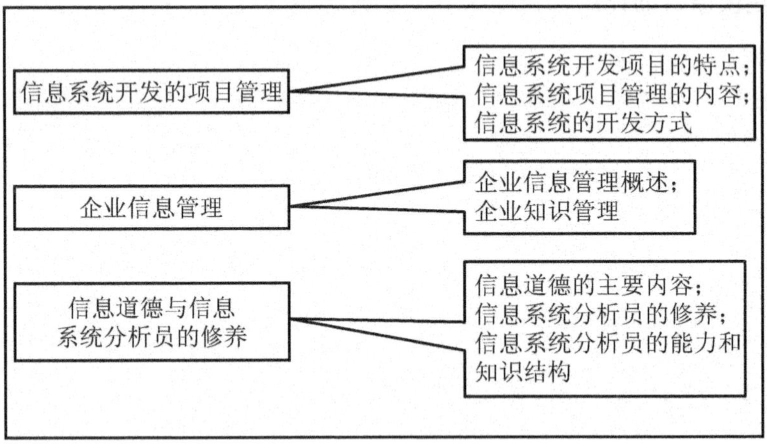

导入案例

超乎想象的数字崩溃

与 2001 年的 9·11 事件造成的巨大的人员伤亡和生命损失相比，纽约的计算机和通信系统所遭受的破坏也是十分巨大的。9·11 事件本身就令人难以置信，而更加令人感到惊讶的是，坐落在世界贸易中心的绝大多数大企业在短短数日之内就得以恢复并重新运转。

Verizon通信公司主要的地区性交换中心就坐落在倒塌的世界贸易中心（以下简称“世贸中心”）旁边。大楼倒塌过程中落下的巨大钢梁破坏了其埋在地下8英尺（1英尺＝0.304 8米）深处的光缆，超过4 000 000门高速通信线路被切断，柴油发电机所提供的备用电源也没有持续很长时间。作为Verizon的主要系统提供商，朗讯科技迅速向其提供了一台100 000门的交换机，取代被损坏的设备。加上被损坏的电话系统，Verizon还有139条光缆被破坏。整个金融区则有1 500 000路电缆中断服务。即使是坐落在世贸中心之外的公司也遭受了很严重的影响。例如，纽约市的美国快递在世贸大厦对面设有办事处，其不得不紧急疏散。汉莎航空公司被切断电话服务数日之久，原因是其通信服务商AT&T设在世贸中心的设备被破坏。

尽管遭到了种种破坏，坐落在世贸中心或者附近的许多金融企业在短时间内就恢复了运转。这些公司都对灾难作了充分的准备。得益于这些未雨绸缪的做法，遭到破坏的公司中有95%有望全面恢复其数据和应用程序。此前曾有研究结果显示，在一场大灾难之后，仅仅有6%的企业能够长期幸存下来，以此观之，这样的全面恢复真是令人称道。

9·11事件给人们的一个重要启示就是，对于重要数据采取全面、严谨的保护措施，即使是如此大的灾难事件也不能使你的经营一败涂地。当然，绝大多数企业的数据保护系统不会遭遇如此严峻的考验，但规模微小、破坏力更弱的攻击也会造成破坏。

（资料来源：王舰．超乎想象的数字崩溃[EB/OL]．http://doc.mbalib.com/view/20cded69ce 79510552173 cflof 2797dc.html．[2012-03-28]．）

问题：为什么9·11事中遭到破坏的公司中绝大部分可以全面恢复其数据和应用程序？

7.1 信息系统开发的项目管理

信息系统的开发建设是一类项目，应该用项目管理的思想来管理。项目管理的目的是谋求（任务）多、（进度）快、（质量）好、（成本）省的有机统一。在一个项目的范围确定前提下，其管理就演变为质量、进度与成本三者关系的问题。

信息系统的建设是一系列项目，因为信息系统的建设符合项目的几个特点：信息系统的建设是一次性任务，有一定的任务范围和质量要求，有时间或进度的要求，有经费或资源的限制；信息系统具有生命周期，与项目周期一致。所以，信息系统的建设也是一类项目的建设过程。

7.1.1 信息系统开发项目的特点

与一般技术项目相比，信息系统项目具有以下特点。

首先，信息系统项目的目标具有不确定性，很难事先给出具体的是否实现目标的评判标准。在许多情况下，客户一开始只有一些初步的功能要求，很难给出明确的想法，提不出非常确切的信息要求。信息系统项目的任务范围很大程度上取决于项目组所做的系统规划和需求分析。由于客户方对信息技术的各种性能指标并不熟悉，所以，信息系统项目所应达到的质量要求更多地由项目组来定义，而客户只能是尽可能地审查和确认。

其次，信息系统项目的需求具有不稳定性，一些要求会在项目进程中，随着系统分析、系统设计和系统实施的进行，客户的需求会不断被激发，逐步细化，甚至改变，导致项目进度、费用、程序以及与其相关的文档经常需要修改。

再次，信息系统项目是一类知识密集型活动，因此，知识工作者是项目绩效的关键因素。信息系统开发项目是智力密集型项目，受人力资源影响最大，项目组的结构、项目组成员的责任心和能力对项目的成功起着决定作用。由于信息系统开发的成果——应用软件是不可见的逻辑实体，如果人员发生流动，对于没有深入掌握软件知识或缺乏信息系统开发实践经验的人员，是不可能在短时间里做到无缝承接信息系统的后续开发工作的。为了高质量地完成项目，必须充分发掘项目成员的才能和创造精神，不仅要求他们具有一定的技术水平和工作经验，而且还要求他们具有良好的心理素质和责任心。

7.1.2 信息系统项目管理的内容

信息系统项目管理是以项目的形式对系统开发和维护等活动进行管理的过程。信息系统的建设一般按总体规划和分步实施的原则开展，规划中每一个信息系统或子系统的开发都需要采用项目管理的方法。这是一项在有限的时间和资源条件约束下，对系统开发全过程进行有效的计划、组织、协调、监督与控制的活动。

进度、成本、质量、风险是项目管理的控制要素。信息系统开发项目的特殊性使得这些要素的控制颇具难度，控制效果不甚理想。已有研究表明，信息系统的成功率还不能令人满意，不同程度的失败比较多见。这些失败的原因主要发生在系统的前期，因此有必要通过加强项目管理来提高信息系统开发的成功率和效率。

1. 拟定和实现项目工作计划

为了避免信息系统严重超出预算和拖延进度，信息系统项目应事先编制好各方面的计划，既包括与项目密切相关的实质性计划(如进度计划、费用计划、人员安排计划等)，也包括一些保证性计划(如质量保证计划、风险管理计划等)。

信息系统的项目计划可以是全过程的计划，也可以是阶段性计划或子系统计划。项目的全过程计划要适当保留一定的余量和弹性，而阶段性计划和子系统计划可以按照从近期精细到远期概略的方法展开。

制订计划可采用甘特图或网络计划技术，以达到用最短时间、最小资源消耗完成预定的目标。甘特图是一种对各项活动进行计划调度与控制的图表，它具有简单、醒目和便于绘制等特点。一般甘特图的横向表示时间，纵向表示工作。用甘特图制作的，采用购置和专门开发并举方式的营销管理系统项目工作计划如图 7.1 所示。

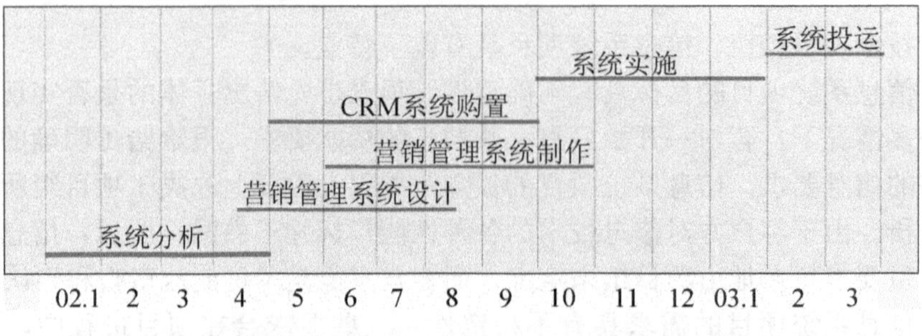

图 7.1 采用购置和专门开发并举方式的营销管理系统项目工作计划

网络计划法是用网络图表安排与控制各项活动的方法，一般适应于与工作步骤密切相关、错综复杂的工程项目的计划管理。

2. 合理管理人员

一个项目要成功，制订计划是必不可少的，但构成项目的人员是关键，项目的管理归根结底是人的管理。项目工作计划是否能真正落实，需要配置相关的资源，其中最为关键的资源就是人力资源。

1）人力资源平衡

在制订人力资源计划时，在按照 Rayleigh-Norden 曲线配备人力的同时，要尽量使某个阶段的人力稳定，并且确保整个项目期人员的波动不要太大，从而保证信息系统开发过程中人力资源的平衡。

2）项目团队的组织与协调

首先，由企业的一把手负责，与系统相关的部门负责人一起组成领导小组，负责新系统开发的行政组织和领导工作，行使涉及机构调整，人员、设备的调配，规章制度的制定，资金的使用，项目管理以及对系统开发做出重要决策的权力。

其次，成立系统开发工作小组。该小组在系统开发领导小组的领导下，具体执行系统开发的工作。

3）系统开发人员的组成与职责

管理信息系统的开发和应用需要各方面人才，这些人才包括系统分析员、系统设计人员、程序员、操作员等。这里系统分析员是带头者。

系统分析员。系统分析员又称系统分析师，是技术和管理之间的桥梁，主要承担系统的调查与分析工作，经过专业训练，不仅有系统深入的专业知识，对计算机、管理信息系统、现代管理理论和实践都有比较丰富的知识，知识面广，善于学习不同行业系统的业务知识，同时又有实用广泛的社会知识，善于与不同背景的人员进行讨论，交流思想，有较强的计划、组织、协调、控制和监督的工作能力。

系统设计人员，负责系统的设计工作，也被称为系统设计师。他参与系统开发的总体设计、模块设计及各种物理设计工作，具有熟练的计算机专业知识，掌握建立管理信息系统的技术基础，责任心强，熟悉系统实施与转换的一般技术方法。

程序员，负责系统程序设计、调试和转换工作，要求精通程序设计语言与编程技巧，掌握系统测试的原理和方法，具有准确理解和贯彻系统分析与系统设计思想的素质和能力，善于学习和运用程序设计的新方法和新技术，有一定的美学修养。

操作员，参与系统调试与转换工作，负责系统正常运行期间对系统功能的执行，包括数据的录入、查删改、统计、打印输出、数据的备份与恢复等，要求有熟练的键盘操作技能、准确快速的汉字输入能力，掌握基本的硬件操作知识与操作系统命令，善于学习和掌握应用系统的功能结构和性能特点，遵守操作规程，有责任心。

其他人员。在系统开发及正常运行后的管理与维护中，可根据需要配备。例如，设备维护、文档资料管理以及网络系统管理等专门人员及兼职人员。

除此以外，开发项目还要抽调管理人员参加工作。这是非常重要的，因为计算机业务部门对具体的问题不熟悉，没有使用部门和管理人员参加配合，往往会使设计脱离实际，不能很好地投入运行。另一方面，由于管理和计算机技术考虑问题的出发点不同，有时会发生矛盾。例如，技术人员希望从技术角度上首先考虑如何提高机器运转效率，而管理人员则首先要求使用方便。这些矛盾需要经过项目管理来进行协调。

在开发系统的过程中，还会遇到系统设计员和用户的矛盾。计算机和用户的关系是计算机为用户服务，不是用户为计算机服务，这个看来简单的道理却不容易做到。因为对用户来说是方便的，就意味着设计人员和程序员要用一套程序的功能来实现；而对计算机来说是简单的方案，可能对用户来说使用起来又是麻烦的，甚至根本不愿意用，或者根本就无法使用，从而造成系统失败。为了解决这类问题，在项目管理上应采取措施加强设计人员和用户之间的联系和合作。

特别值得一提的是 Brooks 定律。曾担任 IBM 公司操作系统项目经理的 F・布鲁克斯(F. Brooks)从大量的软件开发实践中得出这样的结论：“向一个进度已经落后的项目增派开发人员，可能使它完成得更晚!”这就是业界公认的 Brooks 定律。Brooks 定律说明了“时间与人员未必能互换”这一原则。当开发人员以算术级数增长时，这些人员之间的交换意见的路径数将以几何级数增长，从而导致“得不偿失”的结果。因为后来者需要加快速度，同时还要与前任进行沟通，从而使得开发团队增加了更多的开发时间，这个时间超过了新增程序员所做的贡献。在许多情况下，开发时间长一点，开发人员少一点，才符合经济原则。

3. 信息系统的全面质量管理

信息系统的质量管理不仅仅是项目开发后的最终评价，而是在信息系统开发过程中的全面质量控制。也就是说，信息系统的质量管理不仅包括系统实现时的质量控制，也包括系统分析、系统设计时的质量控制；不仅包括对系统实现时软件的质量控制，而且包括对文档、开发人员和用户培训的质量控制。由于应用软件是信息系统的核心，软件的质量决定信息系统的生命，而衡量软件质量的指标及其度量从以前强调程序的正确和效率，转向了首先强调程序的可维护性、可靠性和可理解性，然后才是效率。这是从管理角度对软件质量的度量。

另外，信息系统的开发是一项复杂的系统工程，必须建立严格的工程控制方法，要求开发组的每一个人都要遵守工程规范。

4. 制定相应文件

在开发 MIS 的每个阶段都应制定好相应的文件(文档管理)，明确工作目标和职责范围。

这里指的信息系统的文档，不但包括应用软件开发过程中产生的文档，还包括硬件采购和网络设计中形成的文档；不但包括上述有一定格式要求的规范文档，也包括系统建设过程中的各种来往文件、会议纪要、会计单据等资料形成的不规范文档，后者是各方谈判甚至索赔的重要依据。显然，文档的含义在信息系统学科领域里比软件工程更宽泛。

1) 文档的作用

文档是软件的一部分，更是信息系统的一部分，没有文档的软件不能称其为合格的软件，没有文档的信息系统不能称其为完整的信息系统。文档在系统开发人员、项目管理人员、系统维护人员、系统评价人员以及用户之间的多种桥梁作用如图 7.2 所示。图中列出了文档在信息系统设计和运行过程中的 7 种典型沟通作用。

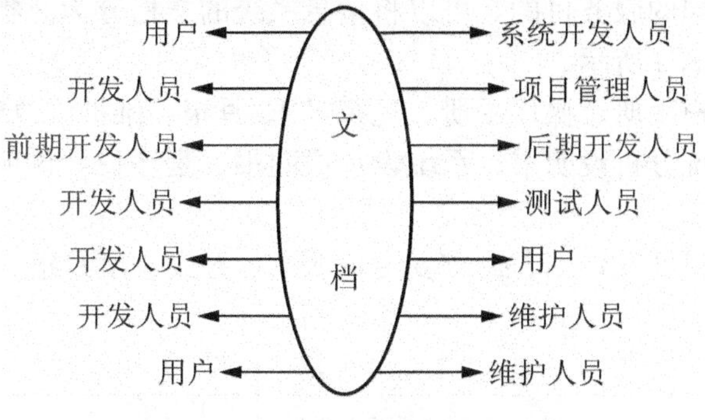

图 7.2 信息系统文档的沟通作用

(1) 用户与系统开发人员在系统规划和系统分析阶段通过文档进行沟通，包括可行性研究报告、总体规划报告、系统开发合同、系统分析说明书。

(2) 系统开发人员与项目管理人员通过文件在项目期内进行沟通，包括系统开发计划、系统开发月报、系统开发总结报告。

(3) 前期开发人员与后期开发人员进行书面文档沟通，包括系统分析说明书、系统设计说明书。

(4) 系统开发人员与系统测试人员通过文档进行沟通，包括系统说明书、系统开发合同、系统设计说明书、测试文档、测试报告。

(5) 系统开发人员与用户在系统运行期间进行沟通，包括用户手册、操作手册。

(6) 系统开发人员与系统维护人员通过文档进行沟通，包括研制报告、技术报告、技术手册。

(7) 用户与维护人员在运行期间进行沟通。

上述 7 个方面是文档在沟通方面的主要作用，其实，文档还可以作为监理和审计的对象，作为开发其他信息系统的参照。如果发生合同纠纷，文档还能起到证据的作用。因为每份文档都是项目建设中有关成员的一种书面承诺。绝大多数文档都是需要签名的，而签名就表示对自己所签署的那部分文档内容的认可和承担责任。特别是用户提出的需要变更申请书必须妥善保管，这些文件在发生纠纷时往往能成为保护自己甚至索赔的重要依据。

显然，文档的编制在信息系统的开发工作中占有突出的地位和相当的工作量。高效率、高质量地写作、分发、管理和维护文档对于提高信息系统的效益有着重要意义。

2) 文档的类型

信息系统的文档有许多种分类方法。

(1) 按照产生的频率分为一次性文档和非一次性文档，前者如系统分析说明书、系统设计说明书等，后者如开发过程中用户提交的需求变更申请书等。

(2) 按照信息系统生命周期的阶段不同，可以划分为系统规划阶段的文档(可行性报告、项目开发计划书)、系统分析阶段的文档(系统分析说明书)、系统设计阶段的文档(系统设计说明书、需求变更申请书)、系统实现阶段的文档(程序设计报告、系统测试报告、开发总结)、系统运行与维护阶段的文档(用户手册、操作手册与维修修改建议书)。

(3) 按照文档不同的服务目的，可以将信息系统的文档分为3类：用户文档、开发文档与管理文档，如图7.3所示。

用户文档包括用户手册、操作手册、运行日志/月报、维护修改建议书。

开发文档包括系统分析说明书、系统设计说明书、程序设计说明书、测试计划、测试报告可行性研究报告。

管理文档包括项目开发计划、需求变更说明书、开发进度月报、开发总结报告。

- 信息系统的文档
  - 用户文档
    - 用户手册
    - 操作手册
    - 运行日志/月报
    - 维护修改建议书
  - 开发文档
    - 系统分析说明书
    - 系统设计说明书
    - 程序设计说明书
    - 测试计划
    - 测试报告
    - 可行性研究报告
  - 管理文档
    - 项目开发计划
    - 需求变更申请书
    - 开发进度月报
    - 开发总结报告

图7.3 按照服务目的不同划分的文档类型

信息系统建设中的主要文档有系统开发立项报告、可行性研究报告、系统开发计划书、系统分析说明书、程序设计报告、系统测试计划与测试报告、系统使用与维护手册、系统评价报告、系统开发报告与开发总结报告。

5. 文档管理的方法

尽管文档的重要性大家都大体知道，但在实际工作中，文档在编制和使用中仍然存在着许多问题，有待于解决。系统开发人员中较普遍地存在着对编制文档不感兴趣的现象。从用户方面看，他们又常常抱怨文档售价太高、文档不够完整、文档编写得不好、文档已经陈旧或文档太多、难以使用等。为了最终能得到高质量的信息系统文档，在信息系统的建设过程中必须加强对文档的管理。文档管理应从以下几个方面着手进行。

1) 文档管理的制度化

必须形成一整套的文档管理制度，其内容包括文档的标准、修改文档和出版文档的条件、开发人员在系统建设不同时期就其文档建立工作应承担的责任和任务。根据这一套完善的制度来最终协调、控制工作，并以此对每一个开发成员的工作进行评价。

2) 文档要标准化和规范化

在系统开发前必须首先选择或制定文档标准。在统一标准制约下，开发人员负责建立承担任务的文档资料。对于已有参考格式和内容的文档(如系统分析说明书)应尽量按相应的规范撰写文档。对于没有参考格式的文档，如用户需求变更申请书，应在项目组内部出台相应的规范和格式。

3）文档管理的人员保证

项目小组应设文档组或至少一位文档保管人员，负责集中保管本项目已有文档的两套主文本。两套文本内容应完全一致，其中一套可按一定手续办理借阅。

4）维持文档的可追踪性

由于信息系统开发具有动态性，系统的某种修改是否最终有效，要经过一段时间的检验，因此文档要分版本实现，而各版本的出版时机及要求也应有相应的制度。

5）维护文档的一致性

信息系统开发建设过程是一个不断变化的动态过程，一旦需要对某一文档进行修改，要及时、准确地修改与之相关联的文档，否则将会引起系统开发工作的混乱，而这一过程又必须有相应的制度来保证。项目成员可根据工作需要在自己手中保存一些个人文档。项目开发结束时，文档管理人员应收回开发人员的个人文档。发现个人文档与主文本有差别时，应立即着手解决。这常常是未及时修订主文本造成的。新文档取代了旧文档时，文档管理人员应及时注销旧文档。在主文本修改时必须特别谨慎，修改以前要充分估计修改可能带来的影响，并且要按照提议、评议、审核、批准和实施等步骤对其进行严格控制。

以上是系统建设过程中文档管理需注意的问题，而运行过程中的文档管理与开发过程中的文档管理的方法大同小异，这里不再赘述。

7.1.3 信息系统的开发方式

信息系统的开发已有多种方式可供选择。这些方式一般可以分为购置商品软件和专门开发两大类。其中，专门开发又有自主开发、委托开发和合作开发等方式。委托开发和购置商品软件后的委托实施等也被称为外包。不同的开发方式各有其优缺点和适用性，开发方式的选择对信息系统的成败有重要的影响，实际中很多企业的信息系统是依据其各自的特点，兼用多种方式开发实现的。

1. 全面购置商品化软件

目前，市场上的应用系统软件种类繁多，从单一功能的小软件至覆盖大部分企业业务的大系统，档次分明，其中以 ERP 系统和 CRM 系统等管理软件为主流。商品软件以规范模型研制，经过反复调试，得到广泛应用，质量有保证；购买商品软件方式可以加快信息系统的开发进度。但同时也要注意到，规范模式的商品软件对组织的变革，特别是对流程改革有较大的推动力度，这为企业获得成功带来难度，且具有一定的风险。

随着信息系统开发与应用的深入和普及，一些通用的解决企业管理中部分问题的商品软件陆续产生，其中典型的有 MRP Ⅱ、财务管理软件、人事管理软件等。购置商品软件可加快信息系统的开发进度，也可提高开发的成功率。通过购买商品化软件建立信息系统的过程大体如图 7.4 所示。

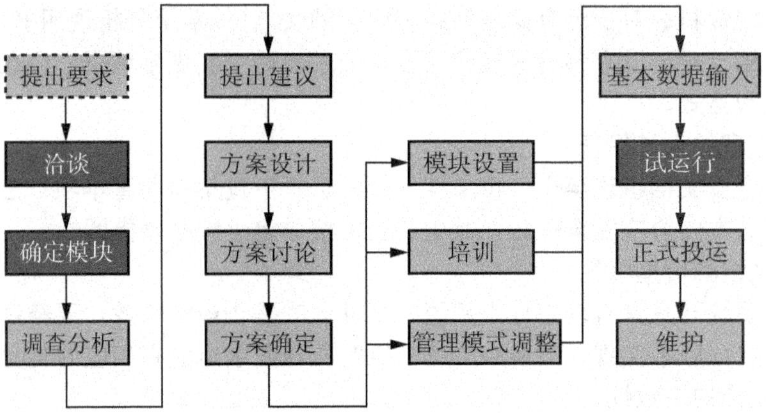

图 7.4　通过购买商品化软件建立信息系统的过程

注：[虚线框]表示企业；[浅灰框]表示合作；[深灰框]表示软件公司。

2. 全部专门开发

专门开发(定点)是早期就一直被采用的方式，由于当时信息系统开发方法与技术不成熟，缺乏开发经验，几乎没有现成的商品软件供选购，逐个地根据企业的具体情况开发信息系统是必然的。专门开发的工作量非常庞大，应用系统软件的重复设计与编制耗去了大量的人力与时间。由于商品化软件不能全部满足用户的需求，而定点开发可以，因而其更受用户欢迎。

3. 专门开发与全面购置商品软件二者集成

每个企业的管理模式不尽相同，也不可能买到能解决企业所有管理问题的商品软件，因而不得不采用应用系统软件购置与专门开发并举的集成方式，即购置一些管理过程较稳定、模式较统一的功能模块，而对结合企业具体特点的、稳定性较差的或决策难度较大的功能模块则采用专门开发。当然，两者应有机地结合，构成一个完整的信息系统，如图 7.5 所示。

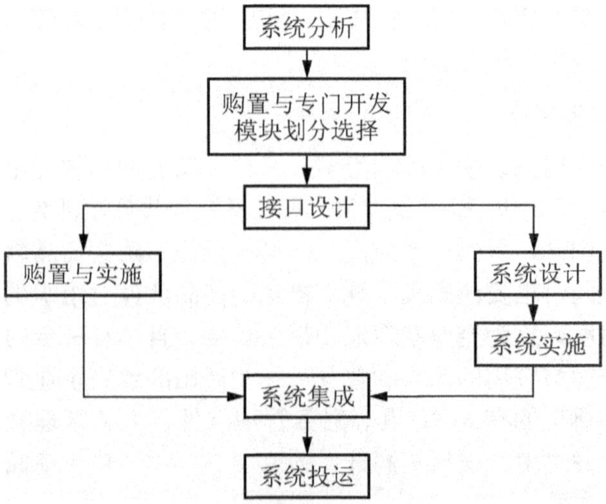

图 7.5　专门开发与全面购置商品软件二者集成的接口设计与集成工作

4. 信息系统新方式：业务外包

所谓业务外包(outsourcing)就是为降低成本和提高效率，将一些非主业业务或工作承包给外部专业公司。业务外包被应用于信息系统开发、维护、运行、顾问聘请等。

为提高信息系统外包服务的绩效，实现预定的目标，站在服务需求方的角度，应该做好以下外包决策和控制。

(1) 外包服务内容的选择。依据资源互补原则，将自己难以力及的信息系统的某些业务纳入外包计划，但对于做出信息系统整体外包的决策一定要慎重。

(2) 外包服务商的选择。外包是专业分工的产物，因此，专业化是外包服务商选择的主要依据。另外，声誉和实力也是选择外包服务商时要考虑的主要因素。

(3) 外包策略的选择。外包策略主要是合作策略和外包形式等。合作策略上有长期的战略合作和短期的项目合作；外包形式上有合作参与和完全外包等。外包策略选择一般应考虑外包双方所在行业的相关度、外包服务的频率和用户的实力。

(4) 外包风险的选择。信息系统中的信息是组织的关键资源，涉及企业的重要机密，外包中服务方难免会触及这些机密信息并因此而带来风险隐患。因此，既要慎重选择合适的服务商，同时也要在合同制约、数据隔离、人员授权等具体手段上进行事前控制。

案例

一家国有企业在信息化规划方案决策上的困境

某大型国有制药公司，在全国不同地区设有多个生产分厂和营销机构或办事处，员工人数将近2 000名。该公司基础管理良好，过去的10余年里产值快速增长，经济效益也比较理想。产品研发上主要走引进新技术和模仿技术的路线，年度研发投入占产值的15%以上，在专门用途的药品方面有绝对的市场主导地位。近年来，随着市场竞争的日益加剧，尤其是我国加入WTO后对于知识产权的重视，该公司经营中呈现出竞争不利的预兆，决策层开始有危机感，因此决定首先建设一个比较完整的ERP系统，随后陆续建设产品研发支持系统和市场信息分析系统，并以此促进管理变革，提升市场竞争力。

由于受到企业体制的限制，管理变革的难度较大。该公司在信息系统人员方面，仅有工作时间很短的两位相关专业的员工。在信息化建设方面，已经建有工资管理、人事档案管理和生产计划统计等单项功能的信息系统。在信息基础设施方面，建有一个局域网和一个小型的数据库，主要用于文档的传输，数据库中的数据没有实现跨部门的共享。

他们第一步要做的是制订信息化规划。围绕这项工作，公司的主要领导和相关人员展开了以下两类问题的讨论。

(1) 采用什么方式实施信息系统项目？是自己开发、委托开发、购置商品软件，还是采用合作或集成的方式，或是外包？如果外包，那么外包的内容和策略又如何？

(2) 如何组建一个信息管理部门？是组建一个直属总经理管辖的部门，还是归属某职能部门的分支机构？该部门的岗位如何设置？这些岗位应该赋予怎样的职责？

该公司经过一段时间的研究和探讨，除了采用合作参与的外包方式和设置直属总经理管辖的信息管理部门的做法有了一致的意见并形成决定外，其他方面还是拿不定主意。又过了一段时间，这些遗留问题依然没有解决。该公司在信息系统开发方式和信息管理部门建制的部分具体问题上处于悬而难决的局面，在客观上延误了应用信息系统支持管理变革和提高竞争力的战略的实施。该公司在信息化规划决策上的这种处境很值得我们思考和分析。

（资料来源：黄梯云．管理信息系统[M]．北京：高等教育出版社，2009：221—222.）

问题：

1. 案例中的公司在信息规划上面临着什么问题，导致着怎样的局面？
2. 引发这些问题的可能的主观和客观原因有哪些？
3. 假定你是一位讨论参与者，请对那些悬而未决的问题提出你的意见。

7.2 企业信息管理

7.2.1 企业信息管理概述

1. 企业信息管理的内涵

企业信息管理是企业管理者为了实现企业目标，对企业信息和企业信息活动进行管理的过程。它是企业以先进的信息技术为手段，对信息进行采集、整理、加工、传播、存储和利用的过程，对企业的信息活动过程进行战略规划，对信息活动中的要素进行计划、组织、领导、控制的决策过程，力求资源有效配置、共享管理、协调运行、以最少的耗费创造最大的效益。企业信息管理是信息管理的一种形式，把信息作为待开发的资源，把信息和信息的活动作为企业的财富和核心。

在企业信息管理中，信息和信息活动是企业信息管理的主要对象。企业所有活动的情况都要转变成信息，以“信息流”的形式在企业信息系统中运行，以便实现信息传播、存储、共享、创新和利用。此外，传统管理中企业的信息流、物质流、资金流、价值流等，也要转变成各种“信息流”并入信息管理中。企业信息管理的原则是必须遵循信息活动的固有规律，并建立相应的管理方法和管理制度，只有这样，企业才能履行其各项管理职能。

企业信息管理过程又是一个信息采集、整理、传播、存储、共享、创新和利用的过程。通过不断产生和挖掘管理信息或产品信息来反映企业活动的变化，信息活动的管理过程和管理意图力求创新，不断满足信息管理者依靠信息进行学习、创新和决策的迫切需要。

2. 企业信息管理的任务

企业信息管理具有以下基本任务。

（1）有效组织企业现有信息资源，围绕企业战略、经营、管理、生产等开展信息处理工作，为企业各层次提供所需的信息。

（2）不断地收集最新的经济信息，提高信息产品和信息服务的质量，努力提高信息工作中的系统性、时效性、科学性，积极创造条件，实现信息管理的计算机化。

3. 企业信息管理的层次

企业信息管理同企业管理一样，分为3个层次。

战略管理：对企业信息和资源在整体上的一种把握和控制。

中层管理：对企业业务活动信息进行具体设计、组织协调，使各种业务活动有效开展。

基层管理：对业务处理的过程信息进行管理。

4. 企业信息管理的内容

信息管理实际上包含两方面的管理：信息内容的管理和信息技术的管理。信息内容的管理至今还很不成熟，而信息技术的管理相对发展得较好。至今讨论的许多信息管理均是信息技术管理。信息技术管理主要涉及如何利用信息技术实现企业目标问题，它包括5个主题。

1）战略规划问题

企业的战略规划要考虑IT的潜能，IT的规划要符合企业的目标。企业战略和企业IT战略紧密相连。IT成为企业竞争的差异器和使能器。对于不同的企业而言，IT的重要性不同，对同一企业的不同部门，IT的重要性也不同。注意战略关联，对发挥IT的潜能是十分重要的。

2）IT架构问题

架构即分配计算资源的模式，包括硬件、软件、网络和数据库的模式。它提供一个平台，使信息处理功能可以在它上面实现。IT的合理的架构随信息技术的进展而不断变化，因而它本身就是一个动态的过程。

架构问题不完全是技术问题，它也包括IT部门的人员组织问题。IT部门应具有什么组织形式，应在哪个层次，常规的运行方式是什么，显然均是IT管理的问题。

3）项目管理问题

在有了IT规划、确定了IT架构之后，就要确定一些项目进行开发，就要进行项目管理。不同的项目有不同的方法。不同的项目采用不同的组织结构、不同的用户接口形式、不同的领导风格和不同的计划和控制方法才是合理的。最合理的项目管理方式应顺应项目的特点。

4）IT运行的计划和控制问题

计划是合理地调度资源去实现规划的任务，控制是保证实现进行于规划的轨道中。在IT管理中，计划与控制的重要问题有，用户和IT部门的费用和责任如何平衡？IT部门是作为企业的利润中心，还是成本中心？IT的预算是由项目驱动的还是由问题驱动的？IT性能指标的确定和监控问题。

5）IT部门的经营策略问题

最早的IT部门在企业是作为研发部门出现的，以后变为一个后勤服务部门。今天的环境又有变化，是要利用IT创造新产品和获取竞争优势。

经营就是如何对利用IT提高企业效率、效益和获得竞争优势的活动进行管理。是把IT部门作为一个职能部门，还是作为一个内部独立核算的企业管理，这就是IT部门的管理策略问题。

信息内容的管理远没有信息技术管理成熟。内容管理开始于数据管理，现在已进入知识管理领域，但离决策信息的管理还有很大的距离。信息内容如图 7.6 所示。

由图 7.6 我们可以看出，数据是信息的原料。数据一般储存在报表或纸质文件上，当然也可以电子化地储存在电子文件和数据库上。知识是人类对规律的认识，它是可重用的，也可以说是凝固了的信息。图书是知识的载体，这已被世人所公认。知识可以存放于电子文档和电子知识库中，而实际上最大量的知识还是存在于人们的大脑中，也就是分散地存在于群众中。决策信息是对数据和知识进行加工后所得到的立即可让决策者使用的信息。它是动态的，一旦凝固就可作为知识或数据储存。它一般只能储存在数据仓库或决策支持系统的信息库中。

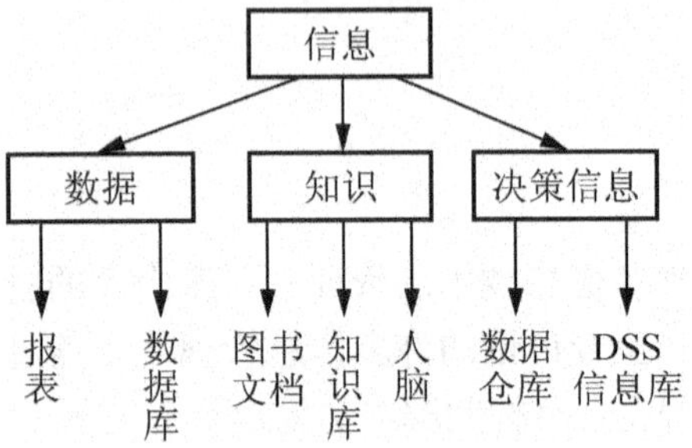

图 7.6 信息内容

7.2.2 企业知识管理

1. 知识管理概述

关于知识的定义，至今也没有一个完善的、为所有人所接受的定义。有人由数据、信息和知识的区别来定义知识，认为数据是未经加工的原始的资料；信息是原始数据经过加工以后形成的有意义的数据。那么什么是知识呢？它就应当是经过使用，被证明是真理的信息，也可以说是固化了信息。所以有学者认为，知识是信息的一个子集。这里我们也采用这个定义。

知识可以按以下几种方式分类。

(1) 结构化知识和非结构化知识。存放于数据库当中的知识是结构化的知识。它很容易查询、综合、共享和使用。存放于图书馆中的知识就只能算半结构化的知识，它有分类、目录，也可以查询，但并不容易综合和使用。而存放于业务文件、电子邮件等上面的知识就是非结构化知识。

(2) 显性知识和隐性知识。所有文件化了的知识又称显性知识，存在于员工头脑中的知识又称隐性知识。显性知识是可以用语言文字表述的知识，而隐性知识则要靠在实践中摸索和体验来获得，它是可意会不可言传的。显性知识可以是结构化的，也可以是非结构化的；而隐性知识一般均为非结构化的。因为隐性知识存在于人的头脑之中，因而管理起来和人的行为有很大的关系。过去人们重视对文字资料、图纸等显性知识的管理，而忽略了对隐性知识的管理。随着知识经济的到来，信息和知识正在取代资本和能源而成为创造财富的主要因素，人们发现隐性知识更为宝贵。但是，隐性知识所包含的经验、技巧等知识难以共享，而且它会随着人员的变动而大量流失。

(3) 经济合作与发展组织还将知识分为事实知识(知道是什么)、原理知识(知道为什么做)、技能知识(知道怎样做)和人际知识(知道谁掌握着知识)。

不同类型的知识应采取不同的管理方法。管理结构化知识的最好方式是应用数据库，管理半结构化的知识可用数据仓库或决策支持系统；而智能决策支持系统、新研制的知识管理系统对非结构化的知识有所帮助。

2. 知识管理的内容

知识管理包括知识获取、存储、传播、加工、更新和使用的管理。它不仅包括技术，而且还包括行为管理；不仅包括个人学习，而且还包括组织学习。对于一个企业而言，它包括推动和监控企业的所有知识活动、建立和维护企业知识基础设施、变革组织和转化知识资产等。

知识管理也包括知识内容管理和知识技术管理。总而言之，知识管理主要包含8个方面的管理。

(1) 知识创新管理。包括创新的机制、创新的环境、创新的文化等管理。

(2) 知识转移管理。包括知识的传播、知识的培训、知识的有偿或无偿交换等。

(3) 知识应用管理。包括知识应用的制度、成本核算、预算和费用管理办法等。

(4) 知识组织管理。包括把整个组织建成知识性组织，这就是学习性组织、扁平化组织；也包括在传统组织中负责知识管理的组织，如图书馆、信息中心、网站，一些非正式的组织，如知识社区、兴趣小组等。

(5) 知识人员管理。从事知识工作的人员和体力劳动者有许多不同之处，因而这些人员的招聘、培训、上岗、考核、激励均有一些不同的方式。

(6) 知识资产管理。包括专利的申请和管理、知识成果的价值评价、无形资产的评估和转移等。

(7) 知识技术管理。知识管理系统的建设或开发等。

(8) 知识战略管理。企业相关的知识发展的预测，企业知识发展的目标、远景、策略，知识项目的规划等。

3. 知识管理系统

知识管理系统有3种形式：企业范围的知识管理系统、知识工作系统和智能技术。

企业范围的知识管理系统是以通用的企业范围的意图去收集、储存、分发和使用信息内容与知识。这种系统提供数据库和工具，以组织并存储结构化与非结构化的文件及其他知识对象，为寻找具有某特定领域知识的员工提供一种方便合作和沟通的网络一级的工具。

知识工作系统是为工程师、科学家和其他知识工作者研制的特殊系统，负责为一个公司发现和创建新知识，如计算机辅助设计、可视化、模拟和虚拟现实系统等。知识管理还包括各种智能工具，如数据挖掘、专家系统、神经网络、模糊逻辑、遗传算法和智能代理等。这些技术有不同的目标，由发现知识到为计算机编程将知识转化成规则的形式，再到发现各种问题的解决方案。这里我们主要介绍企业范围的知识管理系统。

企业范围知识管理系统的技术和能力概况如图7.7所示。它们包括存储结构化和非结构化文件的能力；在公司中发现雇员知识的工具；通过主要业务系统(如企业应用系统和网站)获得数据和信息的能力等。它们也包括支持技术，如门户网站、搜索引擎和合作工具(电子邮件、即时信息、群件)，用以帮助雇员寻找公司知识库、与公司内外人员沟通与合作及将存储的知识用于新情况。

企业范围的知识管理系统有3种类型，涉及3种不同类型的知识。

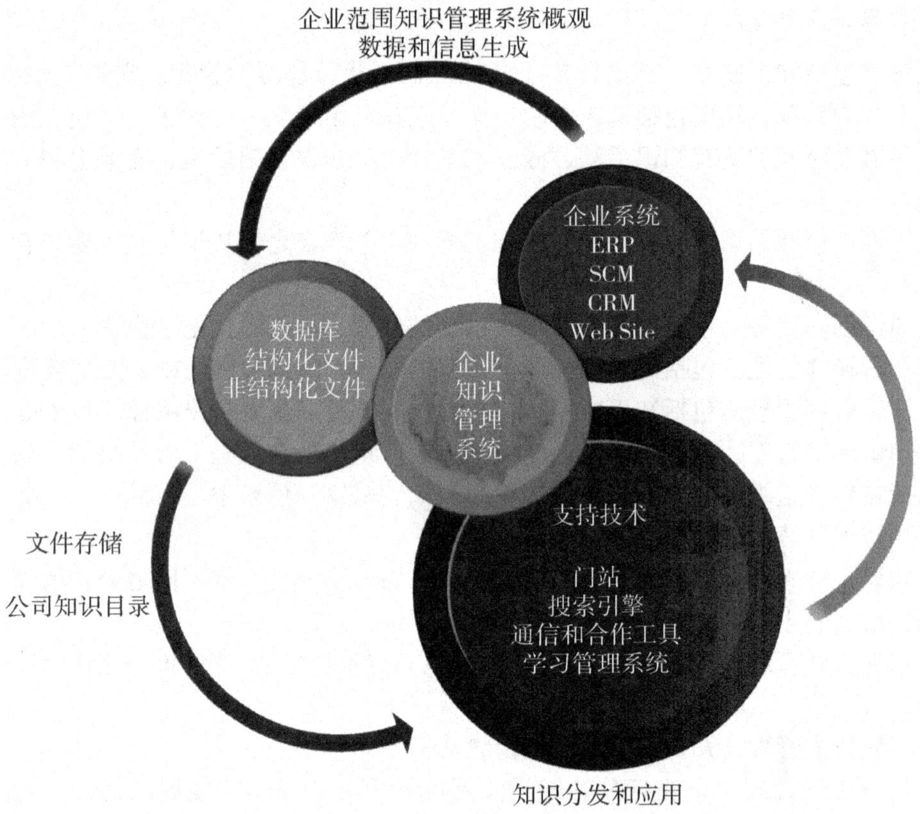

图 7.7　企业范围知识管理系统

(1) 结构化知识系统。某些知识已经以结构化文本文件和报告或演示稿的形式存在于企业的某个地方，其中心问题是组织这些现存的结构化知识进入图书馆，使其易于在公司各处存取。我们把这种知识称为结构化知识，把这种类型的系统称为结构化知识系统。

结构化知识是显性知识，存在于正式文件以及正式规则中，这些规则是由组织观察专家和他们的决策行为导出的。结构化知识的本质问题是创建一个合适的数据库模式，它可以收集和组织信息进入有意义的分类中，并创建一个在各种情况都容易被存取的数据库。一旦模式建立，每一个文件需要"标示"或者编码，从而它可被搜索引擎检索。结构化知识系统执行编码模式和存储文件的公司数据库接口，创建企业门户网站环境，以备员工寻找知识时使用。

(2) 半结构化知识系统。半结构化的信息是指所有未存放于正式文件中或指明作者所写的正式报告中的信息。据统计，至少 80%的组织的业务内容是非结构化信息，存于卷宗、消息、备忘录、建议、电子邮件、图形、电子投影胶片甚至影像中，可能以不同的格式建造，存放于很多地方。

(3) 知识网络系统。没有正式的或数字的任何类型的文件，知识驻留于公司内某处有经验的雇员的头脑中。经理们需要建立一个网络，以连接知识的需求和知识的供给。这种系统叫做知识网络系统，也被称为知识位置和管理系统。知识网络系统提供一个公司专家目录，按照定义好的知识领域归类，员工可以通过网络很容易地在公司内找到合适的专家。某些知识网络系统走得更远，将专家们提供的方案系统化，并存于知识库中，作为最佳实践或常问问题存储。

知识网络系统主要处理那些不是以数字文件的形式，而是存在于公司中专家个人头脑中的知识。根据KPMG的调查，在《财富》500强公司中，63%的雇员抱怨知识网络系统难以取到非文件化的知识。由于知识不能被方便地发现，雇员们花费了大量的资源去再发现知识。

知识网络系统致力于将隐性、非结构化和非文件化的知识转化成为显性知识，这样即可存放于数据库中。企业知识网络系统的关键特征见表7-1。

表7-1 企业知识网络系统的关键特征

特　征	描　述
知识交换服务	支持交互式的Q&A会议； 识别合格的公司专家的能力； 发布以及和所有雇员共享文件知识
实际支持社区	跨越职能和单位联系专家的能力； 推动信息进社区的能力； 社区的强力的合作工具，如调度、文件检索和沟通
自动扼要描述的能力	自动扼要描述雇员专家的能力； 允许个人管理他们的简介的能力
知识服务管理	自动的管理提名、批准、传播最佳实践和解答； 保证企业知识和规则、规定一致，并支持企业过程

案例

一个制鞋的企业应如何保证信息系统的安全呢?

跟踪鞋业销售是非常重要的。

Payless鞋业是北美最大的家庭鞋业零售商。在2001年，Payless的销售额达到了30亿美元(平均每双鞋的价格是12美元)。它有4 900家商店，遍布美国、加拿大、波多黎各、中美洲和美国关岛。

鞋是自动运输到每个商店的。整个配送系统依靠设立在堪萨斯州托皮卡的数据中心运转。所有的数据分析、决策制定和控制都基于托皮卡的数据中心控制，即使是中国台湾地区的网络出现了问题，也是由托皮卡的工作人员来解决。由于堪萨斯州位于“飓风”谷，所以这个16 000平方英尺(1平方英尺≈0.092 9平方米)的数据中心实际上是位于地下的。

每天晚上，数据中心会汇总所有商店的数据(包括国内的还有海外的)，以获取他们当天的销售信息。公司有一个数据库，里面存储了两年内每家商店卖出的每双鞋的样式和尺寸数据，以供公司进行数据分析。这些数据如果丢失了，那后果将是灾难性的。所以，Payless公司有多种措施，包括以下内容。

如果美国电话电报公司的通信设备出现了故障，公司可以马上转用 Sprint 公司的通信线路。

一旦停电，一个由 120 个电池组成的电池组会马上供电，一台备用的发电机会开始工作，甚至在这个发电机出现故障之后，还会有第二台发电机备用。

数据中心有两套备用空调系统以防系统出现问题。

如果失火，气体灭火器会自动从天花板喷射下来，几秒钟之内会把火灭掉。如果不起作用，洒水装置会作为最后的灭火方法开始运作。(水会破坏电脑设备。)

所有的信息都在高容量磁带库中存储了备份。公司有 30 000 个用于存储的磁带，每天都需要卡车运输。公司与有关的部门签署了协议，在费城设有热站，一旦在托皮卡的数据中心产生巨大的灾难，整个中心可以搬到新址运转。每年信息部门都会进行一次事故演习。

(资料来源：王舰. 一个制鞋的企业应如何保证信息系统的安全呢？——跟踪鞋业销售时非常重要 [EB/OL]. http://jwc.ouc.edu.cn:8080/jwwz/index.jsp#/jpkc. [2012-03-28].)

问题： 通过这个案例，你对信息系统的安全有什么感想？

7.3 信息道德与信息系统分析员的修养

随着信息系统的发展，道德问题得到越来越多的关注。因此，它也就成了管理信息系统必然要涉及的问题。

7.3.1 信息道德的主要内容

信息技术对社会产生影响，从而产生了许多道德问题，主要有隐私问题、犯罪问题、健康问题、个性问题、雇用问题等。在所有这些方面，信息技术均存在有利的一面和不利的一面。例如，生产过程的计算机化能改善工作条件，提高职工满意度，但又面对如何保证就业的问题和保证产品质量和降低成本的问题。所以作为经理，应当使负面影响最小化，而使受益尽可能地大。

信息道德主要涉及隐私问题、正确性问题、产权问题和存取权问题。

隐私问题要建立标准，在什么安全保障条件下，关于个人或单位的哪些信息必须由他们自己发布，什么样的信息他自己可以保存，而不被强迫发布。

正确性问题。谁有责任保证信息的权威性、可信性和正确性？谁来统计错误并解决它们？

产权问题。谁拥有信息？信息交换的公平价值是什么？谁拥有传输信息的渠道？如何分配这些稀有资源？

存取权问题。什么人有权取得哪些信息？在什么条件下有哪些安全保障？

这里我们主要讨论道德问题。首先，道德问题和法律问题不同，法律问题一方面要加强法律观念的教育，另一方面要按照法律条文严格执行；道德问题只能通过长期的潜移默化的教育来解决，往往在道德问题上形成一致的观念后，再以法律形式固定下来。在处理信息技术以及其他新技术所带来的道德问题时，有以下 4 条道德原则。

(1) 匀称原则。新技术所带来的好处必须超过其危害或风险，不能再有其他比它的好处多而危害少的方案。

(2) 获许原则。应当事先知道新技术的影响，并同意接受风险。

(3) 公正原则。必须公平地分配技术的利益和风险。谁得到利益谁，就应当承担风险的公平份额；没有得到利益，就不应当承受重大的风险。

(4) 风险最小原则。即使以上 3 条原则均被接受，技术的实现也应尽可能地避免不必要的风险。

道德上的公正也有利于法律的执行。考虑道德问题对决策的影响，是每个企业管理者责无旁贷的任务。公司要兴旺发达，就要很好地建立企业的道德文化。

7.3.2 信息系统分析员的修养

信息系统的开发和运营是依靠一支专业队伍来完成的。这批专家包括系统分析员、高级程序员、计算机技术专家、业务员、录入员等，其中系统分析员是带头者。

信息系统分析员是技术和管理之间的桥梁，是领导和员工之间的沟通渠道。他是先进技术和先进管理模式的代表者，应不断地掌握管理和技术的发展趋势。他还是现实的革新者，他应能提出变革现实的方案，而且要善于处理矛盾，因势利导，组织实施。他不仅要懂管理，而且还要懂技术；他不仅善于说服领导，争取领导，而且还善于动员群众。通过他们把技术与管理、领导与群众结合起来，完成企业的管理变革和信息系统的应用。

信息系统分析员被赋予如此重要的使命，因而要求他们具备系统而深入的专业知识、实用而广泛的社会知识，还要有计划、协调、组织、控制和监督的工作能力，更要有大公无私、廉洁自律、坚持原则、灵活机动、信守承诺、认真负责、谦虚谨慎、密切联系领导和群众等的修养和作风。

信息系统分析员的最基本的修养显然是高尚的信息道德，主要表现在以下几个方面。

1. 要有正确的观念和远大的理想

远大的理想和正确的信念可以说是世界观、价值观、人生观。正确的世界观就是科学的发展观。符合科学的观点和观念就是正确的，就应积极支持、努力贯彻。不符合科学的，就要努力把它变成科学的。相信科学也就是相信真理，相信真理最终一定能战胜谬误。科学发展观基础扎实的人就绝不会弄虚作假、欺上瞒下。

远大的理想就是对未来有美好的憧憬或美好的愿景。愿景就是长远要达到的美好的目标。胸怀远大目标，人就有方向，就不会在做事的过程中东闯西摸、摇摇摆摆。过去的仁人志士心里有着共产主义的远大目标，投入为穷人翻身的革命斗争，抛头颅、洒热血，这就是理想的力量。今天我们从事信息化的事业，也是一场革命，如果我们也有对美好愿景的执著，也就不会为一些暂时的困难所动摇。

2. 要有不断进取和勇于奉献的精神

信息化事业是未来的事业，是走在时间前面的事业。只有进取，才能达到未来。安于现状、墨守成规、平平稳稳、不求上进绝不是一个信息系统分析员的素质。进要思变，变要思进，才能打通通往未来的道路。系统分析员要懂得“存在就是合理的”，因为如果完全合理它就不会走向未来。系统分析员要有许多敏感的触角，理性地“不满现实”和“喜新厌旧”，从而像美国管理科学家的眼光那样能发现“美国政府和企业的管理都是一无是处”。发现问题是解决问题的前提，如果一切都好，那就不用变革了。

有远大的理想，雄心壮志，又有进取精神和变革思想，还需要有奉献精神，也有人形象地说是“傻子精神”——不怕吃亏，不怕牺牲。如果前怕狼，后怕虎，就会担心个人的利益损失，只会追求“三十亩地一头牛，老婆孩子热炕头”。在滚滚的历史洪流面前成为一个旁观者。

最高尚的道德首先表现为奉献，无论社会制度如何，自古至今，被推崇为道德高尚者，最重要之处均在于奉献。当一个系统分析员到企业去开发信息系统时，要有为企业兴旺而奉献的精神，把企业的事业看得比自己的事还重要，他才会具有最强的号召力和最广的感染力。具有奉献精神的人做事总是要比自己份内的事做得多一点、好一点，上班也来得早一点、走得晚一点。养成这样的好习惯，偶然的失误，领导和同事也都会理解，而不失自己的形象。

3. 要有顾全大局和团结协作的精神

任何一项信息系统的工作都是一项团队工作，绝不是一个人就能够完成的。人多意见多，就会有分歧。现在许多任务完不成，大多是由不团结造成的。有学者这样描述：“一个处于创业阶段的小企业的七八个创始人，如果他们能经得起一两次濒临倒闭的困难仍不散伙，以后定能成功。”使团队树立起团结的精神，对完成信息系统开发的工作是十分重要的。要团结就要求团队中的每一个人能识大体、顾大局，时时处处想着集体、想着项目，而把奖金分成、个人得失放在后面。

4. 要有助人为乐和乐观热情的精神

系统分析员的道德形象，甚至可以说是习惯，就是助人为乐。助人为乐不仅要有思想而且要有习惯，经常遇到的事，对你来说是举手之劳，对别人就是排忧解难，你没有损失什么或损失很少，别人却得到很大的益处，何乐而不为。经常如此，就能良好的形象，也能获得更多的信息。系统的开发就会有很好的环境。

系统分析员不仅是先进生产力的代表，而且也应是大多数人长远利益的代表。系统分析员推行信息化，不能生硬地威胁员工，而是满腔热情地替别人着想，让在岗人员工作比以前更有兴趣，让下岗的人员工作有安排更有前途。

7.3.3 信息系统分析员的能力和知识结构

1. 信息系统分析员的能力

信息管理专业本质上属于管理专业，是培养管理者的专业。什么是管理？管理者，计划、组织、指挥、协调和控制者也。培养的人以后不是程序员，而是信息系统建设的管理人员，或者说是计划、组织、指挥、协调和控制程序员等去完成信息系统建设的人员，是系统分析员。作为系统分析员应满足哪些能力要求呢？

首先，要有抓住目标的能力，或简称目标能力，要能认识到目标的重要性、关键性、可达性等。这是一种对可能方案的综合判断能力。目标定得过高，达不到，会失去信心；目标定得过低，不费力就能达到，没成就感。只有经过努力能达到的目标才是好目标。系统分析员要善于根据环境状况，掌握资源状况和企业文化状况作出综合判断。切忌只考虑自己技术能行，就制定过高的目标，这也许是大多数信息系统项目都拖期的原因。

其次，是组织资源的能力，或简称资源能力。它是根据目标的需要估计和收集这些资源的能力。这些资源包括管理资源、经济资源、技术资源、人力资源等。要知道这些资源由哪里供应，要打通供应渠道，保证当用到某种资源时，资源能及时到达，做到资源可用可取。

再次，是动员能力，或称为造势能力。动先造势，势在必行。就是要做好思想动员，做好舆论准备，做到绝大多数人均同意这个项目、支持这个项目，大家会齐心协力决心完成它。让反对的话、泄气的话没有空间，把该不该上的争论推入历史，从现在起大家一门心思搞建设。

动员领导出面参与、支持、领导和动员信息系统建设是信息系统分析员的一种基本功。信息系统分析员要善于“装药”，让领导“点炮”。领导的行政资源是信息系统的最后保证。不要以为自己伶牙俐齿、嗓门大就能造成好势，只有内容正确，安排合理，领导坚决支持，才能造成基础巩固、热情高涨、持续时间长的盛势。

最后，是计划和控制的能力。计划的主要功能就在于将已有的资源针对目标安排好，排出进程。在进程中定立几个标杆，标杆所在时刻就是关键点和关键时刻。在关键点要对系统进行检测，用检测标准进行控制，发现问题及时纠正。对完成任务好的要给予奖励，奖罚分明。安排计划一般在最开始要“留有余地”，让人们“有产可超”。一旦进入状态，就会不断加速，一气呵成，完成得干净利索。要注意最后的扫尾工作(如建筑业的工地清理)不要拖，做好信息系统的说明和鉴定等。

2. 信息系统分析员的知识结构

信息系统(information system，IS)分析员的知识结构包括企业基础知识、IS基础知识、IS理论、信息技术等。其知识能力可用模型表示，如图7.8所示。

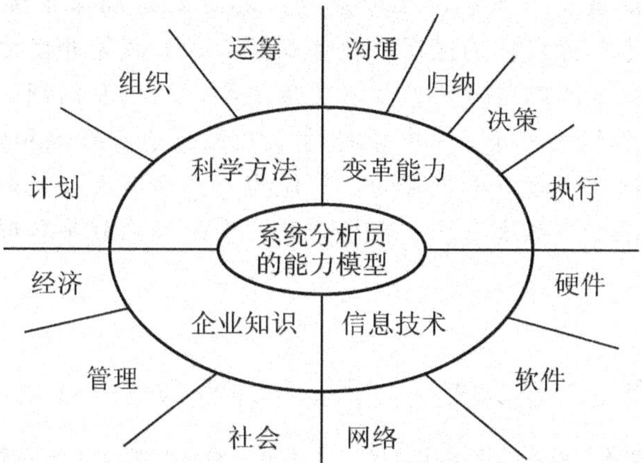

图7.8　系统分析员的知识能力结构图

系统分析员具体行为的基本功就是看、听、说、写。

看，是人类知识80%的来源。要深入了解，就要亲自去看，不能走马观花，也不能下马看花，而要蹲下来看花。一个有经验的系统分析员，到一个企业从头到尾参观一遍，看看企业的厂容，看看职工的工作精神和工作秩序，再看看他们的一些报表，了解一些数据，就可以对企业了解个大概。看的能力在于会看。系统分析员应当具有新闻工作者的眼光。对于基于技术的系统分析员而言应该培养这种能力。

听，是系统分析员知识来源的第二个渠道。系统分析员应当永远给人的一个印象就是“乐意听”。只有你乐意听，别人才乐意讲。系统分析员的听不是简单的记忆存储，他要根据说者的态度、说话的环境，判断说者的真实含意。

说，是系统分析员开展工作的第一重要的本领。如果你不说，谁知道你想要做什么？信息系统分析员在任何场合均应该要“说”，而且要说得得体，说得切题，说得人心动。说是系统分析员必备的才能，一个好的系统分析员说要有内容，能抓住重点，条理性、逻辑性强，而且要有鼓动性、趣味性、艺术性。系统分析员还要有很强的反馈能力，根据听者的情绪不断调整自己的内容。

写，是系统分析员的又一重要能力。系统分析员离不开写，尤其在现代网上办公、协同工作的时代，文字沟通增加，写的重要性更加突出。系统分析员所要写的报告主要是描述性报告，因而要求真实、确切、详尽、简练等，也有报告(如规划报告等)则要求有新鲜感，能振奋和鼓舞人心。

总之，信息系统分析员的职业是个未来的职业，是具有挑战意义的职业。中国信息化的建设需要千千万万个优秀的信息系统分析员。

推荐阅读：《内控影响管理信息系统 企业须建立完善体系》

(http://www.itxinwen.com/view/new/html/2009-06/2009-06-05-538981.html.)

本章小结

信息系统的管理涵盖整个系统的生命周期。其目的是确保系统的成功建设和有效运行。管理信息系统有专门开发、购置商品软件以及两者集成等开发方式。开发项目管理中比较主要的工作是项目的组织与计划。信息道德主要涉及隐私问题、正确性问题、产权问题和存取权问题。信息系统分析员应有系统的、深入的专业知识和实用广泛的社会知识，还要有计划、协调、组织、控制和监督的工作能力，更要有大公无私、廉洁自律、坚持原则、灵活机动、信守承诺、认真负责、谦虚谨慎、密切联系领导和群众等修养与作风。

案例分析

信息化容灾失策：天堂和地狱只有一墙之隔

当信息化带来快捷的服务决策和方便管理时，企业也必须面对数据丢失的危险。

泰坦是一家电信服务商，从创立开始，用户群飞速增长，业务不断扩大，呈现一片繁荣的景象。存好是一家做容灾解决方案的IT厂商，其CEO吴忧很早就认识泰坦的CEO倪克。看泰坦业务迅速发展，但没有任何灾备措施，吴忧就找到倪克说，作为一个电信服务商，数据对于泰坦来说非常重要，泰坦要建立一套容灾系统来保护自己的关键数据。倪克随口问了问报价，一听到那么高的费用就不愿意了。

然而，天有不测风云。2003年的3月8日10：00，泰坦主服务器由于病毒侵入，发生近两个小时的故障，尽管网管员拼命抢修，仍然造成业务、用户、经营数据的大量丢失，其中包括近一年来企业用户的电话费用统计。没有了数据自然无法讨回所欠费用，最后算下来，泰坦遭受了近400万元的损失。除此之外，在系统发生故障维修的时间内，很多用户都受到影响无法正常办公，有的用户急得几分钟来一个电话，怨声一片。事故发生后，许多用户开始对泰坦失去信任，泰坦因此流失了很多用户。

因此，倪克规定员工一定要对重要数据进行拷贝。但由于泰坦数据量巨大并处于变化中，及时存储数据会占用大量时间和存储资源，而且不太可能做得及时。

2003年8月，泰坦开始建自己的灾备系统，在离办公大楼不远的地方建了一个机房作为容灾中心。这时的泰坦对灾备系统的要求比较简单：灾难发生后，重要数据可以恢复就行。存好公司承担了其灾备系统的建设任务。根据泰坦的要求，存好为其建设数据级容灾系统以对其数据进行保护。泰坦数据级容灾采用三级备份，第一是数据的热备份，即采用复制软件实现源数据和目标数据实时同步。每次数据更新操作，同时在生产中心和灾备中心进行。第二是数据的冷备份。每周六夜间进行定时的增量备份，该方案提供了人为和应用错误的数据保护。第三是数据的暖备份，即数据库复制技术。完整的数据拷贝保持在灾备中心，更新日志定期由生产中心经由网络传送到灾备中心。就像是老天有意要考验泰坦的容灾一样，泰坦的数据容灾系统建成后，陆续出了几次小事故，一次是服务器突然宕机，还有一次工作人员操作失误将数据删除，启动容灾系统后都基本在24小时内恢复了。

一天，存好的陈默在公司楼下的餐厅吃午饭。“起火了!”吃饭的人匆匆忙忙丢掉碗筷，跑出餐厅。浓浓的黑烟从楼房里面冒出来。消防队来了，大火终于被扑灭了。尽管数据在容灾中心完好无损，但是要重新搭建系统，然后再重新把数据导入到新建的系统中。经过三天三夜的奋战，系统终于恢复了正常工作。而在这三天中，泰坦公司的竞争对手推出优惠促销活动，泰坦六成的用户都投到对手门下。经过这场事故，泰坦公司大伤元气。但是万幸的是，凭借这几年电信业的快速发展，泰坦公司因积累丰厚而没有彻底破产。倪克下了死命令，要求泰坦的容灾中心要在任何情况下都可以让系统在12小时内恢复工作。吴忧给陈默指出一条出路——应用级容灾。应用级容灾是在数据级容灾的基础上，不仅把数据复制一份，而且把应用处理能力也复制一份。应用级容灾系统可以使企业的多种应用在灾难发生时进行快速切换，确保业务的连续性。容灾的级别越高，用户需要的投资也越大，业务恢复及操作流程也更复杂，投资成本和维护成本也要增加。

在原来数据级别的容灾中心基础上，泰坦建设了应用级容灾中心。作为一个中等规模的电信行业厂商，在短期内建了一套比较高端的容灾系统，而且运行起来很顺利。

一个周末的晚上，地震了！等到震波过去，风平浪静，最糟糕的事情果然发生了。公司很多地方倒塌，容灾中心一片狼藉。光缆断了，网断了，主机显然被破坏了，那套昂贵的容灾系统不但没有救灾，反而自身受灾。经过连续几天几夜的修复，系统受损不是很严重，数据大部分可以恢复。惊魂未定的倪克亲自找来吴忧，想了解到底怎样泰坦的业务才能真正安全。吴忧再一次侃侃而谈。在系统设计中，企业一般会考虑做数据备份和采用主机集群的结构，因为它们能解决本地数据的安全性和可用性。这是针对慢性容灾的本地解决方案，如果当某台主机出现故障，不能正常工作时，其他的主机可以替代该主机，继续进行正常的工作。目前人们所注意到的容灾，大部分也都只是停留在本地容灾的层面上。但对某些地区的某类企业来讲，光有本地容灾是远远不够的。其关键业务应用，必须要防范地震、洪水、战争等灾难。因此，应该采用异地容灾的保护措施。一套完整的容灾方案应该包括本地容灾和异地容灾两套系统。远程容灾系统具备应付各种灾难特别是区域性与毁灭性灾难的能力，具备较为完善的数据保护与灾难恢复功能，保证灾难降临时数据的完整性及业务的连续性，并在最短时间内恢复业务系统的正常运行，将损失降到最小。其系统一般由生产系统、可接替运行的后备系统、数据备份系统、备用通信线路等部分组成。在正常生产和数据备份状态下，生产系统向备份系统传送需备份的数据。灾难发生后，当系统处于灾难恢复状态时，备份系统将接替生产系统继续运行。此时，重要营业终端用户将从生产主机切换到备份中心主机，继续对外营业。这种备份目前分为两种形式，一种是历史备份，一般采用每天凌晨备份的形式，出现问题可以恢复一天前的数据。如果对数据要求不是很高的话，可以采用三天甚至一周备份的方式，可以节约很多成本。

同样是容灾系统，如果容灾的目标只是在城市中防范火灾等较低级别的灾难事件，那么存储在与应用地距离几千米的地方就能较好地满足要求。如果是防水灾，则要求它们之间的距离在数千米。如果是预防地震，则需要保持几百千米的距离。基本来说，数据存储距离与应用地越远，容灾性也就越强，100千米以上的异地灾难备份将是未来的一种趋势。只要IP可达，并且网络带宽足够，数据将不再惧怕自然灾害。倪克当场拍板，泰坦也要建异地容灾系统，而且地点要选得远一点，就在南方的沿海城市C城，隔着几百千米。

数据级、应用级和异地容灾系统建成后，存好公司的咨询部门给陈默打来电话说，泰坦目前在硬件上是没有问题了，但做好容灾非一日之功，还需要进行一些“软件工作”。这个软件指的不是真正的软件，而是指系统的日常维护和管理、流程和人员组织、容灾演习、策略和知识培训等工作。

所以，泰坦请存好的咨询部门来做顾问和培训。不过，倪克约法三章：第一，日常维护等一些偏技术的事还是自己来吧，先不外包，不然公司白养了这么多的技术人员；第二，咨询公司的费用照付，但要学到人家的策略和方法，培养自己在灾难恢复上的技术能力和管理能力，不能总是依靠外援，也不能总花冤枉钱；第三，要是培训完了再出问题，拿陈默是问。一切进展还算顺利，灾难风险评估、业务影响分析、灾难恢复策略设计、详细方案设计、容灾方案实施、灾难恢复计划开发以及最后的灾难恢复测试和演习都按部就班。按照计划，员工以部门为单位和以流程为单位分成几个小组进行培训和演习。存好把整个咨询过程分为3个部分：技术、人和流程。在人的方面，存好把泰坦的开发人员和运营维护人员分开培训。在流程方面，根据公司的情况引进了IT服务管理体系，并根据国外电信公司的经验，结合泰坦的实际，分为事故管理、问题管理、配置管理、变更管理和发布管理5个方面进行培训。

存好咨询部门撤出了项目组，不过离开之前再三叮嘱陈默：“容灾成功的保障在于不断循环，在公司一定要形成制度，不断强化，并根据新情况不断演进和更新。千万不要让它成为只看不用的东西。”陈默点头答应。接下来，陈默倒也按照存好的套路做了几件事：一是成立日常专门运营小组；二是规范流程；三是以季度为单位进行不同灾难级别的日常演习；四是把以上事项制度化。

一年下来，泰坦公司果然平安无事。再后来，陈默跳槽。公司原运维部门员工被抽调组成新的增值业务部门。陈默走了以后，关于容灾的管理、演习和执行方案逐渐被淡忘。再半年之后，大家也都想不起来了。生意忙啊，别的事情先靠边站吧。再说，哪有那么多的不测风云。

2006年8月4日，历史上最强的台风“超级玛丽”登陆C城。“超级玛丽”带来了巨大的海啸，海浪有几十米高，铺天盖地扑向C城。C城短时间内就成了暴风雨中飘摇的稻草。就在这同时，泰坦总部的信息中心因为雷雨天气起火，IT系统突然宕机，员工们由于平时疏于防范，事发后乱成一团。总部的人给C城灾备中心狂打电话，想启动异地灾备系统。但是，异地灾备系统再没有回音。所有业务停滞，数据毁于一旦。倪克马上给存好公司打电话，吴忧只说了三句话，“容灾不是一劳永逸，没有后期管理的容灾系统形同虚设；世界上又少了一家公司；除了上帝，没有人有办法”。

（资料来源：信息化容灾失策：天堂和地狱只有一墙之隔[EB/OL].
http://it.china-b.com/zx/zhjs/20090601/39654.1.html. [2012-03-28].）

问题：

1. 如何看待信息系统容灾的回报？
2. 信息系统的容灾是自建、共建，还是外包？

习 题

一、名词解释

文档管理、信息管理、知识管理系统

二、选择题

1. 制订计划可采用甘特图或网络计划技术，以达到用最短时间、最小资源消耗完成预定的目标。其中，(　　)是一种对各项活动进行计划调度与控制的图表，它具有简单、醒目和便于绘制等特点。

A. 甘特图　　B. 网络计划技术　　C. 关键路径法　　D. 数据流程图

2. 信息系统分析员的知识结构包括(　　)。

A. 企业基础知识　　B. IS 基础知识　　C. IS 理论　　D. 信息技术

3. 信息系统对提高企业科学管理水平、增强企业竞争力以及提高管理人员素质等带来的收益属于(　　)。

A. 直接经济效益　　B. 间接经济效益　　C. 系统收益　　D. 投资回收效益

4. 常用的信息系统开发方法主要有(　　)。

A. 全部专门开发

B. 全面购置商品软件

C. 全部专门开发和全面购置商品软件的集成

D. 全部专门开发和全面购置商品软件及二者的集成

5. 信息系统的日常运行管理包括系统运行情况的记录、系统运行的日常维护和(　　)3 项工作内容。

A. 系统的适应性维护　　B. 系统恢复

C. 系统防病毒　　D. 系统安全维护

三、判断题

1. 信息系统的运行管理中，主要包括日常运行的管理、系统文档规范管理和系统的安全与保密 3 项工作内容。(　　)

2. CFO 是信息管理部门的总负责人、承担有关技术应用，信息资源开发和利用的领导工作。(　　)

3. 系统文档的管理工作主要有文档标准与规范的制定、文档编写的指导与督促和文档的收存、保管与借用手续的办理。(　　)

4. 信息系统文档管理中所指文档主要有技术文档、管理文档、说明文档和记录文档。(　　)

5. 企业获取消费者信息，他人知识产权被占用，这些问题是社会伦理问题，不会触动法律法规。(　　)

四、问答题

1. 信息系统管理的目的是什么？管理内容有哪些？

2. 专门开发和商品软件购置两类信息系统建设方式的异同点有哪些？
3. 为什么说系统文档是信息系统的生命线？
4. 请举例解释信息系统的应急维护与适应性维护，然后分析两者的区别。
5. 信息系统的外包服务中，为使外包取得成功，用户应该做好哪些决策和控制工作？
6. 信息道德的主要内容是什么？试分析目前信息道德方面所存在的问题。
7. 系统分析员应注意哪些方面的修养？
8. 系统分析员的能力为什么那么重要？其主要应具备哪些方面的能力？

第 8 章 电子商务

教学目标与要求

通过对本章的学习，了解电子商务的基本概念、主流应用模式及市场现状、电子商务支付涉及的安全技术和安全措施，了解移动商务的基本概念及应用模式。从广义上说，电子商务也是一个信息系统，本章知识可作为管理信息系统的扩展或延伸。

章节知识框架

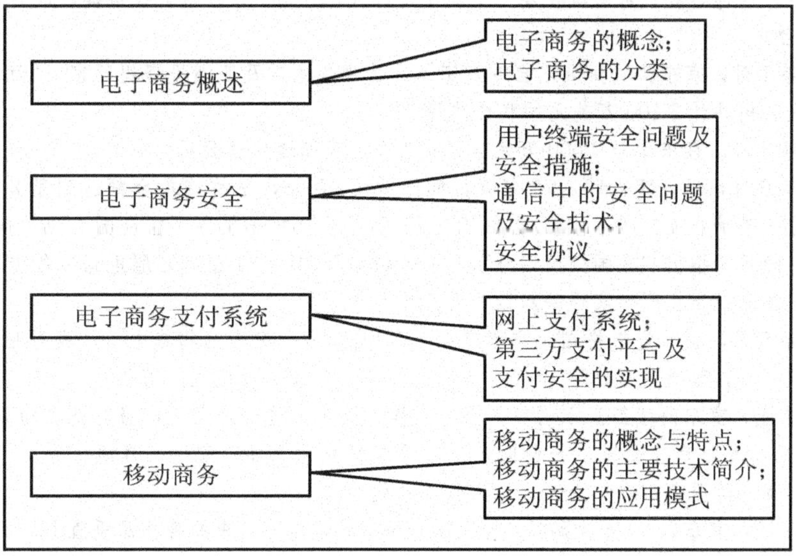

导入案例

京东商城的发展历程

1998年6月18日，刘强东在中关村创立“京东公司”代理光磁产品。

2001—2003年，在北京、上海、沈阳开设12家连锁店，年营业额达6 000万元。

2001年，成为中国最大的光磁代理商，第一家零售店“京东多媒体”在中关村苏州街上的银丰大厦开张。

2003年“非典”，放弃了要在全国扩张门面店的计划并开始尝试在网上发帖售卖商品。

2004年1月，京东涉足电子商务领域，京东多媒体网正式开通，启用域名www.jdlaser.com。

2005年10月，京东坚决地关闭了所有门店，实行100%的线上销售。

2005年11月，京东多媒体网日订单处理量稳定突破500个，年营业额达3 000万元。

2006年1月，京东宣布进军上海，成立上海全资子公司。

2007年5月，京东广州全资子公司成立，全力开拓华南市场。广州全资子公司的成立代表着京东以北京、上海、广州三地为基础覆盖全国的销售网络的形成。

2007年7月，京东建成北京、上海、广州三大物流体系，总物流面积超过5万平方米。

2007年8月，京东赢得国际著名风险投资基金——今日资本的青睐，首批融资千万美金。

2007年10月，京东商城在北京、上海、广州三地启用移动POS上门刷卡服务，开创了中国电子商务的先河。

2008年初，京东商城涉足销售平板电视，并于6月将空调、冰洗、电视等大家电产品线逐一扩充完毕。这标志着京东商城在建立十周年之际完成了3C产品的全线搭建，成为名副其实的3C网购平台。

2009年1月，京东商城获得来自今日资本、雄牛资本以及亚洲投资银行家、“红筹之父”梁伯韬的私人公司共计2 100万美元的联合注资。

2009年3月，京东斥资2 000万元自行成立了上海圆迈快递公司。

2009年6月，销售额达到3.78亿元，同比增长270%，平均订单金额达到了800元。2010年4月，京东商城在北京等主要城市推出“211限时达”配送服务，在全国实现“售后100分”服务承诺，随后又推出“全国上门取件”、“先行赔付”、“7×24小时客服电话”等专业服务。京东商城的服务系统正在逐步实现跨越性的升级。

2010年5月，公司宣布将在北京新建一个占地30万平方米的物流中心，成为亚洲最大的电子商务物流中心，可满足日处理10万个订单，年销售额超200亿元的需要。

2010年底，京东商城第三方销售平台“品牌直销”频道正式上线，当时就有约500个品牌、近10万种商品入驻京东商城。平台商户可以分享京东的仓储、配送、客服、售后、货到付款、退换货和自提货等服务，进一步减少自建服务系统的成本。

2010年底，京东以20万收购了域名TopLife.com，作为京东的奢侈品垂直B2C网站。

2010年，京东商城销售额达102亿元，2011年销售额达309.6亿元，同比增长200%。

京东商城经历了三轮融资，分别是2007年8月：1 000万美元；2009年1月：2 100万美元；2010年：1.5亿美元，打破了B2C融资纪录。

2010年，京东的融资将有50%用于仓储、配送、售后等服务能力的提升。服务范围也将增加至50多个城市，以期实现对所有全国发达、重要城市的覆盖。

京东商城已陆续在全国购置了1 200亩(1亩≈666.7平方米)土地用于打造物流仓储平台，

届时将能够支撑数百亿元的销售额。

从 2009 年开始，B2C 网站按销售排名，京东就一路领先，并且与第二名的距离越来越远。

(资料来源：佚名. 京东商城发展历程 [EB/OL]. http://www.ebrun.com/20110711/30656.shtml.)

问题：

1. 京东商城的营业规模能做到 B2C 第一名，主要得益于哪几个方面的战略举措？

2. 京东商城现在仍然处在亏损状态，请你分析一下亏损原因，你觉得京东商城什么时候能赢利？

3. 淘宝网上的淘宝商城(现在叫天猫)与京东的主要区别是什么？

8.1 电子商务概述

8.1.1 电子商务的概念

电子商务(electronic commerce，EC)，其内容包含两个方面：一是电子方式；二是商务活动。

1. 电子的含义

电子原本指多种电子通信方式，简单的如电话或传真均可以用来进行商业交易活动，但是，现在人们探讨的电子商务主要是利用 Internet(国际互联网)来完成。所以，电子商务中的“电子”主要指的是 Internet。

2. 商务的含义

随着我国市场经济的不断完善，企业、政府、家庭与个人同市场联系越来越紧密，商务活动渗透到了社会经济生活的各个领域。对商务的解释大致可以归纳如下。

(1) 商务是涉及买卖商品的事务。一切买卖商品和为买卖商品服务的相关活动都是商务活动；一切旨在达成商品交易的相关行为都是商务行为。

(2) 商务即市场营销。一切买卖商品的活动都属于市场活动，都要以销售活动为中心开展市场营销活动。市场营销是商务概念另一种表达方式。

(3) 商务是涉及各种经济资源，包括物质产品、劳务、土地、资本、信息等有偿转让的相关活动，这种通过交换方式实现资源所有权的转移过程就是商务活动过程。

(4) 商务泛指营利性的活动，它包括商品的生产与买卖活动、其他营利性服务活动等。

(5) 商务主体包括企业、政府部门、家庭和个人。这些主体在市场中的经济往来活动就是商务，这些经济往来活动有信息的，如贸易信函、合同文书等；物质的，如商品、资金、房地产等；服务的，如法律、生活服务、运输、金融与保险等。

综上所述，商务包含以下 4 个要素。①商务主体，可以是企业、组织、个人、家庭、政府等；②商务客体，指所有经济资源；③商务内容：商品或服务的交换(买卖)，是一种市场行为；④商务的具体形式：商业，贸易，市场营销，经营活动等。

商务是指以赢利为目的的市场经济主体，通过商品交换获取商务客体的各种经济行为的总称。

3. 电子商务的定义

电子商务的发展与一些国际组织的关注与推动是分不开的，下面列举 3 个有代表性的国际组织对电子商务的定义，并进行分析，以加深我们对电子商务的认识。

(1) 联合国贸易和发展组织(United Nations Conference on Trade and Development，UNCTAD)的定义：电子商务是发生在开发网络上的包含企业之间、企业和消费者之间的商业交易。

(2) 全球信息基础设施委员会电子商务工作组的解释：电子商务是运用电子通信作为手段的经济活动，通过这种方式人们可以对带有经济价值的产品和服务进行宣传、购买和结算。这种交易的方式不受地理环境、资金多少或零售渠道的所有权影响，是公有或私有企业、公司、政府组织、社会团体、一般公民、企业家都能自由地参加广泛的经济活动，其中包括农业、林业、工业、私营和政府的服务业。电子商务能使产品在世界范围内交易并向消费者提供多样的选择。

世界贸易组织(World Trade Organization，WTO)的定义：通过电子渠道而进行的生产、分配、市场营销、货物和服务的销售、配送。

联合国贸易和发展组织的定义，包括两个部分：一是电子商务使用的工具——“开放网络”；二是电子商务主体及他们之间的商业交易。定义中给出的主体有企业和消费者，他们之间发生两种商业交易关系，即企业之间、企业和消费者之间。

在电子商务工作组的定义中，电子技术(定义中的电子通信)是电子商务的技术基础。在这个基础上建立起来的商务活动，定义从 4 个方面对其进行了概括：一是交易对象是产品和服务，还特别强调了农业、林业、工业、私营和政府提供的服务。把服务列为交易对象并加以强调，这是该定义的一个重要贡献，它为电子商务活动拓展了空间。二是商务活动的主体包括公有或私有企业、公司、政府组织、社会团体、一般公众、企业家。三是交易过程，包括宣传、购买、结算等。四是交易特点，即电子商务在地理环境、资金、零售渠道所有权、参加者和购物选择 5 个方面都不限制，这也是电子商务的特点。最后，所有活动都是经济活动。

WTO 定义的特点是，从生产、分配、流通等再生产各个环节来考查电子商务，其中销售和配送属于物流环节，同时，WTO 这个定义也指出了电子商务的基础是电子渠道，交易的对象是货物和服务，这与全球信息基础设施委员会的看法是一致的。

综合这些定义，我们得出结论：电子商务是以网络通信技术为基础的商务活动，电子是手段，商务活动是目的和灵魂。

8.1.2 电子商务的分类

在许多教科书中，按不同的标准对电子商务进行了较详细的分类，如按交易对象把电子商务分为有形商品电子商务和无形商品电子商务；按使用的网络类型把电子商务分为 EDI 电子商务和 Internet 电子商务；按网络接入类型把电子商务分为网站电子商务和移动电子商务等。但在商业应用中，主流的更有实际意义的电子商务分类是以交易主体为标准的，交易主体主要是企业(business)和消费者(customer)，因此按这种分法，实际存在的被大众广泛接受的电子商务模式有3种：business-to-business，企业与企业之间的电子商务，也称B2B；business-to-customer，企业与消费者之间的电子商务，也称B2C；customer-to-customer，消费者与消费者之间的电子商务，也称C2C。

1. B2B电子商务

B2B电子商务又存在两种形式，一种是大企业之间的电子商务，大型企业一般建有功能比较完善的网站，供应商和分销商可以通过网站与其进行贸易活动，如摩托罗拉公司、海尔集团、联想集团等企业的网站，都具有采购和销售功能，大企业是这个电子商务链条的中心。大企业实施电子商务的目的是赚钱。

中小企业由于资金、技术、人才都不及大企业雄厚，所以不具备大企业那种功能完善的网站和网站后台强大的管理信息系统，这时，中小企业可以利用第三方B2B电子商务平台，在这种平台上企业可以发布供求信息，与其他企业谈判以达成交易等。2010年根据用户量、成交量、访问量排在前10名的第三方B2B平台(网站)大致有阿里巴巴(http://china.alibaba.com)、慧聪网(http://www.hc360.com)、铭万网(http://www.mainone.com)、买麦网(http://mmb.liaojiexia.com)、自助商业(http://www.diytrade.com)、万国商业网(http://www.busytrade.com)、中国供应商(http://www.china.cn)、阿土伯交易网(http://www.atobo.com.cn)、中国商业企业网(http://www.863171.com)、商品资本网(http://www.goodsres.com)。

2. B2C电子商务

B2C电子商务是企业与消费者之间的电子商务，具体的表现形式就是网络商店，这是目前较成熟的电子商务形式之一，也是广大消费者最熟悉的电子商务形式。这方面成熟的网站较多，据艾瑞咨询统计，2010年我国B2C网站的营业额达到680亿元，排在前8位的B2C网站见表8-1。

表8-1 2010年我国B2C网站按营业额排名前8网站

公司名称	营业额/亿元	占比
京东商城(www.360buy.com)	102	15.0%
亚马逊(www.amazon.cn)	17	2.5%
凡客诚品(www.vancl.com)	12.92	1.9%
当当网(www.dangdang.com)	12.92	1.9%
易迅网(www.icson.com)	8.84	1.3%
库巴购物网(www.coo8.com)	6.12	0.9%
新蛋网(www.newegg.com.cn)	6.12	0.9%
麦考林网(www.m18.com)	4.76	0.7%
其他	509.32	74.9%

按照销售的商品种类，B2C网站又可以细分为水平型和垂直型两种，水平型网站又称综合型网站，出售的商品种类繁多，吃穿用各方面都有，而垂直型网站一般只出售某一类商品或某个行业的商品，如化工类商品、服装类商品等。表8-1网站中，凡客诚品、新蛋、易迅网属于垂直型，其余网站属于综合型网站，凡客诚品以销售服装为主，新蛋网、易迅网、库巴购物网销售3C产品，即computer(计算机)、communication(通信产品)和consumer electronics(消费类电子产品)，三者综合亦称“信息家电”，其余网站几年前也是垂直型网站，现在都演变为综合型网站了。

按照网站物流组织形式，B2C网站有自建物流、第三方物流和混合物流3种形式。京东商城的物流体系是自建的，凡客诚品、易迅网、库巴购物网、新蛋网、麦考林网都是借助第三方物流来完成商品配送的，其余网站为混合物流，即部分商品由自建物流体系完成配送，另外部分商品由第三方物流完成配送。显然自建物流体系要求B2C网站具有雄厚的实力，但一旦自建物流体系完善，则物流质量和用户购物体验都会得到大幅提升。

B2C网站的经营模式也有区别，有的B2C网站上出售的商品全部属于网站所有，就如同麦德龙那种卖场，全部商品都以麦德龙公司的名义出售，京东商城、凡客诚品、易迅网、新蛋网、麦考林网属于此种模式；另外一种模式是，B2C网站只提供平台，商品分属不同的公司所有，如亚马逊、当当网、库巴购物网上的商品部分或全部属于别的公司，网站只收取会员费，就如同一个出租门面的物业公司只收取房租，淘宝上的商城就类似于这种模式。显然这种B2C经营模式的成本比前一种小得多。

B2C在中国经历了约12年的发展，从现在比较成功的B2C网站来看，大致有几点关键之处。

(1) 正品行货成为B2C网站的起码生存法则，B2C网站如果出售假货或劣质商品，很快就会失去顾客，失去起码的生存基础。

(2) B2C越来越受资本青睐。例如，京东商城自2004年成立以来经历了三轮融资，分别是2007年8月：融资1 000万美元；2009年1月：融资2 100万美元；2010年：融资1.5亿美元，打破了B2C融资纪录。

(3) 垂直型B2C纷纷向综合型B2C发展，5年内可能形成B2C寡头，如前所述，京东商城、当当网等以前都是垂直型网站，如今纷纷向综合型发展。

(4) 价格与物流仍然是B2C公司竞争的核心，价格是吸引消费者最有效的营销手段，物流是保证良好购物体验的关键环节，两者不可或缺。

3. C2C电子商务

C2C电子商务模式是消费者与消费者之间的交易模式，简单地说就是产品或服务由消费者提供，C2C网站只为买卖双方提供一个在线交易平台，卖方可以自行提供商品上网展示销售，而买方可以自行选择商品拍下付款或是以竞价方式完成在线交易。

2010年我国四大C2C平台及其销售额见表8-2。

表 8-2 2010 年我国四大 C2C 平台

网 站 名 称	销售额/亿元	市场份额
淘宝网(www.taobao.com)	4 000.00	83.5%
拍拍网(www.paipai.com)	550.85	11.5%
易趣网(www.eachnet.com)	210.76	4.4%
百度有啊(www.youa.com)	28.74	0.6%

淘宝网是亚太最大的网络零售商圈，由阿里巴巴集团在 2003 年 5 月 10 日投资创立。淘宝网从 C2C 起家，2007 年淘宝商城上线，淘宝称其为 B2C，但与真正意义上的 B2C 商城还是有很大区别的：网店是别人的，物流是别人的，利润也是别人的，淘宝只是一个平台。

淘宝网 2011 年 1 月 6 日在年度盛典上发布 2010 年网购数据：2010 年淘宝网注册用户达到 3.7 亿，在线商品数达到 8 亿，单日交易额峰值达到 19.5 亿元，分别超过北京、上海、广州三地社会消费品零售单日额。

淘宝的优势在于什么都有：当你买不到需要的东西时，上淘宝看看，一般都会有。

淘宝的假货也很多，买的人清楚，属两厢情愿的交易。

推荐阅读：视频：访京东商城 CEO 刘强东

(http://money.163.com/special/jingdongliuqiangdong/.)

8.2 电子商务安全

无论是 B2B、B2C，还是 C2C 电子商务模式，要完成交易最终需要在线支付，B2B 商务模式还需要在网上进行贸易磋商和签订合同，这些信息的传递都需要有一个安全的通信网络，目前使用的 Internet 是一个开放网络，是不安全的，必须使用一些安全技术，在不安全的网络上实现安全通信。

电子商务安全可以从两个层次来考虑，第一个层次是用户终端的安全，因为用户的重要信息总是要从终端输入和发出的，所以保护终端不被病毒、黑客入侵非常重要，保护终端安全实际上是保护信息源安全；第二个层次是通信安全，安全技术主要有加密、数字签名和完整性鉴别。

8.2.1 用户终端安全问题及安全措施

用户终端安全问题主要包括以下几个。

(1) 黑客入侵。黑客利用系统漏洞入侵并控制消费者电脑系统，消费者成为黑客的“肉鸡”，消费者在电脑上所输入的所有信息都在黑客的监视中，这对消费者来说是非常危险的。

(2) 病毒感染。互联网上病毒无所不在，不采取防范措施，电脑将运行得越来越慢，甚至导致系统崩溃。

用户终端的安全措施主要包括以下几个方面。

(1) 安装防火墙。防火墙是一种过滤系统，按照一定的规则阻止或放行进出电脑的信息，这些规则是由使用者制定或在使用过程中形成的，防火墙可以在相当程度上阻止黑客入侵。

(2) 安装杀毒软件，并经常升级杀毒软件。

除了上述两项措施外，消费者在使用电脑的过程中应逐步积累一些常识。例如，不随意从网络上下载安装软件，特别是在杀毒软件提示需要连接到网络时要特别小心，多数情况下要拒绝；另外要养成经常利用一些工具软件清理电脑，清理垃圾文件，清理不必要的开机启动软件等。

8.2.2 通信中的安全问题及安全技术

1. 通信中的安全问题

通信中的安全问题主要表现在以下 3 个方面。

(1) 信息被截取，即信息在网络传输过程中被第三方偷取。互联网通信中，通信双方的传输媒体不可能是直通的，中间有很多路由器或交换机帮助转发信息，这些中间设备隶属于不同的单位，在这些中间设备上可以很容易地下载通信信息，而且对通信双方而言，并不会意识到信息已失窃。

(2) 信息被篡改，网络攻击者不但窃取信息，还篡改信息，这种危害更大。

(3) 第三者伪造。第三者冒充通信一方与另一方发起通信。

(4) 通信的某一方抵赖，即不承认曾经发送出去的信息，这在主要经济活动中会引起经济纠纷。

2. 通信中的安全技术措施

通信中的安全技术措施主要有以下 3 个方面。

1) 加密

(1) 明文，发送方要传送的文件，一般是看得懂的，所以称明文。

(2) 密文，将明文变换成不可懂的形式。

(3) 加密，将明文变成密文的过程。

(4) 解密，接收方将密文还原为明文的过程。

(5) 密钥，加密和解密过程中要用到的关键信息，在现代网络加密中，密钥是一串二进制数，而加密过程可以看成是一连串的函数运算，密钥是其中一个参数。加密和解密的过程如图 8.1 所示。

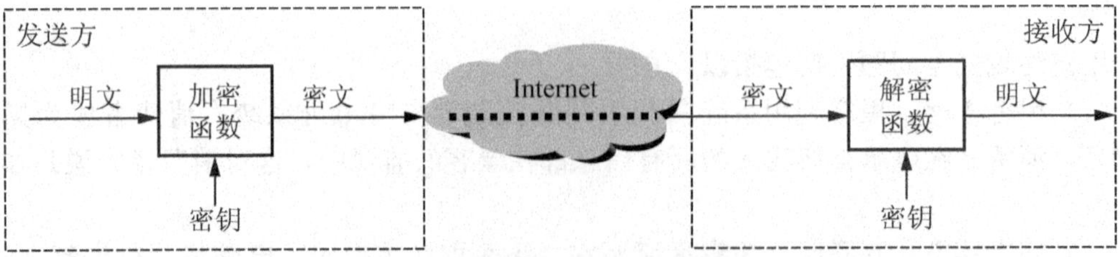

图 8.1 互联网上的加密解密模型

在互联网上传输密文可以有效防止网络信息截取，截取者没有密钥，无法解密还原信息。

(6) 对称加密，加密函数和解密函数用相同的密钥。

(7) 非对称加密，加密函数和解密函数使用不同的密钥，实际使用中把其中一个密钥公开，所以也称公开密钥加密，另一个密钥由使用者保管，称私有密钥。

2) 数字签名

(1) 数字签名要完成3项任务：①对发送方进行身份识别；②发送方事后不能抵赖；③接收方或任意第三方不能伪造。

(2) 实现技术：A用自己的私有密钥对信息X加密，形成X_M，就完成了数字签名的3项任务，①只有用A的公开密钥才能解密X_M，还原出X，据此可以判定X是A用私有密钥生成的，完成了对发送方的身份识别；②因为X_M需要A的私有密钥，只有A能够生成，所以发送方事后也不能抵赖；③接收方或任意第三方可以伪造X，但无法伪造X_M。因此，A用自己的私有密钥对信息X加密，就可以说对X实施了数字签名。又因为目前使用的公开密钥加密算法运算速度较慢，所以在实际使用中不对整个信息进行签名，而是对信息摘要签名。实际电子商务应用中，数字签名是与完整性鉴别一起实现的。

3) 完整性鉴别

(1) 杂凑函数，又称哈希函数，以二进制数据为例，这种函数的特点是，对于任何长度的自变量X，计算出来较短的长度固定的函数值Y，且函数不可逆，即没有反函数。常常把这个计算出来的Y称作X的报文摘要。

(2) 完整性鉴别的和数字签名的实现原理图(不包括对信息的加密)如图8.2所示。

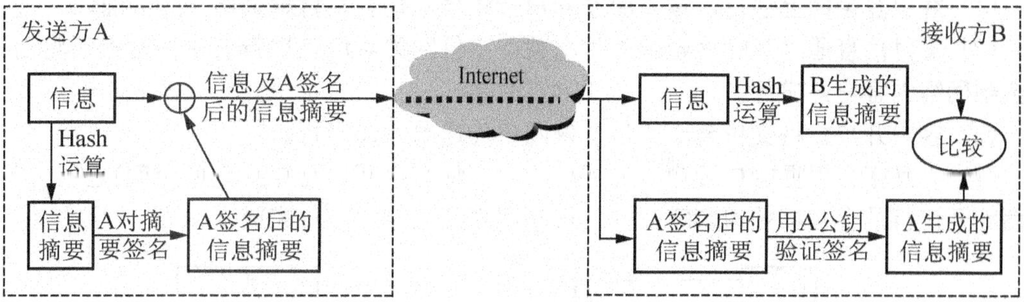

图8.2 电子商务中的数字签名和完整性鉴别原理

接收方B用同样的Hash算法生成摘要，同A的摘要比较，如果相同，则说明信息没有被篡改，即信息是完整的，否则，信息不完整。

8.2.3 安全协议

上面讨论的安全技术可以通过多种不同算法具体实现，在网络通信中，通信双方为实现安全通信，必须使用相同的算法加密、签名和完整性鉴别，必须有一些协议来完成这个任务，计算机网络中，协议就是通信多方应遵循的标准，这个标准主要包括两个内容：信息的格式和传递信息的顺序，SSL是一种广泛使用的安全通信协议，SSL的英文是secure sockets layer，中文翻译为安全套接层协议。

每个网络协议都有其开发的目的，SSL 协议的目的是实现服务器和浏览器之间的加密通信，因为信息的格式太过技术化，在这里不去讨论，SSL 协议传递信息的过程大致分为两步，即握手协议和记录协议，握手协议用于协商通信密钥，记录协议定义传输的信息格式并按握手协议协商的通信密钥进行加密通信。

推荐阅读：《分析：黑客为何能轻易闯入金融网络》

（http://www.yesky.com/homepage/ 219000726020423680/20031208/1751322-1.shtml.）

8.3 电子商务支付系统

首先必须明确，这里所讲的支付是需要银行参与或通过第三方支付平台完成的支付，像货到付款这种支付方式不属于讨论之列。目前在我国，电子商务支付主要有两种形式，一是通过银行直接将购物或购买服务的款项打到商家指定的账户，如果自己到银行柜台去汇款，就有点类似于货到付款了，也不需要在这里讨论，这里要讨论的是利用网上银行支付；二是通过第三方支付平台支付，在 C2C 购物中，这种支付形式使用最多。

8.3.1 网上支付系统

网上支付系统的基本构成如图 8.3 所示，主要包括客户(买方)、商家(卖方)、客户开户行、商家开户行、金融专用网络等，当客户在购物网站选中某一款商品，决定使用网上银行在线支付时，支付包括以下过程。

(1) 客户登录网上银行，输入商家开户行账号、行名及付款金额，点击确认。

(2) 支付信息通过互联网金融支付网关，支付网关对信息进行合法性检查后将信息转入金融网络内客户开户行。

(3) 客户开户行将支付金额通过金融网络传递给人民银行。

(4) 人民银行根据客户开户行的请求指令，将客户开户行账户上的金额减少，同时增加商家开户行的金额，并通知客户开户行和商家开户行，支付完成。

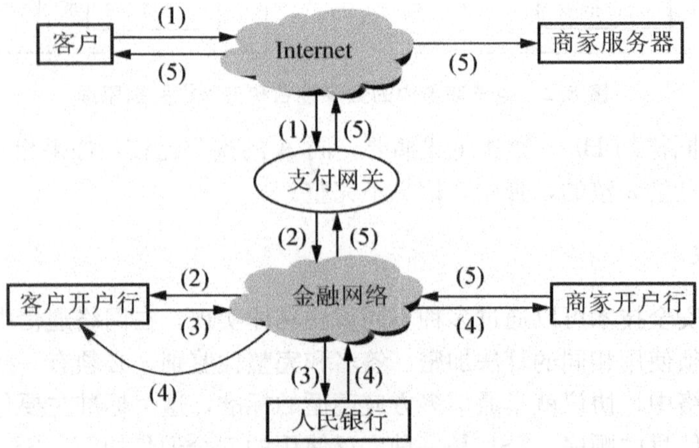

图 8.3 网上银行在线支付过程

(5) 客户开户行反馈给客户确认信息，商家开户行反馈给商家确认信息。

(6) 支付完成。

上述第五步实际上是清算的过程，对小额支付不一定是实时的，但对客户和商家而言，感觉支付完成，只是资金到账时间可能有些滞后。

支付网关是什么？网关是一种由软硬件构成的联网设备，用来在网络层以上连接两个异构(网络协议不同)网络，其功能主要是完成两个网络的协议转换，实现异构网络之间的通信。支付网关(payment gateway)是连接银行专用网络与 Internet 的一组服务器，其主要作用是完成两者之间的通信、协议转换和进行数据加、解密，以保护银行内部网络的安全。支付网关的功能主要有，将 Internet 传来的数据包解密，并按照银行系统内部的通信协议将数据重新打包；接收银行系统内部反馈的响应消息，将数据转换为 Internet 传送的数据格式，并对其进行加密。

如何保护客户端终网上银行安全？客户网上银行的账号、密码及其他信息，对客户而言都是极其重要并需要保密的，客户第一次使用网上银行前，需要按开户行的要求下载安全控件，安全控件具有防攻击、加密金融信息、完成身份识别和完整性鉴别等功能，现在多数银行使用口令卡、口令生成器等一次一密的加密方式，基本上封堵了黑客破解密钥的可能性，在安全控件的保护下，一般而言，使用网上银行是安全的。

8.3.2 第三方支付平台及支付安全的实现

1. 第三方支付平台

所谓第三方支付平台，是一些与各大银行签约并具备一定实力和信誉保障的第三方独立机构提供的交易支持平台。在通过第三方支付平台的交易中，买方选购商品后，使用第三方平台提供的账户进行货款支付，由第三方通知卖家货款到达、进行发货；买方检验物品后，再通知付款给卖家，第三方支付平台再将款项转至卖家账户。

目前，在我国使用最多的第三方支付平台是支付宝，支付宝的支付流程如图 8.4 所示。

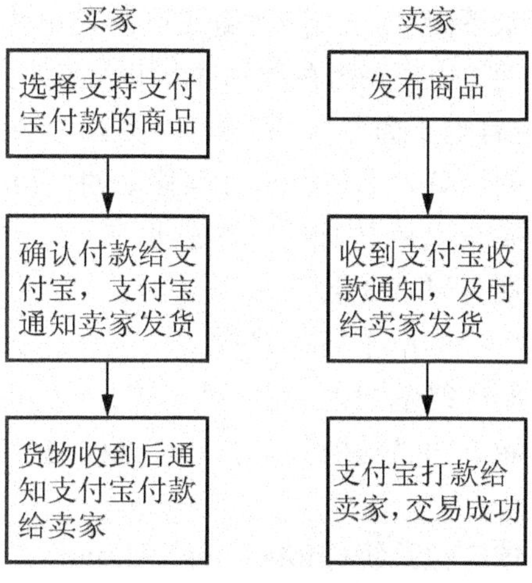

图 8.4 支付宝支付流程

2. 支付安全的实现

无论是利用网上银行支付还是利用支付宝支付，都要保证支付安全，目前采用的主要技术措施是安装安全控件。安全控件实际上就是一个运行安全协议(多数是SSL协议)的软件，它在支付时起作用，利用加密、签名和完整性鉴别三大技术来保证资金信息的安全。

网上银行的安全控件由各个网银网站提供，在支付时还要使用一次一密的密码产生装置，有的银行提供密码卡，有的提供一个电子口令产生器，有的是一个usbkey，总之都是为了保证密码只使用一次，下次支付要用新的密码，黑客要破解这种加密密码基本上是不可能的。

支付宝的安全控件由阿里巴巴公司提供，支付时也要使用单独的支付密码，但没有一次一密装置。

推荐阅读：《我国的电子商务支付系统》
(http://www.233.com/ec/zhifu/20110603/090220800.html.)

8.4 移动商务

8.4.1 移动商务的概念与特点

最早的计算机网络结构是集中式的，即存放网络资源的主要设备——服务器是集中存放的，终端设备通过电路交换方式与网络服务器连接，如果服务器出现故障，则整个网络便会瘫痪。Internet将这种集中式网络结构改变为分布式的，即服务器分布在世界各地，某些服务器出故障对网络使用影响不大，互联网采用分组交换技术，大大提高了网络利用率。从传输媒介的角度看，以前的网络媒介以有线线路为主，虽然骨干网少数采用了卫星通信，但对多数用户而言，还是有线接入。随着无线通信技术和智能手机终端的发展，无线网络、无线应用越来越普及，离广大的网民越来越近。

移动商务就是在这种背景下诞生的。移动商务可以理解为“移动+电子商务”，即利用移动网络开展电子商务活动。电子商务的终端主要以固定位置电脑为主要上网设备，是“有线电子商务”或“固定位置电子商务”，而移动商务则是通过手机、笔记本电脑、平板电脑这些移动终端为主要上网设备，其位置是可以移动的。至于商务的含义与电子商务是一致的，所以移动商务从本质来说是电子商务的延伸。

移动商务的特点可以概括为以下3点。

(1) 真正的无所不在。传统的电子商务终端需要一台台式电脑，虽然现在电脑很多，但还是有一定制约，而移动商务终端的主要设备是手机，是随身带的，可以保持实时商务状态，对于如股市行情这种敏感信息是极其有利的，这种完全突破时间和地域限制的特性是真正的无所不在。

(2) 位置相关性。以全球定位系统(global positioning system，GPS)为主的各种定位技术能够使服务商准确地识别用户所在位置，从而为该用户提供与该位置相关的有用信息或商务信息。这种特性在广告业得到了较好的应用，如旅游服务设施的查询、各种与地理位置有关信息的查询等。

(3) 私密化。移动终端一般为个人使用，有利于个人隐私的保护。

8.4.2 移动商务的主要技术简介

广义上讲，只要利用了无线通信终端进行数据传输的技术就是无线通信技术，因为终端可以移动，所以也称其为移动通信技术。以通信距离来划分，移动通信技术分为3类，即长距离移动通信技术，主要是卫星通信；中距离移动通信技术，主要是现在广泛使用的以手机为主要终端的数字蜂窝通信网络；短距离移动通信技术，包括无绳电话、蓝牙、无线局域网、无线射频识别技术等。此处主要介绍第二类移动通信技术，即数字蜂窝通信技术。

数字蜂窝通信网络结构如图8.5所示。

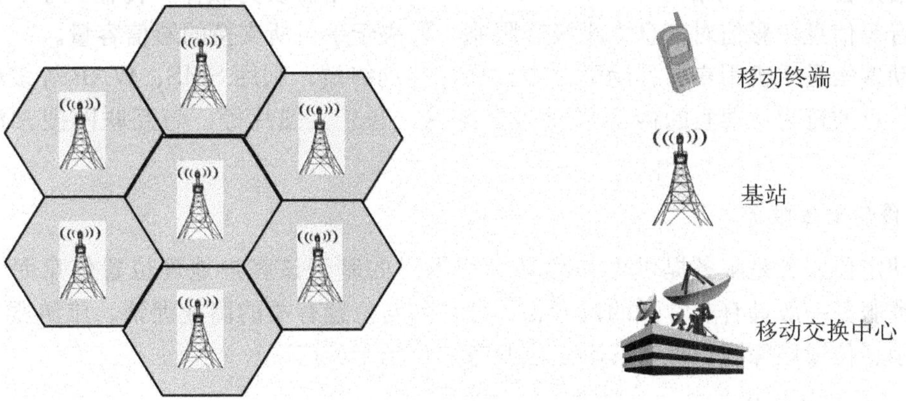

图8.5 数字蜂窝通信网络结构

移动终端至少要在一个基站的覆盖范围内，所有基站均与移动交换中心连接，一般为有线连接，移动交换中心又与有线电话网连接，于是移动电话网络与固定电话网、互联网实现通信。

第一代蜂窝通信技术是模拟的，GSM(global system for mobile communications)网络是从第一代到第二代的过渡技术，也称1.5代(1.5G)，第二代蜂窝技术就是码分多址(code division multiple access，CDMA)，第三代对CDMA进行改进，我国有3种标准的CDMA，即中国移动的TD-SCDMA、中国电信的CDMA2000和中国联通的WCDMA。第三代移动通信技术3G与2G相比，在支持数据传输带宽上有了很大提高，通信的安全性也得到提升。

无线数字蜂窝通信系统是移动商务最底层的硬件支撑平台，其软件支撑平台就是无线通信协议，现在使用最广泛的无线通信协议是WAP(wireless application protocol，无线应用协议)是一项全球性的网络通信协议。WAP使移动Internet有了一个通行的标准，其目标是将Internet的丰富信息及先进的业务引入到移动电话等无线终端之中。WAP定义可通用的平台，把目前Internet网上用HTML描述的网页信息转换成用WML(wireless markup language，无线标记语言)描述的信息，显示在移动电话的显示屏上。WAP只要求移动电话和WAP代理服务器的支持，即在接入有线互联网时增加一个WAP网关，而不要求现有的移动通信网络协议做任何的改动，因而可以广泛地应用于 GSM、CDMA、TDMA(time division multiple access，时分多址)、3G 等多种网络。

8.4.3 移动商务的应用模式

1. 移动商务信息服务

移动商务信息服务包括短信服务、多媒体信息服务(也称彩信服务)和移动搜索。短信服务(short message service，SMS)就是手机之间相互传送的文字、数字和符号的数据流，长度被限制在 140 字节、70 个汉字内。短信服务的内容从最初的个体之间的事务发展到各个方面：企业办公、银证交易、交通查询、短信呼叫等，短信已成为企业网上活动的一部分。

彩信是在 GPRS 网络的支持下，以 WAP 无线应用协议为载体，传输文字、图片、动画、声音等信息，彩信对信息大小没有限制，取决于手机所支持的彩信容量。

移动搜索是手机用户在移动网络中，通过移动终端，利用 SMS、WAP 等多种搜索方式获取信息的行为，搜索的内容可以包括信息、音乐、图片等，与互联网搜索没有本质区别。

2. 移动定位服务

移动定位服务是服务提供商为移动客户提供的基于该客户地理位置信息而开展的服务。这类服务一般具有非常强的位置相关性，如与位置有关的商业促销、旅游服务、娱乐设施提示、位置跟踪服务等，移动定位服务的市场十分广阔。

3. 移动即时通信

即时通信(instant message，IM)自 1998 年问世以来，历经 10 多年的发展，已成为互联网上最普及的应用。所谓即时通信就是随时通信，在互联网上，我国应用最普及的即时通信软件是腾讯的 QQ 软件，它已成为很多人沟通、办公必不可少的工具，另一个使用得较多的即时通信软件是微软的 MSN(Microsoft service network，微软网络服务)。

由于 QQ 具有普及性，当腾讯公司将其移植到手机平台上，立即成为众多手机终端的 IM 软件，移动 QQ 是一款真正的随身 IM 软件。手机平台还有一款使用较多的 IM 软件，即是中国移动的 Fetion(飞信)，但它的普及程度远不及移动 QQ。

4. 移动营销

移动营销是使用无线通信技术为客户提供独特的个性化服务，无线移动营销改变了传统的营销活动策略，以符合移动客户和无线设备的要求，无线营销可分为推战略、拉战略或两者兼顾。推战略(push strategy)是指假设人们要求将特定的信息实时发送到他们的无线设备上，是一种主动的推销策略。拉战略(pull strategy)是指无需实时将接收方请求的推销信息发送到他们的无线设备，是一种被动的推销策略。

5. 移动广告

实际上，移动广告属于移动营销的一部分，之所以把它单独列出来，是因为移动广告是移动营销中最普及、最实用的应用。移动广告具有一般网络广告的特点，如交互功能、可测量、可跟踪。它又有自身的特点：地理位置和真正的个性化，所以移动广告可以基于用户偏好信息和用户当前位置，非常有针对性地进行广告投送，用户偏好信息的收集可以根据用户先前访问的信息，也可以根据用户购买习惯的积累，移动广告形式可以采取短信或彩信等形式送达用户。移动广告的出现改变了商业广告的传统形态，极大地提高了广告的效率性和针对性。

6. 移动音乐

移动音乐是指通过移动通信网络下载音乐并在手机上播放的一类服务。移动音乐包括手机铃声、彩信和手机音乐。3G 时代，移动带宽增加而使得移动音乐的使用费用下降，其市场可能会扩大。

7. 移动电子邮件

利用随身带的手机来收发邮件，即时移动电子邮件。它与传统互联网电子邮件的区别是收件终端发生了变化，对手机终端要求较高，至少是智能手机。

8. 移动 CRM

客户关系管理系统(customer relationship management，CRM)是企业收集管理客户资料、开展数据挖掘、响应客户需求、保持客户关系、争取新客户的重要应用软件系统。移动 CRM 系统突破传统 CRM 系统的局限，为客户提供定制的、基于现场的实时服务，与传统的 CRM 结合，企业能更深入地了解用户的需求以及如何为用户提供更好的服务。

推荐阅读：马大勇. 移动电子商务的现状与问题[J]. 科技信息，2009(28).

本章小结

电子商务核心的含义是借助互联网来完成交易活动。电子是手段，商务活动是目的。按照交易主体来分类，现阶段较成功的应用模式有 3 种，即 B2B、B2C、C2C。

B2B 是企业对企业电子商务模式，大企业一般自建电子商务平台，与供应商、分销商的商务活动在自建的平台上进行，中小企业则主要依靠第三方 B2B 平台。

B2C 是企业对消费者的电子商务，这是普通个体消费者感受最深的电子商务。

C2C 是消费者对消费者的电子商务。

电子商务安全可以从两个层次来考虑，第一个层次是用户终端的安全，因为用户的重要信息总是要从终端输入的，所以保护终端不被病毒、黑客入侵非常重要，保护终端安全实际上是保护信息源安全；第二个层次是通信安全，安全技术主要有加密、数字签名和完整性鉴别。

移动商务可以理解为“移动＋电子商务”，即利用移动网络开展电子商务活动。电子商务的终端主要以固定位置电脑为主要上网设备，是“有线电子商务”或“固定位置电子商务”，而移动商务则是通过手机、笔记本电脑、平板电脑这些移动终端为主要上网设备，其位置是可以移动的。移动商务从本质来说是电子商务的延伸。

移动电子商务的主要应用模式有移动商务信息服务、移动定位服务、移动即时通信、移动营销、移动广告、移动音乐、移动电子邮件、移动 CRM 等。移动电子商务的应用发展迅猛。

案　例

吉利上网觊觎汽车电子商务

易观国际这样定义网上零售：网上零售是指企业通过互联网渠道进行商品零售的行为，其买方主要是指个人网购用户。买卖双方通过线上应用实现交易信息查询(信息流)、交易(资金流)和交付(物流)等行为。由此可见，电子商务的关键点在于“信息流”、“资金流”与“物流”的闭环组合。

汽车电子商务“元年”

打开吉利全球鹰在淘宝网的官方旗舰店首页，量身定制的页面布局和风格很符合吉利全球鹰的品牌造型。据报道，吉利全球鹰熊猫汽车在 2010 年 12 月 22 日凌晨 00：00 正式开始销售，刚上线一分钟就被预订了 300 辆，而在线下的汽车 4S 店，全部车型加在一起要 20 天左右才能卖出 300 辆车。

由吉利淘宝旗舰店页面的“团购细则”可以看出，初期吉利将采取网络 4S 店销售与线下 4S 店体验及售后服务相结合的方式进行网上销售。结合易观国际“网上零售”的定义，可以得出，吉利淘宝卖车并不具备真正意义上的“电子商务”要素，它的“资金流”只是一个预付定金的过程，“物流”也由线下实体 4S 店来完成。

有一种说法是，2010 年是汽车网上销售“元年”，有越来越多的汽车企业加入网上销售行列；2011 年很有可能成为汽车集体触网的爆发年，而且，传统的汽车销售模式将因为电子商务而发生颠覆性的变化。

汽车作为大宗商品，要实现真正的“网上卖车”，需要做到“三流合一”并且保证售后服务，甚至退换货服务，其背后必然需要 IT 技术来做全面支撑，就像现阶段几乎所有的网上零售巨头都有强大的 IT 系统来做后台支持一样。

形成“电子商务体系”

企业信息化是企业的一个发展趋势，其具体表现就是 IT 技术在企业内部的广泛应用。汽车企业信息化包括企业资源管理、客户关系管理、办公系统、售后服务系统、供应链管理、电子商务等。电子商务则是未来重要的贸易形式之一。

对于大多数汽车制造商而言，生产和销售环节往往是分离且相对比较独立的。生产基地有其一套完整的 IT 配套系统，来支持生产制造各个环节；销售网络是相对于汽车销售公司，与其对应的是传统且成熟的经销商管理系统来进行连接和反馈。

因而汽车厂商要做电子商务，需要拥有一个“完善的电子商务体系”，即成立一个相对独立的“电子商务”团队来进行专门和专业的支持。这个团队中，除了客服、物流、售后等部门外，IT 应当是主力“队员”。

除此之外，汽车厂商做电子商务，还应考虑到该体系如何与企业资源管理系统、与汽车上下游供应链系统以及客户关系管理系统等体系实现良好对接，这些都是考验。

“营销”以后

浙江吉利控股集团有限公司信息系统部部长章正柱表示，2011 年，他对“电子商务”这一话题很感兴趣，当被问到“吉利网上售卖全球鹰，信息系统部做了哪些支持”时，章正柱表示，目前他还没有参与到其中。

由此推测，吉利开设淘宝旗舰店，现阶段更多意义上还只是一种“营销策略”，来年或许会真正发力“网上卖车”，部署一系列的电子商务战略。

沃尔沃(中国)投资有限公司中国区IT总监徐兵表示：“我不认为现在开展汽车电子商务是成熟的时机，但是可以尝试。”在徐兵看来，车主买车必然需要试驾体验，而消费者根据网页信息不足以说服自己来做购买决定，最好的办法是配合网络售车再提供一个实体的“大展厅”，给消费者做实物观摩与试驾体验，这个大展厅又是区别于传统的4S店的。

“这样可以解决售前问题，但是售后服务依然是一个大问题。”徐兵补充道，“4S店不能完全取消。”

有业内人士表示，电子商务在汽车的销售、营销、客户服务等诸多环节都有着广阔的应用空间，网上4S店、团购等模式只是汽车电子商务的初级阶段，支付、物流配送等诸多环节还需要进一步探索和尝试。

(资料来源：王珣. 吉利“上网”觊觎汽车电子商务.
http://articles.e-works.net.cn/EB/Article86198.htm. [2012-05-22].)

问题：

1. 汽车是比较昂贵的大宗消费品，这种商品在网上销售，试从售前、售中、售后3个阶段分析一下，要解决那些问题。
2. 汽车厂家其实大都考虑了电子商务的问题，多数汽车市生产商是如何实施电子商务的?
3. 比照网上售车，还有哪些贵重消费品适合在网上销售，试举出两个例子。

习　题

一、名词解释

电子商务、B2B、B2C、C2C、加密、数字签名、完整性鉴别、SSL、安全控件、移动商务、第三方支付平台、第三方B2B平台

二、选择题

1. 京东商城以销售哪类商品为主？(　　)
   A. 服装　B. 珠宝　C. 3C商品　D. 图书音像制品
2. 以下哪项不属于商务的形式？(　　)
   A. 商业　B. 贸易　C. 市场营销　D. 招聘人员
3. B2B电子商务是指(　　)间的电子商务。
   A. 政府与企业　B. 企业与企业　C. 企业与家庭　D. 个人与个人
4. 阿里巴巴属于(　　)电子商务。
   A. B2C　B. B2B　C. C2B　D. C2C
5. 2012年1月12日，淘宝商城改成了(　　)。
   A. 淘宝商场　B. 淘宝集市　C. 天猫　D. 淘宝摩尔城
6. 以下哪个B2C网站属于垂直型？(　　)。
   A. 京东商城　B. 凡客诚品　C. 当当网　D. 卓越亚马逊
7. 在内网和外网之间进行信息过滤的系统是(　　)。
   A. 网关　B. 防火墙　C. IDS　D. 路由器

8. 完整性鉴别用来防(　　)。

A. 偷窃　　B. 抵赖　　C. 篡改　　D. 病毒

9. SSL协议的目的是(　　)。

A. 实现资金信息的安全　　B. 保护消费者账号

C. 实现浏览器与服务器之间的加密传输　　D. 集成防火墙与杀病毒的功能

10. 第二代蜂窝移动通信技术是(　　)。

A. GSM　　B. CDMA　　C. CDMA2000　　D. WCDMA

三、判断题

1. 电子商务源包含两方面的含义：一是电子的含义；二是商务的含义。(　　)

2. 商务主体可以是企业、组织、个人、家庭、政府等。(　　)

3. 大型企业建设电子商务一般利用的是第三方B2B电子商务平台。(　　)

4. 按照网站物流组织形式，B2C网站有自建物流、第三方物流两种形式。(　　)

5. 按照销售的商品种类，B2C网站可以细分为网站所有和提供平台两种。(　　)

6. 将明文变成密文的过程称为加密。(　　)

7. 支付网关(payment gateway)是连接银行专用网络与Internet的一组服务器，其主要作用是保护Internet的安全。(　　)

8. 安全控件实际上就是一个运行行安全协议的软件，它在支付时起作用，利用加密、签名和完整性鉴别三大技术来保证资金信息的安全。(　　)

9. 只要利用了无线通信终端进行数据传输的技术就是无线通信技术。(　　)

10. 移动营销是使用无线通信技术为客户提供独特的个性化服务。(　　)

四、问答题

1. B2B网站一般具备哪些功能?

2. 同一个B2C网站上的相同商品出售价格一样吗？找几家网站看看，有没有不一样的，为什么会不一样?

3. 总结一下B2C网站的发展趋势，预测一下5年后，谁可能是B2C网站的龙头老大?

4. 淘宝商城跟一般意义上的B2C网站的异同点是什么?

5. 查查资料，淘宝网有多少客户，近两年的销售额是多少?

6. 举出4个网络应用中使用SSL协议的实例。

7. 分别说明中国银行、建设银行、工商银行网上银行的安全措施：如何实现加密、电子签名和身份鉴别?

8. 常用的保证终端安全的措施有哪些?

9. 查资料并思考，GSM网络为什么又被称为蜂窝网络?

10. 查资料，移动定位的技术有哪几种？它们的基本原理是什么?

第9章 电子政务

教学目标与要求

通过对本章的学习，掌握电子政务的基本概念，掌握电子政务模式类型和电子政务系统的结构。了解我国政府信息化的发展历程和其他国家电子政务的应用情况。

章节知识框架

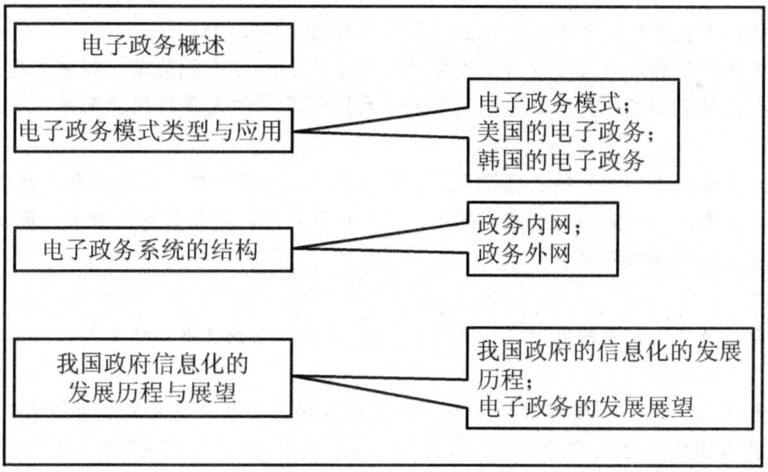

导入案例

西安高新区电子政务系统

西安高新区电子政务系统分三期完成，覆盖管委会、各园区、支撑单位、直属单位40个部门200余项审批事项。

方案特点

电子政务解决方案是在互联网平台上面向公众的交互式电子政务系统，该系统有5个最显著的特点。

开放性：基于互联网平台直接面向社会用户。

交互性：实现管理者和服务对象的在线交互沟通，提高沟通效率。

一网式：不同政府部门基于同一网络平台协同工作，实现多种办公流程的整合，不同企业可以基于该平台统一办理多项事务。

一表制：企业和政府之间的数据传送通过一套表格即可实现，政府各部门之间通过该套表格实现数据共享。

可视性：网上政务全过程的高度透明化、高度可视性。

方案构成

电子政务解决方案由4个部分构成，即交互式网上办公平台、具体流程网上申报审批、一表式申报实现和网上政务信息公开实现。

基于该解决方案的平台向政府办公人员提供了一个完整的网上办公、内容查询及相关辅助功能的平台。系统根据网上办公平台操作人员的不同提供不同操作界面和功能，使用户可以快速查找相关内容。该方案通过模块化设计，实现了针对政府办公人员、管理人员、企业办事人员、参观访问人员、中介代理办事人员、系统管理员等不同用户的个性化工作平台。

企业办事人员可在相关平台上进行用户注册、密码修改、项目网上申报、项目网上审批、审批表格下载、查询项目审批情况等工作，仅使用一套完整的报表即可实现各项报表的网上申报、状态查询和质疑处理等事项。

该方案实现了内资、外资、合资(合作)新技术企业的入园审批、新技术企业的年审复核、新产品认定、新技术收入申报审批、企业报表等业务的网上审批申请。

利用该方案，政府办公人员可以在建成的办公平台上进行审批处理、超时处理、催办处理、自动回复、自动驳回等工作。系统管理平台便于系统管理工作人员对用户账号、管理权限管理、定制审批流程。

政务公开平台实现园区介绍、机构职能、流程介绍、政策法规、公告信息、智能导航、在线帮助等信息的查询，包括对公开信息的采集、录入和发布等，发布信息的增加、更新、修改、删除均是通过后台进行动态管理。

成功运用

西安高新区是中国较早的高科技园区之一，园区内拥有企业3 000多家，主要以电子信息、生物制药等为主。

西安高新区电子政务工程分三期实施。一期工程重点是建立交互式、开放式的网上办公环境，开展企业入园的交互式审批工作。二期工程重点是解决“一网式”(一个网站集中办理多项政府管理和服务项目)办公问题，完成园区所有企业向网上办公模式的切换；重点解决以“一表式”(企业和政府之间通过一套表报送，政府各个部门之间实现数据共享)为基础的数据共享、流程整合问题，逐步完成“数字园区”由电子政务管理主导型向电子社区服务管理型的转换过程。

该系统具备以下特点及优势。

(1) 该系统集成网站、审批、报表三大工程。

(2) 该系统采用分级管理、集中加分布式存储办法。

(3) 该系统作为中央平台，与财务、社保、人才等多个系统进行数据交换。

(资料来源：西安高新区电子政务系统[EB/OL].
http://www.echinagov.com/gov/csfa/2011/1/18/12418/.shtml) [2012-03-20].)

问题：

1. 西安高新区电子政务系统主要有哪些功能？
2. 西安高新区电子政务系统分几期实施？每期的主要内容是什么？分期实施有何优势？
3. 西安高新区电子政务系统的一表制和我们经常听说的一站式服务是一回事吗？

9.1 电子政务概述

自20世纪90年代电子政务(E-GOV)产生以来，关于电子政务的定义有很多，并且随着实践的发展而不断更新。

联合国经济社会理事会将电子政务定义为，政府通过信息通信技术手段的密集性和战略性应用组织公共管理的方式，旨在提高效率、增强政府的透明度、改善财政约束、改进公共政策的质量和决策的科学性，建立良好的政府之间，政府与社会、社区以及政府与公民之间的关系，提高公共服务的质量，提高社会参与度。

世界银行则认为电子政府主要关注的是政府机构使用信息技术(如万维网、互联网和移动计算)，赋予政府部门以独特的能力，转变其与公民、企业、政府部门之间的关系。这些技术可以服务于不同的目的：向公民提供更加有效的政府服务、改进政府与企业和产业界的关系、通过利用信息更好地履行公民权，以及提高政府管理效能。因此而产生的收益可以减少腐败、提供透明度、促进政府服务更加便利化、增加政府收益或减少政府运行成本。

欧盟的定义：电子政务是公共行政利用信息和通信技术，结合组织转变及新的技能，实现改进公共服务和民主进程、加强对公共政策支持的目标。

美国国务院的定义：电子政务是通过政府对基于互联网的和其他信息技术的应用，结合实现这些技术的流程，增强政府对公认其他机构和其他政府实体的信息与服务的递送及访问，同时改进政府的运作，包括效率、效能、服务质量的提升或转变。

根据以上不同的定义，我们认为电子政务是政府部门利用现代信息科技和网络技术，实现高效、透明、规范的电子化内部办公，协同办公和对外服务的程序、系统、过程或界面。与传统政府的公共服务相比，电子政务除了具有公共物品的属性，如广泛性、公开性、非排他性等本质属性外，还具有直接性、便捷性、低成本性以及更好的平等性等特征。它包含多方面的内容，如政府办公自动化、政府部门间的信息共建共享、政府实时信息发布、各级政府间的远程视频会议、公民网上查询政府信息、电子化民意调查和社会经济统计等。

在政府内部，各部门之间可以通过网络实现信息资源的共建共享联系，既可提高办事效率、质量和标准，又能节省政府开支、起到反腐倡廉作用。

在电子政务中，政府机关的各种数据、文件、档案、社会经济数据都以数字形式存贮于网络服务器中，可通过计算机检索机制快速查询、即用即调。政府作为国家管理部门，其本身上网开展电子政务，有助于政府管理的现代化，实现政府办公电子化、自动化、网络化。通过互联网这种快捷、廉价的通信手段，政府可以让公众迅速了解政府机构的组成、职能和办事章程，以及各项政策法规，增加办事执法的透明度，并自觉接受公众的监督。

也有专家认为，电子政府与电子政务(E-government affair)是两个不同的概念。电子政府的原意是指利用网络技术来构建一个“虚拟政府”，从而使民众能够随时随地享受各类服务。我国许多专家将 E-government 直译电子政务，是从广义政府概念出发，对电子政务赋予更简明的意义。最早提出电子政府概念的是美国，当时是被作为政府的一个重要改革方向提了出来。在之后的几年中，英国、日本等发达国家也相继提出了构建电子政府的宏伟计划。显然，电子政务与电子政府两者之间是有区别的。电子政府是一个与传统政府相对应的概念，电子政务强调的不仅仅是将传统政府转变为电子政府，还包括转变过程中的规划、组织、建设工作等各个方面。构建电子政府不是目的，而只是手段，相对于电子政府而言，电子政务才是目的。

推荐阅读：《电子政务对我国政府管理的五大影响》
(http://www.ciotimes.com/egov/ shyy/62677.html)

9.2 电子政务模式类型与应用

电子政务的发展经历了以下几个阶段：政府网上信息发布阶段；政府与用户单向信息传递阶段；政府与用户双向信息交互阶段；网络事务处理阶段。

9.2.1 电子政务模式

电子政务的基本模式有 4 种。

(1) G2G(government to government，政府部门间的电子政务)，政府与政府之间、政府与部门之间、部门与部门之间及其他政府机关之间的电子政务，主要包括电子法规政策系统、电子公文系统、电子司法档案系统、电子培训系统等的应用。

(2) G2E(government to employment，政府内部的电子政务)，政府机关内部工作实现数字化，一般包括公文处理、文档管理、事务管理等应用。

(3) G2B(government to business，政府与企业间的电子政务)，政府机关通过电子网络系统进行电子采购与招标，精简管理业务流程，快捷迅速地为企业提供各种信息服务，主要包括电子采购与招标、电子税务、电子证照办理、信息咨询服务、中小企业电子服务以及政府将拥有的各种数据库信息对企业开放，方便企业利用。

(4) G2C(government to citizen，政府与公众间的电子政务)，政府机关通过电子网络为公众提供各种服务，包括电子社务服务、教育培训服务、就业服务、公众信息服务、电子证件服务等。

9.2.2 美国的电子政务

美国是当今世界上电子政务建设领先的国家，拥有一个成功的电子政务建设模式。

1. 建设中心公民化

建设中心公民化是指美国电子政务建设以公民为中心，以提升政府向公民提供公共服务的能力为中心，以向公民提供更多、更快、更好的公共需求为中心。其具体体现在以下几个方面。

美国电子政务建设目标、原则体现建设中心公民化这一特质。例如，1993 年克林顿政府提出的构建以顾客为中心的电子政务，走向在线服务的政府改革目标；1994 年美国政府信息技术服务小组提出建立以顾客为导向的电子政府，为民众提供更多获得政府服务机会与途径的目标；2002 年小布什政府提出的电子政务建设核心目标——打造一个以顾客为中心的电子化政府，为公民提供高质量的服务，以及后来提出的电子政府建设的基本原则——国民利益含义的具体化和明确化，都体现了美国电子政务建设中心公民化的特质。

美国电子政务建设内容分为 G2C、G2B、G2G、G2E 四类。其中，G2C 建设就是要向美国公民提供在线一站式公民休闲服务、网上公民国家补助资格评定服务、网上公民贷款服务、网上公民纳税服务，以确保美国公民在数分钟或数秒钟内获得他们需要的信息服务；G2B 建设就是借助互联网技术在政府与美国企业之间建立起一种数字化业务联系，为美国企业提供一站式电子化纳税、电子化购买国有资产、电子化政府采购等服务平台，以方便企业办理对公业务；G2G 建设就是要求美国政府内部各部门、各单位、各层级之间实现电子政务活动，以确保他们之间能围绕公民的需要进行更好的沟通与协调；G2E 指政府与政府公务员(政府雇员)之间的电子政务，G2E 是政府机构通过网络技术实现内部电子化管理的重要形式，可提高政府工作效率和公务员管理水平服务，也是 G2G、G2B 和 G2C 电子政务模式的基础。

美国政府大都在网站首页头版位置设有网上服务栏目，用于为民提供各种查询、申请、交费、注册、申请许可等服务。这些服务借助网络技术将分属政府各部的业务集中在一起并与相应的网上支付系统配套使用，因而具有单一窗口、一站式、24 小时、自助式服务的特点。这样，美国公民用不超过 3 次鼠标点击就能找到所需的政府信息与服务。再如，美国政府根据不同群体将政府网站用户划分为不同类别，然后再根据这些不同类别群体的不同需求设计出不同类型的门户网站，以尽量满足公民的个性化需求。

2. 建设主体多元化

建设主体多元化是指美国电子政务建设主体是由多个主体构成，既包括政府与企业、也包括非政府组织与公民个体。

3. 建设行为法制化

美国政府非常注重电子政务法律体系建设，并将电子政务建设行为纳入法律体系内，以实现电子政务建设行为的法制化。早在电子政务建设前，美国就出台了数部与电子政务相关的法律，如 1966 年的《信息自由法》、1976 年的《阳光下的政府法》、1978 年的《计算机犯罪法》、1980 年的《文书削减法》和 1987 年的《计算机安全法》等。

在电子政务建设启动后，又不断出台许多电子政务法，如 1993 年的《电子化信息自由强化法案》与《政府绩效结果法案》、1994 年的《信息技术管理改革法和联邦采购改革法》、1995 年的《电信竞争与放松管制法》、1996 年的《电信法案》、1997 年的《互联网税收自由法案》、1998 年的《文书工作缩减法》、2000 年的《电子签名法与认证法案》与《政府信息安全改革法》、2002 年的《电子政府法》等。

正是上述众多电子政务法的出台，使得美国电子政务建设行为有法可依、被纳入法制化轨道，从而实现其法制化。例如，《政府绩效结果法案》与《信息技术管理改革法案》对电子政务系统软硬件的购买与更新作了严格的规定；《电子政府法》对电子政务建设的领导组织作了规定；《政府纸质文书消除法》对电子办公手段作了规定；《债务征集改进法》对电子支付作了规定；《政府信息安全改革法案》对电子政务安全性作了规定。

4. 建设手段市场化

一是美国政府利用市场中的顾客导向技术来推动电子政务建设。顾客导向在市场中是指企业要以顾客为中心、以顾客需求为中心，要围绕顾客的需求来安排各项经营活动。美国政府将这种技术运用到电子政务建设中，把公众视为顾客，按照其意愿来确定电子政务建设目标、制订建设规划、设计建设系统，从而改善了政府与公众的关系，增强了美国政府与公民之间的信任。

二是美国政府利用市场中的业务流程再造技术来推动其电子政务建设。业务流程再造技术首先产生于企业并运用于企业，其显著特征就是以企业的作业过程为中心，对传统分割式的企业业务流程进行再造，重新建立起跨越不同职能、不同部门界限的一连串流线型业务活动。美国政府在电子政务建设时，充分利用现代信息技术把与公众有关的各项政府业务按照一定的方式集成到一个统一的政府门户网站服务平台上，从而形成一个完整的、一站式的、跨众多部门的、无缝隙的、流水线式的政府业务流程。

三是美国政府利用市场中的合同外包技术来推动电子政务建设。

5. 建设标准统一化

电子政务建设标准统一化是电子政务系统实现互联互通、信息共享、业务协同、安全可靠的前提，是电子政务建设的根本保证。美国电子政务建设非常重视统一的标准建设：一是制定出统一的电子政务建设总体标准，如统一的总体框架标准、统一的术语标准、统一的语言信息处理标准等；二是制定出统一的电子政务网络基础设施标准，如统一的系统内部局域网域名命名标准、统一的系统广域网域名命名标准、统一的系统局域网 IP 地址命名标准、计算机接入出端口标准；三是制定出统一的电子政务应用支撑标准，如统一的标记语言标准、信息交换标准；四是制定出统一的电子政务应用标准，如统一的数据元标准、代码标准、文件格式标准、业务流程标准；五是制定出统一的电子政务信息安全标准，如统一的密码算法标准、密码管理标准、防信息泄漏标准；六是制定出统一的电子政务管理标准，如统一的验收与监理标准、系统测试与评估标准。

此外，建设成果评估也是美国电子政务建设的一项经常性工作，贯穿于美国电子政务建设的全过程中。美国政府在评估过程中经常会采用多种评估方法和评估指标，使得美国电子政务建设评估有了评估依据和前提，从而保障了评估工作长期有效的持续进行。

9.2.3 韩国的电子政务

2010年第一季度，联合国发布了《2010年全球电子政务调查结果》，这是联合国自2002年以来开展的第五次全球电子政务调查评估。报告从电子政务发展状况和电子化参与两个方面对183个国家和地区进行调查和评估。从国家排名看，韩国发展迅猛，一举超越2008年的前三名——瑞典、丹麦和挪威，从第六名上升到第一名，令世人瞩目。2012年3月，联合国发布了题为《为民服务的电子政务》的2012全球电子政务调查报告，韩国以0.928 3的总分继续占据全球电子政务发展排行榜的首位。

1. 立足长远的发展规划

韩国在电子政务上取得的巨大的成就，得益于韩国政府对电子政务发展目标的清晰规划。韩国政府从1996年即制订了到2010年的"促进信息化"计划。

此计划分3个阶段：第一阶段(1996—2000年)，主要是建成"电子政府"，为推动信息化奠定基础。到2000年，通过PC发放各种证明书，全部研究机构、70%的教育机关、60%的政府机关、50%的医疗机关、90%的产业组织加入信息高速公路。第二阶段(2001—2005年)，重点促进个人生活信息化和产业信息化，扩大信息应用范围。第三阶段(2006—2010年)，社会所有领域的信息化和世界信息流通的基地化，建立一个"无处不在"的电子政务，用计算机化环境提供周到的服务，强化公民和政府之间信赖关系。

2. 直接有力的政府保障

从1987年开始，韩国政府就开始建立公共业务计算机化的试点，同时大力推进全社会的信息化，扶持IT产业。到1996年，已在行政、金融、不动产管理、国民信息管理等业务实现了电算化和自动化管理。此后，韩国政府开始制定标准化格式，着手统一全国的各项电子行政系统。2001年，韩国政府特别设立了电子政务特别委员会，以保障电子政务建设在各部门间的协作问题。电子政务特别委员会作为公民和政府间的桥梁，在韩国政府改革中享有一定的特殊地位，始终拥有韩国高层的决定性支持力量。电子政务特别委员会直接向总统汇报工作，并直接获得具体指示。至今电子政务特别委员会已经在诸多领域采取了具体的措施。

(1) 建立了政府为公民服务(government for citizens，G4C)系统，连接了迄今为止一些部门中所有基于单一业务的数据，如政府管理和家庭事务部门(ministry of government administration and home affairs，MOGAHA)和其他一些管理居住登记、房地产和机动车等级的公共部门。

(2) 家庭税务服务(harmonized tariff schedule，HTS)使纳税人能够通过家里的因特网完成提交税务表格、接收账单、处理缴费过程的整个流程。

(3) 随着政府电子采购服务的建立，一整套采购流程(包括投标、合同签订及为商品和服务付款)都能在网上实时完成。

(4) 国家金融信息系统为政府高层雇员提供实时的财经信息，它连接了各个不同公共部门中的独立金融系统。

(5) 医疗保险、人寿保险、工伤保险和事业保险是韩国四大社会保险，将这些社会保险的数据库都整合到一个单一的网络中去。

3. 完备配套的相关法律法规

韩国电子政务突飞猛进的另一大支撑就是完备配套的相关法律法规。在推进电子政务发展的过程中，韩国政府一直把完善相关的立法作为一项根本性的任务，现已形成了较为完善的电子政务法律体系。

1995 年制定了《信息化促进基本法》，1996 年 11 月，韩国颁布了《公共机关信息公开法》；1999 年 1 月，颁布《对公众机构的公众档案管理条例》；2000 年又制定或修改了 107 项法律法规。其中，关于促进公共部门信息化的 56 项；关于指导原则和促进私人部门信息化的 51 项，如《电子商务基本法》、《电子签名法令》、《个人情报保护条例》、《信息基础设施保护法规》、《数字内容管理条例》、《建立与运用国家地理信息系统条例》等。2001 年通过了《缩小数字鸿沟条例》、《保护主要信息基础设施条例》、《关于推进行政部门的信息化以实现电子政府的条例》等法规，为信息化政务创建了完善的立法保障。

4. 卓有成效的网络基础建设

韩国这个巨大的电子信息化帝国是建立在世界上首屈一指的网络基础之上的。在 2008 年全球宽带网络建设状况调查中，韩国的宽带得分为 15.92，雄踞世界之首。家庭宽带普及率达到惊人的 93%，平均速率高达 49.5Mbps。早在 1995 年，韩国政府就制订了 KII (korea information infrastructure，韩国信息基础)计划，发展互联网基础设施建设。1998 年，韩国建立了资料交换网和 622Mbps～2.5Gbps 水平的传输，建立了 12 个网络拨号系统及 68 个接入点，能够提供 45Mbps 速率的服务。2001 年，公共网站将计算机互相联成网，网络速率得到提升，代理服务速率达到 155 Mbps。2005 年，主干网升级，高速接入技术得到大力发展，有线通信、无线通信，有线电视和卫星传送的有效连接得以实现，代理速率超过 155Mbps。2009 年，韩国政府宣布，政府和业界计划在 2012 年前共投资 34 万亿韩元，通过持续提高的网络速度来构建比现在网络快 10 倍以上的有线、无线超高速宽带网。该网络建成后，有线网最高传输速率将达 1Gbps，无线网平均传输速率将达 10Mbps。

5. 覆盖面极广的全民培训

韩国政府把提升公务员和社会公众的电子应用技能培训作为提高电子政务应用水平的一项重要工作。在公务员培训方面，韩国政府认为合格的管理人员不仅要能管人、管业务，还要懂得如何通过应用信息技术提高管理能力。为此，韩国政府开展了大规模的公务员培训，强化 IT 综合管理能力。

在如何提升社会公众的电脑应用水平上，韩国政府可谓煞费苦心。从 2001 年开始，计算机课程作为必修课在小学一年级开设，每年在全国 1 万所学校中建立计算机实验室和局域网，公共图书馆和社区福利中心提供免费的个人电脑使用，同时为一些低收入家庭的儿童提供 5 年的免费个人电脑与免费上网服务。除此之外，韩国政府对社会上的各类人员也有培训计划，如对家庭主妇进行电脑培训。政府每年向各地的“妇女之家”和“福祉馆”投资，帮助妇女和残疾人学习信息通信技术。在军营中安装大量 PC 机，让军人在退役前进行培训。互联网培训在农民和渔民中也先后开始进行。政府还向那些从事商业工作的50岁以上的人提供津贴，鼓励他们参加计算机培训。正是通过这些措施使韩国在全国范围内的信息化进程逐步落实到了每个人身上。

6. 来自企业界的参与和支持

在韩国的电子政务发展史上，来自企业界的参与和支持的推动力量不可忽视。政府对与互联网相关的企业提供了相当大力度的支持。反之，企业也利用自己的资金、技术等各种资源发展与之相关的软件、浏览器等技术，解决了许多建设中的技术难题。韩国最大的几个电信公司，韩国电信和SK电讯(SK Telecom)等都有着突出的表现。

同时，在政策的鼓励下，许多国外公司也带着先进的技术在韩国投资网络事业。例如，法国阿尔卡特公司与系统集成商Sungmi电子公司，2000年在韩国投资，建设了韩国第一个商用宽带无线网。同年7月，马可尼通信公司异步传输模式(asynchronous transfer mode，ATM)骨干交换机将韩国最新型宽带互联网服务提供商(Internet swrvice provider，ISP)带入市场，成为韩国市场上首家提供视频点播的ISP。马可尼通信公司在韩国的合资公司，生产了ASX-1000交换机，用来建设连接首都首尔和其他主要城市的国家主干网。

推荐阅读：佚名. 联合国发布2012年全球电子政务调查报告[J]. 电子政务，2012(4).

9.3 电子政务系统的结构

电子政务是一项覆盖各级政府部门的大型、复杂的系统工程，它的实现以信息技术为基础，从政府信息发布、政府网上服务到政府部门间及政府部门内的信息共享和网络办公，都需要不断发展的信息技术作为保障。其目标在于建设一个国家电子政务体系，将现有的和即将建设的各个政府网络和应用系统连接起来，统一相关的技术标准和规范，做到互联互通，成为一个统一的国家政务服务平台。

典型的电子政务系统应当包含两个方面，即狭义的电子政务与广义的电子政务。广义的电子政务是运用信息技术，对整个社会资源进行优化配置的方式。狭义的电子政务是具体的工作，如内部的办公自动化系统、金税、金卡、金关工程、GIS等。从应用层次来说，包括政府机关内部的办公系统，包括面向特定的群体和人的依法行政系统，还包括面向全社会的公众服务系统。电子政务的应用层次如图9.1所示。

电子政务网络由政务内网和政务外网构成，两网之间物理隔离，政务外网与互联网之间逻辑隔离。政务内网主要是传送涉密政务信息，所以为保证党政核心机密的安全性，内网必须与外网物理隔离。政务外网是政府的业务专网，主要运行政务部门面向社会的专业性服务业务和不需在内网上运行的业务，外网与互联网之间逻辑隔离。而从网络规模来说，政务内网和政务外网都可以按照局域网、城域网、广域网的模式进行建设；从网络层次来说，内网和外网也可以按照骨干层、汇聚层和接入层的模式有规划地进行建设。电子政务网络的体系构架如图9.2所示。

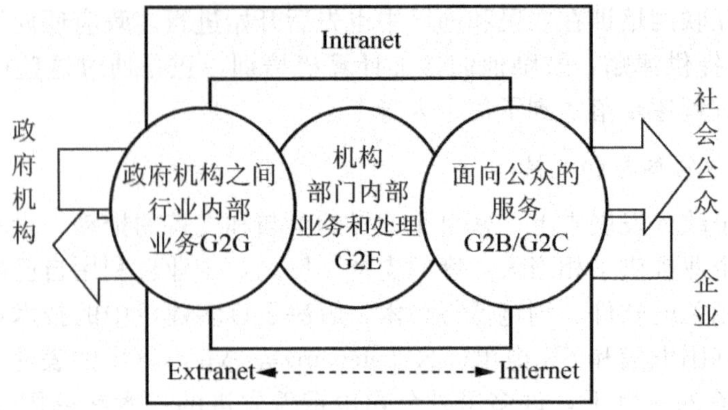

图 9.1 电子政务的应用层次

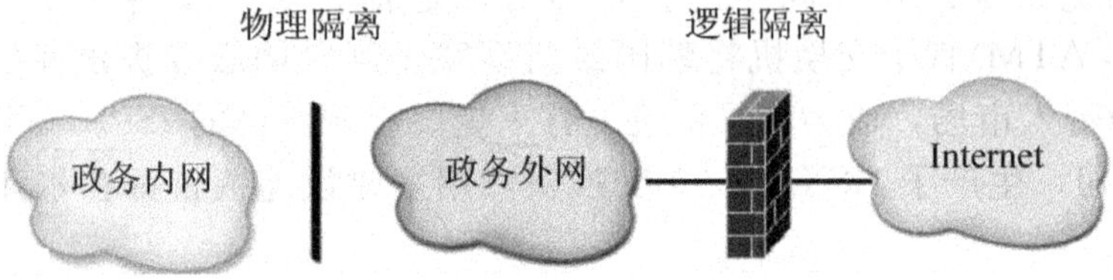

图 9.2 电子政务网络的体系架构

9.3.1 政务内网

政务内网整体的体系结构分为基础层、中间层和应用层，如图 9.3 所示。

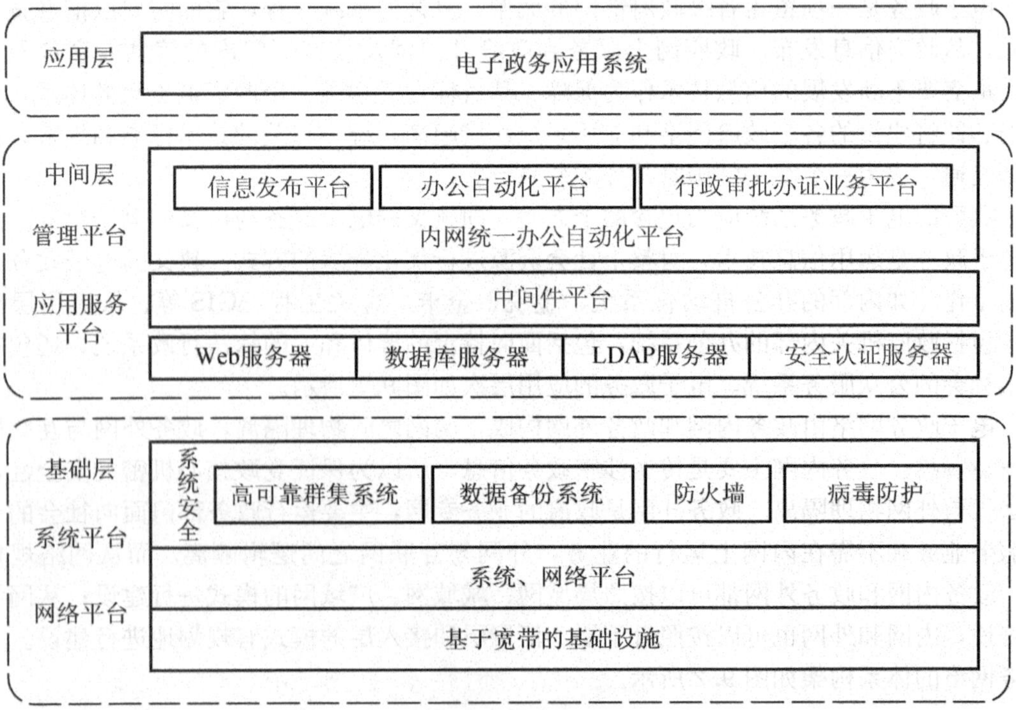

图 9.3 政务内网体系结构

(1) 基础层，包括系统、网络平台和系统安全平台，是保证系统安全可靠运行的基础保障。

(2) 中间层，包括应用服务平台和管理平台。

应用服务平台为上层的应用提供良好的中间层管理工具，同时对上层的各种应用进行有效的监控和管理，提供用户权限管理、安全管理和网络与系统管理功能，保证系统能够在有效的管理和监控之下平稳运行。中间性平台包括 Web 服务、应用服务、数据库系统、LDAP(lightweight directory accessprotocol，轻量目录访问协议)服务、安全认证服务等。

管理平台主要为政府的电子政务内网办公统一服务平台，其主要功能是提供网站内容管理与信息发布系统，处理政府内部办公自动化流程以及统一行政审批办证业务平台系统等。

(3) 应用层，为基于统一办公服务平台之上的电子政务应用系统。

9.3.2 政务外网

电子政务外网应用主要包括 4 个层面：对外门户网站、协同办公门户、业务应用层和数据资源层。

1. 对外门户网站

互联网上面向公众、企业和社会的政府统一对外门户网站，主要包括两部分内容，一部分是以宣传政治、经济、文化为主要内容的网站信息，另一部分是面向公众及企事业单位的公众服务系统。

2. 协同办公门户

政务网上的政府办公门户与互联网采用逻辑隔离方式进行分隔，办公门户为政府各级部门领导及公务员在办公网上提供一个政务资源和业务应用系统的统一访问入口，实现各种政务资源的共享和各种应用系统的整合。

3. 业务应用层

业务应用层包含电子政务外网的主要应用系统，包括政府内部办公业务系统、公共政务资源共享系统、经济运行分析与监控系统、企业信用管理信息系统、网上并联审批系统等。

4. 数据资源层

电子政务数据资源层的建设主要包括各个纵向业务(12 金)数据库；人口、法人、自然资源和地理空间、宏观经济等四大资源库；政务办公资源库；主流媒体资源库；经济运行专项数据库；企业信用专项数据库以及基于元数据的数据资源目录等内容。

数据资源层通过对分布在各个部门(委、办、局)的各种数据资源的整合，实现了电子政务系统的统一资源管理，为各种业务数据、公共政务资源的共享与交换提供了统一的平台。

政府内部资源的整合是电子政务建设的一个核心内容，其主要目的是实现数据资源的交换和共享。没有真正实现资源整合的电子政务系统就不能提供高质量的对外的公众服务和政府内部的决策支持系统。

政务外网体系架构如图 9.4 所示。

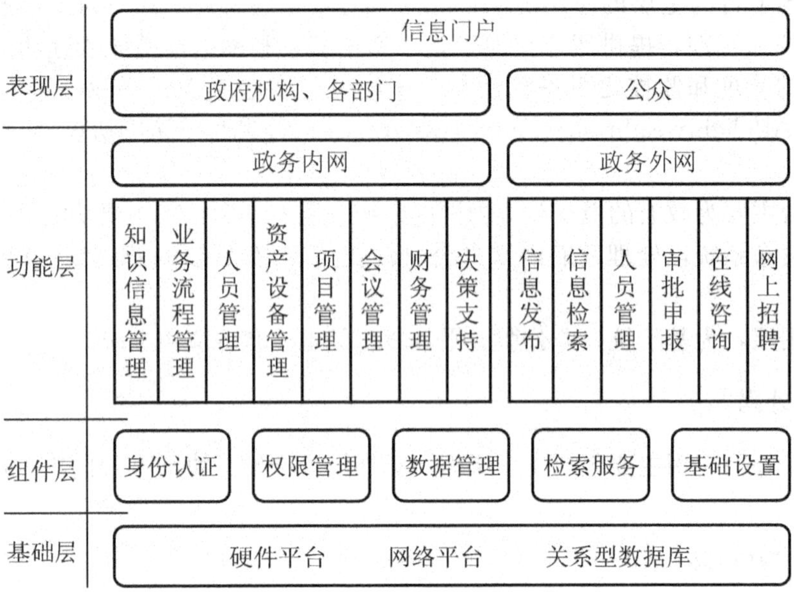

图 9.4　政务外网体系架构

推荐阅读：《信息安全管理平台在电子政务系统中的应用》
(http://www.xnw.com.cn/securityutm/ htm2011/20110329-219864.shtml.)

9.4　我国政府信息化的发展历程与展望

9.4.1　我国政府信息化的发展历程

我国的政府信息化建设是沿着机关内部办公自动化—管理部门的电子化工程(如金关工程、金税工程等“金”字工程)—全面的政府上网工程这一条线展开的。总体而言，我国的政府信息化进程共经历了 4 个阶段，即起步阶段、推进阶段、发展阶段、高速发展阶段。

1. 起步阶段

20 世纪 80 年代初到 90 年代初是我国政府信息化的起步阶段。中央和地方党政机关所开展的办公自动化工程，建立了各种纵向和横向的内部信息办公网络。1992 年，为了推进政府机关的自动化程度，在政府机关普及推广计算机的使用，国务院办公室下发文件《国务院办公厅关于建设全国政府行政首脑机关办公决策服务系统的通知》(国办发 [1992] 25 号)。该文件下发以后，在国务院办公厅统一指导下，经过各地区、各部门近十年的积极努力，全国政府系统信息化建设取得了长足的发展。

2. 推进阶段

20世纪90年代是我国政府信息化的推进阶段阶段。

1993年，国务院信息化工作领导小组拟定了《国家信息化“九五”规划和2010年远景目标(纲要)》，国务院要求中华人民共和国电子工业部与有关部委大力协调，抓好几项重大的信息工程。

1993年底，适应全球建设信息高速度公路的潮流，中国正式启动了国民经济信息化的起步工程——“三金工程”，即金桥工程、金关工程和金卡工程。“三金工程”是我国中央政府主导的以政府信息化为特征的系统工程，是我国政府信息化的雏形。

金桥工程又称经济信息通信网工程，它是建设国家公用经济信息通信网、实现国民经济信息化的基础设施。这项工程的建设，对于提高我国宏观经济调控和决策水平以及信息资源共享、推动信息服务业的发展，都具有十分重要的意义。

金关工程又称为海关联网工程，其目标是推广电子数据交换技术，以实现货物通关自动化、国际贸易无纸化。

金卡工程又称电子货币工程，它是借以实现金融电子化和商业流通现代化的必要手段。

在部分“金”字工程推动下，部分政府部门的网络建设、电子化的深度都得到了一定的发展，并积累了一定的经验。

3. 发展阶段

1999—2001年是我国政府信息化的发展阶段。

1999年1月，40多个部委的信息主管部门共同倡议发起的“政府上网工程”，其目标是在1999年实现60%以上的部委和各级政府部门联网，在2000年实现80%以上的部委和各级政府部门联网。通过启动“政府上网工程”及相关的一系列工程，实现我国迈入“网络社会”，提供政府信息资源共享和应用项目，政府站点与政府的办公自动化连通，与政府各部门的职能紧密结合，使政府站点演变为便民服务的窗口，实现人们足不出户完成与政府部门的办事程序。利用政府职能启动行业用户上网工程，如“企业上网工程”、“家庭上网工程”等，实现各行各业、千家万户联入网络，通过网络实现信息共享和多种社会功能，形成“网络社会”。

2000年1月，国家经贸委信息中心、中国邮电总局联合发起的“政府上网工程”百家城市政府上网推进交流大会召开，来自全国130多个地级以上城市的主管科技、信息化工作的领导和电信部门负责政府联网工作的相关负责人参加了此次会议。

4. 高速发展阶段

2002年至今是我国政府信息化的高速发展阶段。

国家不断培育政府信息化发展的宏观环境，2001年12月26日，国家信息化领导小组第一次会议作出了“中国建设信息化要政府先行”的重要决策。2002年，政府信息化逐渐“由概念变成现实，由争论转入实施，由含混转为清晰”，从“割据”向“统一”发展。国家对政府信息化的空前重视，开辟了未来一段时间电子政务在我国的发展空间，为政府和企业搭起了共同发展的舞台。

我国政府信息化经过 30 年的发展，已经取得了阶段性的成果：各类政府机构 IT 应用基础设施建设已经相当完备，网络建设在“政府上网工程”的推动下已获得了长足的进展，大部分政府职能部门如税务、工商、海关、公安等部门都已建成了覆盖全系统的专网。

地方政府建设数字城市的步伐也明显加快，上海、深圳、广州、天津等沿海开放城市纷纷提出建设数字化城市或数码港的概念，其中电子政务的建设是数字城市建设的核心内容之一。

9.4.2 电子政务的发展展望

1999 年，以“国家信息化领导小组”成立和“政府上网工程”启动为标志，中国的电子政务建设开始受到重视。今天，电子政务的内外部环境发生了翻天覆地的变化，各种应用项目、优秀案例层出不穷，政府信息化对整个社会的影响力也在不断增强。但同时，一些困扰我国电子政务建设进一步发展的深层次问题也逐渐暴露出来，亟待解决。

1. 中国电子政务建设存在的问题

电子政务的顶层设计需进一步明确和规范。电子政务是以信息技术手段对政府管理模式和传统业务流程的“重塑”，是一个复杂的系统工程，必然要求对网络、信息、软件、应用等方方面面作一个整体的、系统化的规划设计。实施电子政务，一个地方、一个单位总是首先要制定一个总体规划。而我们在这一点上还比较欠缺，不少地方在缺乏充足的整体规划的前提下就仓促上马，导致项目实施过程中协调难度加大，建成以后也难以有效实现互联互通、信息共享，影响到了电子政务效益的发挥。

电子政务建设统筹不足。20 世纪 90 年代以来，电子政务一直是我国信息化投资热点，中央和地方投入巨大。但由于我国电子政务建设从规划、预算、审批到评估，尚未形成一个完整的机制；没有一个部门能够牵头对电子政务项目进行全方位的需求审查、技术审查、建设监督、运营评价；发展改革部门只按传统建设项目对电子政务进行立项审批，对技术是否满足需求等深入内容无法有效审查，导致超需求重金购买贵重设备、不断地报废旧设备上新设备、不愿集中共享建设而追求独立体系等现象存在，造成巨大浪费。

电子政务的法治环境有待于进一步加强。作为信息技术与行政管理的结合，电子政务是一个新兴的领域，许多工作都是具有探索性和创新性的。电子政务的某些应用日趋成熟以后，就需要通过制定法律法规或者标准等手段将现有的模式“固化”下来。一个良好的法治环境是保证电子政务持续、稳定、健康发展的前提。

2. 中国电子政务的未来趋势与发展展望

随着中国社会经济实力的不断增强、对政务信息化重要性必要性、认识的普遍提高和信息技术自身的不断完善，以往影响我国电子政务发展的资金、认识、技术等问题将逐渐退居次席，而一些体制上的深层次的问题将取而代之成为影响电子政务的重要因素。

随着我国人民群众生活水平的不断提高和政治民主化进程的不断加快，社会公众的参政意识、公民意识、民主意识也在不断增强，一个公民社会的雏形正在逐步形成之中。这对电子政务产生的影响首先表现为“网络民意”的兴起。网络民意的产生，迫使政府在决策时要更加谨慎，对自己的形象要更加珍惜。一个对人民负责、善于学习的政府，必须善于正确地处理应对网络民意，要增加与网民的交流，善于通过网络手段掌握舆情动态，尽早发现问题、化解矛盾。网络民意的产生，也对电子政务的内容、方式提出了新的挑战。因为随着公民意识的觉醒，他们对政府的要求也越来越高，他们希望政府能提高公共服务的质量和效率，也希望政府决策更加透明、信息更加公开。在这些压力的驱使下，电子政务建设将更加注重公共服务，政府与公众的网上互动将更加频繁，而随着《中华人民共和国政府信息公开条例》的颁布实施，政府信息公开更将变得常态化。

2011年作为“十二五”规划的开篇之年，即是“十二五”规划宏伟蓝图全面展开的新开端，也是国家各项事业全面腾飞的新起点，我国电子政务发展也将进入新的时期。

随着电子政务的发展，政府网站的普遍认知度与社会认同感正在逐年增强，人们对政府网站的参与热情与应用能力正在逐步提升。政府网站将契合“智慧政府”的建设要求，充分利用民间力量和调动公众参与热情，使用户不仅是政府网站的受益者，同时要成为政府网站的建设者。逐步发展成为人民参与政治生活的“智慧导航”与“感知中国”的网络支点。

更加重视新一代信息技术发展趋势。物联网可以真正实现“数字城市”、“感知城市”。目前，国家提出的“感知中国”计划将推动物联网在全国各地电子政务建设中的应用。物联网的应用领域很广，尤其是与电子政务关系特别密切的城市管理、公共安全、智能交通、环境监测、远程医疗等领域，物联网都可以大大提高政府工作和服务的效能。智慧城市将持续成为全球城市发展的新热点，建设和发展智慧城市已蔚然成风，已是大势所趋。目前，上海、宁波、无锡、深圳、武汉、佛山等国内城市已纷纷启动“智慧城市”战略，相关规划、项目和活动渐次推出，进入了我国智慧城市的第一梯队。

全球经济一体化和互联网的发展，对政府信息公开提出了快捷、方便、全面、透明、低成本的新要求。网络是政府发布信息的“黄金平台”，政府网站充分地满足了这一新要求，成为政府信息公开的第一窗口，在实行政府信息“公开是原则，不公开是例外”的过程中，成为重要的载体。经过一段时间的建设，目前我国政府网站的信息公开已经成为了政府信息公开的第一平台，但是还存在一些不足，无论是发布信息的深度、广度，都有待于进一步发展。

推荐阅读：周汉华. 中国政府信息化存在的问题[J]. 经济社会体制比较，2003(2).

本章小结

电子政务是政府部门利用现代信息科技和网络技术，实现高效、透明、规范的电子化内部办公、协同办公和对外服务的程序、系统、过程或界面。它包含多方面的内容，如政府办公自动化、政府部门间的信息共建共享、政府实时信息发布、各级政府间的远程视频会议、公民网上查询政府信息、电子化民意调查和社会经济统计等。

也有专家认为，电子政府与电子政务是两个不同的概念。电子政府是一个与传统政府相对应的概念，电子政务强调的不仅是将传统政府转变为电子政府，还包括转变过程中的规划、组织、建设工作等各个方面。

电子政务的基本模式有4种：G2G、G2E、G2B、G2C。

电子政务网络由政务内网和政务外网构成，两网之间物理隔离，政务外网与互联网之间逻辑隔离。

政务内网整体的体系结构分为基础层、中间层和应用层。电子政务外网应用主要包括4个层面：数据资源层、业务应用层、协同办公门户和对外门户网站。

我国的政府信息化进程共经历了4个阶段，即起步阶段、推进阶段、发展阶段、高速发展阶段。

案 例

“首都之窗”北京市政府门户网站建设案例

北京作为首都，在电子政务建设方面一直走在全国的前列，自1999年提出“数字北京”概念，近几年来其在电子政务建设方面的发展十分迅速。

“首都之窗”(www.beijing.gov.cn)是中国共产党北京市委委员会、北京市人民代表大会、北京市政府、北京市政治协商联合北京市纪律检查委员会、北京市高等法院和18个区县政府、99个市政府委、办、局150多个各自的政府网站统一建立的北京市政府门户网站。它是为了统一、规范地宣传首都形象，落实“政务公开，加强行政监督”的原则，建立网络信访机制，向市民提供公益性服务信息，促进首都信息化，推动北京市电子政务工程的开展而建立的。

北京市政府期望通过对“首都之窗”进行全面升级，创建一个良好的内容管理技术平台，来实现网站信息的采集、编审、发布等统一集成管理，实现开发利用整合政府信息资源，加强对市属委、办、局各网站的统一管理，提供网上审批等综合政务服务推行务实电子政务的目的。

电子政务门户内容管理整体解决方案

(1)“首都之窗”网站采用文本协作系统(text retrieval system，TRS)内容协作平台(TRS web content management，TRS WCM)对网站内容进行统一、集成管理，实现了网站维护管理、内容创建、内容编辑、内容发布、工作流管理、模板管理等功能。

(2) TRS内容管理系统支持多站点管理，不仅管理“首都之窗”网站，还管理其他市属委办局的150多个网站，实现分布式内容采编和发布。

(3) TRS内容管理系统具有便捷的网站、栏目维护管理功能，可以根据网站规划方便地管理现有网站和栏目，还能根据未来需要方便地管理新的网站和栏目。

(4) TRS内容管理系统实现内容创建、编审、发布、传递机制相对分离，即技术和内容编辑相分离。

(5) TRS内容管理系统具有完善的用户管理、权限管理、分组管理机制，加强了安全性。例如，系统权限管理可以以内容为中心，针对不同的用户、不同权限的工作人员分组管理。

(6) TRS内容管理系统提供良好的个性化访问体验，支持信息订阅、短信订阅等功能。

(7) TRS内容管理系统具有强大的工作流管理功能，支持规范的工作业务流程管理，提供内容质量和协作需求。

(8) TRS内容管理系统具有完善的日志管理功能，增强了系统的安全性和维护管理能力。在此基础之上的统计功能，方便了系统的使用和工作跟踪。

“首都之窗”英文版

“首都之窗”英文版——北京市国际化交流服务平台(www.ebeijing.gov.cn)是向外国人提供信息交

流服务的外语交流平台，平台功能需求复杂，在信息资源整合、多部门分布式协作、信息个性化动态发布及公众交互反馈方面更加完善，打破了部门间的条块分割和信息孤岛现象，为建设更高效的现代服务型交流平台添加了动力。

在外语平台的建设中，TRS提供了完善的技术解决方案，集成了TRS内容协作平台(TRS WCM)、TRS内容交付系统(TRS comtent delivery sever，TRS CDS)及TRS大规模企业论坛系统(TRS BBS)等内容管理产品，为实现对外交流与沟通、首都形象宣传、网站内容管理提供了技术保障。

"首都之窗"的综合政务服务

(1) TRS内容管理系统综合市属所有委、办、局网站，提供"首都之窗"网上综合服务。

(2) TRS内容管理系统提供"首都之窗"网上投票、网上调查、新闻评论等方便的动态扩展和交互功能，适应网站交互式服务应用系统的部署。

(3) TRS内容管理系统提供网站"一站式审批"网上办公服务。

"首都之窗"的安全性与可靠性

TRS解决方案充分考虑了项目的安全性与可靠性，包括TRS数据库安全机制、TRS内容管理系统安全机制、TRS应用层安全认证机制、TRS数据访问安全机制，保证系统安全可靠运行和数据的安全访问。

TRS公司仅用了一个月的时间就完成了"首都之窗"升级项目的产品安装、用户培训、架构设计、模板加工、功能附加、数字证书集成等各项目标。同时，英文网站正式投入运转。

"首都之窗"在改版之后，其网站质量和使用效率大幅提升，其访问量稳步快速上升，最高的时候一天的访问量甚至超过了过去的一个月之和。尤其是TRS内容管理功能的应用，使得"首都之窗"的内容质量、更新频率以及网站管理和栏目管理上有了质的飞跃，并且高效可用的流程设计大大方便了网站的管理人员的应用，提高了工作效率。

(资料来源："首都之窗"北京市政府门户网站建设案例[EB/OL].
http://solution.chinabyte.com./7/1840501.shtml.[2012-03-20].)

问题：

1. 认真浏览"首都之窗"，除案例介绍的内容外，还增加了哪些新服务?
2. 浏览美国某城市(如纽约)电子政务网站，介绍一下与"首都之窗"的内容与风格的差别。

习　题

一、名词解释

电子政务、电子政府、G2G、G2E、G2B、G2C、政务内网、政务外网、协同办公

二、选择题

1. 运用信息及通信技术打破行政机关的组织界限，建构一个电子化的虚拟机关，使得人们可以从不同的渠道取用政府的信息和服务。人们可以利用不同的形式、非特定的时间及地点，与政府进行沟通，这被称为(　　)。

A. 电子政务　　B. 电子政府

C. 电子商务　　D. 办公自动化

2. 电子政务主要借助了(　　)。

A. 信息技术、网络技术和办公自动化技术

B. 信息技术、数据库技术和计算机技术
C. 计算机技术、电视技术和卫星技术
D. 网络、计算机技术和卫星技术

3. 全球电子政务的发展之所以呼声很高，最主要原因就是(　　)。
A. 它的快捷与便利　　B. 它的透明与公开
C. 它的高效与廉洁　　D. 它的公正与迅捷

4. “三金工程”是指(　　)。
A. 金桥、金关、金卡　　B. 金桥、金关、金税
C. 金桥、金税、金盾　　D. 金桥、金关、金盾

5. 电子政务中关键的基本内容之一是(　　)。
A. 政府公共服务　　B. 政府透明服务
C. 政府企业服务　　D. 政府内部服务

6. 下列不是电子政府的“客户”的是(　　)。
A. 公民　　B. 企业
C. 政府　　D. 组织

7. 实现政府部门内部网之间的互联和资源共享，这样的系统被称为(　　)。
A. 各级政府机关内部办公业务网　　B. 各级政府间互联专网
C. 政府公共信息外部网　　D. 信息资源数据库

8. 下面不属于政府对公民的电子政务的是(　　)。
A. 电子医疗服务　　B. 社会保险网络服务
C. 公民信息服务　　D. 信息咨询服务

9. 协同办公门户属于电子政务的(　　)。
A. 政务内网　　B. 政务外网
C. 应用层　　D. 中间层

10. 下面不属于政府对企业的电子政务的是(　　)。
A. 电子证照办理　　B. 电子医疗服务
C. 电子采购和招标　　D. 信息咨询服务

三、判断题

1. 电子政务包括政府办公自动化、政府部门间的信息共建共享、政府实时信息发布、各级政府间的远程视频会议、公民网上查询政府信息、电子化民意调查和社会经济统计等。(　　)

2. 电子政务是政府部门利用现代信息科技和网络技术，实现高效、透明、规范的电子化内部办公、协同办公和对外服务的程序、系统、过程或界面。(　　)

3. 电子采购与招标属于 G2G 的范畴。(　　)

4. 从应用层次来说，电子政务包括政府机关内部的办公系统，包括面向特定的群体和人的依法行政系统，还包括面向全社会的公众服务系统。(　　)

5. 电子政务网络由政务内网和政务外网构成，两网之间逻辑隔离。(　　)

6. 政务内网整体的体系结构分为中间层和应用层。(　　)

7. 数据库系统属于政务内网的基础层。 (　　)

8. 协同办公门户是互联网上面向公众、企业和社会的政府统一对外门户网站。 (　　)

9. “金桥”工程又称电子货币工程。 (　　)

10. 全球经济一体化和互联网的发展，对政府信息公开提出了快捷、方便、全面、透明、低成本的新要求。 (　　)

四、问答题

1. 电子政务与电子政府两者之间有什么区别?

2. 电子政务的基本模式有哪几种?

3. 政务内网应用主要包括哪几个层面，其功能分别是什么?

4. 政务外网应用主要包括哪几个层面，其功能分别是什么?

第10章 供应链系统与客户关系管理系统

教学目标与要求

理解供应链的概念，明确供应链管理中“链”的含义；了解实施供应链管理的原理和方法；理解客户关系管理在供应链中的作用；理解协同商务的含义。

章节知识框架

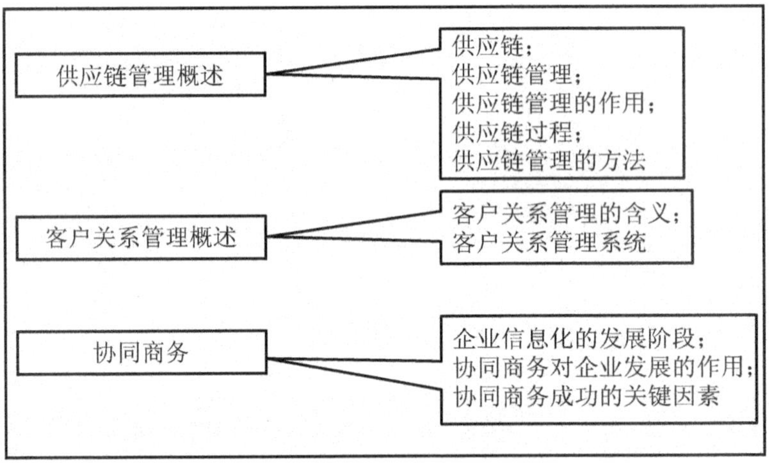

导入案例

联邦邮包服务用各种信息技术进行全球竞争

联邦邮包服务(UPS)是世界上最大的空中和地面包裹递送公司，始于1907年一个封闭的地下室。由西雅图来的两个年轻人Jim Casty和Claude Ryan带了两辆自行车和一部电话机，发誓要做到“最好的服务，最低的费率”。遵循这个目标，UPS繁荣了90多年，至今已成为全球最大的地面和空中包裹递送公司。

今天，UPS在美国和200多个国家和地区递送11 360多万个包裹。尽管有来自FedEx和Airborne的激烈竞争，但由于大量投资于信息技术，UPS仍能在小包裹递送服务上保持其领导地位。上一个十年，UPS注入10亿美金用于技术和系统以提高顾客服务质量，同时保持低成本和整个运行顺畅。

用一个手持设备，名曰递送信息查询设备(delivery information aquisition device，DIAD)，UPS的司机可以捕捉顾客的签名以及接收、递送和时间卡信息。司机将DIAD插入UPS卡车上的适配器，它是一个连接到移动电话网络的信息传输设备。然后，包裹递送信息就会传至UPS的计算机网络，在新泽西州的Mahwah和佐治亚州的Alpharetta的UPS的主干机对它进行储存和处理。

通过它的包裹跟踪系统，UPS可以监视包裹的整个递送过程。从送出到接收的沿路各点，条码设备从包裹标签上扫描运输信息；这条信息被送往中央计算机。顾客服务代表可以通过连接于中央计算机的桌上计算机校核任何包裹的状态，可以立刻响应顾客的询问。UPS的顾客也可以用自己的计算机或无线设备，如手机，接收UPS的网站存取的这些信息。

任何人寄包裹，都可以连上UPS网站，去跟踪包裹、计算运费、确定运输时间和调度取包。企业可以在任何地点应用UPS网站安排UPS运输和汇运费给公司的UPS账号或信用卡。在UPS网站上收集的信息被传至UPS中央计算机，处理后再传至顾客。UPS也提供工具使顾客能在Cisco系统中包含UPS功能，如跟踪和计算费用，在自己的网站，不用访问UPS网站即可跟踪运输。

UPS具有一种能力叫做UPS庭院运输，即允许雇员在一个企业的多个办公室用他们的计算机进行处理，而运输手续被企业设立的中央管理员控制。

Morris Schneider和Preor LLC，一个服务于财务服务行业的最好的法律事务所之一，就用这种能力去跟踪和控制成本。该所经常由3个不同的地方递送时间敏感的文件至遍及美国的顾客。UPS工具使成本的分配和报告，甚至每一个顾客按件的详细运输花费实现了自动化。

信息技术帮助UPS增强自己和保持增长。UPS现在已经把自己管理递送网络的知识用来为其他公司管理后勤和供应链。UPS供应链解决方案部门提供完全绑扎的标准服务给签约公司，费用相对于他们自己建造系统和基础设施是较低的。这些服务包括供应链设计和管理、运费转交、海关费用、多种运输、财务服务以及后勤服务。

Birkenstock Footprint Sandals是许多得益于这种服务的公司中的一个。该公司的德国工厂将鞋装入箱中，上有条码写明美国的目的地。UPS和位于Rotterdam的海洋运输签订合同，鞋箱跨过大西洋到新泽西口岸，代替了通过巴拿马运河到该公司的加利福尼亚仓库。UPS卡车飞速地将每一船的货物几小时内通过UPS的管道运到3 000个零售点。将这项工作转交给UPS，Birkenstock减少了一半的时间。在路途中，UPS用条码扫描记录每笔运输的轨迹直到商品签收为止。UPS也为Jockey国际处理因特网订货、东芝美国的手提电脑维修、飞利浦医疗系统的X射线机安装。

(资料来源：刘仲英. 联邦邮包服务用各种信息技术进行全球竞争[EB/OL]. http://resource jingpinke. com. [2012-03-28].)

问题：联邦快递公司是如何利用信息技术获得竞争优势的?

10.1 供应链管理概述

10.1.1 供应链

所谓供应链，是指由涉及将产品或服务提供给最终消费者的整个活动过程的上游及下游企业所构成的网络。它联结供应商、制造厂、分销中心、零售店和顾客，以供应货物和服务(从货源地到消费点)。在供应链中，每个企业都是一个节点，节点企业和节点企业之间是一种供给和需求的关系。因此，供应链其实就是由供应商、制造商、仓库、配送中心和渠道商等构成的物流网络。同一企业可能构成这个网络的不同组成节点，但更多的情况下是由不同的企业构成这个网络中的不同节点。例如，在某个供应链中，同一企业可能既在制造商、仓库节点，又在配送中心节点等占有位置。在分工越细专业要求越高的供应链中，不同节点基本上由不同的企业组成。在供应链各成员单位间流动的原材料、在制品库存和产成品等就构成了供应链上的货物流。

供应链如图 10.1 所示显示了在供应商、制造商、零售商和顾客之间的信息流与材料流。供应链的上游部分包括组织的供应商、供应商的供应商，以及对它们进行管理的过程。下游部分包括分配和递送产品至最终顾客的组织与过程。制造商还管理转换材料、部件和供应商提供的服务、成品以及管理材料和库存的内部供应链过程。

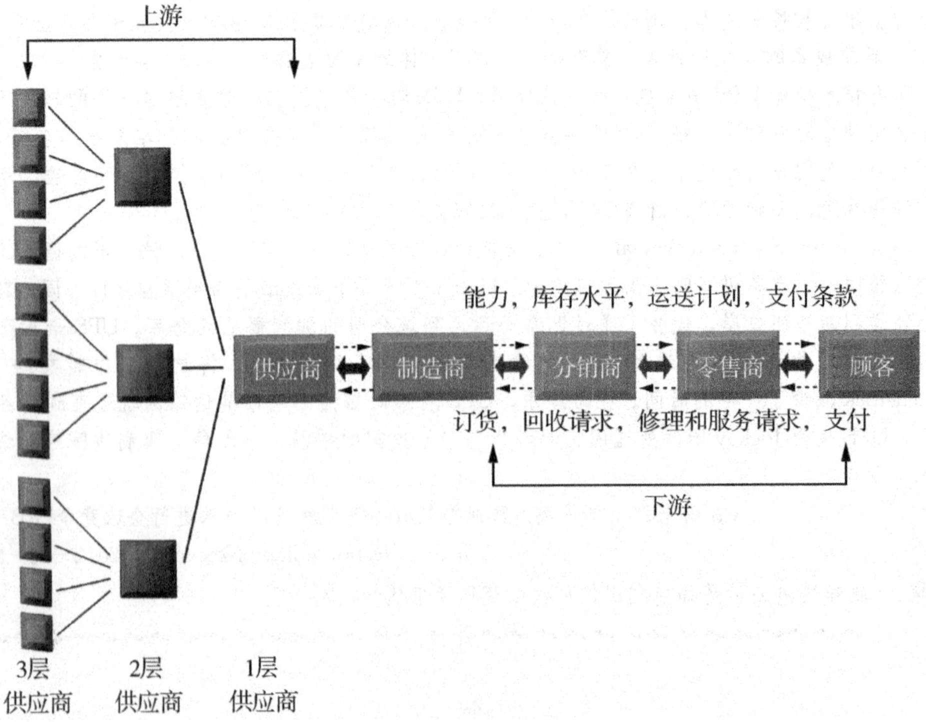

图 10.1 供应链

材料流向下游，由原材料源经过制造设备将原材料转换为中间产品(也称部件或零件)。再下一步被汇总装配成为成品。成品被运到分销中心，从那里送给零售商或顾客。

图 10.1 中的供应链是被简化了的。大多数供应链，尤其是大的制造商(如汽车公司)的供应链一般多层的，有几千个初始层、第二层、第三层供应商。克莱斯勒有 20 000 多个零件、包装和技术供应商。它的初始供应商是它的主要供应商，供应底盘、引擎和其他主要汽车部件。这些供应商有它自己的供应商(第二层)，后者可能还有供应商(第三层)。

供应链的主要特征包括以下几个方面。

(1) 复杂性。供应链中的某个节点企业往往同时是多个供应链的成员，而各个节点企业的类型又可能不同，而且可能分布在世界各地，所以其组织和管理十分复杂，需要依靠先进的信息技术的支持，并通过信息系统来控制其信息流、物流和资金流。

(2) 动态性。虽然供应链中节点企业之间的关系是相对固定的，但它又要随着市场需求的变化和企业战略的变更而作动态的更新。

(3) 面向用户需求。用户需求的变化是供应链中信息流、物流和资金流运作的源头，可以说，整个供应链的形成和重组都是由市场的需求驱动的。

(4) 组织间协作。因为供应链管理的一个主要目标是从整体上优化供应链的绩效，而不是优化单个企业的绩效，因此供应链的参加者之间的协作非常重要。

(5) 跨组织沟通的增强。因为供应链依靠大量的实时信息，因此信息能够在组织间无缝地传递非常必要。

应当指出，企业采购的商品并不全部通过供应链获得。一般情况下，通过固定的关系的供应链采购的主要是企业所在产业特定的原材料或商品，其中包括协同设计的物料，而一些通用的商品或原材料(螺钉、计算机等)通常在电子商务交易市场上采购。

10.1.2 供应链管理

供应链管理(supply chain management，SCM)是一种集成的管理思想和方法，它执行供应链中从供应商到最终用户的物流的计划和控制等职能。从单一的企业角度来看，它是指企业通过改善上、下游供应链关系，整合和优化供应链中的信息流、物流、资金流，以获得企业的竞争优势 。

供应链管理是企业的有效性管理，表现了企业在战略和战术上对企业整个作业流程的优化。它把企业资源的管理范围从企业内部向企业外部扩展，形成了为了共同利益而结成的企业之间的战略联盟。据统计，实施供应链管理可以使企业的库存明显减少，总成本下降 10%，交货率提高 15%以上，订货—生产周期缩短 25%～35%。它整合并优化了供应商、制造商、零售商的业务效率，使商品以正确的数量、正确的品质，在正确的地点、正确的时间，以最佳的成本进行生产和销售，从而缩短时间、减少库存成本，并使总成本达到最低。

供应链管理的发展经历了 3 个阶段。

(1) 萌芽阶段(20 世纪 80 年代—90 年代)。过去，企业“纵向一体化”的管理模式。其特点是从计算机辅助设计、柔性制造系统、MRP Ⅱ、JIT，一直到 ERP 都是将管理着眼于企业资源的优化利用。20 世纪 80 年代以后，随着因特网/互联网的出现，企业管理由内部集成走向与外部集成相结合，环境发生了变化，管理模式逐渐向“横向一体化”的方向发展，萌发了初步的供应链管理。

(2) 形成阶段(20 世纪 90 年代)。供应链上的成员企业开始认识到信息不共享是竞争力提高的重要障碍，从而开始在整个供应链范围内实现资源共享，加强对信息流和物流的协调。

(3) 成熟阶段(21 世纪初至今)。这一阶段的特点是企业间建立合作伙伴关系，注意对不确定信息的共享，充分发挥信息技术在供应链管理上的作业支持和决策支持作用。

供应链管理的目标是在满足客户需要的前提下，对整个供应链(从供货商，制造商，分销商到消费者)的各个环节进行综合管理。例如，从采购、物料管理、生产、配送、营销 到消费者的整个供应链的货物流、信息流和资金流，把物流与库存成本降到最低。

一个公司采用供应链管理的最终目的有 3 个。

(1) 提升客户的满意度(提高交货的可靠性和灵活性)。

(2) 降低公司的成本(降低库存，降低生产及分销的费用)。

(3) 企业整体“流程品质”最优化(错误成本去除，异常事件消弭)。

10.1.3 供应链管理的作用

从上述定义中，我们能够解读出供应链管理包含的丰富内涵。

首先，供应链管理把产品在满足客户需求的过程中对成本有影响的各个成员单位都考虑在内了，包括从原材料供应商、制造商到仓库再经过配送中心到渠道商。不过，实际上在供应链分析中，有必要考虑供应商的供应商以及顾客的顾客，因为它们对供应链的业绩也是有影响的。

其次，供应链管理的目的在于追求整个供应链的整体效率和整个系统费用的有效性，总是力图使系统总成本降至最低。因此，供应链管理的重点不在于简单地使某个供应链成员的运输成本达到最小或减少库存，而在于通过采用系统方法来协调供应链成员以使整个供应链总成本最低，使整个供应链系统处于最流畅的运作中。

再次，供应链管理是围绕把供应商、制造商、仓库、配送中心和渠道商有机结合成一体这个问题来展开的，因此它包括企业许多层次上的活动，包括战略层次、战术层次和作业层次等。

尽管在实际的物流管理中，只有通过供应链的有机整合，企业才能显著地降低成本和提高服务水平，但是在实践中供应链的整合是非常困难的，其原因包括以下两个方面。

首先，供应链中的不同成员存在着不同的、相互冲突的目标。例如，供应商一般希望制造商进行稳定数量的大量采购，而交货期可以灵活变动；与供应商愿望相反，尽管大多数制造商愿意实施长期生产运转，但它们必须顾及顾客的需求及其变化，并作出积极响应，这就要求制造商灵活地选择采购策略。因此，供应商的目标与制造商追求灵活性的目标之间就不可避免地存在矛盾。

其次，供应链是一个动态的系统，随时间而不断变化。事实上，不仅顾客需求和供应商能力随时间而变化，而且供应链成员之间的关系也会随时间而变化。例如，随着顾客购买力的提高，供应商和制造商均面临着更大的压力来生产更多品种、更具个性的高质量产品，进而最终生产定制化的产品。

研究表明，有效的供应链管理总是能够使供应链上的企业获得并保持稳定持久的竞争优势，进而提高供应链的整体竞争力。统计数据显示，供应链管理的有效实施可以使企业总成本下降20%左右，供应链上的节点企业按时交货率提高15%以上，订货到生产的周期时间缩短20%～30%，供应链上的节点企业生产率提高15%以上。越来越多的企业开始认识到实施供应链管理所带来的巨大好处，如HP、IBM、DELL等在供应链管理实践中取得的显著成绩就是明证。

供应链管理从战略层次和整体的角度把握最终用户的需求，通过企业之间有效的合作，获得成本、时间、效率、柔性等方面的最佳效果，包括从原材料到最终用户的所有活动，是对整个供应链的过程管理。

供应链的无效率，如零件的短缺、工厂能力利用不足、超额成品库存或运输成本超支等，均是由不正确或不及时的信息造成的。例如，制造商在其仓库中保存过多的零件，因为它不知道或不能准确地知道，它的下一批货何时由供应商处运到。供应商可能订购了太少的原材料，由于它没有精确的需求信息。这些供应链的无效可能浪费高达25%的公司运营成本。

如果一个制造商能准确地知道顾客需要多少产品、何时需要、何时生产它们，就有可能实现一个高效率的准时制策略。部件在需要它们的时刻刚好到达，成品在它们刚下线时就被运走。在一条供应链中，无论何时，不确定性总会产生，因为许多事件不可能被预测到，如不确定的产品需求、来自供应商的运输延迟、缺陷的原材料或零件或生产过程的中断等。为了使顾客满意，制造商往往在其库存中保持比它们实际所需要的还要多，以应付这种不确定性和不可预测性。这个安全库存对供应链中的低灵活性起着一个缓冲器的作用。虽然超额库存会导致高成本，但低的满足率的代价也是很高的，因为企业可能会由于失去订单而蒙受损失。

在供应链管理中，一个再现的问题是长鞭效应(bullwhip effect)。实施供应链管理是克服“长鞭效应”的有力工具。什么是“长鞭效应”呢？传统企业管理的效率十分低下，这表现在零售商向批发商订购的商品数量高于市场上实际的销量，批发商集中各零售商订购数量后向制造商发出的订购数量又要加码，而制造商制订生产计划时往往误认为销售情况很好而再加码，即它向原材料供应商的订购数量又增大了。这种层层加码，越往上游订购数量越大的现象，就像挥打鞭子那样越挥越高，形成了“长鞭效应”，结果造成生产过剩，库存积压，成本升高，效益低下，后果十分严重。

例如，宝洁公司(P&G)发现由于信息的不准确，供应链的各点上出现了超额的高库存的一次性尿布。虽然顾客在各商店的购买是完全稳定的，当P&G提供很有竞争力的价格促销时，由分销商发出的订货还会冒尖。超额和超额的部件沿着供应链累加，企图去满足一个实际上不存在的需求。为了解决这个问题，P&G修改了它的市场和销售、供应链处理及应用更精确的需求预测。

当供应链中的成员均掌握了准确和及时的信息时，长鞭效应可以通过减少需求和供应的不确定进行克服。如果供应链中的成员可以共享有关库存水平、调度、预测和运输的动态信息，它们将会有较精确地调整它们的原材料源、制造和配送计划。供应链管理系统提供这类信息，它们能帮助供应链成员做出较好的采购和高度决策。发展供应链管理是解决“长鞭效应”的一个出路，即通过上下游企业共享信息，围绕核心企业建立长期合作伙伴关系，依靠供应链网络体系建立固定关系的供应链。

10.1.4 供应链过程

许多过程和子过程包含于加速信息流与材料流的供应链管理中。供应链协会(Supply Chain Council，SCC)开发了一个供应链运行参考模型(supply-chain operations reference-model，SCOR)作为供应链管理的跨行业过程参考模型。SCOR 定义了一个通用的供应链过程的集合，以帮助公司或企业更好地理解供应链管理问题和为供应链改进设置目标。SCOR 确定了 5 个主要的供应链过程：计划、寻源、制造、递送和回收等，如图 10.2 所示。

计划：由平衡总需求和供应的过程组成，以开发满足寻源、制作和递送需求的行动路线。

寻源：由采购物品或服务的过程组成。

制造：由将产品转化为满足计划和实际需求的成品的过程组成。

递送：由供应满足计划实际需求的物品和服务过程组成，包括订单管理、运输管理和配送管理等。

回收：由回收产品或接收回收产品的过程组成，包括送后的顾客支持。

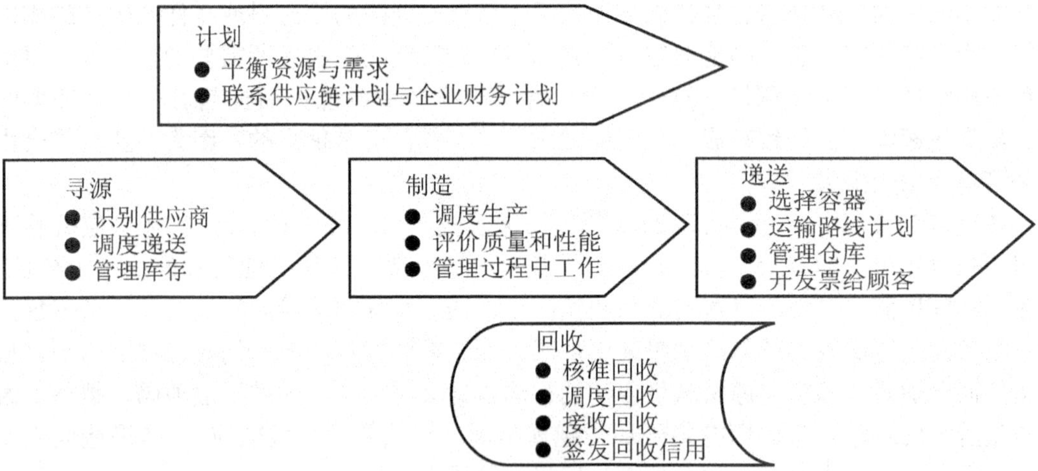

图 10.2 关键的供应链管理过程

物流在这些过程扮演着一个重要的角色，涉及计划和控制的所有因素，将影响把正确的产品或服务及时、低成本地送到正确的地方。供应链管理提供了一个机会，使材料和物品在不同的供应链成员之间实现最优化的流动。

为管理供应链，公司试着删除冗余的步骤、延迟和涉及其他关系源的数据。信息系统使供应链能有更高的效率，它提供信息帮助公司协调、调度、控制采购、生产、库存管理、运送产品和服务。

10.1.5 供应链管理的方法

供应链管理理论的产生远远落后于具体的技术与方法。供应链管理最早多是以一些具体的方法出现的。常见的供应链管理方法有以下几种。

1. 快速反应

快速反应(quick response，QR)是零售商和制造商通过建立战略伙伴关系，利用EDI等信息技术及时交换销售信息和订货补充信息，用多频度、小数量的配送方式连续补充商品来缩短交货期、减少库存和提高服务水平的管理方法。QR是美国纺织服装业发展起来的一种供应链管理方法，主要集中在一般商品和纺织行业，其主要目标是对客户的需求做出快速反应，并快速补货。

当物流企业面对多品种、小批量的买方市场时，不是储备了“产品”，而是准备了各种“要素”，在用户提出要求时，它能以最快的速度抽取“要素”，及时“组装”，提供所需服务或产品。QR侧重于缩短交货提前期、快速响应客户需求，重点是补货和订货的速度，目的是最大限度地消除缺货，并且只在商品需求时才去采购。

2. 有效客户反应

有效客户反应(efficient consumer response，ECR)是1992年从美国的食品杂货业发展起来的一种供应链管理策略，也是一种由生产厂家、批发商和零售商等供应链成员组成的，以各方相互协调和合作，更好、更快并以更低的成本满足消费者需要为目的的供应链管理解决方案。有效客户反应是以满足顾客要求和最大限度降低物流过程费用为原则，能及时做出准确反应，使提供的物品供应或服务流程最佳化的一种供应链管理战略。ECR主要以食品行业为对象，其主要目标是降低供应链各环节的成本，提高效率。ECR侧重于减少和消除供应链的浪费，提高供应链运行的有效性。它的重点是效率和成本。有效客户反应是供应链上的生产商、批发商和零售商等通过合作和协调，以更好的质量、更快的速度和更低的成本满足消费者需要的一种管理方法，具体的做法如有效引入新产品、实行有效商品管理和有效促销等。

3. 准时制生产

准时制生产是一种方法，它是指正好在客户需要的时候生产出或发送客户想要购买的产品，追求的目标是零库存，要求在刚好需要该零部件时把它生产出来并送到需要的地点。

4. 合作计划、预测和补给

合作计划、预测和补给（collaborative forecast and replenishment，CFAR)方法是利用Internet，通过零售企业与生产企业的合作，共同做出商品预测，并在此基础上实行连续补货的系统。CPFR方法是在CFAR共同预测和补货的基础上，进一步推动共同计划的制订，即不仅合作企业实行共同预测和补货，同时将原来属于各企业内部事务的计划工作(如生产计划、库存计划、配送计划、销售规划等)也由供应链各企业共同参与。

推荐阅读：《供应链管理(SCM)是一种过程的竞争模式》
(http://www. docin. com/p-93336269. html.)

10.2 客户关系管理概述

企业自古以来都重视其客户，但今天它们更加重视客户对企业获利的重要性。因为基于一个创新的产品或服务的竞争优势可能持续时间很短，公司相信它们仅有的长久的竞争优势可能就是它们和客户的关系。有人说，竞争的偏好已由谁销售最多的产品和服务，转到谁“拥有”客户，因此，客户关系代表公司最有价值的资产。

10.2.1 客户关系管理的含义

吸引并留住客户是任何企业最根本的目标。企业只有在不断获取新客户、维持老客户中才能得到巩固和发展。客户关系管理(customer relation management，CRM)指的是企业通过搜集、管理和使用信息，建立良好的客户关系，通过采取正确的营销策略影响客户行为，最终实现提高客户获得、客户保留、客户忠诚和客户创利的目的。它既是一种以“客户价值”为中心的企业管理理论和商业策略，也是一种以信息技术为手段、有效提高企业收益和客户满意度的管理方法。客户关系管理能够帮助找到并锁定最好的客户，以正确的价格、在正确的时间、通过正确的渠道提供正确的产品或服务，能够最大限度地使潜在客户变为现实客户，现实客户变为忠诚客户，从而有效地满足客户的需要，为不断拓展市场和增加利润创造条件。

实施客户关系管理需要做好以下 4 方面的工作。

1. *客户细分*

客户细分是指按照一定的标准将企业现有的客户，根据他们的属性、行为、需求、偏好以及价值等因素对客户进行分类，并提供有针对性的产品、服务和销售模式。正确的客户细分可能使营销人员针对不同客户群的消费特征采用相应的营销策略，提高市场营销和服务的目的性，从而有效地降低成本，获得更强的市场渗透。

客户细分有 3 种方式，第一种方式是按客户的外在属性(如客户的地域分布、客户的产品拥有、客户的组织归属等)分成企业用户、个人用户、政府用户等；第二种方式是按客户的内在属性分，如按收入、年龄、性别、家庭人数和信用程度等进行分类；第三种是按客户的消费行为进行分类，如按客户购货的次数、每次购货的金额和消费频率等。客户细分可采用数据挖掘方法，如聚类分析、遗传算法等。

2. *客户获得*

数据挖掘能够帮助辨别出潜在的客户。潜在客户是指虽然现在还没有购买，但有可能购买本公司商品的客户。

3. *客户保持*

为每一类细分的客户制定一种相应的营销策略，可以提高客户的保持率。据研究，客户的保持率每提高 5%，利润将会提高 25%以上。获得一个新顾客比保持一个老顾客的花费可能要高 5 倍。这个指标随行业不同而异，但高的顾客保留率能为公司增加收益和减少成本，这是毫无疑问的。

4. 客户服务

提供客户期望的服务是客户关系管理的关键。企业应通过互联网回答客户提出的各种询问(如有关产品情况的订单执行情况等)，并做好现场服务工作。

许多公司转向客户关系管理以实现它们的客户资产的收益最大化。客户关系管理既是一种使收入、利润、客户满意和客户保留最优化的业务方法，又是一种技术方法。它应用信息技术跟踪公司和客户交往的所有方式，并分析这些交往，以使公司的客户生命价值最大化，同时使顾客的满意度最大化。

不同的客户代表不同的公司利润水平。有些客户需要花费很高的成本去吸引和服务，而另一些吸引和服务的成本却很低。客户关系管理通过对每一美元的市场或客户服务花费的分析，帮助其识别哪些客户吸引和保持成本低，并能提供最大的收益。这些“好”客户产生了80%～90%的公司利润，但他们只占公司客户总数的10%～20%。

客户关系管理可扩展到一个公司的负责销售给顾客的商业伙伴。伙伴关系管理(partner relationship management，PRM)用许多和客户关系管理相似的数据、系统及工具去提高公司与它的销售伙伴的协作水平。如果一个公司不直接将货物销售给客户，而要通过分销商或零售商，PRM将辅助这些渠道将货物直接销售给客户。它向公司和它的销售伙伴提供交易客户信息、分销引导和客户数据，以及集成引导生产、定价、促销、订单结构和可用性。它还向公司提供评价其合作伙伴绩效的工具，从而使最好的合作伙伴可以得到它们需要的支持以密切它们之间的商业关系。

10.2.2 客户关系管理系统

客户关系管理系统就是从客户信息中深入分析客户的需求、想法及消费行为，以便更好地为他们服务。大多数公司采用电子邮件、传真、电话和网页的形式与他们的客户交互。客户关系管理系统的一个基本目标就是能够管理和跟踪这些交互。因此，公司必须组织并记录在多种渠道中与每个客户的交流信息。如果不这样做的话，客户就会对公司产生不良印象，进而可能选择其他公司，甚至退货。客户因有过不好的购物经历就转向其他公司的情况屡见不鲜。客户关系管理的目标就是限制那些负面影响，并为客户提供美好的购物经历。

今天的企业是通过客户关系管理系统，把顾客当成长期资产来看待。客户关系管理系统专注于协调所有围绕着企业和客户联系的企业过程，如销售、市场和服务，以期达到最佳效益、顾客最满意和留住顾客的目的。理想的CRM系统提供从接受订单到产品送到全过程的点对点的所有顾客关心的事项。

虽然公司总把客户第一放在嘴边，至今，它们的信息系统还不能帮助它们做到这一点。顾客数据的片断被分割在孤立的系统中，如财务、分销、销售、服务、市场或沿着生产线、商业线或通信渠道组织。电子商务产生大量的关于顾客和展望的数据不能与分隔化的信息系统数据进行集成。

CRM系统组织、捕捉和集成客户数据、联合这些数据、分析这些数据，然后将这些结果分配至全公司的各种系统和客户接触点。一个接触点，可理解为联络点，是一个和客户接触的方法，如电话、电子邮件、客户服务台、常规信件、网站或零售店等。设计很好的 CRM 系统可以提供一个单一的企业客户视图，可以用来改善销售和客户服务。这样的系统同样也向客户提供单一的公司视图，公司表现出一种协调一致的面孔来对待这个顾客，如图 10.3 所示。

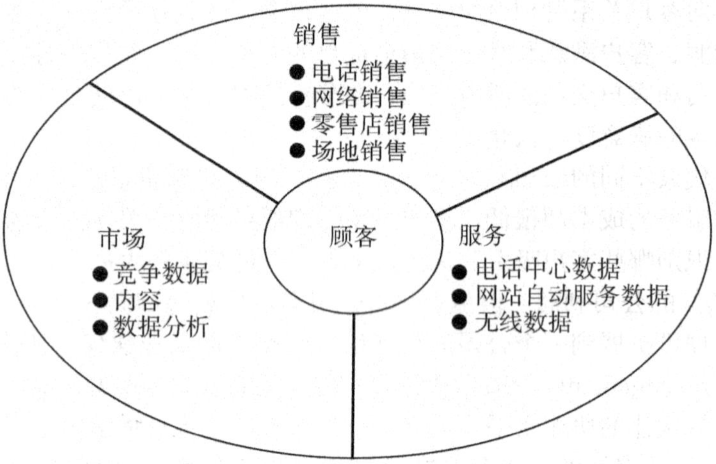

图 10.3　客户关系管理

客户关系管理系统是一种支持客户关系管理的软件系统，其目标是加快产品销售、降低销售成本、增加利润收入、扩展市场并提高客户的满意度和忠诚度。

客户关系管理系统的功能包括以下几个方面。

(1) 销售自动化，包括在线销售自动化、提供信息服务、记录客户反馈信息并及时处理等。

(2) 市场营销活动管理及分析。以数据仓库为基础，收集客户的信息和购货数据；通过分析，获得客户的消费偏好和预期的购买行为，作为确定营销策略、为客户提供个性化服务的根据；通过数据挖掘掌握潜在客户的特征，找出潜在客户，拓展市场。

(3) 客户服务及支持。提供企业员工与客户沟通的平台，提高与客户接触的效率和客户反馈率。它应能通过电话、传真、网络、移动通信工具、电子邮件等多种渠道与客户保持沟通，以便全面了解客户。有一点很重要，即客户关系管理并不仅仅是软件。它的整个商业目标包含许多不同的方面，涉及软件、硬件、服务支持和战略性商业目标。客户关系管理系统应该支持以上所有功能，同时它应设计成能为组织提供有关客户具体信息的系统。

把客户关系管理系统和企业的功能、销售功能和服务功能结合起来，就成了集成的客户关系管理系统，如图 10.4 所示。

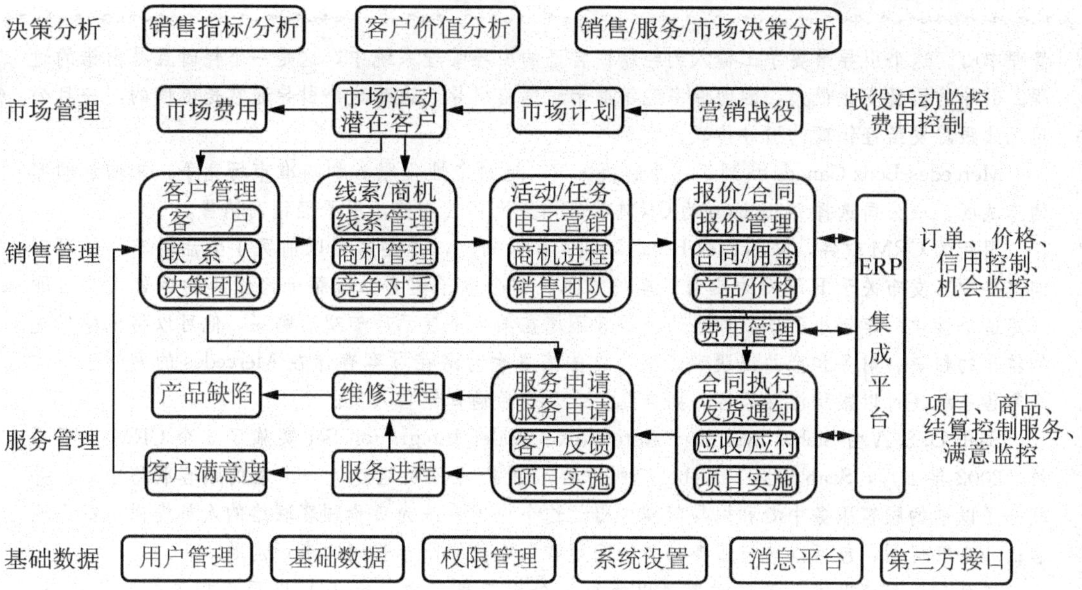

图 10.4 集成的客户关系管理系统

案例

CRM 在 Mercedes 和 Saab 的驱动销售

Mercedes-Benz 和 Saab 均为高级的汽车名牌，拥有大量的忠实顾客。然而，两者均运行于高度竞争的市场环境中，面对着较大的竞争对手参与的市场竞争、价格刺激和优惠的报价。

新生的展示厅交易被证明是一种永恒的挑战，代替开销更多的广告，Mercedes-Benz Canada 和 Saab U. S. A 转向顾客关系管理作为回应。

以 Toronto 为基地的 Mercedes-Benz Canada，拥有一个由 55 家经销商组成的网络，它对它的顾客了解得不多。经销商向制造商提供的顾客数据偏于专用性。Mercedes 不能强迫经销商报告这些信息，其跟踪经销商的过程是笨拙的，不能获得及时的报告。

以佐治亚为基地的 Saab U. S. A 是瑞典公司 Saab Automobile AB 的子公司，进口和配送 3 700 多辆 Saab sedan、wagon、convertibles 到 200 家经销商。Saab sedan 促使顾客利用以下 3 条渠道：经销商网络；顾客服务中心，它由 Saab 拥有者联系顾客的询问；引导供应链管理中心，处理市场和来自潜在顾客的请求信息。

这些渠道的每一个顾客数据都用自己的数据库进行维护，因而 Saab 得到的是关于顾客的孤立的信息。顾客服务中心依赖于一个 SQL 服务器数据库去管理顾客信息；经销商把顾客数据保存在自己的引导管理系统之中；Saab 将引导数据存储于其他内部系统和第三方供应商管理运行的系统中。该公司有大约 300 万个记录和 55 个文件分别在 3 个不同的供应商那里。

孤立的顾客数据意味着一个潜在的顾客可能第一周接到由 Saab 发来的直接邮件，第二周接到由第三方供应商发来的无关的电子邮件。地区经销商不知这些推销情况，当这位顾客参观展示厅时还会对他进行无效的推介。

Saab 没有集成的引导管理过程。Saab 销售人员接受的引导是以传真形式，来自 Saab 的引导管理中心。这个引导需要手工输入到经销商自己的引导管理系统中，这是一个耗时且易出错的过程。引导的质量变化很大，因而许多经销商干脆忽略引导。追踪这个引导通常是很慢的，并且公司无法跟踪发给经销商的引导传真。

Mercedes-Benz Canada 找到了一个解决方案，通过个性化服务和瞄准市场竞争，来增加顾客的忠诚度。该公司选择 Napoleon 的 CRM 软件作为战略性连接，用于经销商销售。

用新的 CRM 软件，Mercedes-Benz Canada 可以确定，哪些顾客以前买了柴油轿车，就可以向这些顾客发布关于 E 级新的柴油轿车的信息。这个电子商务系统帮助经销店的销售人员为顾客建造个性化的车辆小册子。如果这个顾客不愿在第一个展示厅参观后购买，他可以将他感兴趣的轿车的租赁、财务和产品说明带回家。这些信息也为潜在顾客存储在 Mercedes 的网站上。这个零售系统还可以跟踪潜在顾客，并在几天或几周后通知销售人员。

Saab U. S. A 由 Siebel Systems’ Automative Dealer Integration Set 实施了 3 个 CRM 应用系统。2002 年 1 月，Saab 建立了 Siebel 呼叫中心，由 45 个雇员组建的一个新的顾客联络中心，并联合了以前的顾客服务中心和引导管理中心。这个应用系统为负责顾客联络的人员提供了每个顾客的 360 度视图，包括以前与服务相关的问题和所有他们所接收到的市场沟通。

这个 OA 系统提供了详细的信息以使每一个引导更有效。Saab 可以跟踪相关引导的状态，如监视销售人员对该顾客的初始电话联络、试验驾驶的调度和完成。Saab 可以用这个信息去测量一个特殊引导的销售效果，推荐较好的销售技术，使引导更精确。CRM 实施之后，Saab 的销售引导跟踪率由 38%增加到 50%，顾客的满意度由 69%上升到 75%。

（资料来源：[美] 肯尼斯 C· 劳顿，等. 管理信息系统[M] .11 版 . 薛华成，译. 北京：机械工业出版社，2011.）

问题：

1. 客户关系管理(CRM)系统是如何给这两个公司提供价值的?
2. 当这些公司实施它们的 CRM 系统时，应当强调哪些管理、组织和技术问题?

10.3 协同商务

协同商务(collabortive commerce，CC)是在企业内部信息化和电子商务向纵深发展基础上出现的，它是新管理理念和商务手段，协同商务实现的关键是无阻碍沟通和商务过程的协同。

协同商务通过电子化，使企业能够内部协同和外部协同，将所有利益相关者、企业部门、不同应用系统的信息整合到统一的渠道，实现跨企业、跨地域、跨时间的联合协同作战，实现业务处理和信息获取与共享的一体化，为用户提供个性化的信息获取服务，整合商务流程，缩短执行时间，提高整个商业价值链的整体运作效率。

10.3.1 企业信息化的发展阶段

美国 Gartner Group 咨询公司对于信息技术应用的发展与趋势，进行以下 3 个阶段的划分。

第一阶段，企业内部信息化应用，主要是以 ERP 为代表的单个企业内部的应用。ERP 是面向交易的管理系统，通过重组企业业务流程，帮助企业实现了管理规范化和标准化，并且加速了财务统计等业务。但是由于受IT技术发展的限制，原本是解决企业的供应链管理的ERP系统，难以突破不同企业之间的组织边界，企业之间难以通过信息的有效沟通，协同对市场做出快速反应。即使是在跨地区经营的企业内部也往往由于系统运行成本过高而难以建立企业一体化应用。

第二阶段，企业外部信息化应用。随着Internet的问世和普及，电子商务逐步成为信息技术的主流应用。这一阶段基于Web技术的ERP系统为企业跨越组织边界、跨越地域限制，为企业真正实现供应链管理提供了可能。这时的ERP系统主要分两个方向向外扩展：一是基于Internet网络的采购管理，实现企业与供应商之间的网上采购业务管理，包括网上采购、竞购与拍卖和反拍卖等。二是客户关系管理系统，它定位于成品的整个营销过程的管理，包括市场活动、营销过程与售后服务三大环节管理。

第三阶段，协同商务。在新经济时代，企业界和IT界已寻求到一种比B2B更好的运作模式——协同商务。协同商务，是指企业利用前沿技术所提供的一整套跨企业合作的能力，以更有效地管理当今错综复杂的企业生态系统。它帮助企业同其关键的交易伙伴们共享业务流程、决策、作业程序和数据，共同开发全新的产品、市场和服务，提高竞争优势。相对于ERP着眼于企业内部的资源共享，协同商务则更关注企业内外交易各方的同步作业。

10.3.2 协同商务对企业发展的作用

实践证明，核心企业通过协同商务实现了企业与供应商之间的“双赢”，提高了对市场需求的响应速度，降低了满足客户个性化需求的总成本；提高了产品质量，减少了库存；减少了不增值的管理成本。而处于供应链中的提供配套产品和服务的中小型企业，通过协同商务与大企业长期合作，提高管理水平并借力发展。协同商务对企业发展的作用包含内部协同和外部协同两种。

1. 推动企业内部管理发展

内部协同是指企业内部的协同，包括各部门之间的业务协同、不同的业务指标和目标之间的协同和各种资源约束的协同。

在协同商务系统中，人力资源和工作流程模块是强相联的，统一协同调配为企业的运作服务；各职能部门是强相关的，协同工作才能使企业顺畅运转。此时，协同商务系统可以从财务、销售、采购、物流、供应链、网上销售等应用系统提取各类数据，进行分析加工，将企业不同时期开发、分散在不同的软硬件平台上的信息系统整合，提供高度的信息透明度与实时性，然后根据设定的工作流，发送给各有关部门或人员，使管理人员随时了解整个企业的运作，既可以从宏观面观察企业的运营，又可以深入细节了解企业，还能够在协同商务的智能化数据分析帮助下，对企业的业务进行预测分析，给出建议，使企业紧跟、甚至超前于市场的需求变化，快速做出正确的决策，提升企业的竞争力。

2. 推动企业间的互利和发展

外部协同是指在行业价值链中，上下游企业间的协同。企业信息的提供者也是需求者。Internet技术的成熟，使协同商务平台能够将企业内外部各种相对分散、独立的信息及应用无缝地集成到一起，实现信息共享和直接的数据交换。需求者各取所需，强化了企业间的联系，形成共同发展的生存链。例如，帮助客户服务和市场销售人员更好地查看信息、管理及服务，提高整体客户满意度，从而赢得竞争优势为需求者开设门户，根据其要求设置并提供个性化应用，以不同的级别和权限进入网络，参与到企业整个价值链的运作中。这种完全基于 Web 的浏览器/服务器结构，方便随时随地访问系统，整个企业可以跨地域、跨时间地在一起协同工作，使决策者及业务部门实现跨企业的联合作战，促进企业业务，使企业的视野从事务性和技术性的角度提升到了经营模式的高度。

10.3.3 协同商务成功的关键因素

作为新兴的管理理念、软件、服务，协同商务所要达到的最终目的就是协调多个企业之间的关系，在多个战略合作伙伴之间，完成协同开发、协同制造直至协同服务。因此，协同商务在企业中实施后将为企业带来了许多变化和影响，企业必须重新审视企业本身、供应商、合作伙伴，客户与竞争对手之间的关系与内外部环境，以达成最佳优势。成功实施协同商务的关键因素包括以下 3 个方面。

1. 协同商务是一种商业战略

协同商务并不仅仅是一套信息系统。大多数企业一直把协同商务仅仅当作一套信息系统，这也是协同商务至今仍然无法获得广泛应用的主要原因。协同商务中的核心企业应该将“实现与上下游合作伙伴的信息共享，谋求更好的合作，用以创造更多的共同利益”列入企业今后的经营战略，并指定高层全程负责协同商务的项目过程。由于协同的主体不仅仅是企业本身，还包括供应商、经销商以及其他合作伙伴，核心企业应该与主要的合作伙伴建立联合项目组，对整个项目的目标、范围和方法进行清晰的定义，取得共识，并共同促进协同商务的实现。把协同商务列入企业的战略，这是协同商务成功的前提。

2. 共同的商业利益是基础

共同的商业利益是企业间合作的基础，要与上下游合作伙伴之间实现商务的协同，“共赢”是最根本的保障。所以对于企业而言，要有充分的价值点来说服上下游合作伙伴，共同承担协同商务的建设。

对于上游供应商而言，协同商务的价值点在于，企业能够及时提供原料库的数据信息，甚至让供应商来管理自己的库存，这可以在很大程度上降低供应商销售预测的不准确性。而企业也可以从供应商那里及时获得原材料的价格变动、技术发展、质量等信息，甚至可以参与供应商的配件设计，更好地符合客户的需求。

对于下游经销商而言，协同商务的价值点在于，企业可以及时提供成品的库存乃至生产信息，帮助经销商及时响应客户的需求。而企业则可以从经销商处及时获取库存信息、客户需求变化信息等，快速调整自己的生产策略。

3. 信息共享是核心

信息共享是协同的主要途径，也是协同商务的核心。但迄今为止，企业信息共享一直都是异常的困难。例如，经销商终端的数据采集就是令很多企业头痛的一件事。出于商业机密等考虑，很多经销商都拒绝提供这一数据。

共同的商业利益是协同的基础，但信任也是影响各方合作的重要因素之一，各方信任的程度是影响信息共享程度的重要因素。对于信任问题的解决，绝非一朝一夕之事，这取决于核心企业与各个经销商以往的合作以及企业的信誉，需要通过企业与各方的不断沟通以及相应的法律保障等措施才能解决。

案例

以协同商务为基础实现敏捷企业的目标

酷热的夏季是空调的销售旺季。H公司2004年7月份空调的销售额占到了公司全年的40%以上，因此今年不敢懈怠，早早做好了准备。根据此前对消费者喜好的观察、全国天气情况以及经销商提出的要求，销售部提前准备了各种型号的产品。公司上下都相信能够在这个夏天打个胜仗。不曾想，6月持续阴雨天气，使库存压力不断加大。7月份是市场销售的冲刺阶段，却因为信息反馈不及时，也错失了一些机会。本来预计2匹的挂机比较受欢迎，但市场反应是小1～1.5匹的空调、价格在2 000元左右的机型最受欢迎。在个别地区，60%以上的家庭已进入空调二次购买阶段，他们更关注节能和静音等指标。

在传统的买卖模式下，经销商根据上一阶段的销售情况向厂商下订单，从而确定合理的库存，这个周期一般是14天。可是等该型号的产品到货后，客户喜好又发生了一些变化，这令H公司应接不暇。而2005年，钢材、铜管等原材料价格暴涨，也使空调生产企业遭遇到了前所未有的成本压力。H公司在这个市场上风雨飘扬。此时，媒体上热门的“虚拟制造、虚拟仓库”引起了公司老总的注意。如果公司能够与上游供货商和下游经销商实现数据库共享，不仅可以提升三方的计划性，而且可以把风险降到最低。领导给信息中心下达了一个任务：在H公司也要实现与上游供货商和下游经销商的联动。公司可以随时监控到终端某一型号产品的销售情况，从而快速根据市场变化调整产品，卖得好即时提高备货，卖得不好即时缩减备货。同时也可以使供货商可以根据销售情况及时调整零部件供应策略。H公司真正成为制造业和商业的桥梁。公司领导关于“协同商务”的梦想，却让信息主管老刘和他的同事们犯了愁。

协同商务仅仅是实现敏捷企业的一种工具。困扰企业的问题实际上是如何快速提高客户响应速度。客户响应速度包含两个方面，一方面是企业对于客户需求的响应速度，即如何在最短的时间内为客户提供最合适的产品或解决方案；另一方面是如何快速地将客户需求传递至下游供应商。

实现或者说提高客户响应速度的最有效的方法就是将“能够与上游供货商和下游经销商实现数据库共享”。从表面上看，这样做不仅可以提升三方的计划性，而且可以把风险降到最低。”因此，要想实现这一方法或者达到这个目的，信息化就成了唯一的方法。也就是说，实现“敏捷企业”的重担落到了企业信息主管老刘的肩膀上了，这也是老刘的困惑所在。

但是实际上，提高客户响应速度仅仅依靠信息化手段是不够的，还需要企业通过其他的方面进行大量的工作和努力。首先，如案例所描述的情景，表面上看是由于信息反馈不及时。但实际上，却反映了企业市场分析和预测的能力不够。这些可以归咎于数据(注意这里不是信息，只有用于决策的数据才能称之为信息)获取不及时。那么，企业及时地获得了数据就能够实现企业的期望吗？答案是显而易见的。要想实现企业的信息化，数据仅仅是基础，更为重要的是企业对于市场趋势以及客户需求走势的分析。信息化技术(如协同商务技术)能够改变传统方式下，数据传递的不及时、不准确以及历史数据分析计算困难的问题。但是，同时，信息化技术也会使得企业在进行决策时面临将海量数据转化为决策所需要的信息的困难。而从成千上万条数据或者从各种经过信息化技术计算得来的指标中，分析、决策则完全是人为的过程。这个过程是决定企业是否能够准确或相对准确把握市场走向和客户需求的重要因素。其次，信息化技术可以帮助企业快速、动态地掌握下游厂商的库存和生产进度信息，从而帮助本企业确定合理的采购提前期以及合理的储备库存。这也就意味着，在协同商务模式下，传统的供应商管理方法和模式将不再适用，企业必须建立起一套适合协同商务模式的新模式。例如，建立供应商托管，与供应商建立动态采购计划(供应商计划)等。第三，对于贸易型的企业，快速提高客户响应速度的一个方法就是保证足够的库存储备。这里面就存在两个方面的问题，一是库存储备量，二是库存储备商品的种类。协同商务可以为企业提供大量的历史数据，如销售数据、供货数据等，但是如何确定储备量及库存结构，则是人为的决策过程。这不是一个短期的行为，而是必须建立在大量的历史数据和应用一定统计分析方法的基础之上，经过长期积累才能够获得相对准确的决策。第四，协同商务的核心是建立“客户—企业—供应商”三者之间的协同与信息的快速传递，就要求企业必须能够“随时监控到终端某一型号产品的销售情况”。

因此，协同商务仅仅是实现敏捷企业一种手段，而不是敏捷企业的全部。企业如果真的想实现“敏捷企业”，就应当以“协同商务”为技术基础，通过临时或长久联合那些能够适应也愿意适应市场需求变化的企业，组成所谓的动态联盟，共享数据，迅速开发新产品，建立新的销售渠道，以提高快速响应市场需求的速度。也只有这样，才能够实现案例中公司老总的梦想。

(资料来源：佟伟楠. 以协同商务为基础实现敏捷企业的目标[EB/OL]. http://finance.sina.com.cn/leadership/case/20051104/15522094800.shtml. [2012-03-28].)

问题：为什么说敏捷企业要以协同商务为基础才能实现？

本章小结

供应链管理要求从整个供应链的供应商开始，环环相扣，直至产品最终送到用户手中。实施供应链的目标是真正用“链”的特性改选整个供应链中企业的业务流程，达到能以正确的数量、正确的时间进行产品制造和分销，提高系统效率，促进系统成本最小化，提高服务质量的目的。客户关系管理能从整个组织捕捉和集成顾客信息，分析这些数据并把这个结果传递给企业中与顾客相关的系统和顾客接触点。在和顾客交往时，公司可应用这些顾客知识来向他们提供较好的服务或向他们销售新的产品和服务。协同商务将具有共同商业利益的合作伙伴整合起来，主要是通过对与整个商业周期中的的信息进行共享，实现和满足不断增长的客户的需求，同时也满足企业本身的活力能力，通过对各个合作伙伴的竞争优势的整合，共同创造和获取最大的商业价值以及提高获利能力。

案例分析

信息系统能给 Restoration Hardware 带来利润吗?

Restoration Hardware(以下简称"RH")是一个家具零售商，还经营家用配件。公司坐落于加利福尼亚州，1979 年开始营业，1987 年组建公司。公司通过多种渠道销售：跨越美国和加拿大的 103 个零售店的网络、印刷邮件订单目录和网站。

RH 的企业战略是使企业服务于一个特殊的细分市场。RH 起初针对传统的美国人，其最早的家具和架子是针对老式房子的布置与形式。今天 RH 店铺中的商品仍能清晰地再现昔日的印记，许多商品在其他店铺很难找到。

RH 收入流的一个重要部分来自它的直接给顾客的代销货。邮件订单目录的发行量 2003 年超过 3 000 万封，58%给老顾客。邮件订单目录和网站是重要的收入来源，占 2003 年第四季度的 51%和全年的 52%。

近几年，公司改进了它的商业 OA 软件，增加即时在线购买者的能力高达 8 000%。电子商务软件仅是 RH 在 2003 年投资于其网站建设的几项技术之一。2003 年年末，RH 买进 iPhrase 技术去实施它的下一步自然语言查找和导航软件，代替网站的面向关键字的产品查找功能。这一新的查找功能使网站更加便捷。

2004 年 3 月，接受动画软件供应商 Scene 7 公司的 eCatalog 解决方案。RH 现在外包了其印刷目录的整个过程，并将其印刷目录上传到网上，只需向 Scene 7 提供便携文档格式(PDF)。公示的网络目录包括了动态链接，由每个目录页的区域链到相应的 RH 网站上的产品页。Scene 7 的 eCatalog 解决方案也使它能实现先进的影像观察特点，如转镜头、变焦、翻滚产品描述。另外，顾客可以使用"着色器"特性去改变顾客所观察的任何装饰产品上的织物风格。这项技术大大节省了 RH 在所有织物和家具不同搭配的摄影图片上的开支。

尽管销售量上升，但 RH 并未赚到钱。2003 年年末，其净亏损 2 900 万美元，比前一年的 3 900 万有所下降。

2003 年假日购物季节过后，RH 的指标经历了一次下跌，比上一年的假日季节下降 3.5%。最大的原因之一是沙发和椅子系列，顾客可从 50 种结构风格中选择，并承诺在 8～10 周内送货。最流行的款式的高需求引发了利润管道的一个连锁反应。顾客需要等待比它们承诺的接收日期更长的时间。有些顾客取消了订单，其他顾客改选了有折扣的不很流行的款式。还有顾客没有取消但不能按时实现订单，未计入假日季节销售中。

最近几年，RH 实施了一个重振计划。它包括减少公司的债务、提升管理、从生产线上淘汰落后的产品、关闭绩效差的店铺。另外，公司引入了一些新产品并重新布置了零售系统的摆放位置。这个计划没有提及改进公司老的信息技术平台。

RH 商店使用 POS 机设备已有 10 年之久。这个设备缺少处理借记卡采购的功能，没有物理签字，也不能自动地处理。一个系统负责夜间统计 RH 店铺，汇总销售、库存和价格数据以提供信息帮助公司微调商品分类。然而，系统不能提供预测。RH 还有系统支持"在多仓库环境中平滑的仓库运行"，由加利福尼亚州的 3 个仓库和巴尔迪摩的 1 个仓库组成。

RH 的 POS 系统、商品管理和仓库管理，以及维护这些系统所要求的软件支持依赖于单一的一个供应商。RH 购买了这些系统，并由 STS Systems 提供服务，STS 于 1990 年成为 NSB Group 的一部分。NSB 最近的仓库管理系统版本比 RH 现在用的版本要先进许多，它有用 XML 处理的先进运输通知和实时跟踪功能。这个系统老版本的更新包含在 RH 和 NSB 的协议中，但 RH 没有得到新技术的好处。2003

年 11 月，RH 的库存周转率仅为 1.9 次，相比之下，Williams Sonoma 却是 3.2 次。RH 的毛边际利润仅为 30%，属于该行业的最低类，即使如此，2003 年同样店的销售比往年平均有 7%的增长。

RH 似乎对可能破坏未来成功的因素做了反复研究。这些因素包括季节性的收入波动(包括在第四季度假日季节的销售峰值和获利的相关性)以来供应商提供的商品和服务、仓库到店铺的渠道中断、劳工纠纷、对外部基金的依赖、外贸进出口的货币浮动、宏观经济条件、战争和恐怖威胁对商业的负面影响等。

2003 年，RH 有一半的商品购自国外的供应商，公司还希望这个比例将来有所上升。进口商品给公司增加了又一个风险因子。关税、定额、贸易规则和限制、政治动荡、运输成本、汇率、其他变量将降低 RH 供应链效率最大化的能力。公司必须考虑进口商品的风险及其获利。

RH 指出它的直接到顾客的运行可能不会持续地维持它现有的利润水平。这些部门绩效的降低将会影响到整个企业。即使如此，RH 仍然强调提升直接到顾客的运行，并保留了和企业其他部分一样脆弱的风险。

虽然像 RH 这类企业想获利却遇到诸多障碍，该公司所考虑到的或许是最坏的情况，但在每年关键的销售时期，收入的下降是一个明显的征兆，值得关注。

(资料来源：[美] 肯尼斯 C• 劳顿，等. 管理信息系统[M] .11 版. 薛华成，译. 北京：机械工业出版社，2011.)

问题：

1. RH 的企业战略是什么？该公司的协同信息系统如何支持其战略？
2. 哪些管理、组织和技术因素引发了 RH 所遇到的问题？
3. 供应链管理在 Restoration Hardware 中扮演了什么角色？
4. RH 是如何利用信息系统来解决它的问题的？

习　题

一、名词解释

快速反应、有效客户反应、客户细分、供应链管理、客户关系管理系统、协同商务

二、选择题

1. 供应链产销率越大，则说明(　　)。
   A. 供应链成品库存量越小　　B. 供应链成品库存量越大
   C. 供应链资源利用率越低　　D. 供应链管理水平越低
2. 对供应链流程进行集成以及重组的目的在于(　　)。
   A. 满足顾客需求
   B. 赢利能力最大化
   C. 提升横跨供应链总体流程的高效性与有效性
   D. 运行效率最大化
3. 供应链节点企业产需率越大，则说明(　　)。
   A. 企业综合管理水平低　　B. 下层节点企业准时交货率低
   C. 下层节点企业准时交货率高　　D. 上下层节点企业供需关系不协调
4. 在基于战略合作关系伙伴关系的企业集成模式下，企业在中观层面上主要实现(　　)。
   A. 资源优化配置　　B. 信息共享
   C. 同步化、集成化的生产计划与控制　　D. 后勤保障

5. 供应链中间部分的物流和信息流的管理被称为(　　)。

A. 配送管理　　B. 后勤管理　　C. 物料管理　　D. 供应链管理

6. 对企业高依恋、高重复购买的客户是(　　)。

A. 惰性忠诚　　B. 价格忠诚　　C. 激励忠诚　　D. 超值忠诚

7. CRM 的核心是(　　)。

A. 管理　　B. 客户　　C. 关系　　D. 企业

8. 企业实施 CRM 系统，目的是增强企业的(　　)。

A. 销售收入　　B. 利润　　C. 客户满意度　　D. 核心竞争力

9. 协同商务帮助企业同(　　)共享业务流程、决策、作业程序和数据，共同开发全新的产品、市场和服务，提高竞争优势。

A. 竞争对手　　B. 企业员工

C. 政府部门　　D. 关键的交易伙伴们

10. 客户忠诚度是建立在(　　)基础之上的，因此提供高品质的产品、无可挑剔的基本服务，增加客户关怀是必不可少的。

A. 客户的盈利率　B. 客户的忠诚度　C. 客户的满意度　D. 客户价值

三、判断题

1. 供应链管理是一种集成的管理思想和方法。(　　)

2. 供应链企业间的信息共享可通过直接传递模式或第三方模式来实现。其中传递模式是由供应链成员的一方掌握整个供应链的信息，在数据库中进行维护，供整个供应链共享。(　　)

3. 快速反应就是有效客户响应。(　　)

4. 供应链上的库存与供应链上信息的不确定性无关。(　　)

5. 供应链管理总是能够使供应链上的企业获得并保持稳定持久的竞争优势，进而提高供应链的整体竞争力。(　　)

6. SCOR 确定了 5 个主要的供应链过程：计划、管理、制造、递送和回收等。(　　)

7. “长鞭效应”造成的损失对于下游企业可能只是一批货的资金，而对于供应商来说，则可能丢失整个市场。(　　)

8. 企业只有在不断获取新客户、维持老客户中才能得到巩固和发展。(　　)

9. 客户关系管理不可扩展到一个公司的负责销售给顾客的商业伙伴。(　　)

10. 内部协同是指行业价值链中的协同，包括各部门之间的业务协同、不同的业务指标和目标之间的协同和各种资源约束的协同。(　　)

四、问答题

1. 什么是供应链？它由哪些实体组成？什么是供应链管理？

2. 什么是客户关系管理？为什么客户关系管理在今天如此重要？

3. 客户关系管理系统如何给企业提供价值？

4. 如何实现供应链企业之间信息共享？

5. 什么是协同商务？协同商务对企业有哪些积极作用？

第 11 章 管理信息系统开发案例

11.1 基于 ASP 的教材管理信息系统分析与设计

11.1.1 系统开发背景

A 大学是一所综合性高校，其涉及的学院、专业、课程极其繁多，整个学校统计下来所有的教材数量多、种类杂。传统的管理方法是老师将所上课程的教材书面上报到系主任，再由系主任统一上报到学院教学办公室秘书，再经由教学办公室秘书统一上报到学校教材科。只是上报要预定的教材就需要这 3 个环节，而其中任何一个环节出现细小的差错都会影响到教师的正常教学。不仅整个过程教师不能实时跟踪自己所订教材的状况，学生也不能知晓自己已购买教材的信息。

传统的教材管理方法效率低、操作环节多、信息不够透明，即使投入较多的人力也经常出错，给教师、同学带来了诸多不便从而影响到整个教学工作。因此，在校园信息化建设中，开发教材管理信息系统显得尤为必要。实现学校教材管理信息化，能显著提高教材管理工作的效率，减少教务科的工作人员的工作量，给全校师生带来方便。

11.1.2 系统需求分析

通过对该高校教材科的业务工作进行调查，发现该教材科的业务对象主要有 3 类：学生、教师和教材科。其相应的日常业务也可以分为 3 类。

1. 有关学生的业务

教材科对于学生的业务主要是为学生提供入学以来在教材科的购书明细查询、教材费明细的查询、剩余款项数额查询及学生对所需教材的查询等。以往的方式是学生到教材科提供自己的姓名、系别、年级，然后教材科在原始记录中查询。

2. 有关教师的业务

教师的业务主要是登记查询教师领书的信息，每学期开学，各系教师根据上学期预定的教材记录到教材科领取教材，并登记；每学期教师可以预定下学期所用教材，方式是学期末教师将所上课程的教材书面上报到系主任，再由系主任统一上报到学院教学办公室秘书，再经由教学办公室秘书统一上报到学校教材科。然后，教材科记录统计所有学院的信息并制订教材采购计划。

3. 有关教材科的业务

教材科的业务主要是采购图书，发放教材，对库存图书、学生购书信息、教师(院系)领书的信息进行管理、统计。这其中涉及所有有关教材的各种信息、数据，这部分也是教材科最主要、核心的业务。

通过对上述业务的归纳，可以画出该系统的功能结构图，如图 11.1 所示。

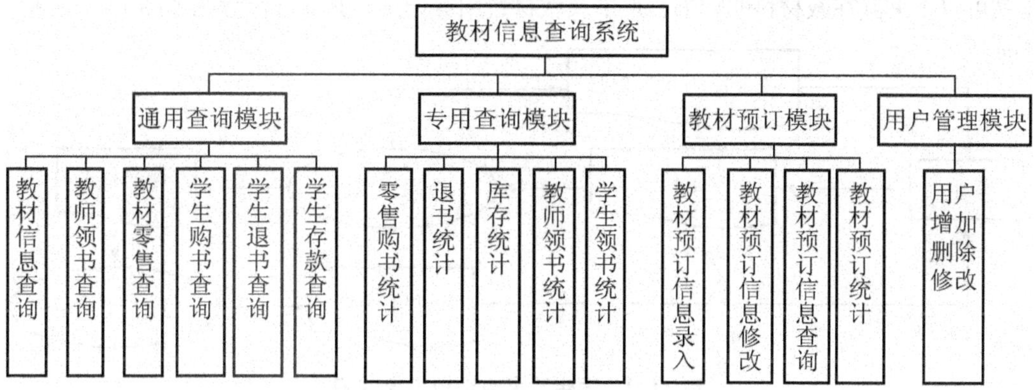

图 11.1 功能结构图

11.1.3 系统业务分析

1. 业务分类

通过对上述业务的了解及分析，新系统的业务可以分为通用查询业务、教材科专用查询业务和网上教材预定业务和用户管理模块 4 个部分。

1) 通用查询业务

通用查询业务包括教材基本信息查询、学生购书查询、学生教材费查询、教材订购状态查询、教师领书查询、教材零售查询等。教材管理信息系统用户都可以通过用户名和密码上网查询相应的内容。

2) 教材科专用查询业务

专用查询业务是针对教材科的业务。这部分业务不对外开放，因为它没有对外开放的必要。这部分业务主要是辅助教材科对库存中教材的数量、更新速度等进行统计、预测、分析。其具体业务应包括教材库存统计、教材零售统计、学生购书统计和学生退书统计及教师(院系)领书情况的统计。

3) 网上教材预订业务

网上教材预订业务是办公自动化优越性的体现。在新业务系统中，各系要预订教材不用像以前那样跑到教材科进行登记了，只要在预订系统中输入所要预订的教材的信息，就可以完成对教材的预订，这样就大大提高了工作效率。为完成网上预订的过程，相应地应该完成一系列的业务，包括预订教材信息录入、预订教材信息修改、预订教材信息查询和预定教材信息统计等内容。

4）用户管理模块

用户管理模块包括教材信息查询系统中系统用户的增加、删除、修改等操作。

2. 业务流程分析

由于业务较多，在此仅对通用查询业务和网上教材预订业务分别举例进行说明。

1）通用查询业务

以学生查询业务为例，该业务是学生向系统输入用户名和密码进行身份认证，认证成功的学生就可以查询其在教材科的购书、退书及教材费用等记录，其业务流程图如图 11.2 所示。

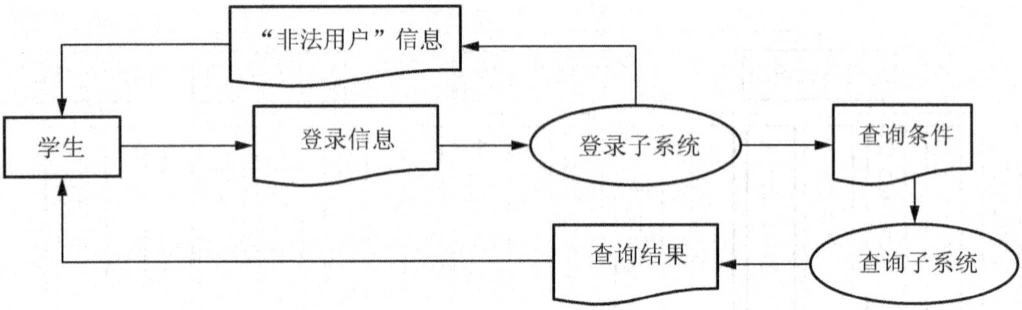

图 11.2　学生购书查询业务流程图

2）网上教材预订业务

教师进行教材预订的业务流程是教师首先输入自己的用户名和密码进行身份认证，然后在教材预订系统中输入自己下学期所上课程要使用的教材基本信息，在规定的时间内，教师也可以对已输入的教材信息进行查询和修改，超过了预订的时间，该信息将被转移到教材计划表中。该业务的业务流程图如图 11.3 所示。

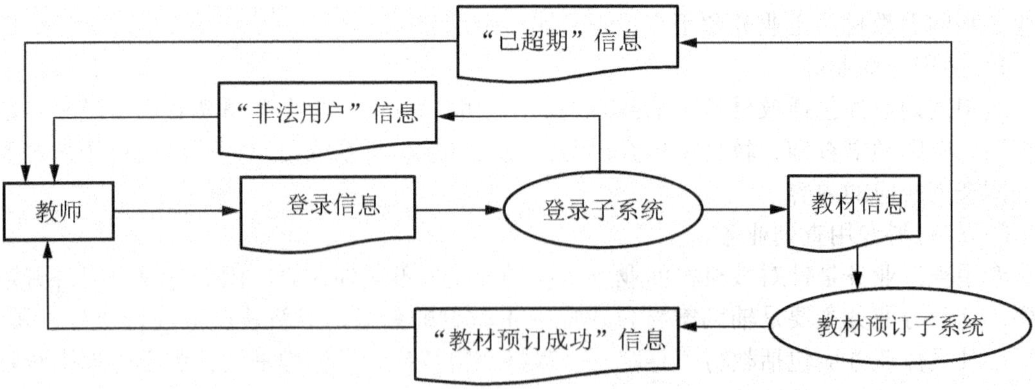

图 11.3　网上教材预订业务流程图

3. 数据流程分析

数据流程分析是在对上述业务流程图进行分析的基础上，从系统的科学性、管理的合理性和实际运行的可行性角度出发，将信息处理的功能和彼此之间的联系自顶向下逐层分解，在逻辑上精确地描述新系统应具有的功能，如数据输入、数据输出、数据存储及数据来源和去向。

1）数据流程图

由于该系统的数据流程图较多，这里依然只对学生查询业务和教材预订业务的数据流程图做详细介绍。

（1）学生查询子系统。由于学生要对自己的信息进行查询，涉及个人机密，所以学生应该首先进行身份确认，即登录系统，在身份得到确认后才可以查询自己的购书记录、退书记录、自己的存款账户以及教材科现有教材的情况，其数据流程图如图 11.4 所示。

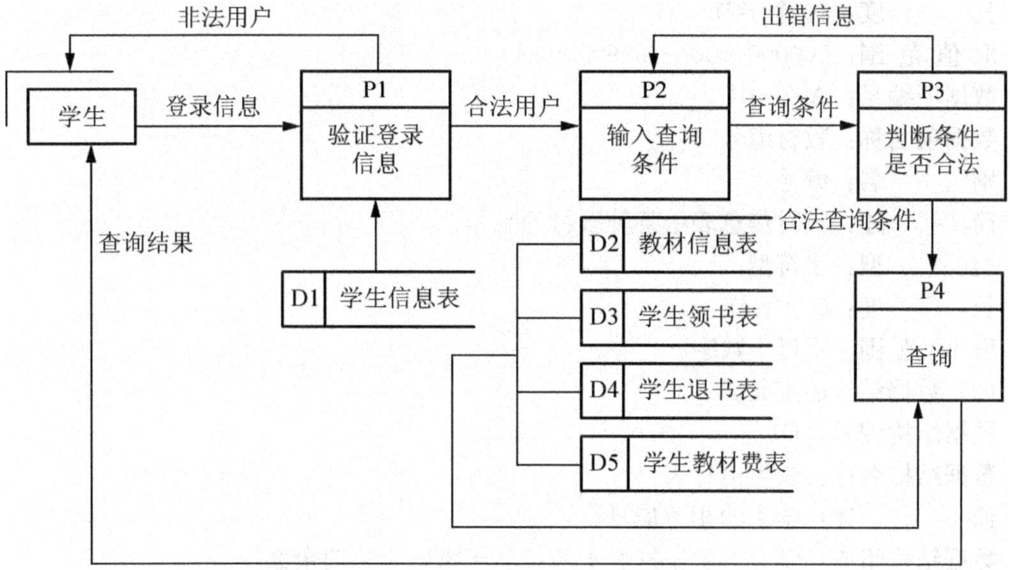

图 11.4 学生查询子系统数据流程图

（2）教材预订子系统。根据业务流程图对教材预订系统的描述，该系统的数据流程图如图 11.5 所示。

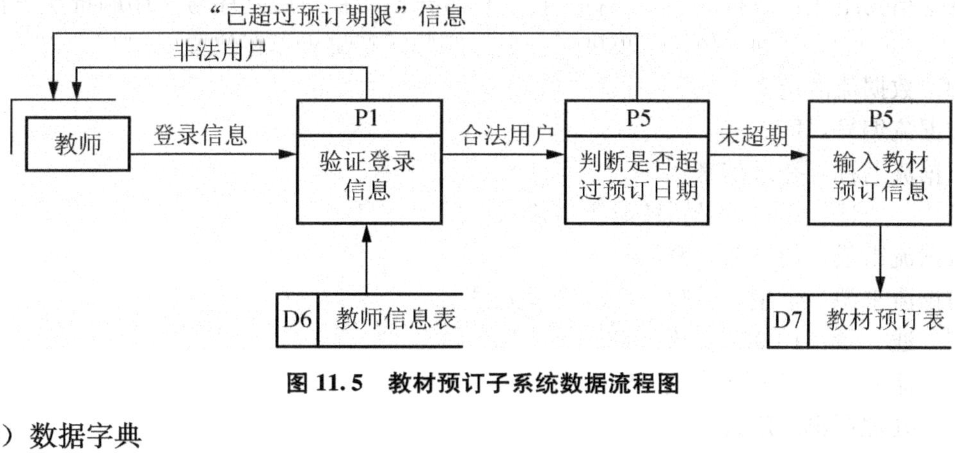

图 11.5 教材预订子系统数据流程图

2）数据字典

数据流程图只是从数据流向的角度描述了系统的组成和其各部分之间的联系，但却没有具体说明各个组成部分和数据流的具体含义，而数据字典正好弥补了这一不足。数据字典对数据流程的最底层图中的数据项、数据流、数据存储、处理逻辑和外部实体进行了详细的说明。由于系统分析中数据字典的内容非常多，在此仅对部分举例进行说明。

(1) 数据项的定义。

数据项编号：A01－01
数据项名称：学号
别　　　名：无
简　　　述：学生信息表中某个学生的学号
类　　　型：字符型
长　　　度：10个字节
取 值 范 围：0000000000～9999999999

数据项编号：A02－01
数据项名称：教材编号
别　　　名：编号
简　　　述：教材信息表中某种教材的编号
类　　　型：字符型
长　　　度：6个字节
取 值 范 围：字母＋数字

(2) 数据结构的定义。

数据结构编号：D1
数据结构名称：学生信息表
简　　　　述：学生的相关信息
数据结构组成：学号＋学生姓名＋用户名＋密码＋当前余额

数据结构编号：D2
数据结构名称：教材信息表
简　　　　述：教材科库存教材的信息情况表
数据结构组成：教材编码＋教材名称＋作者＋出版社＋版别序号＋印刷批次＋出版日期＋价格＋理论库存量＋实际库存量＋库存位置

(3) 数据流的定义。

数据流编号：F02－01
数据流名称：登录信息
简　　　述：用户登录系统时需要输入的用户信息
数据流组成：用户名＋密码
数据流来源：学生、教师、教材管理人员
流　通　量：1 000份/天
高峰流通量：700份/每天15:00～21:00

(4) 处理逻辑的定义。

处理逻辑编号：P1
处理逻辑名称：验证登录信息
简　　　　述：验证用户身份
输入的数据流：登录信息，其来源为外部实体“学生”、“教师”等

处　　　理：查询“学生信息表”或“教师信息表”，判断其是否为合法用户
输出的数据流：用户，去向是处理逻辑“输入查询条件”、“输入教材预订信息”等
　　　　　　非法用户，去向是外部实体“学生”、“教师”等
处 理 频 率：200 次/天

(5) 数据存储的定义。

数据存储编号：D3
数据存储名称：学生领书表
简　　　述：存放学生在校期间所有的领书记录
数据存储组成：流水号＋学号＋教材编码＋领书日期＋数量＋单价＋业务员
关　键　字：学号＋教材编码＋领书日期
相关联的处理：P4(“查询”)等

(6) 外部实体的定义。

外部实体编号：S2
外部实体名称：教师
简　　　述：本校所有任课教师
输入的数据流：F1(“非法用户信息”)等
输出的数据流：D02～01(“用户登录信息”)等

11.1.4 系统设计

1. 系统总体设计

1) 系统硬件设计

在开发一个 BS 系统时，特别是基于具有大量数据的数据库系统的网站时，需要多服务器的共同支持。虽然这些服务可以在一个服务器上集成，但这样做可能会产生安全问题。所以，针对最典型的网络应用，至少需要两台服务器，他们分别是 Web 服务器和数据库服务器。浏览器、Web 服务器与数据库服务器之间构成二层体系结构关系。

2) 系统软件设计

本系统采用微软的产品解决方案。Web 服务器操作系统采用微软的 Windows Server 2003，Web 服务器为微软的 IIS(Internet information services，互联网信息服务)，数据库管理系统采用微软的 SQL Server 2000，开发工具采用微软的 ASP 技术开发系统。

2. 编码设计

编码设计是系统设计中非常重要的一部分。本系统中涉及多个编码的设计，如“学号”，为了和学校中的其他系统保持一致，所以使用学校目前“学号”编码的设计，其设计规则如下。

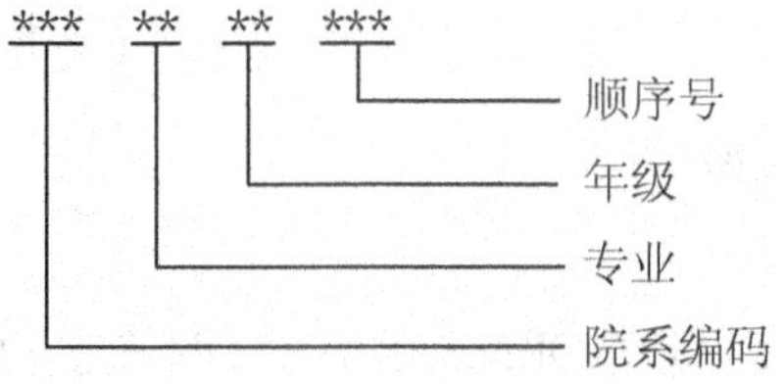

“教材编码”的设计考虑到一般是各个院系都有自己专用的教材，所以其编码设计如下。

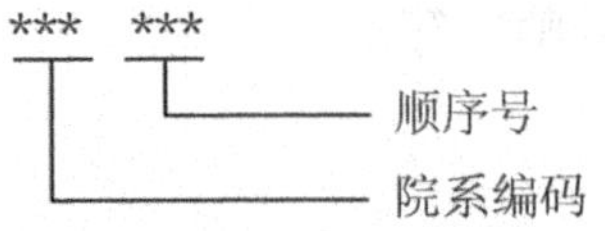

由于该高校的院系不超过 30 个，所以“院系编码”的设计采用了 3 位的顺序码。其他代码设计不再一一列举。

3. 数据库设计

数据库设计是在选定的数据库管理系统基础上建立数据库的过程。数据库设计时需要综合各个子系统的数据需求，分析各个数据之间的关系，按照 DBMS 提供的功能和描述工具，设计出规模适当、正确反映数据关系、数据冗余少、存取效率高、能满足各种查询要求的数据模型。该设计过程包括概念结构设计、逻辑结构设计和物理结构设计。

1）概念结构设计

在系统的数据库设计中，首先要对由系统分析得到的数据字典中存储的数据进行分析，分析各数据之间的关系，可采用 E－R 图的方法进行数据结构分析。本系统中涉及的实体主要有“学生”、“教师”、“教材”、“院系”和“学生预存款”等，各实体及其属性如图 11.6 所示。

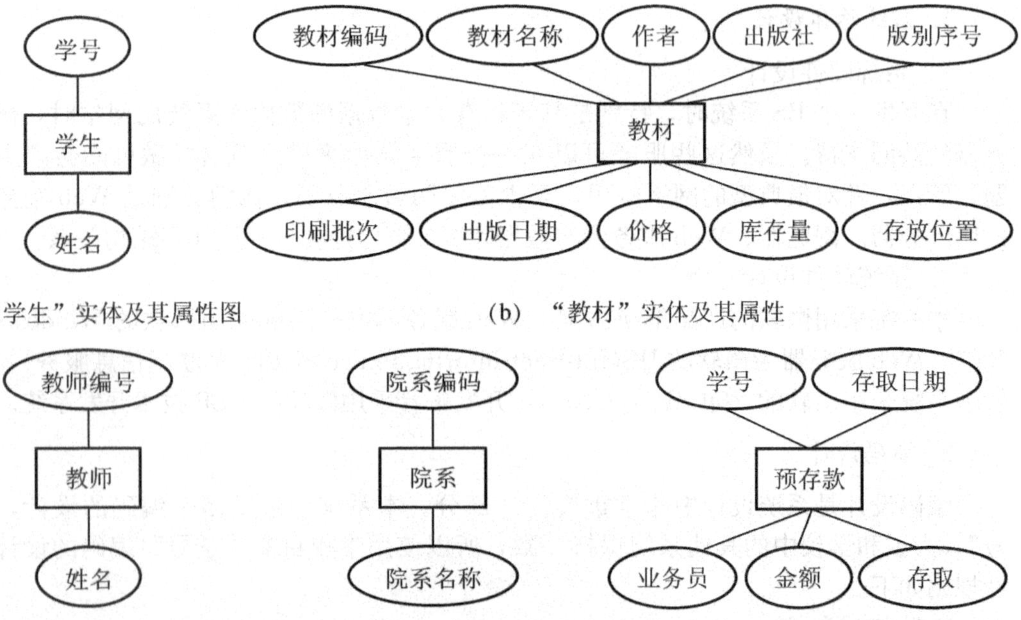

(a) “学生”实体及其属性图 (b) “教材”实体及其属性

(c) “教师”实体及其属性图 (d) “院系”实体及其属性图 (e) “预存款”实体及其属性图

图 11.6 实体及其属性图

2）逻辑结构设计

逻辑设计的任务就是根据 DBMS 的特征，将上述独立于 DBMS 的 E－R 图描述的概念结构转换为关系模型的逻辑结构。上述两个 E－R 图转换成的规范的关系模式如下。

(1) 教材信息表 JC(教材编码，教材名称，作者，出版社，版别序号，印刷批次，出版日期，价格，库存量，需求量，库存位置)。

(2) 学生信息表 XS(学号，姓名等)。

(3) 学生购书表 XSGS(学号，教材编码，购书日期，数量，单价，业务员)。

(4) 学生退书表 XSTS(学号，教材编码，购书日期，数量，单价，业务员，退书业务员)。

(5) 教师信息表 JS(教师编号，教师姓名，院系编号等)。

(6) 教师领书表 JSLS(教师编码，教材编码，领书日期，数量，单价，业务员)。

(7) 教材预订表 JCYD(课程编号，院系编码，教师编码，教材名称，作者，出版社，出版日期，版别序号，印刷批次，价格，需求数量)

(8) 教材计划信息表 JCJH(课程编号，教材名称，作者，出版社，出版日期，版别序号，印刷批次，价格，需求量)。

(9) 预存款信息表 XSCK(学号，存取日期，存取，金额，业务员)。

(10) 院系信息表 YXXX(院系编码，院系名称)。

(11) 课程信息表 KCXX(课程编号，课程名称)。

各实体之间具有一定的联系，用 E－R 图表示出来，如图 11.7 所示。

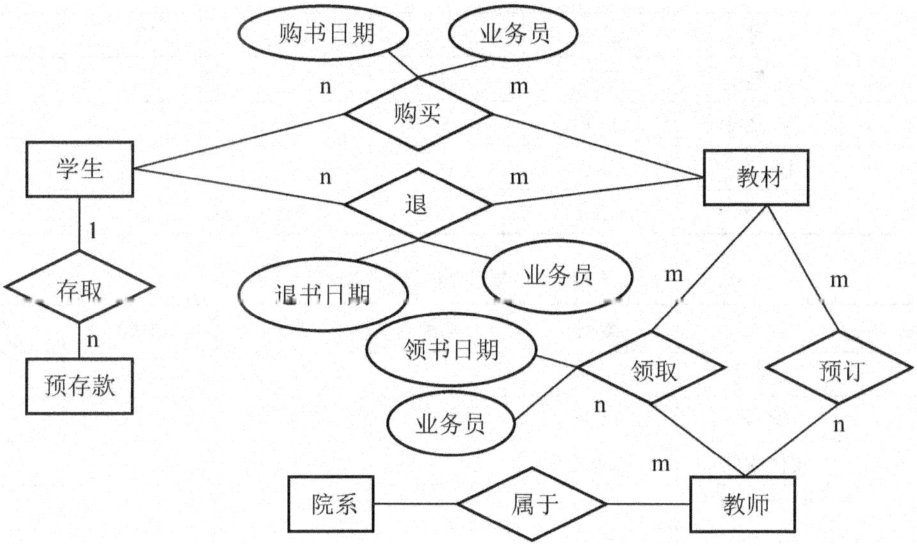

图 11.7 E－R 图

3) 物理结构设计

物理结构设计的任务主要包括两个方面，其一是确定所有数据库文件的名称及其结构，其二是确定各个数据库文件是否需要建立索引，以及在什么字段上建立索引。本系统中部分表的结构见表 11－1～表 11－11。

表 11-1　教材信息表（JC）

字段名	含义	类型	宽度	空值	主键	索引
JCBM	教材编码	Char	6	No	Yes	Yes
JCMC	教材名称	Char	32			Yes
ZZ	作者	Char	12			Yes
CBS	出版社	Char	40			Yes
BBXH	版别序号	Long				
YSPC	印刷批次	Long				
CBRQ	出版日期	Date	8			
XSJG	价格	Dec				
LLKC	理论库存量	Long				
SJKC	实际库存量	Long				
XQSL	需求量	Long				
KCWZ	库存位置	Char	12			

表 11-2　学生信息表（XS）

字段名	含义	类型	宽度	空值	主键	索引
XH	学号	Char	10	No	Yes	Yes
XSXM	学生姓名	Char	12			Yes
DQYE	当前余额	Dec				
YHM	用户名	Char	16	No	Yes	
KLDM	口令	Char	16	No		

表 11-3　学生购书表（XSGS）

字段名	含义	类型	宽度	空值	主键	索引
ID	流水号	Long		No	Yes	
XH	学号	Char	10	No		Yes
JCBM	教材编码	Char	6	No		Yes
GSRQ	购书日期	Date	8			
SL	数量	Long				
DJ	单价	Dec				
YWY	业务员	Char	12			

表 11-4　学生退书表（XSTS）

字段名	含义	类型	宽度	空值	主键	索引
ID	流水号	Long		No	Yes	
XH	学号	Char	10	No		Yes

续表

字段名	含义	类型	宽度	空值	主键	索引
JCBM	教材编码	Char	6	No		Yes
GSRQ	购书日期	Date	8			
SL	数量	Long				
DJ	单价	Dec	9			
YWY	业务员	Char	12			
TSRQ	退书日期	Date	8			
TSYWY	退书业务员	Char	12			

表 11-5 教师信息表（JS）

字段名	含义	类型	宽度	空值	主键	索引
JSBH	教师编号	Char	7	No	Yes	Yes
JSXM	教师姓名	Char	12			Yes
YXBM	院系编码	Char	3	No	Yes	Yes
YHM	用户名	Char	16	No	Yes	
KLDM	口令	Char	16	No		

表 11-6 教师领书表（JSLS）

字段名	含义	类型	宽度	空值	主键	索引
ID	流水号	Long		No	Yes	
JSBH	教师编号	Char	7	No		Yes
JCBM	教材编码	Char	6	No		Yes
LSRQ	领书日期	Date	8			
SL	数量	Long				
DJ	单价	Dec				
YWY	业务员	Char	12			

表 11-7 教材预订表（JCYD）

字段名	含义	类型	宽度	空值	主键	索引
KCBH	课程编号	Char	7	No	Yes	Yes
YXBH	院系编号	Char	3	No		Yes
JSBH	教师编号	Char	7	No		Yes
JCMC	教材名称	Char	32			Yes
ZZ	作者	Char	12			Yes
CBS	出版社	Char	40			Yes
CBRQ	出版日期	Date	8			

续表

字段名	含义	类型	宽度	空值	主键	索引
BBXH	版别序号	Long				
YSPC	印刷批次	Long				
XSJG	价格	Dec				
XQSL	需求量	Long				

表 11-8　教材计划信息表（JCJH）

字段名	含义	类型	宽度	空值	主键	索引
KCBH	课程编号	Char	7	No	Yes	Yes
JCMC	教材名称	Char	32			Yes
ZZ	作者	Char	12			Yes
CBS	出版社	Char	40			Yes
CBRQ	出版日期	Date	8			
BBXH	版别序号	Long				
YSPC	印刷批次	Long				
XSJG	价格	Dec				
XQSL	需求量	Long				

说明：在规定的教材预订期内，教师可修改教材预订表中的教材信息，一旦超过教材的预订期限，教材预订表中的内容将自动转入教材计划信息表，教材科根据此表进行教材的预订工作。

表 11-9　预存款信息表（XSCK）

字段名	含义	类型	宽度	空值	主键	索引
ID	流水号	Long		No	Yes	
XH	学号	Char	10	No		Yes
CKRQ	存款日期	Date	8			
CZLX	操作类型	Char	4			
JE	金额	Dec				
YWY	业务员	Char	12			

说明：CZLX(操作类型)的取值为“存款”和“取款”，在校期间学生的操作一般为存款，存款时，JE(金额)字段的值为正数，只有当学生毕业或由于各种原因离校时才能执行取款操作，取款时，JE(金额)字段的值为负数。

表 11-10　院系信息表（YXXX）

字段名	含义	类型	宽度	空值	主键	索引
YXBM	院系编码	Char	3	No	Yes	Yes
YXMC	院系名称	Char	16			

表 11-11 课程信息表（KCXX）

字段名	含义	类型	宽度	空值	主键	索引
KCBH	课程编号	Char	7	No	Yes	Yes
KCMC	课程名称	Char	32			Yes

11.2 基于 ASP .NET 的可靠药品服务系统

11.2.1 需求描述

可靠药品服务系统为某城的 12 个疗养院提供配送服务。可靠药品服务系统从疗养院接受订单并用密封箱给这些疗养院发送药品。这项服务共雇用 12 名发送员、20 名药剂师助理人员(pharmacist assistant，PA)、6 名注册药剂师和一些办公室工作人员。

订单由疗养院病区的护士或管理人员电话通知。疗养院病区是指一个完整的楼层或者楼层的一侧。订单中注明了病区、病人的姓名和房间号、处方用药、剂量和数量。有些处方作为长期订单只有在取消后才停止发送药品。为了在早上 6:00 和下午 18:00 发送药品，订单必须在早上 3:00 和下午 15:00 前通过电话告知或传真回来。

注册药剂师在药品清单传回来后开始检查，随后把不同的工作分配给不同的工作人员，包括 PA、其他注册药剂师和他自己。一位病人的所有药品收集起来后都会被放到一个密封箱的某个塑料抽屉里。每一个箱子都标有部门名称、楼层号或侧搂号。每一个抽屉标有病人姓名和房间号，里面有时插入一些隔板以区分病人的多个处方。

当订单中的药品都装配好后，药剂师对药品清单上的内容再作最后一次检查，并在清单的每一页上签字，然后把两份清单放进药品箱(药品清单一式四份)，然后锁上箱子放到装运区。余下的其中一张清单放到邮政栏以便作以后处理之用，另一张则放到装配区的文件柜中。当所有的箱了都装配好后，他们就装载到卡车上，然后发往各个疗养院。

每周一公司根据上星期(截至上一个星期日)的药品清单为每一个疗养院出一张结账报表。每张结账报表以病人为单位列出了上星期发送的药品数、药品价格及每种药品的费用和每位病人的总费用。报表的汇总部分包含每种药品的总费用和所有药品的总费用。结账报表将寄给每个疗养院。

当收到从疗养院来的支付单据后，核对未结账单报表，如果金额与任一张未结账单报表都不匹配，则需要立即打电话询问医院。医院说明后，要么返回支付单据，要么作为部分付款先进行处理，或者进行调整结账报表处理。一旦金额与未结账报表匹配(全部/部分)，则支付号和金额就会被记录下来。然后就为刚才处理的支付金额准备一张收款单据，将这张收款单据传送到银行。有关收款信息的一条记录(包括支票号、支票金额、客户名称)也将编制到文件中。

11.2.2 可靠药品服务系统分析

系统分析的核心步骤为“业务抽取——业务流程分析——数据流程分析(建立功能模

型)——数据字典建立——数据库概念模型的建立。”

1. 功能(业务)抽取

从需求分析中，我们能抽象出订单处理、编制每周结账报表、收款处理这 3 种核心的业务来概括疗养院药品可靠性系统的核心业务。

2. 业务流程分析

分别对系统核心的 3 种业务功能进行业务流程的分析，如图 11.8～图 11.10 所示。

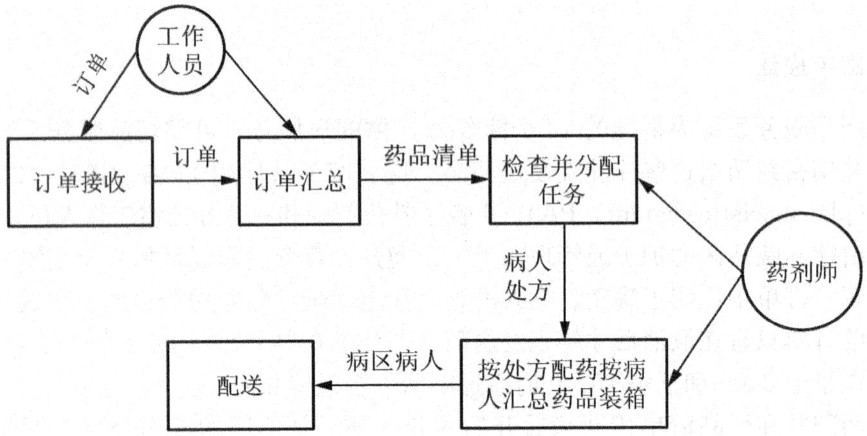

图 11.8　订单处理业务流程图

图 11.9　编制每周结账报表

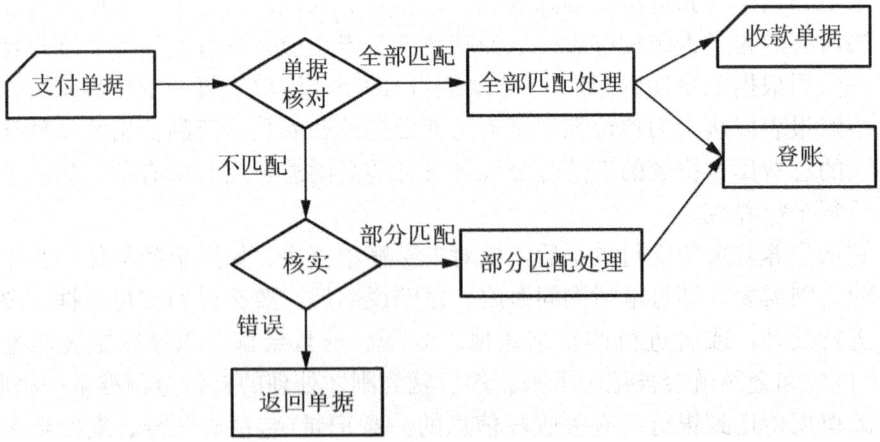

图 11.10　收款处理业务流程图

3. 数据流程分析

根据业务流程分析，其药品服务系统有 3 个大的处理逻辑，即“订单处理”、“编制收款报表”、“收款处理”。首先从总体上画出系统的顶层数据关联图和顶层数据流程图，如图 11.11、图 11.12 所示；然后按照逻辑先后次序画 3 个处理逻辑的第一层数据流程图，订单处理的数据流程图如图 11.13 所示、编制报表数据流程图如图 11.14 所示、收款处理数据流程图如图 11.15 所示、订单处理的第二层数据流程图如图 11.16 所示。

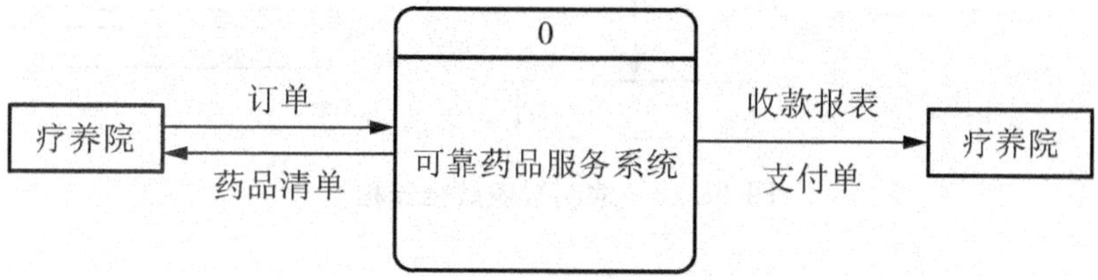

图 11.11　顶层数据关联图

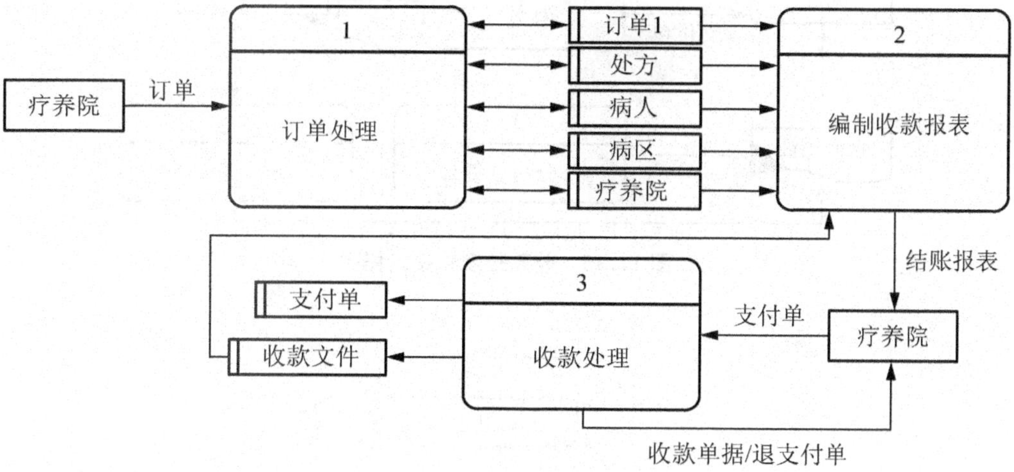

图 11.12　系统顶层数据流程图

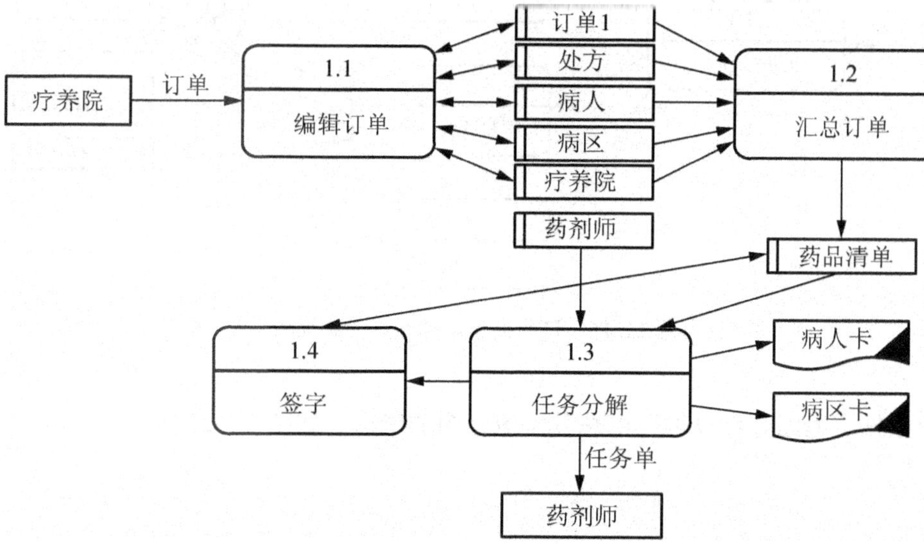

图 11.13　订单处理数据流程图

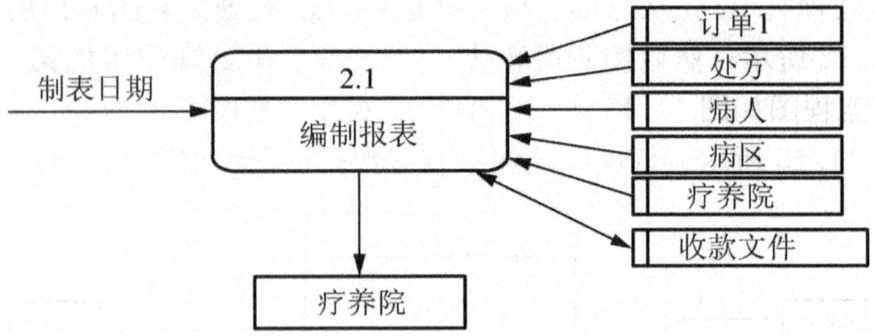

图 11.14　编制报表数据流程图

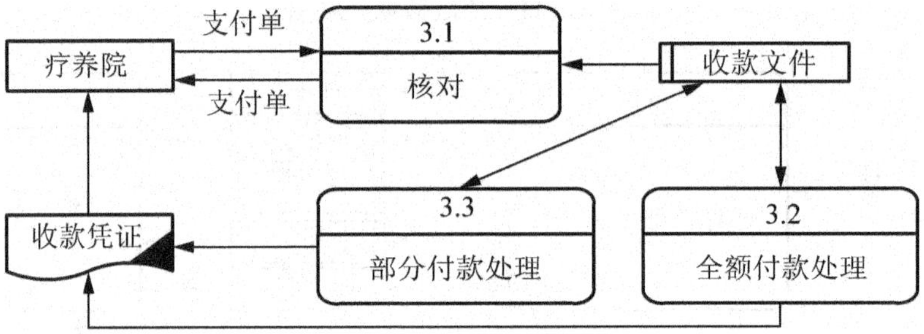

图 11.15　收款处理数据流程图

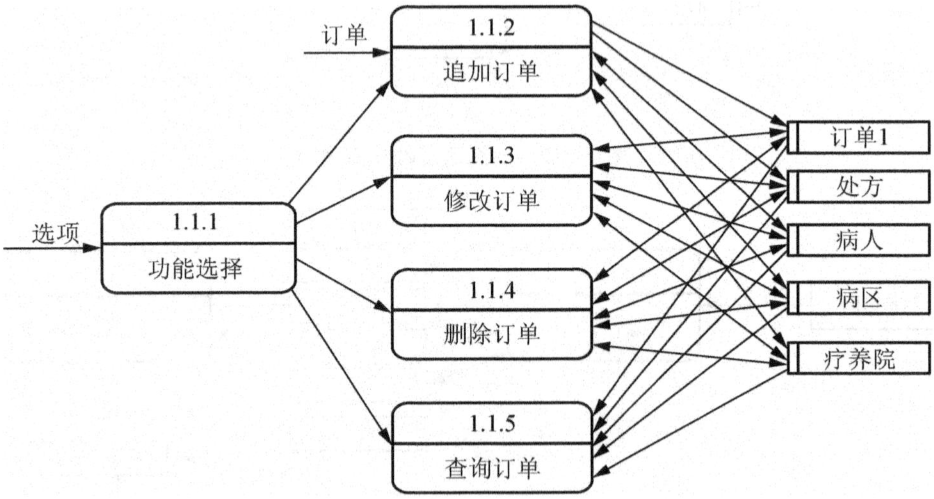

图 11.16　订单处理第二层数据流程图

总结以上数据流程图，可以得到汇总数据流程图功能树，如图 11.17 所示。

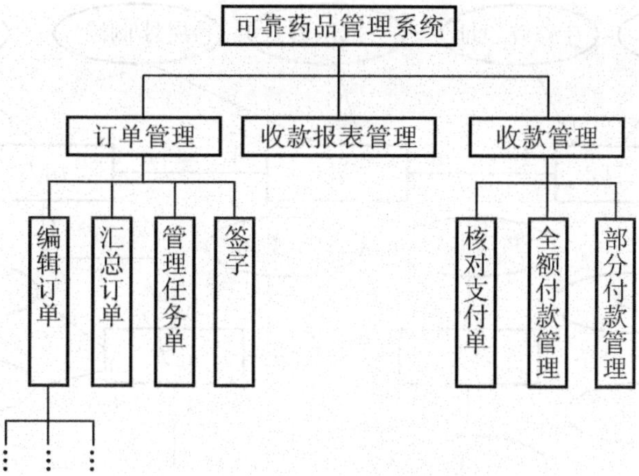

图 11.17　汇总数据流程图功能树

4. 数据字典

根据数据流程图分析，抽象出数据实体有订单、病区、处方、类型、病人、疗养院、药品、药剂师、结账报表、支付单、收款单据、收款文件，具体表示如下。

订单＝{订单号＋病区＋［病人姓名＋房间号＋处方］＋类型＋日期时间}

病区＝{部门号＋楼层号/侧楼号}

处方＝{处方号＋病人名＋处方日期＋［药名＋剂量＋数量］}

类型＝{长期/短期}

病人＝{病人姓名＋性别＋年龄}

疗养院＝{疗养院号＋疗养院名＋地址＋联系人}

药品＝{药品编号＋药名＋剂量＋价格}

药剂师＝{药剂师编号＋姓名＋性别＋出生年月}

收款报表＝{报表日期＋报表名称＋［(病人名＋药名＋剂量＋数量＋单价＋金额)＋某病人总金额］＋总金额＋制表人}

支付单＝{支票号＋支票日期＋支票金额＋疗养院号}

收款单据＝{单据号＋单据日期＋金额＋疗养院号}

收款文件＝{日期＋支票号＋支票日期＋支票金额＋疗养院号＋应收款额}

11.2.3　系统设计部分

1. 数据库概念模型

与疗养院可靠性药品服务相关的部分实体以及属性、实体之间的联系如图 11.18 所示，图中描述了核心的概念模型(E－R 模型)。

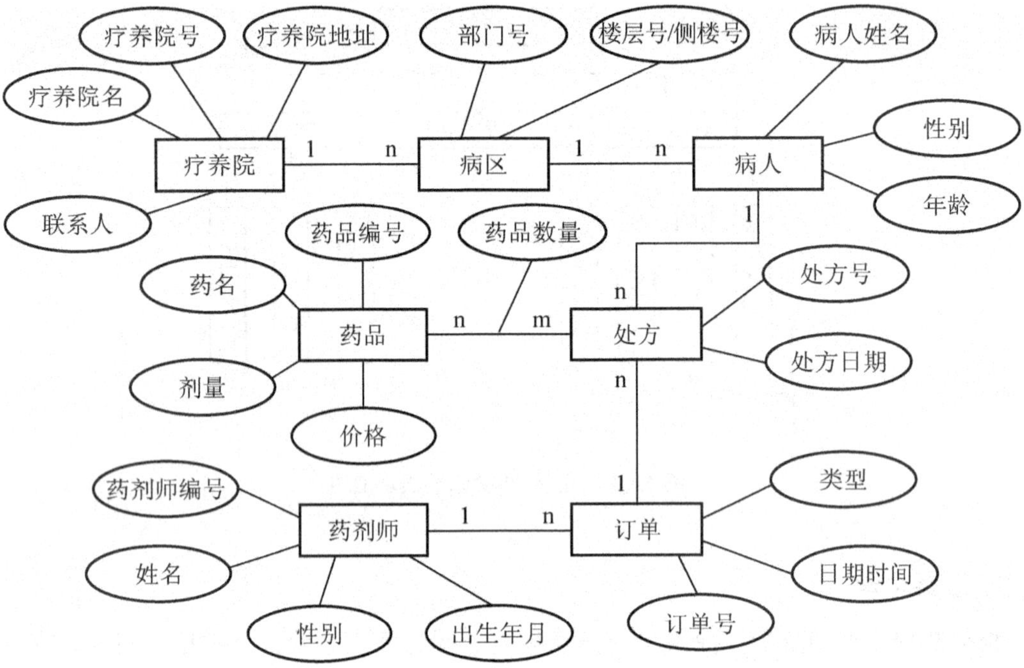

图 11.18　可靠药品服务管理系统 E-R 模型

2. 数据库设计

根据 E-R 模型和数据字典，设计疗养院、病区、病人、处方、处方药品、药品、订单、药剂师 8 张表单，其中表单的上面为数据表的主键，表关系用箭头连接、箭头指向“一对多”的多的一端，如图 11.19 所示。

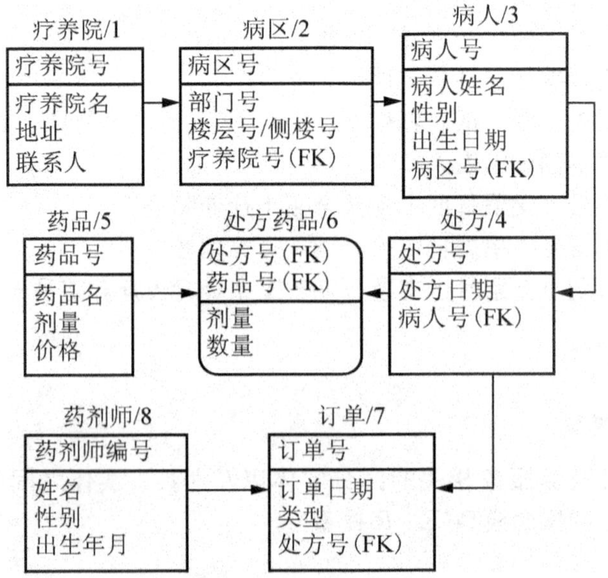

图 11.19　系统数据库设计

3. 编码设计

订单号：YYYYMMDDXXX，采用“年(YYYY)＋月(MM)＋日(DD)＋流水号(3位，XXX)”，一共11位字符能清楚反映每一笔订单的内容。

病区编号：KKLL，采用科室号(KK)＋楼层或侧楼号(LL)共4位字符代表病区。

处方号：沿用疗养院现有编号10位字符。

病人编号：KKLLXXX，采用病区编号和三位流水编号代表病人编号。

疗养院号：XX(采用顺序号)。

药品编号：国家分类号＋XXX。

药剂师编号：疗养院号＋XX。

4. 软件功能结构设计

根据系统分析，亦可总结出可靠药品服务系统的总体功能结构图，即图11.17。

参考文献

[1] 黄梯云. 管理信息系统[M]. 4版. 北京：高等教育出版社，2009.
[2] 薛华成. 管理信息系统[M]. 5版. 北京：清华大学出版社，2007.
[3] [美] 肯尼斯C·劳顿，等. 管理信息系统[M]. 11版. 薛华成，译. 北京：机械工业出版社，2011.
[4] [美] 斯蒂芬·哈格，梅芙·卡明斯. 信息时代的管理信息系统[M]. 8版. 严建援，译. 北京：机械工业出版社，2011.
[5] [美] 斯泰尔，雷诺兹. 信息系统原理[M]. 6版. 张靖，等译. 北京：机械工业出版社，2005.
[6] [美] 罗伯特·斯库塞斯，玛丽·萨姆纳. 管理信息系统[M]. 4版. 李一军，卢涛，等译. 大连：东北财经大学出版社，2000.
[7] 曾凡涛，李北平. 管理信息系统[M]. 武汉：武汉大学出版社，2010.
[8] 于本海. 管理信息系统[M]. 北京：高等教育出版社，2009.
[9] 蔡淑琴. 管理信息系统[M]. 北京：科学出版社，2004.
[10] 朴顺玉，陈禹. 管理信息系统[M]. 北京：中国人民大学出版社，1995.
[11] 李松. 管理信息系统实用教程[M]. 北京：北京大学出版社，2008.
[12] 赵苹. 管理信息系统案例教程[M]. 北京：北京大学出版社，2003.
[13] 滕佳东. 管理信息系统[M]. 大连：东北财经大学出版社，2008.
[14] 陈国青，郭迅华. 管理信息系统[M]. 北京：中国人民大学出版社，2005.
[15] 高阳. 计算机网络原理与实用技术[M]. 3版. 北京：清华大学出版社，2009.
[16] 张建林. 管理信息系统[M]. 杭州：浙江大学出版社，2004.
[17] 左美云. 企业信息管理[M]. 北京：中国物价出版社，2002.
[18] 左美云，邝孔武. 信息系统开发与管理教程[M]. 2版. 北京：清华大学出版社，2006.
[19] 李一军. 管理信息系统案例集[M]. 北京：高等教育出版社，2005.
[20] 张月玲，范丽亚. 管理信息系统[M]. 北京：清华大学出版社，2010.
[21] 周玉清. ERP原理与应用教程[M]. 北京：清华大学出版社，2010.
[22] 左美云. 企业信息管理[M]. 北京：中国物价出版社，2002.
[23] 邵兵家. 电子商务概论[M]. 2版. 北京：高等教育出版社，2006.
[24] 谢希仁. 计算机网络[M]. 5版. 北京：电子工业出版社，2008.
[25] 鲁耀斌，邓朝华，陈致豫. 移动商务的应用模式与采纳研究[M]. 北京：科学出版社，2008.
[26] 王长胜. 中国电子政务发展报告[M]. 北京：社会科学文献出版社，2010.
[27] 杨志和，马海群. 美国电子政务扩展报告内容探析及启示[J]. 电子政务，2010(6).
[28] http://www.ufida.com.cn.
[29] http://www.bestsapchina.com.

北京大学出版社本科电子商务与信息管理类教材(已出版)

序号	标准书号	书　名	主　编	定　价
1	7-301-12349-2	网络营销	谷宝华	30.00
2	7-301-12351-5	数据库技术及应用教程(SQL Server 版)	郭建校	34.00
3	7-301-17475-3	电子商务概论(第 2 版)	庞大莲	42.00
4	7-301-12348-5	管理信息系统	张彩虹	36.00
5	7-301-26122-4	电子商务概论(第 2 版)	李洪心	40.00
6	7-301-12323-2	管理信息系统实用教程	李　松	35.00
7	7-301-14306-3	电子商务法	李　瑞	26.00
8	7-301-14313-1	数据仓库与数据挖掘	廖开际	28.00
9	7-301-12350-8	电子商务模拟与实验	喻光继	22.00
10	7-301-14455-8	ERP 原理与应用教程	温雅丽	34.00
11	7-301-14080-2	电子商务原理及应用	孙　睿	36.00
12	7-301-15212-6	管理信息系统理论与应用	吴　忠	30.00
13	7-301-15284-3	网络营销实务	李蔚田	42.00
14	7-301-15474-8	电子商务实务	仲　岩	28.00
15	7-301-15480-9	电子商务网站建设	臧良运	32.00
16	7-301-24930-7	网络金融与电子支付(第 2 版)	李蔚田	45.00
17	7-301-23803-5	网络营销(第 2 版)	王宏伟	36.00
18	7-301-16557-7	网络信息采集与编辑	范生万	24.00
19	7-301-16596-6	电子商务案例分析	曹彩杰	28.00
20	7-301-26220-7	电子商务概论(第 2 版)	杨雪雁	44.00
21	7-301-05364-5	电子商务英语	覃　正	30.00
22	7-301-16911-7	网络支付与结算	徐　勇	34.00
23	7-301-17044-1	网上支付与安全	帅青红	32.00
24	7-301-16621-5	企业信息化实务	张志荣	42.00
25	7-301-17246-9	电子化国际贸易	李辉作	28.00
26	7-301-17671-9	商务智能与数据挖掘	张公让	38.00
27	7-301-19472-0	管理信息系统教程	赵天唯	42.00
28	7-301-15163-1	电子政务	原忠虎	38.00
29	7-301-19899-5	商务智能	汪　楠	40.00
30	7-301-19978-7	电子商务与现代企业管理	吴菊华	40.00
31	7-301-20098-8	电子商务物流管理	王小宁	42.00
32	7-301-20485-6	管理信息系统实用教程	周贺来	42.00
33	7-301-21044-4	电子商务概论	苗　森	28.00
34	7-301-21245-5	管理信息系统实务教程	魏厚清	34.00
35	7-301-22125-9	网络营销	程　虹	38.00
36	7-301-22122-8	电子证券与投资分析	张德存	38.00
37	7-301-22118-1	数字图书馆	奉国和	30.00
38	7-301-22350-5	电子商务安全	蔡志文	49.00
39	7-301-22121-1	电子商务法	郭　鹏	38.00
40	7-301-22393-2	ERP 沙盘模拟教程	周　菁	26.00
41	7-301-22779-4	移动商务理论与实践	柯　林	43.00
42	7-301-23071-8	电子商务项目教程	芦　阳	45.00
43	7-301-23735-9	ERP 原理及应用	朱宝慧	43.00
44	7-301-25277-2	电子商务理论与实务	谭玲玲	40.00
45	7-301-23558-4	新编电子商务	田　华	48.00
46	7-301-25555-1	网络营销服务及案例分析	陈晴光	54.00